LES MÉGARIQUES

HISTOIRE DES DOCTRINES DE L'ANTIQUITÉ CLASSIQUE

Directeur : Jean Pépin

1. J. Bertier, L. Brisson, J. Combès, J. Trouillard, *Recherches sur la tradition platonicienne (Platon, Aristote, Proclus, Damascius)*. 1977. 143 p. (épuisé).

2. J. Bertier, *Nicomaque de Gérase, « Introduction arithmétique »*, introduction, traduction, notes et index. 1978. 254 p.

3. R. Goulet, *Cléomède, « Théorie élémentaire » (« De motu circulari corporum caelestium »)*, texte présenté, traduit et commenté. 1980. x + 273 p.

4. J. Bertier, L. Brisson, A. Charles, J. Pépin, H.-D. Saffrey, A.-P. Segonds, *Plotin, « Traité sur les nombres »* (Ennéade *VI 6* [34]), introduction, texte grec, traduction, commentaire et index grec. 1980. 255 p.

5. G. Rocca-Serra, *Censorinus, « Le jour natal »*, traduction annotée. 1980. XI + 83 p.

6. L. Brisson, M.-O. Goulet-Cazé, R. Goulet, D. O'Brien, *Porphyre, « La Vie de Plotin »*, tome I, *Travaux préliminaires et index grec complet.* 1982. 436 p.

7. M. Caveing, *Zénon d'Elée, Prolégomènes aux doctrines du continu, étude historique et critique des fragments et témoignages.* 1982. 242 p.

8. M. Narcy, *Le philosophe et son double, un commentaire de l'« Euthydème » de Platon.* 1984. 242 p.

9. R. Muller, *Les Mégariques, fragments et témoignages.*

10. M.-O. Goulet-Gazé, *L'ascèse cynique, un commentaire de Diogène Laërce VI, 70-71.* Sous presse.

11. Jean Pépin, *Cosmos, Logos, Proodos. Trois notions clés de la philosophie religieuse dans l'Antiquité grecque.* A paraître.

12. B. Cassin et M. Narcy, *La décision du sens : le livre Gamma de la « Métaphysique » d'Aristote*, texte, traduction et commentaire. A paraître.

HISTOIRE DES DOCTRINES DE L'ANTIQUITÉ CLASSIQUE
Directeur : Jean PÉPIN

9

LES MÉGARIQUES

Fragments et témoignages

traduits et commentés
par

Robert MULLER

Ouvrage publié avec le concours du Centre National de la Recherche Scientifique

PARIS
LIBRAIRIE PHILOSOPHIQUE J. VRIN
6, Place de la Sorbonne, Ve

1985

Ouvrage réalisé avec le concours du Centre National de la Recherche Scientifique et du Centre Régional de Publication de Paris.

ISBN 2-7116-0887-5

Issu d'une thèse de IIIe cycle présentée à l'Université de Paris IV, ce travail doit beaucoup aux conseils et encouragements de M. Pierre Aubenque (Paris IV) qui l'a dirigé tout au long de son élaboration, ainsi qu'aux observations des autres membres du jury, MM. Jean-Louis Gardies (Nantes) et Pierre Thillet (Paris I); à tous nous exprimons notre gratitude.

Nous remercions d'autre part M. Jean Pépin d'avoir bien voulu accueillir cet ouvrage dans la collection qu'il dirige, et de nous avoir fait bénéficier de son expérience pour la mise au point définitive. Nos remerciements vont également à Mesdames Marie-Anne Ranval-Zizine et Jacqueline Bechter (C.N.R.S., Centre régional de publication de Paris), qui en ont respectivement dirigé la publication et assuré la composition.

Nous tenons enfin à exprimer notre reconnaissance à M. Klaus Döring (Université de Bamberg), l'auteur du recueil de fragments et témoignages qui a servi de base à notre travail, et à M. Helmut Flashar (Université de Bochum), directeur de collection, qui nous ont aimablement autorisé à utiliser ce recueil pour la présente publication.

INTRODUCTION

I – LES TEXTES MÉGARIQUES

On s'accorde volontiers à reconnaître que les Mégariques sont parmi les plus mal connus des philosophes de l'Antiquité, assurément les plus insaisissables, alors même que les éléments de leur doctrine ressurgissent régulièrement dans les travaux des interprètes de Platon et d'Aristote ou dans ceux des historiens de la logique, et après que plusieurs d'entre eux eurent joui auprès des Anciens d'une célébrité égale à celle des plus grands. A cela il y a d'abord une raison simple, la quasi-absence de textes : des originaux il ne subsiste en effet que quelques courts *fragments* difficiles à exploiter, et les *témoignages* des Anciens sont dans l'ensemble peu nombreux, souvent brefs, dispersés, et donc d'un accès malaisé. Cette situation défavorable n'est certes pas réservée aux seuls Mégariques, puisque bon nombre de Présocratiques, les Cyniques ou les Cyrénaïques, pour ne citer qu'eux, ne sont apparemment pas mieux lotis. Pour tous ceux-là, cependant, le lecteur moderne a à sa disposition, parfois depuis longtemps, des recueils regroupant l'essentiel ou la totalité des textes subsistants[1], alors que pour les Mégariques il lui aura fallu attendre le dernier tiers du XXe siècle : ce n'est qu'en 1972, en effet, qu'est paru le livre de K. Döring qui réunit pour la première fois l'ensemble des fragments et témoignages qui les concernent[2]. Les qualités de ce travail, jointes à la commodité que constitue le fait d'avoir enfin regroupés et ordonnés la quasi-totalité des textes intéressant les Mégariques font qu'il est en passe de devenir classique, les historiens de la philosophie et de la logique s'y référant de plus en plus volontiers. On ne pouvait donc mieux faire, quand il s'est agi de proposer au lecteur français la documentation la plus complète et la plus sûre sur la pensée mégarique, que de prendre le livre de Döring comme base de travail, et de traduire la totalité des fragments et témoignages rassemblés par lui en respectant sa numérotation et la disposition générale de son ouvrage.

Il est bien connu cependant que les difficultés du genre empêchent presque fatalement un recueil de ce type d'être réellement exhaustif et de se suffire à lui-même. Il faut d'abord sélectionner et découper les textes pertinents, ce qui exige qu'on se donne des critères à la fois rigoureux et maniables, mais qui ne seront jamais totalement à l'abri de la contestation. Il faut ensuite tenir compte du fait qu'un extrait isolé de son contexte peut être inintelligible, ou interprété à contre-sens ; de même la juxtaposition de fragments d'auteurs et de siècles différents, parfois très éloignés les uns des autres, peut avoir des conséquences malheureuses.

Il faut reconnaître que sur le premier point le travail de Döring ne suscite que peu de réserves : ayant adopté le principe de ne retenir que les textes où apparaît formellement le nom des Mégariques en général ou de l'un au moins des membres présumés du groupe, l'auteur ne fait donc pas figurer dans son recueil les divers passages où la critique moderne a cru déceler des *allusions* aux Mégariques. Si cette prudence peut sembler excessive à certains, elle a du moins le mérite de la clarté et de la rigueur en proposant un minimum de textes incontestables : dans la mesure où il est difficile de trancher sur la base de simples critères externes dans les querelles opposant à ce sujet les spécialistes, elle laisse aux interprètes la responsabilité de leurs choix. Tout au plus pourrait-on remarquer que Döring est infidèle à son principe à une ou deux reprises – en omettant telle phrase où figure pourtant le nom d'un Mégarique[3], ou en incluant un fragment dans lequel aucun nom n'est cité[4] – et que parfois le mauvais découpage d'un extrait interdit d'en saisir clairement la signification.

La deuxième difficulté, quant à elle, ne peut guère être tournée qu'en joignant aux fragments et témoignages une introduction ou un commentaire, dont l'objet serait de restituer aussi souvent que nécessaire les divers contextes, et de mettre en lumière la cohérence conceptuelle des principaux éléments de la doctrine, ou, à défaut, de faire apparaître au moins l'unité d'inspiration de l'ensemble. Bien que l'auteur ait complété son travail par un commentaire assez fourni (une centaine de pages), il ne paraît pas que cette reconstruction de la pensée mégarique ait été pour lui un objectif prioritaire : tous ses soins sont allés à la réunion et à l'établissement des textes, les éclaircissements qui les accompagnent étant plutôt de nature historique et philologique.

C'est en tenant compte de ces difficultés et de cet état de fait que nous avons conçu notre propre travail. Les mérites du livre de Döring étant reconnus, on devait seulement chercher à le compléter pour pallier les inconvénients qu'on vient de relever. Pour combler les rares lacunes de sa collection, mais surtout pour éclairer par les sources anciennes elles-mêmes le contenu de quelques fragments elliptiques ou allusifs, un certain nombre de textes complémentaires ont été ajoutés en Annexe[5], ainsi qu'une brève liste des allusions probables ou possibles proposées par divers spécialistes ; d'autre part, pour corriger dans la mesure du possible les effets négatifs de l'extrême dispersion de nos sources et de la brièveté de la majorité d'entre elles, on s'est efforcé d'éclairer par un Commentaire la signification littérale et la portée philosophique des divers fragments, la place occupée par ce commentaire se justifiant par la rareté, dans notre langue, des travaux consacrés aux Mégariques : hormis deux ou trois études déjà anciennes[6], on ne dispose en effet à ce jour que de quelques courts chapitres inclus dans les histoires générales de la philosophie et d'articles spécialisés sur telle ou telle question particulière de logique[7], ce qui est manifestement insuffisant quand on cherche à acquérir une vue cohérente sur la nature exacte et l'étonnant destin de la doctrine mégarique.

Étrange destin, en effet, que celui des philosophes de Mégare. Les caractères particuliers de la documentation, que l'on vient de rappeler (sources indirectes, fragmentaires, longtemps difficiles à consulter), n'expliquent sans doute pas à eux seuls la méconnaissance dont ils sont encore partiellement victimes. Car il faut savoir qu'une certaine ambiguïté a marqué leur réputation dès l'origine : si on leur reconnaissait volontiers des talents hors pair, principalement dans le domaine de la dialectique, si on saluait la personnalité exceptionnelle à tous égards d'un Stilpon, on ne manquait pas de dénoncer d'autre part les dangers que présentait l'usage de ces mêmes talents, ou de souligner la vanité de leurs prétendus tours de force. Pour comprendre ces jugements contrastés – auxquels font curieusement écho les appréciations contradictoires des historiens de la logique des XIXe et XXe siècles[8] – et pour éviter les risques de méprise, il est indispensable de donner d'abord, à qui voudrait entreprendre la lecture des textes, une vue plus précise sur la situation historique de l'École de Mégare ; on tentera ensuite, pour les mêmes raisons, de restituer quelque chose de l'unité d'une pensée souvent réduite à quelques thèses disparates et paradoxales.

II – LES DONNÉES HISTORIQUES

1 – L'École de Mégare.

Cela peut surprendre, mais le premier problème historique à considérer concerne l'existence même d'une « École » de Mégare. Tout dépend évidemment de ce que l'on entend par ce terme. Avec l'Académie et le Lycée, le Portique ou le Jardin, pour ne citer que les plus connues, l'Antiquité nous offre plusieurs exemples d'écoles qu'on ne peut certes réduire à un modèle unique, mais qui ont au moins en commun d'avoir une réalité historique incontestée. Or ce qui frappe d'emblée chez les Mégariques, c'est que les divers caractères auxquels on reconnaît une école philosophique semblent se dérober. Son origine, déjà, est obscure. C'est Euclide de Mégare, disciple de Socrate, contemporain et ami de Platon, qui passe pour en être le fondateur (cf. fr. 31–44). Sans vouloir épouser les thèses extrêmes de ceux qui vont jusqu'à contester qu'Euclide se soit jamais occupé de philosophie[9], il faut admettre qu'on ignore tout des débuts de cette école : la date ou au moins l'époque de sa fondation, l'identité des premiers membres, la nature des liens qui les unissaient, tout cela repose sur des conjectures plus ou moins vraisemblables[10]. Pour la suite, nos sources parlent bien de « chefs d'école », et l'on peut même reconstituer la succession suivante : Euclide, Ichthyas, Clinomaque, Eubulide (?), Stilpon (fr. 32–35, 50, 147 et 148 A) ; mais leur rôle reste assez mal défini, et leurs rapports avec les autres Mégariques semblent avoir été assez lâches[11]. D'autre part, il n'est jamais question d'institutions particulières ou d'organisation au sens strict (locaux, bibliothèque, etc.). Enfin et surtout, on doit reconnaître qu'il n'est pas facile de mettre en évidence les dogmes fondamentaux de la doctrine mégarique, ni même, à voir la diversité au moins apparente des sujets sur lesquels se sont exprimés les principaux représentants de l'« école », quelque chose comme des préoccupations ou des attitudes communes. Au point que l'appartenance au courant mégarique de plusieurs d'entre eux a été et est encore l'objet de contestations[12].

On se gardera cependant d'exagérer la portée de toutes ces réserves. Il faut d'abord noter qu'elles ne s'appliquent pas seulement aux Mégariques. L'absence d'institutions fermes et d'une tradition théorique clairement définissable caractérise l'ensemble des écoles issues des disciples immédiats de Socrate (à l'exception de celle de Platon, bien entendu)[13]. On sait peu de choses sur Pyrrhon et les débuts du Scepticisme. Et l'Académie elle-même se verrait contestée si la défense et l'illustration de l'enseignement dogmatique d'un maître étaient un bon critère. Ce qui, dans le cas des Mégariques comme de celui des autres Petits Socratiques, permet de parler d'école, c'est, nous semble-t-il, l'ambition que nourrit un philosophe de former ou plutôt d'éduquer des disciples, en leur transmettant un certain nombre de contenus théoriques susceptibles de constituer une référence doctrinale pour leur propre vie plutôt que pour leur enseignement. Ce qui explique les incertitudes que l'on relève dans la succession des scolarques et dans les rapports de maîtres à disciples, ces derniers venant chercher leur bien où bon leur semble et ne se sentant pas liés institutionnellement à un lieu ou à une personne, ni même à une doctrine comprise au sens étroit comme un système à transmettre fidèlement. L'unité de l'école repose donc d'abord sur le prestige personnel de quelques maîtres admirés et célèbres (Euclide, Eubulide, Diodore, Stilpon) dont ni les centres d'intérêt ni la manière de philosopher ne coïncident nécessairement ; et l'on comprend déjà pourquoi les jugements généraux et catégoriques portés sur « les » Mégariques manquent souvent de pertinence. Cependant, bien qu'il ne soit pas question d'orthodoxie à proprement parler, il doit bien y avoir aussi, pour assurer la continuité entre ces maîtres successifs, une unité dans les contenus théoriques qui constituent la substance et l'originalité de l'enseignement de ceux que la tradition rattache à un même courant, à une même « école »[14]. De ce point de vue, la position mégarique n'est pas aussi indéterminée qu'on l'a dit ; mais comme sa définition engage une interprétation philosophique, nous la réservons pour la section suivante.

2 – La chronologie.

La deuxième difficulté d'ordre historique que l'on voudrait aplanir auparavant a trait aux rapports chronologiques que les principaux Mégariques entretiennent avec les autres philosophes et écoles de leur temps. Les renseignements biographiques contenus dans les textes qu'on va lire sont dans l'ensemble assez pauvres et imprécis, parfois contradictoires. Mais ni plus ni moins que pour bon nombre d'autres auteurs parmi les plus connus. Il ne peut être question de discuter ici les diverses hypothèses et conjectures relatives à la vie de chacun des membres de l'école[15], mais il importe de pouvoir situer au moins approximativement les plus importants d'entre eux pour apercevoir la teneur des débats auxquels ils ont participé, et pour mieux mesurer la place qu'ils occupent dans le jeu des influences subies et exercées.

Il n'est pas indifférent, par exemple de savoir qu'Euclide, le fondateur, était vraisemblablement plus âgé que Platon d'une vingtaine d'années, et qu'il a sans doute commencé à enseigner et à écrire un peu avant la mort de Socrate. Si ces hypothèses sont fondées, il a vécu jusqu'à un âge avancé (80 ans environ), puisqu'on s'accorde généralement à situer sa mort entre 369 et 366, soit au début de ce que l'on considère comme la dernière période créatrice de Platon. Cette situation chronologique implique notamment qu'il a été un des tout premiers disciples de Socrate, qu'il aurait de ce fait fréquenté pendant un temps assez long ; et il est parfaitement plausible qu'au moment où Platon est venu se réfugier à Mégare (fr. 4 A et B) existât déjà autour d'Euclide quelque chose comme une école, dont l'enseignement et les méthodes auraient durablement marqué le futur auteur du *Parménide* et du *Sophiste*. Un autre de nos philosophes (dont l'appartenance au groupe mégarique a cependant été contestée) s'est trouvé mêlé aux débats du platonisme, à savoir le « dialecticien » Polyxène : il a séjourné auprès du second Denys à Syracuse, et figure à ce propos dans deux lettres platoniciennes (fr. 211–213) ; mais surtout il est présenté comme l'inventeur d'une des formes du célèbre argument du Troisième Homme (fr. 220), qui constitue, comme on sait, une objection à la théorie des Idées de Platon et paraît bien avoir laissé des traces dans le *Parménide*.

Après l'Académie, c'est Aristote qui eut quelques démêlés avec les Mégariques, du moins avec deux d'entre eux, Eubulide et Diodore[16]. Du premier nommé, probablement un peu plus âgé que le Stagirite, l'histoire a retenu qu'il était avant tout un habile dialecticien et un polémiste virulent (fr. 64–65 et 59–62) ; son différend avec Aristote avait de toute évidence pour objet les fameux problèmes dialectiques inventés par lui et que l'auteur des *Réfutations sophistiques* se faisait fort de résoudre (le Voilé et le Menteur sont cités en 179 a 33 et 180 b 2). Dialecticien redouté lui aussi, Diodore Cronos était plus jeune qu'Aristote d'une génération ; bien que rien ne l'atteste formellement, il est très vraisemblable qu'il y ait eu entre eux des controverses à propos de leurs conceptions respectives du mouvement et du possible (fr. 121–129 et 130–139). Si le rôle que Diodore a pu jouer, sinon dans le développement, du moins dans l'expression des théories aristotéliciennes commence à être reconnu, c'est cependant sur le Stoïcisme naissant que son influence a été la plus déterminante : il est possible qu'il ait été précédé par Clinomaque (fr. 32 A) et Eubulide, mais Diodore, chez qui Zénon de Citium est venu étudier la dialectique, a assurément pris une part importante dans l'élaboration de ce que nous appelons la logique des propositions et que nous attribuons plus volontiers aux Stoïciens (cf. fr. 140–143).

L'influence des philosophes de Mégare sur la pensée stoïcienne s'est encore exercée d'une autre manière puisque le même Zénon a été aussi l'élève de Stilpon, qui appartenait à peu près à la même génération que Diodore mais semble être mort après lui, vers 270. Célèbre autant pour ses talents de dialecticien (fr. 99 et 163) que pour l'exemplarité de ses moeurs et l'intérêt de sa théorie morale (fr. 153 ss ; fr. 192–196), Stilpon paraît bien avoir été une personnalité remarquable à tous points de vue, ce qui explique notamment le succès de son enseignement (fr. 163–175) et la relative abondance des témoignages le concernant ; son importance dans le domaine éthique et plus précisément son rôle dans la constitution de la morale stoïcienne ne devraient plus être sous-estimés.

La fin de l'École de Mégare est aussi obscure que son commencement. Les derniers auteurs connus et sur lesquels nous ayons des renseignements notables sont Alexinos et Philon. Ce dernier se trouve associé à Diodore dans les débats sur le possible (fr. 135–138) et sur l'implication (fr. 140–142), et on admet généralement qu'il a été son élève, bien que sur ces deux sujets leurs positions soient totalement opposées[17] ; mais on ne sait rien d'autre sur ce Philon, dont les idées sont de toute manière difficiles à concilier avec le reste de la pensée mégarique. Alexinos, quant à lui, est un auteur qui gagnerait à être mieux connu : sa réputation d'éristique et de réfutateur (fr. 73) – apparemment justifiée, si l'on juge par les diverses polémiques qu'il avait engagées (fr. 82–85, 88, 92–94) – a sans doute empêché qu'on s'intéresse de plus près à ses thèses sur les rapports entre dialectique et rhétorique (fr. 88) ou aux objections qu'il fit à Zénon sur la divinité du monde (fr. 94). Probablement un peu plus jeune que Stilpon, il apparaît comme l'un des tout derniers représentants du courant mégarique nommément connus. Aucun nom important n'apparaît plus ensuite[18], et l'école comme telle semble s'être brusquement éteinte aux environ du premier tiers du IIIe siècle sans qu'on ait le moindre renseignement à ce sujet. Les idées mégariques, en revanche, continuèrent à être discutées pendant un certain temps : indépendamment du fait que les éléments les plus importants de la doctrine (la logique et la morale) aient survécu à l'intérieur du système stoïcien, on remarque que, dans la deuxième moitié du IIIe siècle, Télès utilise une œuvre de Stilpon (fr. 192–193), et que Chrysippe juge encore nécessaire d'écrire sur ou contre des ouvrages de Philon et de Panthoïdès (fr. 144 et 146)[19] ; Cicéron note de son côté que l'École de Mégare a depuis longtemps disparu (fr. 38), mais il adopte le cas échéant ce qu'il croit être une thèse de Diodore (fr. 133) et l'utilise, quand il le juge opportun, contre Chrysippe (fr. 132 A) ; Cicéron et Sénèque se réfèrent à l'occasion à Stilpon comme à un modèle toujours valable (fr. 158 et 151 G–H) ; enfin plusieurs auteurs des siècles suivants (Plutarque, Épictète, Lucien, Aulu-Gelle, etc. ; cf. aussi le commentaire du fr. 77) témoignent du fait qu'un certain nombre de thèmes mégariques ont continué à être l'objet de discussions bien après la disparition de l'école[20].

III – LA PHILOSOPHIE MÉGARIQUE

On l'a dit plus haut : l'unité d'un courant philosophique doit avoir d'autres fondements que la simple succession de maîtres réputés en un même lieu, et l'on ne prétendra pas connaître la tradition mégarique tant qu'on n'aura pas au moins essayé de saisir les éléments fondamentaux de la doctrine. Les précautions oratoires ne sont pas ici superflues, car la difficulté est réelle. Quand on entreprend de reconstituer la philosophie mégarique, on se heurte en effet à un fait et à une objection de principe. C'est un fait que nous n'avons à notre disposition que des fragments, le plus souvent brefs et issus de textes hétérogènes ; est-il possible dès lors de faire autre chose que de juxtaposer des thèses, voire des points de vue ou des « opinions » ? Comment retrouver les fondements authentiques d'une pensée dans des témoignages indirects, elliptiques et polémiques ? A ce risque d'arbitraire dû à l'état matériel de la documentation s'ajoute une question de droit : interpréter conduit presque inévitablement à systématiser, et il n'est guère possible de parler des linéaments essentiels d'une doctrine sans privilégier peu ou prou le point de vue de la cohérence ; or, si ce travail ne va pas sans distorsions (les lacunes, les limites ou les contradictions d'une pensée s'effaçant au profit du « système ») quand il s'agit d'un auteur unique dont nous possédons les textes originaux[21], ne multiplie-t-on pas les risques d'infidélité quand on entreprend de dégager *la* vérité d'un courant qui manifeste d'abord sa diversité et n'est connu que de seconde main ?

Tout cela est incontestable, mais, à tout prendre, c'est plutôt le risque opposé qu'on voudrait conjurer : outre qu'il serait assez vain de renchérir encore sur le morcellement et la disparité des sources, les Mégariques ont en effet trop souffert jusqu'ici de lectures partielles et d'interprétations unilatérales. Puisque les textes sont maintenant accessibles, on voudrait d'abord attirer l'attention sur l'intérêt qu'il y a à prendre désormais en considération l'*ensemble* de la documentation, et à ne plus se satisfaire de discussions ponctuelles autour de quelques propositions isolées. En faisant ensuite l'hypothèse de l'unité de la pensée mégarique, on ne cherche nullement à en nier les insuffisances ou les contradictions éventuelles, mais, avant tout, à donner une consistance et un sens philosophique aux thèses éparses et aux diverses données historiques conservées par la tradition ; et on ne voit pas comment on pourrait autrement s'expliquer l'écho qu'elles ont éveillé.

1 – L'interprétation traditionnelle.

Les historiens qui ont traité de l'École de Mégare ont longtemps fait prévaloir une interprétation qu'on peut ainsi résumer : les Mégariques sont les héritiers directs des Éléates, et, s'intéressant de façon presque exclusive à la dialectique, ils ont transformé la méthode réfutative de Zénon en une critique purement négative et fortement teintée de scepticisme. Cette interprétation ne manque pas d'arguments :

Euclide passe en effet pour avoir été disciple de Parménide (fr. 31 ; cf. fr. 26–28), et son goût pour l'éristique lui avait valu déjà les reproches de Socrate (fr. 8 et 9) ; parmi ses successeurs, plusieurs ne sont à première vue connus que comme dialecticiens (Clinomaque, Eubulide, Alexinos), et leur contribution la plus notoire consiste en un ensemble d'« arguments » (fr. 64) considérés comme sophistiques ; Diodore et Stilpon eux-mêmes avaient d'abord une réputation de dialecticiens, et leurs thèses paradoxales sur le mouvement (fr. 121–129) ou sur l'attribution (fr. 197) ne paraissent pas contenir de doctrine positive sérieuse. D'ailleurs, les Anciens ne parlaient-ils pas déjà de futilités ou de plaisanteries à propos des inventions des Mégariques (cf. fr. 197, début) ? ne se servaient-ils pas des termes d'« éristiques » et de « sophistes » pour les désigner (cf. notamment fr. 31) ?

Cette caractérisation contient une part de vérité, mais elle a le tort, d'un côté, de ne pas faire de distinction entre des sources hétérogènes, et de l'autre de prendre pour un trait essentiel ce qui est soit un moment de la méthode soit une conséquence lointaine, partiellement accidentelle, d'une attitude foncièrement positive face aux tâches de la philosophie.

2 – L'inspiration socratique.

Bien qu'il soit resté longtemps sans écho, c'est à l'article déjà cité de K. v. Fritz[22] qu'il faut faire remonter la réaction contre une certaine lecture unilatérale des témoignages privilégiant la filiation éléatique. L'auteur y fait remarquer : 1) que les généalogies ou les rapprochements dus aux Anciens (comme dans les fr. 26 A, 27, 28, 122) sont en réalité déjà des interprétations et des jugements – tardifs – d'« historiens » des idées, que par suite ils n'ont pas la même autorité que les sources qui contiennent des faits et des contenus doctrinaux déterminés ; 2) que les témoignages les moins contestables, de ce même point de vue, font état des liens d'Euclide avec Socrate et les Socratiques (fr. 1–6, 8–9), que confirment encore la nature et le style de ses écrits (fr. 15–20). En outre on verra que le fr. 24, où l'on reconnaît souvent le « dogme central » de la pensée d'Euclide, a un contenu essentiellement éthique, et qu'il doit peu à l'éléatisme en dépit de ce que suggère une lecture hâtive. On remarquera enfin qu'il y a quelque abus à voir dans le *καὶ τὰ Παρμενίδεια μετεχειρίζετο* du fr. 31 la preuve qu'Euclide avait d'abord été formé dans la doctrine de Parménide avant de se rallier à Socrate[23], ou qu'il avait été fortement influencé par l'Éléate[24] ; ce qui a pu le faire croire, c'est que Diogène Laërce évoque Parménide immédiatement après avoir indiqué l'identité d'Euclide ; mais on notera qu'il n'est pas du tout question, dans ce chapitre consacré au Mégarique, de ses rapports avec Socrate : sur ce point, Diogène Laërce estime sans doute suffisant d'avoir présenté Euclide comme un Socratique un peu auparavant (II, 47 = fr. 36) et de parler de lui dans le cours de son exposé sur les disciples de Socrate[25]. La priorité qu'on doit ainsi reconnaître à l'inspiration socratique et éthique d'Euclide est d'ailleurs confirmée par d'autres indications (cf. fr. 10, 12, 14 et 25) ; et malgré les apparences ce trait est l'un de ceux qui nous semblent devoir caractériser le courant mégarique tout entier : s'il s'estompe chez les successeurs, il ne disparaît pourtant pas aussi complètement qu'on l'a prétendu[26], et il est clair qu'il se manifeste à nouveau de façon éclatante chez Stilpon.

Ces réserves à l'égard d'une certaine tradition ne signifient cependant pas qu'on doive nier toute influence des Éléates sur les Mégariques, ou méconnaître les convergences éventuelles entre les deux écoles. Mais il s'agit là de questions qui relèvent d'une *interprétation* des doctrines en présence[27]. Nous voulions seulement attirer l'attention ici sur le fait qu'une prise en compte de toutes les données et une lecture sans parti pris des témoignages ne confirment pas la thèse traditionnelle de la filiation directe, par l'intermédiaire d'Euclide, entre l'École d'Élée et celle de Mégare ; qu'elles invitent au contraire à considérer le rôle prépondérant des éléments socratiques dans la formation du fondateur de la seconde.

3 – La dialectique et le rationalisme mégarique.

On pourrait en dire autant de la dialectique mégarique, mais ce qui est en question cette fois est moins son origine[28] que son caractère prétendument sophistique et sceptique. Pour ce qui est de la signification exacte de chacun des procédés et arguments attribués aux Mégariques, nous ne pouvons pour l'instant que renvoyer à notre Commentaire. Mais, pour donner au lecteur un aperçu du contenu et de l'intérêt de leur dialectique nous voudrions esquisser ici une classification des principaux éléments qui la composent.

1) Il est incontestable qu'un certain nombre des « raisonnements » (*logoi*) les plus célèbres ont pour fonction de *réfuter*, c'est-à-dire de combattre une opinion ou une thèse philosophique déterminées. A cette espèce appartiennent le Sorite et le Chauve, l'Électre, le Voilé et le Caché (fr. 64), les arguments de Diodore contre le mouvement actuel ou le devenir (fr. 121–129), ou encore le Souverain du même Diodore (fr. 131 et ss) et le Troisième Homme de Polyxène (fr. 220). Ces raisonnements, les premiers surtout, sont assurément les mieux faits pour accréditer l'idée d'une dialectique essentiellement négative et plutôt sophistique, bref d'une éristique. Mais il faut immédiatement ajouter : premièrement, qu'ils ne constituent qu'une partie de l'ensemble, et deuxièmement que leur caractère négatif et critique n'est que l'envers ou la conséquence d'une attitude philosophique positive. Celle-ci pourrait être brièvement présentée comme une conception exigeante voire extrémiste de la rationalité, qui n'admet de l'être que le sens fort (l'essence comme réalité pleine et parfaitement déterminée par la raison), et qui dès lors ne connaît pas de tâche plus urgente que de soumettre à une critique serrée toutes les prétentions à la rationalité jugées par elles abusives (cf. le commentaire du fr. 27). Par suite, et c'est là un trait essentiel de cette dialectique réfutative, les négations n'y ont pas le caractère absolu et vaguement sceptique qu'on leur attribue souvent : il ne s'agit jamais de refuser purement et simplement un fait, une donnée de l'expérience (le mouvement, le devenir du tas ou de la calvitie : ainsi Diodore accepte-t-il le mouvement passé ou le devenir réalisé), mais de contester les constructions intellectuelles qui prétendent

en rendre compte de façon rigoureuse et cohérente (par exemple la puissance aristotélicienne, ou la formation du tas par degrés)[29]. Les aspects sophistiques eux-mêmes d'arguments comme l'Électre apparaissent à l'analyse comme la conséquence d'une position métaphysique positive, radicale certes mais nullement sceptique, en ce que le critère de la raison n'est jamais mis en cause.

2) A côté de ces critiques et de ces refus déterminés, la dialectique mégarique contient un ensemble de réflexions plus abstraites, qui ont en commun de tendre à l'élaboration de ce que nous appellerions une logique. Encore faut-il distinguer ici la réflexion logique proprement dite de ce qui en constitue en quelque sorte le préalable obligé.

a) A ce dernier type appartiennent, nous semble-t-il, d'une part des « plaisanteries » ou jeux logiques, et d'autre part une théorie de la signification. Les plaisanteries[30], ce sont par exemple le Cornu (fr. 65), l'argument de Personne (fr. 110), et certaines répliques de Stilpon (fr. 182, 183). Ce qui les distingue des raisonnements du premier groupe avec lesquels on les confond volontiers, c'est qu'ils n'embarrassent jamais réellement l'interlocuteur, parce qu'ils ne visent pas à mettre en doute la possibilité d'exprimer rationnellement une expérience ; ils se contentent de mettre en évidence certaines absurdités dans le fonctionnement de la langue ou du raisonnement (*logos* dans les deux cas). Ces absurdités, il faut le souligner, ne sont pas le résultat de contorsions extravagantes ou de règles saugrenues ; elles sont simplement produites par des mécanismes linguistiques assez courants, ou par des conventions considérées comme légitimes[31]. N'est-ce pas mettre en évidence qu'il ne suffit pas, pour produire un discours rationnel, de respecter les conventions de la grammaire et celles de l'échange dialectique, que l'usage du logos exige d'autres règles, métalogiques si l'on veut, puisqu'elles impliquent un retour critique du logos sur lui-même ?

On hésiterait peut-être à attribuer des intentions sérieuses à ces « futilités » si on ne connaissait pas les autres contributions des Mégariques en la matière. Mais leur intérêt apparaît mieux dès qu'on les rapproche de la théorie de la signification, qu'on trouve principalement chez Diodore. L'accent mis sur les pièges tendus à la pensée par telle propriété ou tel usage du langage conduit en effet à ne pas se fier naïvement à la forme objective des mots ou des propositions, comme si le sens y était présent à la manière d'une chose. Il faudra au contraire, pour pouvoir faire un usage rigoureux du langage, rapporter la signification à une intention, à une volonté de sens, cette volonté dût-elle aller jusqu'à l'arbitraire (fr. 111–115)[32]. L'ensemble de ces réflexions sur les conditions de possibilité du sens doit alors être pris lui-même pour une étape préparatoire en vue de la constitution de la logique proprement dite[33].

b) On a signalé dès le début le revirement qui s'était produit au XXe siècle, chez les historiens de la logique, dans l'appréciation portée sur le rôle des Mégariques. Mais ce revirement concerne uniquement ce qu'on appelle aujourd'hui la logique des propositions. Les thèses de Diodore et de Philon sur la validité de l'implication (fr. 140–143) appartiennent incontestablement à ce champ[34], et il est clair qu'on doit leur reconnaître l'antériorité par rapport aux Stoïciens. Mais il est difficile de savoir jusqu'où ils avaient poussé leur réflexion et donc de délimiter exactement ce qui revient, dans la création de cette logique, aux uns et aux autres. Il nous semble cependant qu'il serait juste de ne pas séparer cette théorie du reste de la philosophie mégarique et plus particulièrement des autres aspects de leur dialectique[35]; cela permettrait en outre de renouveler notre compréhension de l'origine et des fondements « métaphysiques » de la logique des propositions, ordinairement rapportée de façon exclusive aux conceptions physiques et cosmologiques des Stoïciens.

*

* *

Pour faire mieux ressortir l'unité d'inspiration de la dialectique mégarique, on pourrait finalement résumer la situation ainsi : sur la base d'un attachement aux critères d'un rationalisme exigeant et exclusif, les Mégariques proposent

– une exploration très libre de la nature et des ressources du logos, exploration qui comprend incontestablement une dimension ludique, voire sophistique,

– mais qui est destinée à favoriser la découverte des conditions de possibilité du sens, puis du discours vrai ;

– une exploitation de ces mêmes ressources pour combattre toutes les positions « irrationnelles », et, à l'occasion, pour établir les rares thèses positives compatibles avec ce rationalisme sévère.

La défense des intérêts de la raison se confondant pour eux avec la philosophie, on comprend que la dialectique prise en ce sens large occupe presque tout l'espace de la pensée mégarique. En dehors d'elle, en effet, on ne trouve guère que l'esquisse d'une morale (illustrée surtout par Stilpon, on le verra dans le commentaire) et quelques propositions isolées sur la raison (fr. 27), sur le bien et la vertu (fr. 24 et 25), sur le mouvement et les corps sans parties (cf. fr. 141). Cette relative pauvreté de la documentation pourrait bien ne pas être un simple accident, mais avoir une explication interne et une signification philosophique précise. Hegel avait proposé déjà de considérer les Mégariques comme les défenseurs du « bien simple », de l'universel « dans la forme de l'universel », ce qui en fait « les plus abstraits » des Socratiques[36]. De là leur intérêt pour le « logique » en général (pour la nature et les conditions de la rationalité), et leurs attaques contre toute espèce de théorie empiriste, contre toute forme de rationalisme « impur » ; mais aussi, revers de la médaille, leur incapacité à proposer un discours rationnel positif sur le monde et l'événement : les Idées ou essences universelles en sont réduites à un « splendide isolement »[37] et ne sauraient en aucune manière être la vérité du sensible. Il est dès lors inévitable qu'ils n'aient à proposer que peu de dogmes, en dehors des propositions générales qu'on vient d'évoquer. Pas de scepticisme donc (le critère de la raison n'est pas remis en question, le principe de contradiction n'est nullement contesté en lui-même, cf. la remarque finale du commentaire des fr. 64–65), mais on comprend qu'aux yeux de certains observateurs les Mégariques aient semblé ne rien enseigner de positif (cf. fr. 28). On aperçoit aussi pourquoi, indépendamment de toute querelle historique sur les origines de l'école, leur défense de l'unité du Bien peut être rapprochée de la doctrine éléate, et même comment une sorte d'empirisme de fait apparaît dans leur discours chaque fois qu'il leur faut parler du sensible et de l'événementiel qui sont exclus du discours rigoureux de la science. Les mêmes raisons expliquent enfin que l'École de Mégare en tant que telle se soit éteinte aussi vite, bien que son héritage ait survécu ailleurs et que sa doctrine ait encore été discutée longtemps après sa disparition : l'enjeu des questions soulevées n'est pas mince (il y va du statut de la raison et de la science), mais l'abstraction et la rigidité qui caractérisent le point de vue mégarique ne permettent guère, faute d'éléments internes de développement, de pousser les réponses au-delà de quelques affirmations générales ; et la comparaison avec le Stoïcisme, qui s'est approprié le meilleur de l'héritage mégarique – la dialectique et la morale – est ici instructive. Mais les tâches critiques et propédeutiques ont aussi, à défaut de grandeur, leur nécessité : les plus illustres doctrines de l'Antiquité n'auraient pas été ce qu'elles sont pour nous si elles n'avaient dû relever, parfois brillamment et parfois avec quelque embarras, le défi mégarique.

LES FRAGMENTS ET TÉMOIGNAGES

I – AUTOUR D'EUCLIDE

I. 1. A. EUCLIDE : DONNÉES BIOGRAPHIQUES (fr. 1–14)

1 – Aulu-Gelle, *Noctes atticae*, VII, 10, 1–4

(1) Le philosophe Taurus, membre fameux de l'école platonicienne actuelle, citait à ses auditeurs pour les exhorter à embrasser la philosophie un grand nombre d'exemples appropriés et salutaires ; mais pour enflammer l'ardeur des jeunes gens, il aimait surtout à raconter ce trait d'Euclide le Socratique :

(2) « Les Athéniens, dit-il, avaient stipulé par un décret qu'un citoyen de Mégare surpris à fouler le sol d'Athènes s'exposait par là même à la peine capitale ; (3) tant était grande, ajoute-t-il, la haine que les Athéniens nourrissaient à l'égard de leurs voisins de Mégare ! (4) Or Euclide habitait justement Mégare, et avant ce décret il avait coutume de séjourner à Athènes et en même temps d'y suivre les leçons de Socrate ; après donc que ce décret eut été promulgué, Euclide, vers le soir, au moment où la nuit tombait, revêtait une longue tunique de femme, s'enveloppait d'un manteau bigarré, se couvrait la tête d'un voile carré, et se rendait depuis sa maison à Mégare jusqu'à Athènes chez Socrate, pour participer ne serait-ce qu'une partie de la nuit aux leçons et entretiens qui s'y déroulaient ; puis, à l'approche du jour, il s'en retournait en parcourant en sens inverse un peu plus de vingt milles, toujours dans ce même équipage. »

2 – *Souda*, s.v. « *Sōcrátēs* »

Socrate avait pour disciples... Euclide de Mégare.

3A – Platon, *Phédon*, 59, b–c

Échécrate. – Des étrangers étaient présents ?

Phédon. – Oui, entre autres Simmias le Thébain, Cébès et Phédondès et aussi, venus de Mégare, Euclide et Terpsion.

3B – *Socratis et Socraticorum epistulae*, 14, 9 Köhler

(Euclide (?) à Xénophon :)

Parmi ses amis, étaient présents à ses côtés quand il mourut : moi-même, Terpsion, Apollodore, Phédon...

4A – Diogène Laërce, III, 6

Ensuite, selon Hermodore, à l'âge de vingt-huit ans, Platon se retira à Mégare chez Euclide, avec quelques autres disciples de Socrate.

4B – Diogène Laërce, II, 106

Selon Hermodore, c'est chez Euclide que se rendirent Platon et les autres philosophes après la mort de Socrate, par crainte de la cruauté des tyrans.

4C – *Socratis et Socraticorum epistulae,* 21, 1 Köhler

(Eschine à Xanthippe :)

J'ai donné à Euphron de Mégare six chénices de farine, huit drachmes et une tunique neuve pour t'aider à passer l'hiver. Accepte ces cadeaux, je t'en prie ; et sache qu'Euclide et Terpsion sont des hommes foncièrement honnêtes, dont la bienveillance vous est acquise, à toi comme à Socrate. Quand les enfants voudront venir chez nous, ne les en empêche pas, car ce n'est pas un long voyage que d'aller à Mégare !

4D – *Socratis et Socraticorum epistulae*, 22, 1 Köhler

(Eschine (?) à Xanthippe :)

Parmi mes ouvrages, je n'en avais pas encore d'assez satisfaisant pour que j'ose exposer à d'autres par écrit, sans mon assistance, comment je m'entretenais de bon cœur avec vous, lorsque vous étiez présents dans la maison où Euclide était alité.

4E – *Socratis et Socraticorum epistulae*, 15, 2 Köhler

(Xénophon à Euclide et à Terpsion (?) :)

Déjà m'est tombé entre les mains un ouvrage de Platon où figurait le nom de Socrate, ainsi qu'un entretien assez important qu'il a eu avec quelques personnes. Je crois en tout cas, d'après ce qu'on dit, que Platon a lu dans la région de Mégare et à des gens de Mégare un ouvrage pareil.

5 – Platon, *Théétète* 142 a – 143 b

Euclide. – En descendant vers le port, j'ai rencontré Théétète qu'on ramenait du camp de Corinthe à Athènes.

Terpsion. – Vivant ou mort ?

Euclide. – Vivant, mais à grand-peine ; il est en effet atteint de plusieurs blessures, et souffre davantage encore de la maladie qui s'est déclarée dans l'armée.

Terpsion. – Est-ce la dysenterie ?

Euclide. – Oui,...

Terpsion. – ... Mais comment se fait-il qu'il ne soit pas venu faire halte ici à Mégare ?

Euclide. – Il avait hâte de rentrer chez lui ; j'avais beau le prier moi-même et lui conseiller de s'arrêter, il n'a pas voulu...

Euclide. – Eh bien, je viens moi-même d'accompagner Théétète jusqu'à Erinos.

6 – Dion Chrysostome, *Orationes*, VIII, 1

Quand Diogène de Sinope fut banni de sa patrie, c'est en homme réduit à la plus humble condition qu'il vint à Athènes ; il y trouve encore beaucoup de disciples de Socrate : à savoir Platon, Aristippe, Eschine, Antisthène, et Euclide de Mégare ; Xénophon, lui, était en exil à cause de sa participation à l'expédition de Cyrus.

7 – Diogène Laërce, VI, 24

Diogène de Sinope était étonnamment insolent envers autrui : il appelait par exemple l'école d'Euclide le fiel d'Euclide, et les cours de Platon, débours de temps.

8 – Diogène Laërce, II, 107

C'est pourquoi Timon dit d'Euclide, en donnant par la même occasion un coup de dents aux autres Socratiques :

> « Je ne me soucie pas de ces bavards : de personne,
> Ni de Phédon, malgré l'importance qu'il a prise, ni du disputeur
> Euclide, qui inocula aux Mégariens la rage de disputer. »

9 – Diogène Laërce, II, 30

Voyant Euclide adonné aux controverses, Socrate lui dit : « Euclide tu pourras frayer avec les sophistes, mais en aucune façon avec les hommes. » Ce genre de subtilité lui paraissait en effet futile.

10 A – Plutarque, *De fraterno amore*, 18, 489 d

Euclide le Socratique est célèbre dans les écoles pour la réponse suivante : entendant son frère lui tenir ce propos irréfléchi et brutal : « Que je périsse, si je ne me venge de toi », il répliqua : « Et moi, si je ne te persuade de renoncer à ta colère et de m'aimer comme tu m'aimais auparavant. »

10 B – Stobée, *Florilegium*, IV, 27, 15 (d'après Plutarque)

Euclide le Socratique ayant entendu son frère déclarer : « Que je périsse, si je ne me venge de toi », lui répliqua : « Et moi, si je ne te persuade de m'aimer. »

10 C – Plutarque, *De ira cohibenda*, 14, 462 c

Euclide à qui son frère avait dit à la suite d'un différend : « Que je périsse, si je ne me venge de toi », lui répondit : « Et moi, que je périsse si je ne te persuade ! » Sur le champ il le dissuada et le fit changer d'attitude.

10 D – ***Gnomologium Parisinum*, 171**

Euclide à qui son frère avait dit à la suite d'un différend : « Que je périsse, si je ne me venge de toi » lui répondit : « Et moi, que je périsse si je ne te persuade ! »

10 E – ***Gnomologium Vaticanum*, 278 = *Florilegium Monacense*, 100 = *Gnomologium Palatinum*, 160**

Euclide, à qui son frère avait dit dans un mouvement de colère qu'il ne mourrait pas avant de s'être vengé de lui, lui répondit : «Quant à moi, je ne mourrai pas avant d'avoir fait de toi mon meilleur ami ! »

10 F – Basile le Grand, *Homilia ad iuvenes*, VII, 11–14

Un homme irrité contre Euclide de Mégare le menaça de mort, et fit le serment d'exécuter sa menace ; Euclide jura en retour de tout faire pour l'apaiser et mettre fin à son animosité envers lui.

11 – ***Gnomologium Vaticanum*, 277 = *Gnomica Basiliensia*, 268 = *Gnomologium Parisinum*, 185 = Maxime le Confesseur, *Loci communes*, XXI.**

Le philosophe Euclide, interrogé sur la nature des dieux et sur ce qu'ils aiment, répondit : « Pour le reste, je ne sais ; mais ce dont je suis certain, c'est qu'ils détestent les gens qui se mêlent de ce qui ne les regarde pas ! »

12 – ***Florilegium Áriston kaì prôton máthēma*, 49**

A un homme qui invoquait la mort pour avoir perdu ses enfants, Euclide dit : « Pourquoi l'appelles-tu, ô homme, puisqu'elle viendra même si tu ne l'appelles pas ? »

13 – ***Florilegium Áriston kaì prôton máthēma*, 42**

Comme on lui demandait qui était le meilleur conseiller, Euclide répondit : « Le moment opportun. »

14 – ***Gnomologium Parisinum latinum*, 8, p. 38**

Euclide a dit : « La plupart des hommes sont insensés : ils évitent les aliments et les vêtements d'esclave, mais non les mœurs d'esclave. »

I. 1. B. EUCLIDE : ÉCRITS ET DOCTRINE (fr. 15–30)

15 – Diogène Laërce, II, 108

Euclide écrivit six dialogues : *Lamprias, Eschine, Phénix, Criton, Alcibiade, De l'amour.*

16 – *Souda*, s.v. « *Eukleídēs* »

Euclide écrivit les dialogues suivants : *Alcibiade, Eschine, Criton, Phénix, Lamprias, De l'amour*, et d'autres encore.

17 – *Inscr. Graec.*, II², n° 2363, col. I, 10 (fin IIe s. ou début 1er s. av. J.-C.)

(Extrait d'un catalogue de livres :)

Eschine, d'Euclide.

18 – Diogène Laërce, II, 64

De tous les dialogues des Socratiques, Panétius estime que seuls sont authentiques ceux de Platon, de Xénophon, d'Antisthène et d'Eschine ; il juge douteux ceux de Phédon et d'Euclide ; tous les autres, il les rejette.

19 – Stobée, *Florilegium*, III, 6, 63

Voici un passage d'Euclide :

« Le sommeil est un démon assez jeune et à l'allure d'un adolescent ; il est facile à persuader et on lui échappe aisément. Cet autre, par contre, est un démon grisonnant et vieux, plus particulièrement attaché aux personnes âgées, inflexible et inexorable. De ce dernier démon, il est difficile de se défaire une fois qu'il est là ; il ne prête en effet aucune attention aux paroles, et il est d'une façon générale incapable d'écouter, car il est sourd ; on ne saurait non plus lui faire comprendre quoi que ce soit en le lui montrant, car il est aveugle. »

20 – Censorinus, *De die natali*, 3,3

Euclide le Socratique dit que nous avons tous sans exception un couple de démons à nos côtés ; on peut en trouver l'attestation chez Lucilius, au livre 16 de ses *Satires.*

21 – Hesychius d'Alexandrie, A 5559 (I, p. 191)

ἀνύξιον· ἄβρωτον (« à jeun », *ou* « non mangeable »). Euclide.

Il faut comprendre : le premier mot, inconnu par ailleurs, est utilisé par Euclide au sens du second.

22 – Pollux, VI, 161

Euclide et Sophocle disent ἡμίκακον, Aristophane de son côté dit ἡμικάκως (« à moitié mal »).

23 (?) – Pollux, III, 82

Lysias et Euripide disent σύνδουλοι, mais Hypéride et la plupart des auteurs (*ou* : et Euclide) disent ὁμόδουλον.

Les deux mots peuvent avoir le même sens : compagnons d'esclavage. Mais d'après la suite du texte de Pollux, le premier signifie esclaves du même maître, et le second compagnon d'infortune.

24 – Diogène Laërce, II, 106

Euclide démontrait que le bien est un, en dépit des noms multiples qu'on lui donne : tantôt prudence, tantôt dieu, quelquefois intelligence, etc. Quant aux contraires du bien, il les supprimait, disant qu'ils n'étaient pas.

25 – Diogène Laërce, VII, 161

Ariston n'admettait ni la pluralité des vertus, comme Zénon, ni une vertu unique appelée de plusieurs noms, comme les Mégariques, mais une vertu dont la nature est relative aux divers rapports où elle entre.

26 A – Cicéron, *Acad. pr.* II, XLII, 129

L'école des Mégariques a été célèbre ; d'après ce que je lis, son chef était Xénophane... il fut suivi de Parménide et de Zénon (à qui par suite les philosophes Éléates sont redevables de leur nom), puis d'Euclide de Mégare, disciple de Socrate ; et c'est à lui que ces philosophes doivent d'être appelés Mégariques. Ils disaient que seul est bien ce qui est un, toujours semblable et toujours identique à soi ; eux aussi tiennent beaucoup de Platon. C'est de Ménédème, parce qu'il était originaire d'Érétrie, que les Érétriens reçurent leur nom ; ils mettent tout le bien dans l'esprit et dans ce regard de l'esprit par lequel on distingue la vérité.

26 B – Lactance, *Divinae institutiones*, 3, 12, 9 (d'après Cicéron)

C'est donc à juste titre qu'un philosophe célèbre, Euclide, qui a été le fondateur de l'école de Mégare, s'est séparé de tous les autres et a affirmé que le souverain bien est ce qui est toujours semblable et identique à soi.

27 – Aristoclès (Eusèbe, *Praeparatio evangelica*, XIV, 17, 1)

D'autres philosophes ont émis un avis opposé. Ils pensent en effet qu'il faut rejeter les sensations et les représentations de l'imagination, et ne se fier qu'à la raison proprement dite. Telle était en premier lieu la doctrine de Xénophane, de Parménide, de Zénon et de Mélissos, et plus tard de l'école de Stilpon et des Mégariques. Ceux-ci estimaient en conséquence que l'être est un et que l'autre n'est pas, et aussi que rien absolument n'est engendré ni n'est détruit ni ne se meut.

28 – Sénèque, *Epistulae*, 88, 44

Zénon d'Élée se débarrassa du problème en affirmant que rien n'est. C'est à peu près sur la même thèse que reposent les doctrines des Pyrrhoniens, des Mégariques, des Érétriens et des Académiciens, qui introduisirent une science nouvelle : ne rien savoir.

29 – Diogène Laërce, II, 107

Lorsqu'il combattait les démonstrations, Euclide ne s'attaquait pas aux prémisses mais à la conclusion.

30 – Diogène Laërce, II, 107

Il rejetait aussi le raisonnement comparatif : car, disait-il, ce raisonnement est fait ou de termes semblables ou de termes dissemblables ; s'il s'agit de termes semblables, mieux vaut s'occuper des choses elles-mêmes que de celles qui leur ressemblent ; et s'il s'agit de termes dissemblables, le rapprochement est gratuit.

I. 1. C. DÉVELOPPEMENT ET SITUATION DANS L'HISTOIRE DE LA PHILOSOPHIE DE L'ÉCOLE ISSUE D'EUCLIDE (fr. 31–44)

31 – Diogène Laërce, II, 106

Euclide était originaire de Mégare sur l'Isthme, ou, selon quelques auteurs, de Géla, comme le rapporte Alexandre dans ses *Successions*. Il étudia aussi les écrits de Parménide. Ses disciples furent appelés Mégariques, puis Éristiques, et finalement Dialecticiens ; ce dernier nom leur fut donné d'abord par Denys de Chalcédoine parce qu'ils disposaient leurs arguments sous la forme de questions et de réponses.

32 A – Diogène Laërce, II, 112

Parmi les disciples d'Euclide, il y a encore Ichthyas, fils de Métallos, homme d'un caractère généreux, à qui Diogène le Cynique avait adressé un dialogue ; et aussi Clinomaque de Thurium, qui fut le premier à écrire un traité sur les propositions, les prédicats et autres questions de cette nature ; enfin Stilpon de Mégare, philosophe remarquable entre tous.

32 B – Diogène Laërce, VI, 80

(Extrait du catalogue des livres de Diogène le Cynique :)
Ichthyas.

33 – *Souda*, s.v. « *Eucleídēs* »

Euclide : originaire de Mégare (de Mégare sur l'Isthme), philosophe, fondateur de la secte qui lui doit d'avoir reçu le nom de Mégarique et qui a été dénommée aussi Dialectique et Éristique. Il fut disciple de Socrate ; après lui, Ichthyas d'abord, puis Stilpon dirigèrent l'école.

34 – *Souda*, s. v. « *Sōkrátēs* »

Socrate suscita les philosophes suivants : ...

Euclide de Mégare, qui constitua sa propre école, laquelle fut appelée Mégarique à partir de lui, et Dialectique à partir de Clinomaque, l'élève d'Euclide ;

... Bryson d'Héraclée, qui fonda avec Euclide la dialectique éristique ; celle-ci fut développée par Clinomaque, et après avoir connu une fréquentation importante elle se termina avec Zénon de Citium;... certains écrivent que Bryson n'a pas été élève de Socrate mais d'Euclide ; il fut aussi le maître de Pyrrhon, qui donna son nom à la secte des Pyrrhoniens ;

... parmi les disciples de Socrate, nous trouvons aussi Terpsion le Mégarique... et Théodore dit l'Athée fut élève de Bryson.

35 – Diogène Laërce, I, 18–19

La philosophie se divise en trois parties : la physique, l'éthique et la dialectique. ... Socrate... créa l'éthique.

... L'éthique comprend dix sectes : l'Académique, la Cyrénaïque, l'Éliaque, la Mégarique, la Cynique, l'Érétrienne, la Dialectique, la Péripatéticienne, la Stoïcienne, l'Épicurienne. (19) Elles eurent pour chefs : l'ancienne Académie, Platon ; la moyenne, Arcésilas et la nouvelle, Lacydès ; la Cyrénaïque, Aristippe de Cyrène ; l'Éliaque, Phédon d'Elis ; la Mégarique, Euclide de Mégare ; la Cynique, Antisthène d'Athènes ; l'Érétrienne, Ménédème d'Érétrie ; la Dialectique, Clitomaque de Carthage * ; la Péripatéticienne, Aristote de Stagire ; la Stoïcienne, Zénon de Citium ; l'Épicurienne enfin doit son nom à son chef Épicure.

* *Sans doute une erreur de la source de Diog. L., pour* Clinomaque. *Voir l'apparat critique de Döring, et fr. 34, début.*

36 – Diogène Laërce, II, 47

Des successeurs de Socrate, les plus en vue furent Platon, Xénophon et Antisthène ; parmi ceux qu'on appelle Socratiques, les quatre philosophes les plus remarquables ont été Eschine, Phédon, Euclide et Aristippe. Il me faut maintenant parler d'abord de Xénophon, puis d'Antisthène avec les Cyniques, ensuite des Socratiques, pareillement enfin de Platon, puisqu'il est le premier dans la série de ce qu'on a appelé les dix sectes et qu'il a lui-même fondé la première Académie.

37 – Anonyme, *Comment. in Plat. Theaet.*, col. III, 50–IV, 3

Euclide faisait partie des Socratiques de premier plan, et il fonda la secte appelée Mégarique, laquelle devint par la suite passablement sophistique.

38 – Cicéron, *De oratore*, III, XVII, 62

Il y eut encore d'autres sectes philosophiques, qui presque toutes se disaient issues de Socrate : les Érétriens, les Érilliens, les Mégariques, les Pyrrhoniens ; mais... il y a longtemps qu'elles se sont effritées et éteintes.

39 – Numenius (Eusèbe, *Praeparatio evangelica*, XIV, 5, 5 = Numenius, fr. 24, 48–51 Des Places)

... Les successeurs de Socrate (avaient connu le même sort), chacun tirant après lui des arguments différents : d'un côté Aristippe, d'un autre Antisthène, d'un autre côté encore les Mégariques, les Érétriens ou d'autres encore avec eux.

40 – Ps.-Galien, *Historia philosopha*, 7, p. 604, 15–16

On a appelé Éristiques les philosophes Euclide, Ménédème et Clinomaque.

Au lieu de Clinomaque, *le texte original porte* Clitomaque, *sans doute par erreur.*

– Voir fr. 50, 148A (cf. 148B), 173.

41 – Diogène Laërce, I, 19

Dans son livre *Des Sectes*, Hippobotos affirme qu'il y eut neuf sectes ou écoles : il cite en premier la Mégarique..., mais ne mentionne ni la Cynique, ni l'Éliaque, ni la Dialectique.

42 – Iosippus, *Memorialis libellus*, 143

Qu'y a-t-il eu comme sectes chez les Grecs ? ... La Mégarique... Cette division en vingt sectes a été faite par le Pythagoricien Héraclide dans son histoire des sectes philosophiques.

43 A – Strabon, IX, 1, 8

La ville des Mégariens eut aussi autrefois des écoles de philosophes, appelés Mégariques parce qu'ils avaient succédé à Euclide, un Socratique, originaire de Mégare.

43 B – Étienne de Byzance, s.v. « *Mégara* » (d'après Strabon)

Il y avait là une école de philosophes appelés Mégariques, parce qu'ils avaient succédé à Euclide de Mégare, un Socratique ; c'est ce que rapporte Strabon au livre neuvième.

44 A – Diogène Laërce, I, 17

Certains philosophes empruntèrent leur nom à des villes, comme les Éliaques, les Mégariques, les Érétriens et les Cyrénaïques.

44 B – Philopon, *In Cat.*, 1, 19 – 2, 2 Busse

Étant donné que les sectes de philosophes sont désignées de sept façons,... soit d'après la ville natale du chef d'école, comme c'est le cas pour les Mégariques qui doivent leur nom à Euclide,...

44 C – Olympiodore, *Prolegomena*, 3, 8–18 Busse

Les sectes philosophiques reçoivent leur nom de sept façons différentes : ... d'après la patrie de leur fondateur, comme l'école Mégarique, qui doit son nom aux Mégariens Euclide et Terpsion.

44 D – Élias, *In Cat.*, 108, 34 – 109, 2 Busse

Il faut savoir que les sectes philosophiques sont dénommées de sept manières différentes : ... ou bien d'après la patrie du chef d'école, comme c'est le cas pour les Mégariques, ainsi appelés à cause des Mégariens Terpsion et Euclide ; d'où aussi l'expression école Mégarique.

44 E – Simplicius, *In Cat.*, 3, 30 – 4, 2 Kalbfleisch

Les sectes philosophiques sont dénommées de sept façons différentes : ... ou bien d'après la patrie du chef d'école, comme c'est le cas pour les Mégariques qui doivent leur nom à Euclide.

I. 2. DIOCLIDE

– Voir fr. 148A (cf. 148B).

I. 3. DENYS DE CHALCÉDOINE (fr. 45–46)

45 – Strabon, XII, 4, 9

Il y a eu en Bithynie des hommes dignes d'être mentionnés pour leurs connaissances, à savoir le philosophe Xénocrate et Denys le Dialecticien.

46 – Diogène Laërce, II, 98

Théodore fut aussi l'élève d'Annicéris et de Denys le dialecticien, d'après le témoignage d'Antisthène dans ses *Successions de philosophes.*

– Voir fr. 31.

I. 4. ICHTHYAS (fr. 47–48)

47 – Athénée, VIII, 335 a

... Ichthyas, le philosophe Mégarique...

48 – Tertullien, *Apologeticum,* 46, 16

Ichthyas est tué alors qu'il dresse des embûches à sa patrie.

– Voir fr. 32A, 32B, 33, 147.

I. 5. CLINOMAQUE (fr. 49)

– Voir fr. 32A, 34, 35, 40, 203B.

49 – Diogène Laërce, IV, 4

(Extrait du catalogue des livres de Speusippe :)
Clinomaque ou *Lysias*, un livre.

II – AUTOUR D'EUBULIDE

II.1.A. EUBULIDE : DONNÉES BIOGRAPHIQUES (fr. 50–58)

50 – Diogène Laërce, II, 108

Euclide eut notamment pour successeur Eubulide de Milet.

51 A – Diogène Laërce, II, 108

Voici ce que dit d'Eubulide un poète comique :

« Le disputeur Eubulide, qui pose des questions cornues
Et par des arguments charlatanesques entortille les orateurs,
S'en est allé avec la langue balbutiante de Démosthène. »

Il semblait en effet que Démosthène aussi ait été son élève, et qu'auprès de lui il se soit débarrassé de sa difficulté à prononcer les « r ».

51 B – *Souda*, s.v. *« rhombostōmulḗthra »*

ῥομβοστωμυλήθρα : Eubulide dit : « Le disputeur qui pose des questions cornues, et par des arguments charlatanesques entortille les orateurs, s'en est allé avec la langue balbutiante de Démosthène. »

52 – Philodème, *Rhetorica*, II, p. 206 Sudhaus

On pourra citer..., et aussi Démosthène, dont on dit qu'il a étudié auprès de Platon et d'Eubulide, et qu'il a construit des miroirs de taille humaine...

53 A – Plutarque, *Vitae decem oratorum*, VIII, 845 c

Mais après avoir suivi les leçons du dialecticien Eubulide de Milet, Démosthène corrigea tous ses défauts.

53 B – Photius, *Bibliotheca*, cod. 265, p. 493 b

Cependant, après avoir suivi les leçons d'Eubulide de Milet, qui ne le cédait à aucun autre dialecticien, il corrigea tout ce qui était matière à défaut.

54 – Apulée, *Apologia*, 15, 8–9

Et Démosthène..., qui ne sait qu'il étudiait toujours ses plaidoyers devant un miroir comme devant un maître ? Ainsi cet orateur éminent, après avoir puisé chez le philosophe Platon la facilité de parole et appris du dialecticien Eubulide l'art d'argumenter, demanda pour finir à son miroir la correction du débit.

55 – Lucien, *Demosthenis encomium*, 12

Mais en ce qui te concerne, quand tu en seras à ce point de ton éloge, tu pourras utiliser en abondance Callistrate, ainsi qu'un catalogue de noms illustres : Alcidamas, Isocrate, Isée, Eubulide !

56 – *Souda*, s.v. « *Dēmosthénēs* »

Démosthène fut aussi l'élève d'Eubulide le dialecticien et de Platon.

– Voir fr. 68, 69, 73, 96.

57 – Athénée, X, 437 d–e

Le jour de la Fête des Conges, c'est la coutume à Athènes d'envoyer des cadeaux en même temps que leurs honoraires aux sophistes, qui eux-mêmes invitaient leurs disciples chez eux ; c'est ce que rapporte le dialecticien Eubulide dans sa pièce *Les Fêtards* :

> « Tu fais le sophiste, coquin, et réclames
> Les honoraires et les cadeaux des Conges, toi qui manges des figues dans le luxe ! »

58 – *Papyri Herculanenses*, 128, fr. VI

(*Voir le commentaire*)

II. 1. B. EUBULIDE : ÉCRITS ET DOCTRINE (fr. 59–67)

59 – Diogène Laërce, II, 109

Eubulide était aussi un adversaire d'Aristote, et il l'a souvent attaqué.

60 – Aristoclès, (Eusèbe, *Praeparatio evangelica*, XV, 2, 5)

Eubulide ment de toute évidence, dans son livre contre Aristote, quand d'abord il attribue à Aristote, alors qu'ils ont été écrits par d'autres, des poèmes assez froids sur son mariage et sur l'amitié qui existait entre lui et Hermias ; ensuite quand il prétend qu'Aristote a offensé Philippe, qu'il n'était pas présent à la mort de Platon et qu'il a falsifié les livres de ce dernier.

61 – Athénée, VIII, 354 c

Je sais qu'Épicure est le seul à avoir dit cela contre Aristote ; Eubulide ne l'a pas fait, pas même Céphisodore n'a osé dire une chose pareille contre le Stagirite, bien qu'ils aient tous deux écrits des ouvrages contre lui.

62 – Themistius, *Orationes*, XXIII, 285 c

Les Céphisodore, les Eubulide, les Timée, les Dicéarque, et toute la troupe de ceux qui se sont attaqués à Aristote le Stagirite, quand trouverais-je le temps de les passer en revue, ces gens dont les ouvrages parviennent au temps présent en conservant intacte leur charge de haine et de jalousie ?

63 – Sextus Empiricus, *Adv. math.*, VII, 13

La logique, enfin, fut la seule partie de la philosophie que pratiquèrent les écoles de Panthoïdès, d'Alexinos, d'Eubulide, de Bryson, de Dionysodore et d'Euthydème [originaires tous deux de Thurium, et mentionnés aussi par Platon dans son *Euthydème*].

64 – Diogène Laërce, II, 108

Eubulide..., qui, dans le domaine de la dialectique, produisit de nombreux arguments de forme interrogative : le menteur, le caché, l'Électre, le voilé, le sorite, le cornu, le chauve.

65 – Diogène Laërce, VII, 186–187

Le philosophe Chrysippe posait des questions de ce genre : ... (187) et aussi : s'il y a une chose que tu n'as pas perdue, tu la possèdes ; or tu n'as pas perdu de cornes ; tu as donc des cornes. D'autres auteurs attribuent cet argument à Eubulide.

– Voir Annexe I, pp. 75–86.

– Voir fr. 88, fin.

66 (?) – Diogène Laërce, II, 41–42

Socrate fut donc condamné par une majorité de deux cent quatre-vingt-une voix ; et comme les juges cherchaient à estimer la peine qu'il devrait subir ou l'amende qu'il aurait à payer, il déclara être prêt à payer vingt-cinq drachmes. (42) Eubulide affirme pour sa part qu'il était d'acord pour en payer cent. Mais les juges s'étant mis à protester bruyamment, il ajouta : « En considération des actions que j'ai accomplies, la peine que je propose est d'être nourri au prytanée. »

67 (?) – Diogène Laërce, VI, 20

Dioclès raconte que, son père s'étant vu confier la banque de l'État et ayant falsifié la monnaie, Diogène (de Sinope) s'exila. Mais Eubulide, dans son livre *Sur Diogène*, prétend que Diogène s'était lui-même rendu coupable de ce méfait et qu'il partit en exil avec son père.

II. 2. EUPHANTE D'OLYNTHE (fr. 68–72)

68 – Diogène Laërce, II, 110

Eubulide eut aussi comme disciple Euphante d'Olynthe, auteur d'ouvrages historiques sur son époque. Celui-ci composa en outre un assez grand nombre de tragédies qui lui valurent une certaine estime lors des concours publics. Il fut aussi le maître du roi Antigone, à qui il a adressé un discours très apprécié, *Sur la royauté*. Il mourut âgé.

– Voir le fr. 164A.

69 – *Papyri Herculanenses*, 1112, fr. 2

.....

... de Memnon, d'Alexinos, de toi, d'Eubulide et d'Euphante...

.....

70 – Athénée, VI, 251 d

Au livre quatre des *Histoires*, Euphante rapporte que le roi d'Égypte Ptolémée III avait un parasite du nom de Callicrate ; celui-ci était si singulier que non seulement il portait un portrait d'Ulysse sur son anneau à cacheter, mais qu'en outre il avait donné à ses enfants les noms de Télégonos et d'Anticlée.

71 – Diogène Laërce, II, 141

Il semble que Ménédème fut chargé d'une ambassade très importante auprès de Démétrios en faveur de la ville d'Oropos, comme le rapporte notamment Euphante dans les *Histoires*.

72 – Philodème, *Perì tôn stōïkôn, Pap. Herc.* 339, col. VI

...

Car ce que nous disons est attesté par Hiéronymos et Euphante de Chalcidique, ainsi que par Hégémon d'Athènes.

II. 3. MEMNON (?)

– Voir le fr. 69.

II. 4. A. ALEXINOS : DONNÉES BIOGRAPHIQUES (fr. 73–86)

73 – Diogène Laërce, II, 109

Parmi les successeurs d'Eubulide, il y eut Alexinos d'Élis, un personnage extrêmement querelleur ; pour cette raison il fut d'ailleurs surnommé Elenxinos (le Réfutateur).

74 – Diogène Laërce, II, 109 –110

Selon Hermippe, Alexinos quitta l'Élide pour Olympie avec l'intention d'y enseigner la philosophie. Comme ses élèves lui demandaient pourquoi il s'établissait à cet endroit, il répondit qu'il voulait fonder une secte qui s'appellerait Olympique. Mais, gênés par le manque de ressources et se rendant compte que la contrée était malsaine, les élèves s'en allèrent, si bien qu'Alexinos passa le restant de sa vie seul avec un unique domestique ; plus tard, alors qu'il se baignait dans l'Alphée, il se blessa à un roseau et en mourut. (110) J'ai fait sur lui une épitaphe ainsi rédigée :

« Ce n'était donc pas un vain racontar, cette histoire
Selon laquelle un homme marqué par la malchance
S'est, en nageant, percé le pied avec un clou !

Car cet homme vénérable, Alexinos,
Avant d'avoir atteint l'autre rive de l'Alphée
Mourut blessé par un roseau. »

75 – *Papyri Herculanenses*, 418, fr. 4

(Trad. d'après la reconstitution de W. Crönert, ***Kolotes und Menedemos***, p. 19)

... car personne d'autre n'était aussi sot, naïf et enflé de vaine illusion...

... dans ce même écrit on parle aussi de Stilpon, que notre homme surnomme l'Ivrogne ; d'Aristippe, à qui sont reprochés plusieurs vices et notamment d'avoir joui des plaisirs de l'amour avec une parente ; d'Alexinos, qui exigeait d'être payé cinq mines ; d'Antidoros, qui est accusé d'autres méfaits de ce genre et en particulier...

– Voir le fr. 69.

76 – Cicéron, *Acad. pr.* II, XXIV, 75

J'avais d'ailleurs d'autres adversaires pour vous inquiéter, mais de moindre envergure : Stilpon, Diodore, Alexinos, auteurs de sophismes contournés et subtils.

77 – Fronton, *Epistulae ad Antonin., De eloquentia*, 2, 16

Si la philosophie consistait uniquement en l'étude des choses, je m'étonnerais moins de te voir mépriser à ce point les mots. Or, que tu étudies les raisonnements cornus, les sorites, les menteurs, qui sont autant d'arguments contournés et captieux, mais négliges la pratique de l'éloquence, la noblesse de l'expression, la majesté, la grâce et l'éclat du style, cela montre que tu préfères dire plutôt qu'exprimer, murmurer et bredouiller plutôt que faire retentir ta voix. Tu mets les écrits de Diodore et d'Alexinos au-dessus de ceux de Platon, de Xénophon et d'Antisthène ; c'est comme si, étudiant l'art de l'acteur, on s'intéressait davantage au jeu de Tasurcus qu'à celui de Roscius ; ou comme si à la nage, et pour autant que les deux soient également possibles, on préférait rivaliser avec la grenouille plutôt qu'avec les dauphins, ou encore voler avec les petites plumes des cailles plutôt qu'avec des ailes ayant l'envergure de celles des aigles.

78 – Fronton, *Epistulae ad Antonin.*, *De eloquentia*, 2, 18

C'est d'Anaxagore et non d'Alexinos le Sycophante que Périclès a été l'élève.

79 – Plutarque, *De communibus notitiis adv. Stoicos*, 10, 1062 f – 1063 a

(Plutarque critique les contradictions des Stoïciens :)

Il est contraire aux notions communes de blâmer et d'accuser pareillement tous les hommes, tout en traitant les uns comme des sages et les autres comme des scélérats, et aussi de se pâmer d'admiration devant Chrysippe mais de se moquer d'Alexinos, tout en estimant que les hommes ne sont ni plus ni moins insensés les uns que les autres.

80 – Stobée, *Florilegium*, IV, 20, 31

De Chrysippe :

Comme quelqu'un déclarait : « Le sage ne doit pas être amoureux, si l'on en croit le témoignage de Ménédème, d'Épicure et d'Alexinos », Chrysippe répliqua : « Je me servirai de la même preuve : si Alexinos l'ignare, Épicure l'insensible, et Ménédème le radoteur disent non, c'est que le sage doit être amoureux. »

81 – Diogène Laërce, VII, 166

Selon Dioclès, Denys le Transfuge fut élève d'abord de son concitoyen Héraclide, puis d'Alexinos et de Ménédème, et enfin de Zénon.

82 – Diogène Laërce, II, 136

Agressif dans ses paroles, Ménédème était pourtant très doux dans ses actes. Par exemple, il abreuvait Alexinos de moqueries, le raillait durement, mais il lui rendit néanmoins service, en faisant accompagner de Delphes à Chalcis sa femme qui craignait d'avoir affaire en chemin aux brigands et aux pirates.

83 – Plutarque, *De vitioso pudore*, 18, 536 a–b

On rapporte ainsi que le sophiste Alexinos disait beaucoup de mal, dans son cours, de Stilpon de Mégare ; mais comme un des assistants fit observer : « Lui pourtant faisait dernièrement ton éloge », il répondit : « Oui par Zeus, c'est le meilleur et le plus généreux des hommes. » Ménédème au contraire, ayant entendu dire qu'Alexinos faisait souvent son éloge, déclara : « Moi par contre je blâme sans cesse Alexinos ; c'est donc un méchant homme, soit parce qu'il loue un méchant homme, soit parce qu'il est blâmé par un homme honnête. »

84 – Diogène Laërce, II, 135

Ménédème rejetait aussi, dit-on, les propositions négatives, n'acceptant que les affirmatives ; parmi ces dernières il n'admettait que les propositions simples et rejetait les composées, je veux dire les implications et les propositions coordonnées. Selon Héraclide, il était platonicien quant à la doctrine, mais il se gaussait des discussions procédant par questions et réponses ; ainsi, comme Alexinos lui demandait un jour s'il avait cessé de battre son père, il répondit : « Je n'ai ni commencé à battre ni cessé ! » Mais l'autre expliquant qu'il fallait lever l'équivoque en répondant par oui ou par non, il répliqua : « Il est ridicule d'entrer dans votre jeu quand il est possible de le contrer en restant sur le seuil ! ».

85 – Diogène Laërce, II, 125

Ménédème... était le fils de Clisthène, un homme bien né, qui était architecte mais pauvre ; d'autres veulent que Clisthène ait été décorateur de théâtre et que Ménédème ait appris l'un et l'autre métier ; c'est pourquoi, un jour que celui-ci avait proposé un décret, un disciple d'Alexinos l'attaqua en faisant remarquer que le sage ne devait préparer ni décor de théâtre ni décret.

86 – Diogène Laërce, IV, 36

A un dialecticien élève d'Alexinos qui s'était montré incapable d'exposer convenablement un point de la doctrine d'Alexinos, Arcésilas lança cette riposte de Philoxène aux briquetiers qu'il avait rencontrés en train d'estropier ses chants ; il piétina leurs briques en disant : « Tout comme vous saccagez mes œuvres, je saccage les vôtres. »

II. 4. B. ALEXINOS : ÉCRITS ET DOCTRINE (fr. 87–95)

87 – Diogène Laërce, VII, 163

(Extrait du catalogue des livres du Stoïcien Ariston :)
Contre les Réponses d'Alexinos.

– Voir le fr. 63.

88 – Philodème, *Rhetorica* II, col. XLIV, 19 – XLV, 29 ; col. XLVIII, 31 – XLIX, 19 (= I, pp. 78–80 ; 84–85 Sudhaus = pp. 135–137 ; 143–145 Auricchio)

Mais voici que Hermarque, sous l'archontat de Ménéclès, soutient lui aussi dans une lettre à Théophidès la même opinion (i.e. que la rhétorique sophistique est un art). Il s'oppose en effet à Alexinos, qui dans son traité *De l'Éducation* reproche aux sophistes rhéteurs de faire beaucoup de recherches inutiles ; parmi elles, l'intérêt qu'ils portent à l'expression et à la mnémotechnique, ou encore les ouvrages dans lesquels ils examinent si, dans le passage qui commence par *ἄστρα δὲ δὴ προβέβηκε* Homère n'a pas écrit *ὑποβέβηκεν*, ainsi que d'autres questions portant sur Homère et sur Euripide ; Alexinos y ajoute les difficultés et problèmes soulevés par eux au sujet du résumé des paroles prononcées, de la récapitulation, et d'autres encore ; mais Alexinos fait aussi leur éloge, notamment pour..., et il écrit : « ... on peut cependant accepter chez eux l'effort qu'ils font pour produire, sur des sujets utiles et les très nombreux problèmes qui surviennent dans l'existence, des arguments dont l'examen appartient aux philosophes ; car, même si certains de ces arguments ne concluent pas de façon scientifique, il est néanmoins possible de juger les rhéteurs d'après la vraisemblance et la probabilité. »

A ce bavardage d'Alexinos, Hermarque s'oppose de façon globale et dit : « ... (*suivent les objections à la thèse d'Alexinos, que Hermarque a exposées dans la lettre mentionnée ci-dessus ; en voici les dernières phrases :)* Quant à l'affirmation selon laquelle certains arguments des rhéteurs ne concluent pas scientifiquement mais de façon empirique et probable, comment l'entendre à son tour ? Car il ne faut évidemment pas croire que cela signifie littéralement que ces arguments ne comportent pas de syllogismes dialectiques ; en effet, ce défaut ne touche pas seulement certains de leurs arguments, mais tous – sans parler du fait qu'Alexinos s'accommode fort bien lui aussi de cette absence ; du moins reproche-t-il quelque part à Eubulide de mépriser les arguments ne comportant pas de syllogismes : car, dit-il, nous pouvons connaître les choses même sans eux. »

89 – Philodème, *Rhetorica* VI, fr. XXIV; I, p. 279–280 Sudhaus

Cinq lignes très mutilées, dans lesquelles on ne peut guère lire que les mots : «... les dialecticiens Mégariques... tout rhéteur... ». *Voir le commentaire.*

90 – Aristoclès (Eusèbe, *Praeparatio evangelica*, XV, 2, 4)

On peut aussi à juste titre trouver ridicules les *Mémorables* du philosophe éristique Alexinos. Il nous présente en effet Alexandre, encore enfant, en discussion avec son père Philippe et vilipendant les thèses d'Aristote mais approuvant Nicagoras, celui qui se faisait appeler Hermès.

91 – Athénée, XV, 696 e-f

C'est encore un péan que le poème écrit en l'honneur de Cratéros le Macédonien et composé par le dialecticien Alexinos, comme le relate Hermippe, le disciple de Callimaque, au premier livre de son ouvrage *Sur Aristote*. Ce péan est lui aussi chanté à Delphes, avec un accompagnement de lyre joué par un enfant.

92 – Diogène Laërce, II, 109

Alexinos entretenait une vive polémique avec Zénon.

93 – Diogène Laërce, II, 110

Alexinos n'a pas écrit seulement contre Zénon, mais il a encore laissé d'autres ouvrages, dont un contre l'historien Éphore.

94 – Sextus Empiricus, *Adv. math.*, IX, 104 et 108

Zénon dit encore : « Ce qui est doué de raison est meilleur que ce qui n'est pas doué de raison ; or rien n'est meilleur que le monde ; donc le monde est doué de raison. Il en est de même pour l'intelligence et la participation à la vie : car ce qui est intelligent est meilleur que ce qui n'est pas intelligent, ce qui est vivant meilleur que ce qui n'est pas vivant ; or rien n'est meilleur que le monde ; donc le monde est intelligent et vivant. »...

(108) Mais Alexinos retourna l'argument contre Zénon de la façon suivante : « Etre poète est meilleur que n'être pas poète, être grammairien meilleur que n'être pas grammairien, et la pratique des différents arts est meilleure que son contraire ; or rien n'est meilleur que le monde ; le monde est donc poète et grammairien. »

– Voir Annexe I, p. 86.

95 – Cicéron, *De nat. deorum*, III, IX, 22–23

Zénon raisonne en effet ainsi : « Ce qui est doué de raison est meilleur que ce qui n'est pas doué de raison ; or rien n'est meilleur que le monde ; donc le monde est doué de raison. » Si vous en avez envie, vous pouvez à l'instant faire en sorte que le monde se révèle parfaitement capable de lire un livre ; car en marchant sur les traces de Zénon vous pourrez bâtir ainsi votre raisonnement : « Ce qui sait lire est meilleur que ce qui ne sait pas lire ; or rien n'est meilleur que le monde ; donc le monde sait lire. » De cette façon-là vous prouverez aussi qu'il est orateur, et même mathématicien et musicien ; puis qu'il possède toutes les sciences, et enfin qu'il est philosophe.

– Voir Annexe I, p. 86.

III – AUTOUR DE DIODORE

III. 1. APOLLONIOS CRONOS

– Voir fr. 96–98.

III. 2.A. DIODORE : DONNÉES BIOGRAPHIQUES (fr. 96–108)

96 – Diogène Laërce, II, 111

Il y a encore d'autres disciples d'Eubulide, parmi lesquels Apollonios Cronos, le maître de Diodore d'Iasos, fils d'Aminias, qui fut lui aussi surnommé Cronos et dont Callimaque dit dans ses *Épigrammes* :

« Mômos lui-même
A écrit sur les murs : Cronos est sage. »

97 – Strabon, XVII, 3, 22

Apollonios Cronos est lui aussi originaire de cet endroit (Cyrène) ; il fut le maître du dialecticien Diodore, qui porta également le surnom de Cronos, l'épithète passant du maître à l'élève.

98 – Strabon, XIV, 2, 21

De là (Iasos) était originaire le dialecticien Diodore, celui qui portait le surnom de Cronos, encore qu'à l'origine ce fut à tort ; c'est en effet son maître Apollonios qu'on appelait Cronos, mais Diodore reçut cette épithète à cause du peu de célébrité dont jouissait le véritable Cronos.

99 – Diogène Laërce, II, 111–112

Pendant un séjour que Diodore fit chez Ptolémée Sôter, Stilpon lui posa quelques questions de dialectique ; comme il ne put les résoudre sur le champ, le roi lui en fit reproche, et l'appela notamment Cronos en manière de moquerie.

(112) Quittant alors le banquet, il rédigea un traité sur la question posée et mourut de dépit. Voici les vers que j'ai composés sur lui :

« Diodore Cronos, laquelle parmi les divinités
D'un malin dépit t'a étreint,
Que tu te sois précipité toi-même dans le Tartare
Pour n'avoir su de Stilpon résoudre les paroles
Énigmatiques ? Assurément tu t'es montré « Cronos »,
Otés le rho et le kappa. »

100 – Pline, *Naturalis historia*, VII, LIII, 180

Le philosophe dialecticien Diodore mourut de honte pour n'avoir su résoudre sur le champ une question que Stilpon lui avait posée en manière de jeu.

101 – Clément d'Alexandrie, *Stromateis*, IV, XIX, 121, 5

Les filles de Diodore, celui qui était surnommé Cronos, étaient toutes dialecticiennes, comme le rapporte le dialecticien Philon dans son *Ménéxène* ; voici leurs noms : Ménéxénè, Argéia, Théognis, Artémisia, Pantacléia.

102 – Jérôme, ***Adv. Iovinianum*****, I, 42**

On raconte que le philosophe socratique Diodore a eu cinq filles dialecticiennes d'une pureté de mœurs remarquable, sur lesquelles Philon, le maître de Carnéade *, nous a laissé lui aussi une relation circonstanciée.

*Le maître de Carnéade *est apparemment une glose fautive de Jérôme. Il s'agit certainement du même Philon que dans le fr. précédent, c.-à-d. du Mégarique.*

103 – Diogène Laërce, VII, 25

Zénon de Citium fréquenta aussi Diodore, si l'on en croit Hippobotos, et auprès de lui il travailla notamment la dialectique.

104 – Diogène Laërce, VII, 16

Zénon de Citium mettait beaucoup de zèle à disputer avec le dialecticien Philon, son condisciple. La même source nous apprend aussi qu'il n'était pas moins estimé de Zénon le Jeune que de Diodore, son propre maître.

105 – ***Souda*****, s.v.** ***« Zēnōn »***

Zénon, fils de Mouséos, originaire de Sidon, philosophe stoïcien et élève de Diodore dit Cronos, lequel fut lui aussi maître de Zénon de Citium.

106 – Numenius (Eusèbe, ***Praeparatio evangelica*****, XIV, 5, 11–14 ; 6, 4 = Numenius, fr. 25, 4–29 et 63–67 Des Places)**

Polémon eut pour élèves Arcésilas et Zénon (de Citium)... J'ai dit, je m'en souviens, que Zénon avait étudié chez Xénocrate, puis chez Polémon, et que plus tard il avait appris le Cynisme auprès de Cratès ; à présent il faut aussi mettre à son actif la fréquentation de Stilpon et des discussions héraclitéennes. Lors donc que, étudiant tous deux chez Polémon, ils se mesurèrent l'un avec l'autre, ils firent appel, pour soutenir leur combat mutuel, aux philosophes suivants : l'un, Zénon, à Héraclite et à Stilpon en même temps qu'à Cratès – Stilpon le rendant combatif, Héraclite sévère, Cratès cynique ; Arcésilas, de son côté, disposait de Théophraste, du platonicien Crantor, de Diodore, ensuite de Pyrrhon – Crantor lui enseignant la persuasion, Diodore les sophismes, Pyrrhon la versatilité, la hardiesse, le néant. De là ce vers parodique et insolent qu'en manière de chanson on disait de lui :

« Platon par devant, Pyrrhon par derrière, Diodore au milieu. » *

Timon, lui, prétend que c'est Ménédème qui lui a fait découvrir l'éristique et l'en a harnaché ; c'est du moins ce qu'il suggère quand il dit de lui :

« Portant d'une part sur la poitrine le plomb de Ménédème, **
Il courra ou vers Pyrrhon, qui est tout chair, ou vers Diodore. »

Ayant ainsi, grâce aux vaines subtilités du dialecticien Diodore, entortillé les raisonnements de Pyrrhon et son scepticisme, il para du style incomparable de Platon son espèce de niaiserie bavarde. ... (6, 4) ... il retira de la pratique de Diodore ces élégances fourbes et persuasives, il fréquenta Pyrrhon (...) ; ainsi équipé désormais, il se maintint – pyrrhonien sans en porter le nom – dans la réfutation universelle.

* Cf. Iliade *VI, 181*
** Cf. Odyssée, *V, 346*

107 – Diogène Laërce, IV, 32–33

Arcésilas semblait tenir Platon en grande estime, et il possédait ses livres. Selon certains, il a été aussi l'émule de Pyrrhon ; il connaissait la dialectique, et étudia les écrits des Érétriens ; c'est pourquoi Ariston disait de lui : ... (*voir le fr. 106, l. 12*)... Et Timon parle de lui en ces termes : ... (*voir le fr. 106, l. 15–16*) ; et un peu plus loin il le fait parler ainsi :

« Je nagerai vers Pyrrhon et vers le tortueux Diodore. »

108 – Sextus Empiricus, *Pyrrh. hyp.*, I, 234

C'est pourquoi, à ce qu'on rapporte, Ariston dit de lui (Arcésilas) : ... (*voir le fr. 106, l. 12*) ..., parce qu'il se servait de la dialectique de Diodore, mais que, vu de face, il était platonicien.

– Voir fr. 76, 77, 220.

III. 2.B. DIODORE : DOCTRINE (fr. 109–143)

109 – Diogène Laërce, II, 111

Il était lui aussi dialecticien, et certains lui attribuent la création des raisonnements Voilé et Cornu.

110 – Themistius, *Orationes*, II, 30 b

Vous autres, vous estimez peut-être que si quelqu'un argumente en tous sens sur les syllogismes, s'il est à même d'analyser les arguments de Personne, de dévoiler les Voilés ainsi que certains autres raisonnements qui affirment et nient en même temps – à l'instar de Philon et de Diodore, dont les brillantes contributions, le Souverain et le Cornu, sont des sophismes redoutables et malfaisants, aussi difficiles à comprendre qu'inutiles à connaître – ... vous pensez, dis-je, qu'un homme de cette espèce est philosophe ?

– Voir Annexe I, p. 87.

111 – Aulu-Gelle, *Noctes atticae*, XI, 12, 1–3

Chrysippe dit que tout mot est par nature équivoque, parce qu'un même terme peut avoir deux ou plusieurs significations. (2) Diodore, celui qui porta le surnom de Cronos, affirme quant à lui : « Aucun mot n'est équivoque, il n'y a d'équivoque ni dans les paroles ni dans la pensée ; et on doit considérer que rien d'autre n'a été dit que ce que pense dire celui qui parle. (3) Mais, ajoute-t-il, quand moi j'ai pensé une chose et que toi tu en as compris une autre, on peut estimer que l'énoncé a été obscur plutôt qu'équivoque ; car pour qu'un terme ait été équivoque, il aurait dû par nature être tel que le locuteur ait dit effectivement deux ou plusieurs choses. Or personne ne dit deux ou plusieurs choses lorsqu'il a pensé en dire une seule. »

112 – Ammonius, *In De Interpr.*, 38, 17–20 Busse

Nous n'approuverons pas le dialecticien Diodore qui pensait que tout son vocal est signifiant et qui, pour le prouver, avait appelé un de ses serviteurs « Mais vraiment », et avait pareillement donné aux autres différents noms de conjonctions.

113 – Simplicius, *In Cat.*, 27, 15–24 Kalbfleisch

Certains résolvent la difficulté en niant que tout nom soit signifiant. Le nom se dit en effet en trois sens : 1°) selon la forme extérieure, même si elle ne correspond à aucune idée signifiée, comme par ex. « to blityri » ; 2°) en tant qu'il correspond à une idée signifiée, sans avoir toutefois la forme d'un nom, comme par ex. la conjonction « Mais vraiment » que Diodore avait donnée comme nom à un de ses serviteurs (lequel Diodore se moquait des distinctions grammaticales, ainsi que de ceux qui prétendent que les noms sont naturels) ; 3°) en tant qu'il possède à la fois la forme du nom et une signification, comme « Socrate », « Platon », et les autres termes appelés noms. Cela étant, qu'est-ce qui empêche l'homonyme d'être dépourvu de signification tout en possédant la forme du nom ?

114 – Etienne, *In De Interpr.*, 9, 20–24 Hayduck

Pour Cratyle, les noms sont naturels si l'on considère le sens premier (celui qui est issu de la nature) ; pour Diodore au contraire, les noms ne sont pas naturels mais conventionnels, si l'on considère le sens postérieur, celui qui a été imposé purement et simplement et au hasard. Aussi donnait-il à ses propres enfants des noms de particules, les appelant « D'une part » et « D'autre part ».

115 – *Anecdota Graeca Oxoniensia*, IV, 328, 25–32 Cramer

Du nom. – On dit que le nom occupe la première place, puisque tous les mots sont également désignés par le terme commun de « nom » ; ainsi nous disons que Platon s'est servi de beaux noms. Si en effet est nom ce qui est de forme nominale et possède une signification, si d'autre part chaque partie du discours possède une signification ou en est un élément constituant, il est évident que chacune de ces parties peut être appelée « nom » ; c'est là-dessus que se serait fondé Diodore, celui qui était surnommé Cronos, pour donner un nom à son serviteur.

116 – Denys d'Alexandrie (Eusèbe, *Praeparatio evangelica*, XIV, 23, 4)

D'autres, modifiant le nom des atomes, affirment que ce sont des corps sans parties, eux-mêmes parties de l'univers, éléments indivisibles dont toutes choses sont constituées et en lesquels elles se dissolvent. Et c'est Diodore qui passe pour avoir été le créateur de ce terme de « sans parties ».

117 A – Aetius, *Placita*, I, 3, 27

D'après Diodore dit Cronos, ce sont les corps sans parties qui sont principes ; ces corps sont aussi, selon lui, les plus petits qui soient, infinis en nombre mais de grandeur définie.

117 B – Aetius, *Placita*, I, 13, 3

Xénocrate et Diodore définissaient les (corps) les plus petits qui soient comme sans parties.

117 C – Sextus Empiricus, *Pyrrh. hyp.*, III, 32

Diodore, celui qui était surnommé Cronos, dit que ce sont des corps minimaux et sans parties qui constituent le principe de toutes choses.

117 D – Sextus Empiricus, *Adv. math.*, IX, 363

Diodore, celui qui était surnommé Cronos, dit que ce sont des corps minimaux et sans parties qui constituent le principe et l'élément de toutes choses.

117 E – Ps.-Galien, *Historia philosopha*, 18, p. 611, 1–2

Diodore, celui qui était surnommé Cronos, estime que ce sont des corps sans parties et minimaux qui constituent les principes de toutes choses.

117 F – Ps.-Clément, *Recognitiones*, VIII, 15, p. 225, 18–19

Les éléments des principes, Diodore les appelle « sans parties ».

(Traduction de Rufin :)

Les éléments des principes, Diodore les appelle « amere », c'est-à-dire (corps) dans lesquels il n'y a pas de parties.

118 – Chalcidius, *Comm. in Plat. Tim.*, 203 et 279

Or ces liaisons invisibles, Platon les appelle « chevilles », < et il s'agit > soit d'un ensemble de corpuscules minimaux, comme le pense Diodore, soit d'une agglomération plastique de ces mêmes corpuscules semblables entre eux, comme le veut Anaxagore.

(279) D'autres, tels Diodore et quelques Stoïciens, à cause de la ténuité des corps insécables, dont le nombre serait infini, pensent que dans sa réalité ultime la matière est un assemblage, et que l'agrégation de ces atomes aussi bien que leur désagrégation sont dues au hasard.

119 – Alexandre d'Aphrodise, *In De sensu*, 122, 21–23 ; 172,28–173,1 Wendland

S'il est vrai qu'une chose minime n'est pas perceptible de par sa nature propre, ni une chose très grande imperceptible, un être minimal ne peut pas non plus, de par sa nature propre, apparaître comme une grandeur, comme pense le montrer Diodore.

(172,28) Ainsi, en ce qui concerne la question posée au sujet des (corps) sans parties, que ce soit par Diodore ou par un autre, c'est bien Aristote, semble-t-il, qui a été le premier à la poser et à la traiter. Mais ce dernier, qui en est l'inventeur, la traita de façon correcte, alors que les autres, qui s'en glorifient, non seulement l'ont héritée de lui mais en outre ne l'ont pas traitée comme il faut.

120 – Simplicius, *In Phys.*, 926, 19–21 Diels

Les instants aussi sont sans parties, ainsi que les unités, de sorte que même si certains prétendaient qu'il existe des corps sans parties, comme Diodore croit le montrer, les mêmes affirmations seront énoncées à leur sujet.

121 – Aetius, *Placita*, I, 23, 5

Selon Diodore Cronos, on peut dire que quelque chose s'est mû, mais non que quelque chose se meuve.

122 – Sextus Empiricus, *Adv. math.*, X, 48

Diodore Cronos est lui aussi d'accord avec ces gens-là (i.e. ceux qui affirment que le mouvement n'est pas, comme Parménide et Melissos), sauf que sa formule à lui est : on peut dire que quelque chose s'est mû, mais rien absolument ne se meut, comme nous l'expliquerons dans la suite de notre exposé, quand nous examinerons sa doctrine de façon plus précise. Mais pour l'instant il suffit de savoir qu'il partage lui aussi l'opinion de ceux qui nient le mouvement.

123 – Sextus Empiricus, *Adv. math.*, X, 85–101

Un autre argument de poids contre la réalité du mouvement est apporté par Diodore Cronos, argument par lequel il montre que rien absolument ne se meut, et que cependant il y a mouvement accompli.

Que rien ne se meuve, c'est la conséquence de ses hypothèses sur les corps sans parties. (86) En effet, le corps sans parties doit être contenu en un lieu sans parties, et pour cette raison il ne peut se mouvoir, ni en lui (car il le remplit tout entier ; or ce qui doit se mouvoir exige un lieu plus grand que soi), ni dans le lieu où il n'est pas, puisqu'il n'y est pas encore pour s'y mouvoir. Par suite rien ne se meut. L'argument dit cependant qu'il y a mouvement accompli. En effet, cela même qui auparavant était vu en ce lieu-ci est vu maintenant en un autre lieu ; ce qui ne se serait pas produit si le corps ne s'était pas mû... (87) Pour démontrer que rien ne se meut, Diodore presse ses adversaires par le raisonnement – colporté de tous côtés – que voici : « Si une chose se meut, elle le fait ou bien dans le lieu où elle est ou bien dans celui où elle n'est pas ; or elle ne le fait ni dans le lieu où elle est (puisqu'elle y reste), ni dans celui où elle n'est pas (puisqu'elle n'y est pas) ; donc rien ne se meut. »

(88) Tel est l'argument ; la preuve de ses prémisses est évidente. Si en effet il y a deux lieux, l'un étant celui où se trouve la chose, le deuxième celui où elle n'est

pas, et si on ne peut pas non plus en concevoir un troisième à côté d'eux, il est nécessaire que la chose en mouvement, si elle est réellement en mouvement, se meuve dans l'un de ces deux lieux ; car elle ne saurait se mouvoir dans le lieu inconcevable. Or, dans le lieu où elle est, elle ne se meut pas ; elle le remplit en effet tout entier, et pour autant qu'elle y est elle y demeure ; et si elle y demeure elle ne se meut pas. (89) D'autre part, dans le lieu où elle n'est pas il est également impossible qu'elle se meuve : en effet, là où une chose n'est pas elle ne peut ni agir ni pâtir, et ainsi elle ne peut pas non plus se mouvoir ; de même qu'on ne pourrait pas dire de quelqu'un qui se trouve à Rhodes qu'il se meut à Athènes, de même on ne dira pas non plus en général qu'un corps quelconque se meut dans le lieu où il n'est pas. (90) Par conséquent s'il y a deux lieux, celui où la chose est et celui où elle n'est pas, et s'il a été prouvé que la chose en mouvement ne peut se mouvoir dans aucun des deux, il ne saurait y avoir de chose en mouvement.

Telle est donc la preuve de l'argument ; il a néanmoins été contredit de différentes façons et par beaucoup d'auteurs, dont nous allons désormais exposer les objections. (91) Quelques-uns disent que si des choses sont vraies une fois accomplies, il est impossible qu'elles soient fausses pendant qu'elles s'accomplissent, mais qu'elles sont vraies ;.et si les premières sont fausses, les secondes le seront pareillement. Car ce dont il existe une limite, cela aussi existe, et il ne saurait y avoir de limite de ce qui n'est pas. Si donc l'accompli constitue la limite du présent, il est nécessaire, puisque l'accompli – qui est limite – est réel, que soit réel aussi le présent dont cet accompli est la limite. (92) Et de même que l'accompli «être devenu» n'est rien si le présent « devenir » n'est pas vrai, de la même manière que l'accompli « avoir été détruit » n'est rien si le présent « être détruit » n'est pas donné auparavant, de même il est impossible, si le présent « se mouvoir » n'est pas vrai, que soit vrai l'accompli « s'être mû ». ...

(97) Telles sont donc les objections contre l'argument de Diodore. Celui-ci semble avoir directement répondu à la première (*voir parag. 91–92*) en expliquant qu'il est possible que les événements exprimés à l'accompli soient vrais mais les présents correspondants faux. Soit en effet un homme qui s'est marié il y a un an, et un deuxième qui s'est marié à la fin de l'année. Par conséquent, en ce qui concerne ces deux hommes, la proposition « ils se sont mariés » qui exprime une action accomplie est vraie, mais la proposition ramenée au présent « ils se marient » est fausse : car lorsque le premier se mariait le deuxième ne se mariait pas encore, et lorsque le deuxième se mariait, le premier ne se mariait plus. La proposition « ils se marient » serait vraie en ce qui les concerne dans le cas où ils se marieraient ensemble. Il est donc possible que l'accompli soit vrai et le présent correspondant faux. (98) Il en va de même de la proposition « Hélène a eu trois maris ». En effet, ni pour la période où elle avait pour mari Ménélas, à Sparte, ni pour celle où elle était l'épouse de Pâris à Troie, ni enfin pour le temps où, après la mort de ce dernier, elle fut mariée à Déiphobe, le présent « elle a trois maris » n'est vrai, alors que l'accompli « elle a eu trois maris » est vrai. ...

(100)... Mais, par Zeus, pour défendre la même idée Diodore avance encore un autre argument en se servant d'un exemple plus clair. (101) Qu'on jette, dit-il, une balle au plafond ; assurément, à l'instant qui marque le milieu de sa trajectoire, la proposition au présent « la balle touche le plafond » est fausse, car l'événement est encore à venir. Mais lorsqu'elle a touché le plafond, la proposition qui exprime l'action accomplie « la balle a touché le plafond » devient vraie. Il est donc possible que le présent soit faux alors que l'accompli est vrai, et qu'ainsi rien ne se meuve, au présent, et que pourtant il y ait eu mouvement accompli.

– Voir Annexe I, p. 87.

124 – Sextus Empiricus, *Pyrrh. hyp.*, III, 71

Si une chose se meut, elle le fait ou bien dans le lieu où elle est ou bien dans celui où elle n'est pas ; or elle ne le fait ni dans le lieu où elle est : car, si vraiment elle y est, elle y reste ; ni dans le lieu où elle n'est pas : car là où une chose n'est pas, elle ne peut ni agir ni pâtir. Donc rien ne se meut. Cet argument est de Diodore Cronos.

125 – Sextus Empiricus, *Adv. math.*, X, 142–143

D'autres pensent que toutes choses sont faites en dernière analyse d'(éléments) sans parties, et tombent ainsi dans des difficultés plus redoutables encore, (143) dont la première est qu'alors il n'y aura pas de mouvement, comme l'enseignait Diodore, qui tenait autant pour les lieux sans parties que pour les corps sans parties. En effet, le corps sans parties contenu dans le premier lieu sans parties ne se meut pas ; car il est, disions-nous, contenu dans le lieu sans parties et le remplit entièrement. Et à son tour celui qui est situé dans le deuxième lieu ne se meut pas non plus, car il a déjà fini de se mouvoir. Si donc ce qui est en mouvement ne se meut ni dans le premier lieu pour autant qu'il y est, ni dans le deuxième, et si on ne peut concevoir en plus un troisième lieu à côté des deux autres, ce qui est prétendument en mouvement ne se meut pas.

126 – Sextus Empiricus, *Adv. math.*, X, 347

Diodore Cronos a lui aussi posé un argument de ce genre : si le mur est détruit, c'est ou bien lorsque les pierres sont en contact les unes avec les autres et bien ajustées, ou bien lorsqu'elles sont désunies. Or il n'est détruit ni quand elles sont en contact les unes avec les autres et bien ajustées, ni quand elles sont désunies. Le mur n'est donc pas détruit.

– Voir Annexe I, p. 87.

127 – Sextus Empiricus, *Pyrrh. hyp.*, II, 245

On rapporte aussi ce trait plaisant et mémorable du médecin Hérophile : il était contemporain de Diodore, lequel pratiquait la dialectique de façon un peu lourde et avait coutume de développer des arguments sophistiques contre bien des choses, en particulier contre le mouvement. Un jour donc que Diodore s'était démis l'épaule et qu'il était allé trouver Hérophile pour se faire soigner, celui-ci plaisanta avec lui en ces termes : « Si ton épaule s'est démise, c'est ou bien dans le lieu où elle était, ou bien dans celui où elle n'était pas ; or ce n'est pas dans celui où elle était, ni non plus dans celui où elle n'était pas ; donc elle n'est pas démise. » Si bien que le sophiste le supplia de laisser là ces subtilités et de lui appliquer un remède convenable suivant son art.

128 – Sextus Empiricus, *Adv. math.*, I, 309–312

Cependant, il est sans doute vain de confondre les grammairiens en face de documents relativement anciens et peut-être scientifiques, quand ils ne sont même pas capables de comprendre une épigramme prise au hasard, comme ces vers écrits par Callimaque sur Diodore Cronos :

« Et voici les corbeaux sur les toits qui croassent : – Quelle conclusion s'en suit ?
Et aussi : – Comment allons-nous continuer à vivre ? »

(310) Que Cronos était un personnage très versé dans la dialectique et qu'il enseignait comment reconnaître une implication valide ; que par suite, en raison de l'autorité acquise par son enseignement, même les corbeaux au sommet des maisons, à force de les entendre répéter, croassaient ce qu'étaient selon lui les critères de l'implication valide : voilà ce que dirait le grammairien, et jusqu'ici il comprendra, car il s'agit d'une chose que même les petits enfants connaissent. (311) Mais en arrivant au « Comment allons-nous continuer à vivre » il restera muet, car il ne trouvera pas ce que cela signifie. Ce serait en effet au philosophe d'expliquer ici que, selon une thèse de Diodore, rien ne se meut. Car ce qui se meut se meut ou bien dans le lieu où il est, ou bien dans celui où il n'est pas ; or, ni la première solution ni la deuxième ne conviennent ; donc rien ne se meut. Et de ce que rien ne se meut il suit que rien ne se corrompt. (312) De même, en effet, que c'est parce qu'une chose ne se meut ni dans le lieu où elle est ni dans celui où elle n'est pas que rien ne se meut, de même c'est parce que le vivant ne meurt ni dans le temps où il vit ni dans celui où il ne vit pas qu'il ne meurt jamais. Et s'il en est ainsi, puisque d'après lui nous sommes toujours vivants, on peut dire aussi « nous allons continuer à vivre. »

129 – Sextus Empiricus, *Adv. math.*, X, 112–117

Diodore avance encore d'autres arguments, moins convaincants ceux-là et au contraire passablement sophistiques, que nous allons exposer pour pouvoir les rejeter un à un après examen. En voici un tout de suite : ce qui se meut, dit-il, est dans un lieu, or ce qui est dans un lieu ne se meut pas ; donc ce qui se meut ne se meut pas.

(113) Par ailleurs, s'il est vrai qu'il y a deux sortes de mouvements, le mouvement par prépondérance et le mouvement pur, le premier étant celui où la majorité des parties du corps se meut tandis que la minorité est en repos, le deuxième, celui où toutes les parties du corps se meuvent, il apparaît que de ces deux mouvements le prépondérant précède le pur. (114) En effet, pour qu'une chose se meuve de façon pure, c'est-à-dire complètement, il faut d'abord la concevoir animée d'un

mouvement par prépondérance, de la même manière que pour avoir les cheveux purement blancs il faut d'abord les avoir blancs par prépondérance, et que pour atteindre le stade du tas pur il faut d'abord avoir été tas par prépondérance ; de la même manière le mouvement par prépondérance doit précéder le mouvement pur : le mouvement pur est en effet l'apogée du mouvement par prépondérance.

(115) Or, il n'y a pas de mouvement par prépondérance, comme nous le montrerons ; il n'y aura donc pas non plus de mouvement pur. Soit en effet un corps composé de trois éléments sans parties, dont deux sont en mouvement et un en repos ; c'est bien là ce qu'exige le mouvement par prépondérance. (116) Si alors nous ajoutons à ce corps un quatrième élément sans parties qui ne soit pas en mouvement, il y aura encore mouvement : en effet, si un corps composé de trois éléments sans parties se meut lorsque deux d'entre eux se meuvent alors que le troisième est en repos, il se mouvra encore lorsqu'on en aura ajouté un quatrième ; car les trois éléments sans parties avec lesquels il se mouvait auparavant l'emportent sur l'unique élément qu'on a ajouté. Mais si le corps composé de quatre éléments sans parties se meut, celui qui en aura cinq se mouvra aussi : car les quatre éléments sans parties, avec lesquels il se mouvait auparavant l'emportent sur celui qu'on a ajouté. (117) Et si le corps composé de cinq éléments se meut, il se mouvra dans tous les cas encore si on ajoute un sixième élément sans parties, les cinq premiers l'emportant sur l'unique sixième. Diodore va ainsi jusqu'à dix mille éléments sans parties pour montrer que le mouvement par prépondérance est insoutenable : il serait en effet absurde, dit-il, d'affirmer que se meut par prépondérance un corps dont 9 998 éléments sans parties sont en repos et dont deux seulement se meuvent. De sorte que rien ne se meut par prépondérance. Et s'il en est ainsi, rien ne se meut non plus d'un mouvement pur ; d'où il suit que rien ne se meut.

130 A – Aristote, *Met.*, θ, 3, 1046 b 29–32

Il y a des philosophes, les Mégariques notamment, qui affirment que c'est seulement quand il y a acte qu'il y a puissance, et que lorsqu'il n'y a pas acte il n'y a pas puissance : par exemple, celui qui ne construit pas n'a pas la puissance de construire, mais celui qui construit la possède quand il construit. Et ainsi de suite.

130 B – Ps.-Alexandre, *In Met.*, 570, 25–30 Hayduck

On peut appeler « Mégariques » les disciples d'Euclide, car celui-ci avait établi son école à Mégare. Aristote dit donc que les Mégariques confondent la puissance et l'acte. Ils affirmaient en effet que c'est quand il construit que l'architecte a la puissance de construire et peut construire, mais que quand il ne construit pas il ne peut le faire ni n'a la puissance de le faire, parce que la puissance et l'acte sont une seule et même chose. Et ainsi de suite.

131 – Épictète, *Dissertationes*, II, 19, 1–5

Voici, me semble-t-il, les points à partir desquels on a posé l'argument Souverain : il y a conflit mutuel entre ces trois propositions : « Toute proposition vraie portant sur le passé est nécessaire », « l'impossible ne suit pas logiquement du possible », et « il y a du possible qui n'est ni ne sera vrai. » Ayant aperçu ce conflit, Diodore utilisa la vraisemblance des deux premières propositions pour établir celle-ci : « Rien n'est possible sinon ce qui est vrai ou le sera ». Un autre, dans les deux propositions à conserver, gardera les suivantes : « Il y a du possible qui n'est ni ne sera vrai », et « l'impossible ne suit pas logiquement du possible » ; mais non celle-là : « toute proposition vraie portant sur le passé est nécessaire » ; telle paraît être l'opinion de l'école de Cléanthe, que soutenait presque toujours Antipater. D'autres conservent les deux autres propositions : « Il y a du possible qui n'est ni ne sera vrai », et « toute proposition vraie portant sur le passé est nécessaire » ; et ils affirment alors que « l'impossible suit logiquement du possible. » Mais il n'y a pas moyen de les conserver toutes trois, parce qu'il y a entre elles conflit mutuel. Si donc on me demande : « Et toi, lesquelles de ces propositions conserves-tu ? » je répondrai que je ne sais pas ; mais j'ai reçu l'information suivante : Diodore conservait ces deux-là, l'école de Panthoïdès, je crois, et de Cléanthe ces deux autres, celle de Chrysippe deux autres encore.

132 A – Cicéron, *De fato*, VI, 12 – VII, 13 ; IX, 17

Sois attentif, Chrysippe, à ne pas déserter ta cause, car tu as ici un dur combat à livrer contre Diodore, un puissant dialecticien !... Donc toute proposition fausse concernant l'avenir énonce un événement impossible. (VII, 13) Mais cela, Chrysippe, tu ne le veux en aucune façon, et c'est surtout sur ce point précis que tu es aux prises avec Diodore. Celui-ci en effet affirme que cela seul peut arriver qui est vrai ou sera vrai ; tout ce qui sera, il le dit nécessaire, et tout ce qui ne sera pas il le déclare impossible. Toi, tu dis d'une part que ce qui n'aura pas lieu est possible, comme de briser cette pierre précieuse, même si cela ne doit jamais se produire ; et d'autre part qu'il n'était pas nécessaire que Cypselus régnât à Corinthe, quand bien même l'oracle d'Apollon l'eût prédit mille ans auparavant. Mais si tu admets ces prédictions des devins dont nous venons de parler, ce que l'on dira de faux concernant l'avenir, tu le mettras parmi les choses impossibles, comme si l'on disait que Scipion l'Africain ne prendra pas Carthage ; et si d'autre part il arrive que l'on dise quelque chose de vrai de l'avenir et que cela se produise ensuite comme prévu, tu devrais dire que cela est nécessaire ; ce qui est tout à fait l'opinion, opposée à la vôtre, de Diodore.

(IX, 17) Mais revenons à la discussion de Diodore dite « Des Possibles », dans laquelle on recherche la signification du possible. Pour Diodore donc, cela seul est possible qui est vrai ou sera vrai. Cette question touche aux points suivants : rien n'arrive qui n'ait été nécessaire ; tout ce qui est possible ou est déjà ou sera ; et on ne peut pas davantage changer de vrai en faux ce qui sera que ce qui a été ; mais en ce qui a été l'immutabilité est manifeste, alors que, dans ce qui sera, parfois elle ne l'est pas et par suite ne semble pas y être.

– Voir Annexe I, p. 88.

132 B – Jérôme, ***Adv. Pelagianos*****, I, 9 (d'après Cic.,** ***De fato*****)**

Entre Diodore et Chrysippe, deux dialecticiens très vigoureux, existe au sujet du possible le conflit suivant : Diodore dit que cela seul est possible qui est vrai ou sera vrai ; que tout ce qui sera est nécessaire, et que tout ce qui ne sera pas est impossible. Chrysippe, lui, affirme que même ce qui n'aura pas lieu est possible, comme de briser cette perle, même si cela ne doit jamais se produire.

133 – Cicéron, ***Ad fam.*****, 9, 4**

Au sujet des Possibles, sache que je me range à l'opinion de Diodore. C'est pourquoi, si tu dois réellement venir, sache qu'il est nécessaire que tu viennes ; sinon, il est impossible que tu viennes.

134 – Plutarque, ***De Stoicorum repugnantiis*****, 46, 1055 d–e**

D'autre part, comment sa théorie des possibles est-elle compatible avec celle du destin ? Car si le possible n'est pas, comme le veut Diodore, ce qui est vrai ou le sera, mais si est possible tout ce qui est capable de se produire, même si cela ne doit pas en fait se produire, seront possibles beaucoup de choses non déterminées par le destin. De sorte que, ou bien le destin perd cette force immuable, invincible, supérieure à tout, ou bien, le destin étant bien tel que le juge Chrysippe, cette capacité à se produire tombera souvent dans l'impossible.

135 – Alexandre d'Aphrodise, ***In Anal. pr.*****, I, 183, 34–184, 10 Wallies**

Aristote peut vouloir parler aussi des possibles, et en particulier de celui qu'on attribue à Diodore et qui se définit comme ce qui est ou sera ; d'après ce dernier, en effet, il n'y a que ce qui est ou sera qui, à strictement parler, soit possible. Ainsi, que je sois à Corinthe, cela est possible, selon lui, s'il se trouve que je sois à Corinthe ou que je doive dans tous les cas y être à l'avenir ; mais s'il devait se faire que je n'y sois jamais, cela n'était pas non plus possible. De même, que le petit enfant apprenne à lire et à écrire, cela est possible si, quoi qu'il arrive, il doit l'apprendre un jour. C'est pour établir cela que Diodore a notamment posé l'argument Souverain.

Aristote peut tout aussi bien faire allusion au possible selon Philon : pour lui, le possible se confondait avec ce qui est simplement approprié à une chose, même si sa réalisation est empêchée par l'effet d'une contrainte externe ; il disait par exemple que le chaume sur pied dans un champ non fauché, ou encore enfoui au fond de la mer, « peut » brûler dans cette situation, quoiqu'il en soit nécessairement empêché par les éléments qui l'entourent.

136 – Philopon, ***In Anal. pr.*****, 169, 17–21 Wallies**

Selon Diodore, le possible a une signification différente : il dit en effet qu'est possible ou bien ce qui est déjà arrivé et que nous appelons la situation actuelle, ou bien ce qui peut arriver mais n'est pas arrivé encore. Philon, lui, affirme qu'est possible ou ce qui est arrivé, ou ce qui peut arriver quoique n'arrivant jamais, tout comme nous disons que le coquillage au fond de la mer est un objet perceptible.

137 – Simplicius, *In Cat.*, 195, 31–196, 24 Kalbfleisch

Ils soulèvent encore d'autres difficultés, qui concernent en propre le problème dit « des possibles » et que l'on peut trancher à partir de lui. « Comment en effet, disent-ils, déterminerons-nous l'objet de la sensation et l'objet de la science ? Sera-ce par la seule aptitude (à être connu), comme le disait Philon, même si la science de cet objet n'existe pas actuellement et ne doit jamais exister, de même que le bois immergé dans l'Atlantique est combustible pour autant que cela dépende de lui et concerne sa nature propre ? Ou bien est-ce d'après l'aptitude non entravée qu'il faut en juger, c'est-à-dire en tant que, d'une part, ces choses sont naturellement et par elles-mêmes aptes à devenir objet de science et de sensation, et qu'en même temps aucun obstacle manifeste ne les en empêche ? Ou encore, aucune de ces deux solutions n'étant la bonne, parle-t-on d'objet de science lorsque la science de cet objet existe ou doit exister dans le futur, que donc on se propose de déterminer le possible d'après le résultat ?... »

Quand Aristote explique que, dans les cas où la science n'existe pas, l'objet de science existe, et que, en supposant que tout être vivant soit anéanti, l'objet de la sensation n'est pas anéanti du même coup, la détermination du possible est rapportée à l'aptitude pure et simple ; lorsqu'au contraire on dit qu'il n'y a en aucune façon objet de science si la science de cet objet n'existe pas, c'est alors par le résultat qu'on détermine le possible. Qu'il n'y ait pas science s'il n'y a pas d'objet de science, cela on l'accorde ; car c'est à partir de l'objet de science que se produit l'acte qui le concerne. Mais que l'objet de science soit possible s'il n'y a pas science, les uns l'accordent, car ils déterminent le possible par la seule aptitude (il possède en effet sa nature propre dans sa relation à la connaissance) ; les autres, qui jugent le possible d'après le résultat, ne l'accordent pas s'il ne doit en aucune façon parvenir à une actualisation certaine.

Voyez donc à quelles bizarreries en sont réduits ceux qui interprètent le possible à la façon des Anciens, selon l'aptitude indéterminée comme le fait Philon, mais qui à présent soulèvent des difficultés à son endroit en l'interprétant selon la conception de Diodore – qui détermine justement le possible d'après le résultat – et qui font valoir contre cette conception que l'objet de science existe comme tel même au cas où la science n'existe pas.

138 – Boèce, *Comm. in Arist. De interpr.*, sec. ed., 234, 10–235, 9 Meiser

Les doctrines de la possibilité sont donc au nombre de trois. Selon Philon, est possible ce qui de par sa nature propre est susceptible d'une affirmation vraie, comme lorsque je dis que je vais aujourd'hui relire les Bucoliques de Théocrite. Si rien d'extérieur ne l'empêche, c'est là une chose qui, autant que cela dépend d'elle, peut être affirmée avec vérité. De la même manière, Philon définit le nécessaire comme ce qui, lorsque cela est vrai, ne peut jamais, autant que cela dépend de lui, devenir faux. Le même définit le non-nécessaire comme ce qui peut, pour autant que cela dépend de lui, devenir faux. Est impossible ce qui, d'après sa nature propre, ne peut jamais devenir vrai. Il affirme par ailleurs que le contingent et le possible sont une seule et même chose.

Diodore définit le possible comme ce qui est ou sera ; l'impossible comme ce qui est faux et ne sera pas vrai ; le nécessaire comme ce qui est vrai et ne sera pas faux ; le non-nécessaire comme ce qui est faux déjà ou le sera.

Les Stoïciens, quant à eux, ont affirmé qu'était possible ce qui était susceptible d'une attribution vraie, à condition que n'y mettent pas obstacle les choses qui, quoique extérieures à lui, ne s'en trouvent pas moins liées avec lui. Est impossible ce qui ne comporte jamais de vérité, étant donné que d'autres choses, extérieures à lui l'empêchent précisément de se produire. Est nécessaire ce qui est vrai et n'admet en aucune manière d'être dit faux.

Mais si tout arrive nécessairement, il faut sans la moindre hésitation se ranger à l'opinion de Diodore, qui pourtant n'est pas la bonne. Il estimait en effet que si quelqu'un mourait en mer, il n'aurait pas pu trouver la mort sur terre. Ni Philon ni les Stoïciens n'affirment cela.

139 – Boèce, *Comm. in Arist. De interpr.*, sec. ed., 412, 8–21 Meiser

Il y a donc principalement deux sortes de possibles, l'un qui se dit de ce qui n'est pas mais peut être, l'autre qui s'affirme de ce qui est déjà quelque chose en acte et pas seulement en puissance ; cette dernière sorte de possible qui est déjà en acte se divise en deux espèces : d'un côté le possible qui est mais n'est pas nécessaire, de l'autre celui qui est et possède en outre ce qui rend son être nécessaire. Et cela ce n'est pas la pénétration du seul Aristote qui l'a découvert, mais Diodore définit lui aussi le possible de cette façon : ce qui est ou sera. D'où : Aristote pense que ce que Diodore désigne par « sera » est le possible qui n'est pas mais peut se produire ; et ce que Diodore a désigné par « est », Aristote l'explique comme étant le possible qui est dit possible précisément parce qu'il est déjà en acte.

140 – Cicéron, *Acad. pr.* II, XLVII, 143

Dans l'enseignement des éléments mêmes de la dialectique, sur la manière dont il faut juger si est vraie ou fausse une liaison du type : « s'il fait jour, il fait clair », que de discussions ! Autre est l'opinion de Diodore, autre celle de Philon, autre celle de Chrysippe.

141 – Sextus Empiricus, *Pyrrh. hyp.*, II, 110–111

Philon déclare valide l'implication qui ne commence pas par le vrai pour finir par le faux, par exemple, au cas où il fait jour et que je sois en train de parler, l'implication « s'il fait jour, je parle ». Pour Diodore, elle est valide sauf si elle pouvait ou si elle peut commencer par le vrai et finir par le faux ; selon lui, l'implication citée apparaît comme fausse, puisque, au cas où il fait effectivement jour mais que je me taise, elle commencera par le vrai pour finir par le faux ; (111) est vraie en revanche l'implication suivante : « si les êtres ne sont pas constitués d'éléments sans parties, les êtres sont constitués d'éléments sans parties », car toujours elle commencera par le faux : « les êtres ne sont pas constitués d'éléments sans parties », pour finir par ce qui selon lui est vrai : « les êtres sont constitués d'éléments sans parties ».

142 – Sextus Empiricus, *Adv. math.*, VIII, 112–117

Tous les dialecticiens sont d'accord pour dire que l'implication est valide quand la proposition finale est la conséquence de la proposition initiale ; mais quand en est-elle la conséquence ? Je vais exposer combien ils sont là-dessus en désaccord les uns avec les autres, ainsi que les critères contradictoires de la conséquence.

(113) Philon par exemple disait que l'implication est vraie lorsqu'elle ne commence pas par le vrai pour finir par le faux ; de sorte qu'il y a selon lui trois façons pour une implication d'être vraie, et une d'être fausse. Ainsi lorsque l'antécédent est vrai et que le conséquent est vrai, l'implication est vraie ; par exemple « s'il fait jour, il fait clair ». Lorsque l'antécédent est faux et que le conséquent est faux, elle est encore vraie ; par exemple « si la terre vole, la terre a des ailes ». (114) De même celle dont l'antécédent est faux et le conséquent vrai est vraie, par exemple « Si la terre vole, la terre existe ». L'implication est fausse uniquement quand l'antécédent est vrai et le conséquent faux ; par exemple « s'il fait jour, il fait nuit » ; car dans le cas où il fait jour, la proposition « il fait jour » est vraie, et c'est bien elle qui était l'antécédent ; alors que la proposition « il fait nuit », qui était le conséquent, est fausse.

(115) Diodore, de son côté, affirme qu'une implication est vraie sauf si elle pouvait ou si elle peut commencer par le vrai pour finir par le faux. Ce qui contredit la thèse de Philon. En effet, une implication telle que « s'il fait jour, je parle », dans le cas où il fait actuellement jour et où je parle, est vraie selon Philon, puisque l'antécédent « il fait jour » est vrai, ainsi que le conséquent « je parle » ; mais selon Diodore elle est fausse : car il est possible qu'à un certain moment l'antécédent « il fait jour » soit vrai mais le conséquent « je parle » faux, au cas où je me tairais ; ainsi il a été possible que, l'antécédent étant vrai, le conséquent « je parle » soit faux. (116) Car avant que je commence à parler, l'antécédent « il fait jour » était vrai, mais le conséquent « je parle » était faux.

De même, une implication du type « s'il fait nuit, je parle », dans le cas où il fait jour et où je me tais, est pareillement vraie d'après Philon puisque l'antécédent et le conséquent sont faux, mais fausse selon Diodore : il est en effet possible qu'elle en vienne à avoir son antécédent vrai et son conséquent faux, au cas où la nuit survient et où je continue à ne pas parler mais à me taire.

(117) Enfin l'implication « s'il fait nuit, il fait jour », au cas où il fait jour, est vraie selon Philon parce que l'antécédent « il fait nuit » est faux et que le conséquent « il fait jour » est vrai ; mais selon Diodore elle est fausse parce qu'il est possible, dans le cas où la nuit survient, que l'antécédent « il fait nuit » soit vrai, et le conséquent « il fait jour » faux.

143 – Sextus Empiricus, *Adv. math.*, VIII, 332–333

Pour éviter de nous attarder longuement à l'examen de l'implication, disons tout de suite qu'est valide celle qui ne commence pas par le vrai pour finir par le faux, par exemple « s'il y a du mouvement, il y a du vide »...

(333) Selon Diodore, comme son antécédent « il y a du mouvement » est

faux, et que son conséquent « il y a du vide » est faux aussi, cette implication sera vraie ; la mineure « or il y a du mouvement », il démontre en effet qu'elle est fausse.

III. 3. PHILON (fr. 144)

– Voir fr. 104.

144 (?) – Diogène Laërce, VII, 191 ; 194

(Extrait du catalogue des livres de Chrysippe :)

Contre le livre Des Significations de Philon, un livre... *Contre le livre Des Modes de Philon*, à Timostrate, un livre.

– Voir fr. 101, 102, 110, 135–138, 140–142.

III. 4. PANTHOIDES (fr. 145–146)

145 – Diogène Laërce, V, 68

... Lycon fut aussi élève de Panthoïdès le dialecticien.

146 – Diogène Laërce, VII, 193

(Extrait du catalogue des livres de Chrysippe :)

Contre le livre Des Amphibologies de Panthoïdès, deux livres.

– Voir fr. 63, 131 (fin).

III. 5. LES FILLES DE DIODORE

– Voir fr. 101, 102.

IV – AUTOUR DE STILPON

IV. 1. PASICLES DE THEBES

– Voir fr. 148 A et B.

IV. 2. THRASYMAQUE DE CORINTHE

– Voir fr. 147.

IV. 3.A. STILPON : DONNÉES BIOGRAPHIQUES (fr. 147–186)

147 – Diogène Laërce, II, 113

Stilpon, originaire de Mégare en Grèce, fut auditeur de disciples d'Euclide ; on prétend même qu'il a été élève d'Euclide en personne, et aussi de Thrasymaque de Corinthe, qui était un familier d'Ichthyas, d'après le témoignage d'Héraclide.

148 A – *Souda*, s.v. « *Stílpōn* »

Stilpon : originaire de Mégare, philosophe, né sous Ptolémée 1er, élève de Pasiclès de Thèbes, lequel fut auditeur de son frère Cratès et de Dioclide de Mégare ; celui-ci (?) était élève d'Euclide, l'ami de Platon. Stilpon fut chef de l'école de Mégare.

148 B – Diogène Laërce, VI, 89

Cratès eut un frère, Pasiclès, qui fut élève d'Euclide.

Selon Döring, Euclide *est une erreur de Diog. L. ou du manuscrit, au lieu de* Dioclide.

– Voir fr. 32 A, 33.

149 – Diogène Laërce, VI, 76

Diogène de Sinope eut encore pour élèves Phocion surnommé le Bon, ainsi que Stilpon de Mégare et beaucoup d'autres hommes politiques.

150 – Diogène Laërce, II, 115

Il fut reçu, dit-on, par Ptolémée Sôter. Celui-ci, après la prise de Mégare, lui donna de l'argent et l'invita à s'embarquer avec lui pour l'Égypte ; Stilpon accepta un peu d'argent, mais refusa le voyage et se rendit à Égine jusqu'à ce que Ptolémée eut repris la mer.

– Voir fr. 99, 100.

151 A – Diogène Laërce, II, 115–116

Démétrios fils d'Antigone, ayant à son tour pris Mégare, veilla à ce que la maison de Stilpon lui fût laissée et à ce que tous les biens qui lui avaient été enlevés lui fussent restitués. Et lorsqu'il voulut obtenir de lui un relevé des biens perdus, Stilpon lui répondit qu'il n'avait rien perdu de ce qui lui appartenait : personne n'avait emporté son instruction, et il avait toujours sa raison et son savoir.

(116) S'entretenant alors avec lui sur la bienfaisance envers les hommes, Stilpon le séduisit au point de se l'attacher comme disciple.

151 B – Plutarque, *Demetrius*, 9, 893 a–b

Après la prise de Mégare, les soldats se mirent au pillage ; les Athéniens obtinrent alors à force de prières la délivrance des Mégariens ; Démétrios fit évacuer la garnison et libéra la ville. Il y était encore occupé quand il se souvint du philosophe Stilpon, qui avait la réputation d'un homme déterminé à vivre en paix. Il le fit donc venir et lui demanda si on lui avait pris quelque chose. Stilpon répondit : « Non ; car je n'ai vu personne emporter mon savoir. » Et après que les domestiques eurent presque tous été enlevés clandestinement, comme Démétrios de nouveau s'entretenait amicalement avec lui et lui dit finalement en le quittant : « Je laisse votre ville libre, Stilpon ! », celui-ci répliqua : « C'est le mot juste, car tu n'as laissé aucun de nos esclaves. » (*ou* : « aucun de nous esclave. » *Voir le commentaire*).

151 C – Plutarque, *De tranquillitate animi*, 17, 475 c

Après la prise de Mégare, Démétrios demanda à Stilpon si quelque chose lui appartenant lui avait été ravi ; Stilpon répondit qu'il n'avait vu personne emporter « ce qui est à moi ».

151 D – Plutarque, *De liberis educandis*, 8, 5f

Je trouve que le philosophe Stilpon de Mégare a fait une réponse mémorable, le jour où Démétrios, après avoir réduit la ville à sa merci, la détruisit de fond en comble : il demanda en effet à Stilpon s'il avait perdu quelque chose ; celui-ci répondit alors : « Ma foi, non ! car on n'emporte pas la vertu comme butin de guerre ! »

151 E – Maxime le Confesseur, *Loci communes* XVII = *Gnomologium Vaticanum*, 515 a–b = *Appendix Vaticana* 103, p. 79 = Jean Damascène, *Exc. Florent.* II, 13, 153

Stilpon, le philosophe Mégarique, après que sa patrie eut été prise par le tyran Démétrios et mise à sac, fut conduit auprès du roi, qui lui demanda s'il avait perdu quelque chose personnellement : « Rien, répondit-il, de ce qui m'appartient ; car ma raison et mon instruction, je les possède toujours ; quant au reste, pourquoi tout cela m'appartiendrait-il à moi plutôt qu'aux assiégeants ? » – Le même Stilpon, pendant que la ville elle-même était mise à sac, se vit demander par Démétrios : « N'est-on pas en train de t'enlever quelque bien à toi aussi ? » Il répondit : « Non ; car ils n'ont sûrement pas emmené mes vaches ou mes chevaux ; par ailleurs, je n'ai vu aucun soldat emporter ma vertu sur ses épaules. »

151 F – Themistius, *De virtute*, p. 448.

Stilpon était un homme de Mégare ; or Mégare fut détruite par Antigone. Après donc que cette ville fut détruite, Antigone invita Stilpon à lui indiquer tout ce qui avait pu lui être volé. Mais Stilpon lui répondit en ces termes : « Rien de ce qui m'appartient n'a été volé ; aussi bien je n'ai vu aucun des hommes d'armes qui sont avec toi me voler mon savoir. »

151 G – Sénèque, *De constantia sapientis*, 5, 6

Démétrios, celui qui fut surnommé Poliorcète, avait pris Mégare. Il demanda au philosophe Stilpon s'il avait subi des pertes : « Non, répondit celui-ci ; tout ce qui est à moi est avec moi. » Et pourtant il avait abandonné son patrimoine en butin de guerre, l'ennemi lui avait enlevé ses filles, sa patrie était passée sous la domination d'un étranger, et c'était un roi entouré des forces de l'armée victorieuse qui lui posait cette question du haut de son tribunal.

151 H – Sénèque, *Epistulae*, 9, 18

... Le sage contiendra à l'intérieur de lui-même tout ce qui est bien, et il dira ce qu'a dit Stilpon, ce Stilpon contre qui s'acharne la lettre d'Épicure. Sa ville natale était prise, il avait perdu ses enfants et sa femme ; tout le domaine de la cité brûlait, et il s'en allait, seul et pourtant heureux. Démétrios, celui qui pour avoir détruit les villes s'est acquis le surnom de Poliorcète, lui demanda s'il avait subi quelque perte : « Tous mes biens, répondit-il, sont avec moi ».

– Voir Annexe I, p. 89.

151 I – Jamblique (Simplicius, *In Cat.*, 403, 17–19 Kalbfleisch)

Aristote dit qu'il ne saurait y avoir de privation ni des biens de l'âme ni de ceux qui dépendent du libre choix ; car personne ne déclare avoir été privé de justice, et celui qui a dit : « mon savoir, personne ne l'emporte » a exprimé le même point de vue.

152 – Diogène Laërce, II, 120

Hermippe dit que Stilpon mourut âgé, après avoir bu du vin pour mourir plus vite. Voici les vers que j'ai écrits sur lui :

« Stilpon de Mégare – tu le connais sans doute –
Fut emporté par la vieillesse puis par la maladie, indomptable attelage ;
Mais dans le vin il trouva, pour ce couple funeste,
Un cocher plus puissant qu'eux : il but et les précipita en avant. »

153 – Diogène Laërce, II, 114

Il prit femme, ... et il eut une fille de mœurs légères, qu'épousa un de ses disciples, Simmias de Syracuse. Comme cette fille menait une vie déréglée, quelqu'un dit à Stilpon qu'elle le déshonorait ; il répondit : « Elle me déshonore moins que je ne lui apporte d'honneur. »

154 – Plutarque, *De tranquillitate animi*, 6, 468 a

De même l'inconduite de sa fille n'a pas empêché Stilpon de vivre le plus gaiement des philosophes de son temps ; et comme Métroclès lui en faisait reproche, il répondit : « Est-ce ma faute ou la sienne ? » Métroclès répliqua : « La faute est pour elle, mais le malheur pour toi. » – « Que veux-tu dire ? » reprit Stilpon, « les fautes ne sont-elles pas des chutes ? » – « Certainement » dit-il. – « Mais les chutes ne sont-elles pas aussi pour ceux qui les font des revers ? » Métroclès en convint. « Mais les revers ne sont-ils pas aussi pour leurs victimes des malheurs ? » Il démontra ainsi, par des propos empreints d'une douce philosophie, que la médisance du Cynique n'était que vain aboiement.

155 – Diogène Laërce, II, 114

Il vécut aussi avec une courtisane nommée Nicarète, comme le dit quelque part Onétor.

156 – Athénée, XIII, 596 e

Nicarète de Mégare n'était pas une courtisane de basse origine, mais, tant par ses parents que par son éducation, elle était digne d'être aimée ; et elle fut auditrice du philosophe Stilpon.

157 – Athénée, XIII, 584 a

Un jour au cours d'un repas, Stilpon accusait Glycère de corrompre les jeunes gens, comme le rapporte Satyros dans ses *Vies* ; prenant la parole, celle-ci répliqua : « La même accusation pèse sur nous, Stilpon : en effet, on dit que toi tu corromps ceux qui te fréquentent en leur enseignant des sophismes inutiles et captieux, et moi pareillement en leur enseignant les choses de l'amour. » Il n'y a donc aucune différence, pour ceux qui sont avilis et subissent le préjudice, entre le fait de vivre avec un philosophe et celui de vivre avec une courtisane.

158 – Cicéron, *De fato*, V, 10

Stilpon, le philosophe mégarique, était un homme réellement pénétrant et fort considéré en son temps, nous dit-on. Or, ses propres familiers écrivent qu'il était porté et sur le vin et sur les femmes ; et ils n'écrivent pas cela en manière de blâme, mais plutôt à titre d'éloge : car, disent-ils, sa nature vicieuse, il l'avait si bien domptée et refrénée par l'éducation que personne jamais ne le vit ivre, que personne ne vit jamais en lui trace de sensualité.

– Voir fr. 75.

159 – Plutarque, *De profectibus in virtute*, 12, 83 c

On raconte par exemple que le philosophe Stilpon a cru voir dans son sommeil Poséidon en colère contre lui, parce qu'il avait omis de lui offrir un bœuf en sacrifice, comme c'était la coutume pour les prêtres ; nullement effrayé, il lui aurait déclaré : « Que dis-tu là, Poséidon ? Comme un enfant, tu viens te plaindre que je n'ai pas fait de dettes pour emplir la ville de l'odeur de viande brûlée, mais que je t'ai offert un sacrifice avec ce que je possédais, en gardant la mesure, et chez moi ? » Et il lui sembla que Poséidon se mit à sourire, qu'il étendit la main droite et annonça que, grâce au philosophe, il accordait aux habitants de Mégare une abondante récolte de sardines.

160 – Athénée, X, 422 d

Stilpon, fort de sa tempérance, ne fut pas saisi de crainte parce qu'après avoir mangé de l'ail il s'était endormi dans le temple de la Mère des dieux ; pourtant il était interdit à qui en avait mangé, si peu que ce soit, d'y pénétrer. La déesse lui apparut dans son sommeil et lui dit : « Tu es philosophe, Stilpon, et tu transgresses les lois ! » Il lui sembla avoir répondu : « Donne-moi à manger, toi,et je n'aurai plus besoin d'ail. »

161 – Diogène Laërce, II, 117

Stilpon était simple et sans fard, et se montrait bienveillant envers les gens ordinaires.

162 – Diogène Laërce, II, 114

Stilpon était aussi très compétent en politique.

163 A – Diogène Laërce, II, 113

Stilpon surpassait tellement les autres philosophes par sa facilité de parole et sa subtilité qu'il s'en fallut de peu que la Grèce entière, les yeux fixés sur lui, ne se mît à mégariser.

163 B – *Souda*, s. v. « *Megarísai* »

Mégariser : adopter la philosophie d'un Mégarique. Le philosophe Stilpon, en effet, était originaire de Mégare en Grèce ; et il surpassait tellement les autres philosophes par sa facilité de parole et sa subtilité qu'il s'en fallut de peu que la Grèce entière, les yeux fixés sur lui, ne se mît à mégariser.

164 A – Diogène Laërce, II, 113

Philippe de Mégare dit de lui textuellement ceci : « A Théophraste il enleva Métrodore le Théoricien et Timagoras de Géla ; à Aristote de Cyrène, Clitarque et Simmias ; il enleva aussi des disciples aux dialecticiens : Paionéios à Aristide, Diphile du Bosphore à... ; ainsi que..., fils d'Euphante, et Myrmex, fils d'Exénète, venus pour le contredire et qu'il s'attacha tous deux comme disciples. »

164 B – Étienne de Byzance, s.v. « *Enetoí* »

Il existe aussi une ville du nom d'Enétos, d'où était originaire le philosophe dialecticien Myrmex, comme le rapporte Diogène au livre deux de son histoire de la philosophie.

Enétos *comme nom de ville est tiré fautivement par Étienne du texte précédent de Diog. L. (fr. 164 A)* : Exainetou, « fils d'Exénète », *étant lu* ex Enetou, d'« Enétos ».

165 – Diogène Laërce, II, 114

Outre ceux-ci, il attira encore Phrasidème le Péripatéticien, qui était un physicien éprouvé, l'éloquent Alkimos, le premier de tous les orateurs qui vivaient alors en Grèce, ainsi que Cratès et tous les autres, très nombreux, qu'il séduisit ; et au nombre de ceux qu'il entraîna figure même Zénon le Phénicien.

– Voir fr. 203 A.

166 – Sénèque, *Epistulae*, 10, 1

Cratès, dit-on, un élève de ce Stilpon dont je t'ai parlé,...

167 – Diogène Laërce, II, 120

Héraclide dit que Zénon, le fondateur du Portique, fut lui aussi élève de Stilpon.

168 – Diogène Laërce, VII, 2

Zénon fut élève de Cratès ; on dit – par exemple Timocrate, dans son *Dion* – qu'il suivit en outre l'enseignement de Stilpon et de Xénocrate pendant dix ans, et aussi celui de Polémon.

– Voir fr. 106.

169 – Diogène Laërce, VII, 24

Apollonios de Tyr raconte que, comme Cratès le tirait par son vêtement pour lui faire quitter l'école de Stilpon, Zénon lui dit : « La bonne méthode pour attraper des philosophes, Cratès, c'est de les saisir par les oreilles ; persuade-moi donc, pour me tirer d'ici par les oreilles ; si au contraire tu me fais violence, mon corps sera près de toi, mais mon âme près de Stilpon. »

170 – Diogène Laërce, II, 125 – 126

Envoyé en garnison à Mégare par les Érétriens, Ménédème s'en alla à l'Académie chez Platon, et il fut séduit au point de quitter le service. Mais comme Asclépiade de Phlionte cherchait à l'attirer à lui, il vint à Mégare chez Stilpon, et tous deux y devinrent ses disciples.

171 – Diogène Laërce, II, 105

Phédon eut pour successeurs Pleistanos d'Elis, puis Ménédème d'Erétrie et Asclépiade de Phlionte, qui venaient tous deux de chez Stilpon.

172 – Diogène Laërce, II, 134

Parmi les chefs d'école, Ménédème méprisait Platon et Xénocrate, et aussi

Parébate de Cyrène, mais il était plein d'admiration pour Stilpon ; et une fois qu'on le questionnait à son sujet, il ne répondit qu'une chose : que Stilpon était un esprit libre.

173 – Ps.-Galien, *Historia philosopha*, 3, p. 600, 13–17

Mais il ne serait pas juste non plus de méconnaître, parmi les Mégariques, le philosophe Euclide, qui ne le céda à aucun autre Socratique pour ce qui regarde la capacité intellectuelle, ou Stilpon le Mégarique, qui passe pour avoir forgé les mêmes thèses. Son successeur avait été Ménédème d'Érétrie, à qui l'école érétrienne doit son nom.

174 – Diogène Laërce, IX, 109

Apollonide de Nicée... affirme que Timon... ayant perdu ses parents alors qu'il était encore jeune, s'adonna à la danse, mais qu'ensuite il condamna cette occupation et quitta son pays pour aller à Mégare auprès de Stilpon ; après avoir vécu quelque temps avec ce dernier, il retourna chez lui.

175 – *Souda*, s. v. « *Philískos Aiginḗtēs* »

Philiscos d'Égine : celui qui apprit à lire et à écrire à Alexandre de Macédoine. Le même fut auditeur du Cynique Diogène, et, selon Hermippe, de Stilpon.

176 – Diogène Laërce, II, 119

On dit qu'à Athènes Stilpon attirait tellement l'attention des gens qu'on sortait précipitamment des boutiques pour le voir. Quelqu'un lui dit : « Stilpon, ils t'admirent comme une bête curieuse ! » « Pas du tout, répondit-il, mais comme un homme véritable. »

177 – Diogène Laërce, II, 117

Cratès lui ayant demandé si les dieux aimaient les génuflexions et les prières, Stilpon lui aurait répondu : « Ne pose pas de questions là-dessus sur la voie publique, imbécile, attends que nous soyons seuls ! »

178 – Diogène Laërce, II, 117

Cratès le Cynique n'ayant un jour répondu à sa question que par un pet, Stilpon lui dit : « Je savais bien que ta réplique serait totalement hors sujet. »

179 – Diogène Laërce, II, 118

Un autre jour, comme Cratès lui proposait une figue sèche en même temps qu'une question, Stilpon prit la figue et la mangea ; Cratès alors s'exclama : « O Héraclès ! j'ai perdu la figue ! » – « Pas seulement la figue, répondit Stilpon, la question aussi, dont la figue était le gage. »

180 – Diogène Laërce, II, 118

Une autre fois, apercevant Cratès transi de froid en hiver, il lui dit :

« Mon cher Cratès, tu m'as tout l'air d'avoir besoin d'un pardess... sursaut de bon sens. » Ce qui voulait dire : de bon sens et d'un pardessus *. Là-dessus Cratès, en colère, se moqua de Stilpon par ces vers :

« En vérité, je vis aussi Stilpon en proie à ses tourments,
A Mégare où l'on dit que gîte Typhon.
Il y disputait avec des compagnons en foule à ses côtés ;
Et tous ces gens passaient leur temps à poursuivre la vertu... de leurs assiduités ** ! »

* *Jeu de mots sur* kainoû (... d'un manteau « neuf »), *qui peut s'entendre* kaì noû (d'un manteau « et de bon sens »).

** *Litt.* : poursuivre la vertu (*aretē*) en changeant les lettres (du mot) ; *allusion probable à la courtisane Nicarète.*

181 – Diogène Laërce, II, 119

On dit aussi qu'au beau milieu d'une conversation avec Cratès il acheta soudain des poissons ; comme l'autre le retenait et lui disait : « Tu abandonnes l'argument ? », il répliqua : « Mais non, je maintiens l'argument, c'est toi que j'abandonne ; car l'argument attendra, tandis que le poisson va être vendu. »

182 – Diogène Laërce, II, 100

Si Théodore a été appelé « le dieu », c'est, semble-t-il, pour la raison suivante : Stilpon lui ayant posé la question : « Dis-moi, Théodore, ce que tu dis être, tu l'es vraiment ? », il acquiesça. « Or, reprit Stilpon, tu dis être dieu. »* L'autre approuvant à nouveau, Stilpon conclut : « Donc tu es dieu. » Comme Théodore le prenait en bonne part, Stilpon ajouta en riant : « Mais, malheureux, par ce raisonnement tu reconnaîtrais aussi bien que tu es un geai ou mille autres choses ! ».

* *Litt.* : « tu dis dieu être », *dont le sens est plutôt* : « tu dis que dieu est ».

183 – Diogène Laërce, II, 116

On raconte que Stilpon posa la question suivante sur l'Athéna de Phidias : « N'est-il pas vrai que l'Athéna de Zeus est un dieu ? » Comme on lui répondait oui, il continua : « Mais celle-ci n'est pas de Zeus, elle est de Phidias. » Comme on en tombait d'accord, il conclut : « Elle n'est donc pas un dieu. » Traduit devant l'Aréopage pour cette déclaration, il ne nia pas les propos tenus, mais expliqua qu'il avait correctement raisonné : elle n'est pas un dieu, en effet, mais une déesse ; ce sont les mâles qui sont dieux. Les Aréopagites lui ordonnèrent néanmoins de quitter immédiatement la ville. C'est alors que Théodore, celui qui était surnommé « le dieu », aurait demandé en plaisantant : « Mais d'où Stilpon savait-il cela ? Lui a-t-il retroussé la robe et regardé le sexe ? » Ce Théodore était vraiment très impudent, alors que Stilpon était extrêmement raffiné (dans ses plaisanteries).

– Voir fr. 83.

184 – Stobée, *Florilegium*, III, 4, 88 = *Gnomologium Vaticanum*, 516 = *Gnomologium Parisinum*, 323

Comme on lui demandait ce qui est plus fort qu'une statue, Stilpon répondit : « Un homme insensible. »

185 – Diogène Laërce, II, 120

Stilpon fut raillé par le poète comique Sophilos dans sa pièce intitulée *Le Mariage* :

« Le discours de Charinos en bouche un coin à Stilpon. »

186 – Plutarque, *De Stoicorum repugnantiis*, 10, 1036 f

Considère en effet ce que Chrysippe a écrit au sujet de l'argument mégarique, dans son traité *Sur l'usage de la raison* : «... comme il est arrivé à l'argument de Stilpon et de Ménédème ; après s'être acquis une grande réputation pour leur savoir, ils voient maintenant leurs arguments être, à l'inverse, un sujet de blâme pour eux : ne dit-on pas que les uns sont passablement lourds et les autres manifestement sophistiques. »

– Voir Annexe I, p. 90.

– Voir fr. 69 (?), 76.

IV. 3.B. STILPON : ÉCRITS ET DOCTRINE (fr. 187–201)

187 – Diogène Laërce, II, 120

On attribue à Stilpon neuf dialogues assez froids : *Moschos, Aristippe* ou *Callias, Ptolémée, Chérécrate, Métroclès, Anaximène, Epigène, A sa fille, Aristote.*

188 – *Souda*, s.v. « *Stílpōn* »

Stilpon n'écrivit pas moins de vingt dialogues.

189 – Diogène Laërce, I, 16

Parmi les philosophes, les uns ont laissé à la postérité des œuvres écrites ; les autres n'ont absolument rien écrit, tels – aux dires de certains – Socrate, Stilpon, Philippe, Ménédème, Pyrrhon, Théodore, Carnéade, Bryson.

190 – *Lexicon Patmense*, s.v. « *enebrímei* »

« Il grondait de colère » : mis pour « il s'irritait » ; Stilpon écrit dans son *Métroclès* : « Métroclès grondait de colère à l'encontre de Stilpon. »

191 – Athénée, IV, 162 b–c

(Vous les sages vous aimez) aussi les dialogues de table du charmant philosophe Persée, qui ont été composés à partir de souvenirs concernant Stilpon et Zénon. Il y examine ce qu'il faut faire pour éviter que les convives s'endorment : comment organiser les toasts, à quel moment introduire au banquet les beaux jeunes gens et les belles jeunes filles, quand il faut leur permettre de jouer de leurs charmes, quand les renvoyer parce qu'ils commencent à manifester du dédain ; il parle aussi des mets friands, des différentes sortes de pain, et, entre autres choses, de tout ce que le philosophe fils de Sophronisque a dit, avec un grand luxe de détails, des baisers.

192 – Télès, fr. III, pp. 21, 2–23, 4 Hense

En réponse à celui qui estime que l'exil rend les hommes plus déraisonnables, il serait peut-être légitime de faire le parallèle avec ce qui se produit dans les arts : de même qu'on n'est pas plus mauvais joueur de flûte ou plus mauvais comédien lorsqu'on est en terre étrangère, de même n'y délibère-t-on pas plus mal. Par ailleurs, contre celui qui, d'un autre point de vue, juge que l'exil est quelque chose de nuisible, je crois bien qu'on ne peut que reprendre l'argumentation de Stilpon dont j'ai parlé tout à l'heure :

« Que dis-tu ? déclare-t-il ; de quels biens, de quelles catégories de biens l'exil prive-t-il ? Des biens de l'âme, de ceux du corps, des biens extérieurs? L'exil prive-t-il du bon sens, de l'honnêteté, de la bonne conduite ? Certainement pas. Du courage peut-être, de la justice, ou d'une autre vertu ? Non plus. Serait-ce alors qu'il prive d'un bien du corps ? Mais jouir d'une bonne santé, être vigoureux, avoir une bonne vue et une bonne ouïe, tout cela n'est-il pas pareillement réalisable en terre étrangère, et même quelquefois mieux qu'en restant chez soi ? Assurément. Est-ce qu'enfin l'exil prive des biens extérieurs ? Mais beaucoup de gens n'ont-ils pas vu l'état de leur fortune devenir plus brillant après leur exil ? Et Phénix chassé de Dolopie par Amyntor n'a-t-il pas fui en Thessalie ?

> « J'arrivai chez Pélée,
> Et il me fit riche, en m'octroyant un peuple immense. »*

L'illustre Thémistocle a dit :

> « Mon enfant, nous eussions été perdus si nous n'avions pas été arrachés à notre patrie ! »**

Il y a en fait une grande quantité de cas semblables. – De quel genre de biens, par conséquent, l'exil prive-t-il, ou à quel mal contribue-t-il ? Pour ma part, je n'en vois pas. En revanche, nous sommes souvent nous-mêmes les auteurs de notre propre ruine, aussi bien en exil qu'en restant chez nous.»

* *Cf.* Iliade, *IX, 479–480 et 483.*

** *Jeu de mots sur deux sens du même verbe* apóllumai.

193 – Télès, fr. VII, pp. 59,6–60,7 Hense

Comment ne serait-il pas déraisonnable et d'ailleurs vain, après la mort d'un être cher, de rester assis à pleurer, à s'affliger, à se détruire soi-même de surcroît ? alors qu'il aurait fallu, pour paraître quelque peu plus philosophe au milieu de ceux qui ont perdu la raison, se désoler et pleurer avant que l'être cher ne fût mort, considérant que la personne qu'on aimait était née mortelle, qu'elle était un être humain. Car ce n'est pas de quelqu'un qui raisonne bien, dit Stilpon, de négliger les vivants à cause des morts. L'agriculteur n'agit pas ainsi, et si un arbre s'est desséché, il ne coupe pas les autres de surcroît, mais il prend soin de ceux qui restent et essaie de compenser le profit espéré de l'arbre perdu. Nous n'agissons pas non plus de cette façon avec les parties de notre corps : il serait ridicule, si on a perdu un œil, de devoir en plus retrancher l'autre, si on a un pied déformé de devoir estropier l'autre aussi, et si on a perdu une dent de devoir en outre arracher toutes les autres ; si quelqu'un pensait qu'en pareils cas on doive agir ainsi, ce serait un sot. Si donc le fils ou l'épouse ont péri, (n'est-il pas déraisonnable) de ne plus prendre soin de soi-même alors qu'on est en vie, et de détruire de surcroît ce que l'on a encore à sa disposition ?

194 – Diogène Laërce, X, 27

(Extrait du catalogue des livres d'Épicure :)
Contre les Mégariques.

195 – Sénèque, *Epistulae*, 9, 1–3

Épicure a-t-il raison de blâmer, comme il le fait dans une de ses lettres, ceux qui soutiennent que le sage se suffit à lui-même et que par suite il n'a pas besoin d'amis ? Voilà ce que tu désirerais savoir. Cette critique d'Épicure vise Stilpon, ainsi que les philosophes qui ont défini le souverain bien comme l'état d'une âme impassible... (3) Voici ce qui nous distingue (nous Stoïciens) des sectateurs de Stilpon : notre sage triomphe, il est vrai, de tous les malheurs, mais il y est sensible ; le leur ne les sent même pas.

– Voir Annexe I, p. 89.

196 – Alexandre d'Aphrodise, *De anima*, II, 150,34–35 Bruns

D'autres (ont jugé que le premier bien propre est) l'absence d'empêchements, par exemple les Mégariques.

197 – Plutarque, *Adv. Colotem*, 22, 1119 c–d ; 23, 1120 a–b

Après s'en être pris à Socrate et à Platon, Colotès s'attaque à Stilpon. En ce qui concerne les thèses de Stilpon qui sont vraies, ainsi que les raisonnements qui lui faisaient honneur à lui, à sa patrie, à ses amis et aux rois qui s'étaient attachés à lui, Colotès n'en a pas fait mention, pas plus qu'il n'a dit combien son âme avait de noblesse jointe à la douceur et à la modération dans les passions ; en revanche, parmi les petites sentences que Stilpon a proposées aux sophistes par jeu et en plaisantant à leurs dépens, Colotès en a retenu une et, sans lui opposer aucune objection, sans en réfuter la vraisemblance, il déclame pompeusement contre

Stilpon et lui reproche d'anéantir la vie en soutenant qu'aucune chose ne peut être affirmée d'une autre. « Comment en effet vivrons-nous, si nous ne pouvons dire : l'homme est bon, ni l'homme est général, mais seulement : l'homme est homme, et, séparément, le bon est bon, le général est général ? ni non plus : les cavaliers sont dix mille, la ville est bien fortifiée, mais : les cavaliers sont des cavaliers, les dix mille sont dix mille, et ainsi de suite ?...

(23) Quoi qu'il en soit, voici quelle est la pensée de Stilpon : si nous affirmons d'un cheval qu'il court, il soutient que l'attribut n'est pas identique à ce à quoi on l'attribue, mais qu'il est différent ; si on affirme d'un homme qu'il est bon, il n'y a pas non plus identité, mais les formules exprimant la nature essentielle de « homme » et de « bon » sont différentes ; de même « être cheval » est différent de « courir » ; car si on nous demande de dire ce qu'est chacune de ces deux choses, nous ne répondrons pas de la même façon pour les deux. D'où il conclut que c'est une erreur d'affirmer le divers du divers. (***) En effet, si « bon » est identique à « homme » et « courir » à « cheval », comment affirmer ensuite d'un aliment et d'un remède qu'ils sont bons, et, par Zeus ! du lion et du chien qu'ils courent ? Si tout cela est divers, nous avons tort de dire que l'homme est bon et que le cheval court. Si donc dans ces questions Stilpon met durement tout à feu et à sang et n'accorde pas que les choses qui sont dans un sujet et sont affirmées de lui aient aucun lien avec le sujet, mais juge que chacune d'entre elles, si on ne peut la dire tout à fait identique à ce à quoi elle s'est ajoutée comme accident, ne doit pas non plus être affirmée de lui comme accident, il est évident que notre homme est fâché avec certains mots et s'oppose à leur sens ordinaire, et non qu'il anéantit la vie et tout ce qui existe.

198 – Simplicius, *In Phys.*, 120, 12–17 Diels

Parce qu'ils ignoraient cela, les philosophes qu'on appelle Mégariques, prenant pour un principe évident que les choses dont les définitions sont différentes sont différentes, et que les choses différentes sont séparées les unes des autres, semblaient démontrer que chaque chose est séparée d'elle-même. Car puisque la définition de Socrate musicien est autre que celle de Socrate blanc, Socrate serait ainsi séparé de lui-même.

199 – Diogène Laërce, II, 119

Extrêmement habile dans l'art de la controverse, Stilpon allait jusqu'à supprimer les idées : il prétendait que celui qui dit homme ne dit aucun homme ; car il ne dit ni celui-ci ni celui-là ; pourquoi en effet serait-ce celui-ci plutôt que celui-là ? Ce n'est donc pas celui-ci. Et encore : le légume, ce n'est pas tel légume que vous me montrez ; car le légume était déjà dix mille ans auparavant ; ceci n'est donc pas le légume.

– Voir le fr. 27.

200 – *Papyri Herculanenses*, 1788, fr. 2

(*Trois lignes très mutilées, avec le nom de Stilpon à la l. 2.*)

201 – *Papyri Herculanenses*, 255, fr. 3

(Deux lignes et demie très mutilées ; le nom de Stilpon apparaît dans la première ligne.)

IV. 4. PHILIPPE DE MÉGARE

– Voir fr. 164 A.

IV. 5. SIMMIAS DE SYRACUSE

– Voir fr. 153, 164 A.

IV. 6. ALKIMOS, ARISTIDE, DIPHILE, CLITARQUE, MÉTRODORE, MYRMEX, PAIONEIOS, PHRASIDÈME, TIMAGORAS.

– Voir fr. 164 A et B, 165.

V. APPENDICE : BRYSON ET SON ÉLÈVE POLYXÈNE

V. 1.A. BRYSON : DONNÉES BIOGRAPHIQUES (fr. 202–206)

202 – Aristote, *Hist. an.*, VI, 5, 563 a 7 = IX, 11, 615 a 10.

... Hérodore, le père du sophiste Bryson...

203 A – Diogène Laërce, IX, 61

Pyrrhon d'Élis était fils de Pléistarque... ; d'après ce qu'en dit Apollodore dans ses *Chroniques*, il fut d'abord peintre ; il a été l'élève de Bryson ou de Stilpon, selon les *Successions* d'Alexandre, ensuite d'Anaxarque.

203 B – *Souda*, s. v. « *Púrrōn* »

Pyrrhon, fils de Pléistarque, originaire d'Élis, philosophe,... D'abord il fut peintre, ensuite il s'adonna à la philosophie et fut élève de Bryson, le disciple de Clinomaque, puis d'Alexandre.

– Voir fr. 34.

204 – *Souda*, s. v. « *Theódōros* »

Théodore, celui qui a été surnommé l'Athée et qui fut auditeur de Zénon de Citium, fut aussi l'élève de Bryson et de Pyrrhon le Sceptique.

205 A (?) – Diogène Laërce, VI, 85

Hippobotos affirme que Cratès n'a pas été élève de Diogène, mais de Bryson l'Achéen.

205 B (?) – *Souda*, s. v. « *Hipparchía* »

Hipparchia... épouse de Cratès le Cynique, lequel était d'Athènes, et élève de Bryson l'Achéen, ou, selon certains, de Diogène.

205 C (?) – *Souda*, s. v. « *Krátēs* »

Cratès, fils d'Ascondas, originaire de Thèbes, philosophe cynique, élève de Diogène et de Bryson l'Achéen.

– Voir fr. 211.

206 – Athénée, XI, 509, b–d

C'est pourquoi le poète comique Ephippos a, dans son *Naufragé*, raillé à la fois Platon lui-même et certains de ses disciples, en laissant entendre qu'ils allaient jusqu'à se faire calomniateurs pour de l'argent ; ... Il s'exprime ainsi :

> « Ensuite se leva un jeune homme perspicace,
> Un de ceux qui viennent de l'Académie de Platon,
> Et qui comme-Bryson-et-Thrasymaque-sont-à-l'affût-du-moindre-sou ;
> Frappé par la nécessité, c'est à une école aux leçons lucratives
> Qu'il s'est rallié, et il est incapable de tenir des propos irréfléchis. »

V. 1.B. BRYSON : ÉCRITS ET DOCTRINE (fr. 207–210)

– Voir fr. 189.

207 – Athénée, XI, 508, c–d

Théopompe de Chios affirme dans son ouvrage *Contre l'école de Platon* : « On peut trouver que la plupart des dialogues de Platon sont vains et mensongers ; en outre, que la majorité d'entre eux sont des plagiats tirés des *Entretiens* d'Aristippe, quelques-uns même de ceux d'Antisthène, et un grand nombre aussi de ceux de Bryson d'Héraclée. »

– Voir fr. 63.

208 A – Aristote, *Rhet.*, III, 2, 1405, b 6–11

La beauté d'un nom réside d'abord, comme le dit Licymnios, dans les sons ou dans la chose signifiée ; et il en va de même pour la laideur. Il y a encore un troisième point, qui réfute l'argument sophistique : il n'est pas vrai, comme le prétendait

Bryson, que personne ne dit de mots obscènes si prononcer ce mot-ci au lieu de celui-là signifie la même chose. Cela est faux, en effet : car un mot est plus précis qu'un autre...

208 B – Étienne, ***In Rhet.*****, 315, 2–4 Rabe**

C'est en vain que Bryson prétendait qu'il n'est pas possible de dire de mots obscènes ; car si au lieu de ce mot-ci j'en prononce un autre qui indique la même chose, je ne dis pas de mot obscène.

208 C – Anonyme, ***In Rhet.*****, 171,24–172,2 Rabe**

Bryson était un philosophe. Bryson prétendait que personne ne dit de mots obscènes ni ne parle de façon déshonnête si au lieu de prononcer ce mot-ci il prononce (de) celui-là ; il disait en effet que l'un et l'autre signifient la même chose. Voici comment apparaît ce passage dans les copies du texte : « Si prononcer ce mot-ci au lieu de dire *de* celui-là (*antì toû toûde*) signifie la même chose. » Mais c'est une faute d'écriture de mettre : « au lieu de dire *de* celui-là » ; il faudrait en effet écrire : « au lieu de dire celui-là (*antì toû tóde*) » ; et dans toutes les copies anciennes on trouve la forme suivante : « Si prononcer ce mot-ci au lieu de celui-là (*antì toûde*) signifie la même chose. » (*Voir note 459.*)

209 A – Aristote, ***Soph. el*****, 11, 171 b 3–22 ; 34–172 a 7**

En outre, réclamer une réponse par oui ou par non n'appartient pas à celui qui démontre mais à celui qui entreprend un examen critique. La critique, en effet, est une sorte de dialectique, et elle considère non pas celui qui sait mais celui qui ignore et feint de savoir. Celui donc qui, par rapport au sujet donné, considère les principes communs est un dialecticien, mais celui qui ne le fait qu'en apparence est un sophiste.

D'autre part, le syllogisme éristique et sophistique comprend comme première espèce celui qui n'a que l'apparence du syllogisme dans les cas où la dialectique est critique, même si sa conclusion est vraie (car ce syllogisme nous trompe sur la cause) ; en deuxième lieu, tous les paralogismes qui, sans être conformes à la méthode propre à chaque chose, paraissent être conformes à l'art en question. En effet, les faux tracés de figures géométriques ne sont pas éristiques (car alors les paralogismes sont conformes aux objets régis par l'art en question), pas même s'il existe un faux tracé qui aboutirait à une thèse vraie, comme par exemple celle d'Hippocrate, à savoir la quadrature du cercle par des lunules. Mais la méthode de Bryson pour carrer le cercle, même si en fait le cercle peut se carrer, est sophistique précisément parce qu'elle n'est pas conforme à la chose. Par conséquent, le syllogisme qui dans ces choses-là est purement apparent est un argument éristique, tout comme le syllogisme qui paraît seulement être conforme à la chose en question, même s'il est un syllogisme authentique, est un argument éristique : car ce n'est qu'en apparence qu'il est conforme à la chose, de sorte qu'il est trompeur et injuste. ...

(34) L'éristique est au dialecticien à peu près ce que celui qui trace des figures fausses est au géomètre véritable : il part en effet des mêmes principes que le dialecticien pour faire son faux raisonnement, et pareillement celui qui trace des figures fausses part des mêmes principes que le géomètre. Mais ce dernier n'est pas éristique, parce que c'est à partir des principes et des théorèmes qui appartiennent à la science en question qu'il trace ses fausses figures ; au contraire celui qui part des principes qui appartiennent à la dialectique et les utilise pour autre chose sera évidemment éristique. Prenons par exemple la quadrature du cercle : celle qui se fait par les lunules n'est pas éristique, alors que celle de Bryson est éristique ; la première solution n'est pas transférable à un autre sujet que la géométrie parce qu'elle procède de ses principes propres, la deuxième par contre peut être adressée à beaucoup de gens, à tous ceux qui ignorent ce qui est possible et impossible en chaque chose, car elle s'y accomodera.

209 B – Ps.-Alexandre, *In Soph. el.*, 90, 10–21 Wallies

Mais la quadrature du cercle par Bryson est éristique et sophistique, parce qu'elle ne procède pas des principes propres de la géométrie mais de principes plus généraux. En effet, tracer le carré circonscrit au cercle puis le carré inscrit, et tracer ensuite au milieu des deux carrés un autre carré ; dire alors que le cercle qui est au milieu des deux carrés ainsi que le carré intermédiaire sont plus petits que le carré circonscrit et plus grands que le carré inscrit ; affirmer d'autre part que les choses supérieures et inférieures aux mêmes choses sont égales entre elles, et que par suite le cercle et le carré (intermédiaire) sont égaux, tout cela procède de principes (trop) généraux et en outre faux : trop généraux parce qu'ils peuvent s'appliquer aussi aux nombres, aux temps, aux lieux, etc. ; et faux parce que huit et neuf sont bien tous deux inférieurs à dix et supérieurs à sept, et pourtant ne sont pas égaux.

209 C – Anonyme, *In Soph. el.*, 29, 38–30, 7 Hayduck

Quant à Bryson, qui entreprend de carrer le cercle selon un principe général et non conformément à l'objet en question, il serait plutôt éristique : après avoir construit trois carrés sur le cercle, le premier inscrit dans le cercle, le second circonscrit au cercle, le troisième au milieu entre les deux premiers, il se sert ensuite pour la démonstration d'arguments généraux qui ne conviennent pas plus au géomètre qu'au physicien ou à un autre savant. Puisqu'en effet, dit-il, le carré du milieu et le cercle sont, par rapport aux deux carrés situés de chaque côté, supérieurs à l'un et inférieurs à l'autre, que d'autre part les choses supérieures et inférieures aux mêmes choses sont égales entre elles, le cercle sera égal au carré intermédiaire.

210 A – Aristote, *An. post.*, I, 9, 75 b 37 – 76 a 1

Puisqu'il est clair qu'on ne peut démontrer quelque chose qu'à partir des principes propres à chaque sujet dans le cas où ce qui est démontré dépend des mêmes principes que ce sujet, il n'est pas encore possible de le connaître si la démonstration repose seulement sur des propositions vraies, indémontrables et immédiates. Car on pourrait alors conduire une démonstration de la façon dont procède Bryson pour la quadrature du cercle : les raisonnements de ce genre appuient en effet la démonstration sur un principe commun qui pourra convenir aussi à un autre sujet ; et par suite ces raisonnements s'appliquent aussi à d'autres choses qui n'appartiennent pas au même genre.

210 B – Themistius, *In An. post.*, 19, 6–17 Wallies

C'est la raison pour laquelle on ne saurait considérer la quadrature du cercle par Bryson comme une démonstration géométrique, car il se sert d'un principe vrai mais trop général : tel est en effet celui selon lequel les choses comprises entre les mêmes choses supérieures et inférieures sont elles-mêmes égales entre elles ; ce principe n'est pas vrai seulement pour la grandeur, mais aussi pour le nombre, le temps et beaucoup d'autres choses. Quel est donc le procédé auquel a recouru Bryson, et par lequel il pensait carrer le cercle ? Cela n'intéresse en rien le présent exposé, mais signalons-le pour les amateurs d'érudition. Le cercle, dit-il, est supérieur à tous les polygones inscrits en lui, et plus petit que les polygones circonscrits ; il en est de même du polygone tracé au milieu entre les polygones inscrits dans le cercle et les polygones circonscrits au cercle ; le cercle et ce dernier polygone sont donc supérieurs et inférieurs aux mêmes choses, et par conséquent ils sont égaux entre eux en vertu du principe mentionné.

210 C – Philopon, *In An. post.*, 111, 20–112, 8 ; 20–36 Wallies

Alexandre rapporte que Bryson a tenté de carrer le cercle de la façon suivante : le cercle, dit-il, est plus grand que toute figure rectiligne inscrite dans le cercle et plus petit que toute figure circonscrite au cercle (une figure rectiligne est dite inscrite dans le cercle lorsqu'elle est tracée à l'intérieur du cercle, et circonscrite lorsqu'elle est tracée à l'extérieur) ; mais la figure rectiligne tracée au milieu entre les figures rectilignes inscrite et circonscrite est elle aussi plus petite que la figure circonscrite, et plus grande que la figure inscrite ; or les choses supérieures et inférieures à la même chose sont égales entre elles : donc le cercle est égal à la figure rectiligne tracée entre celle qui est inscrite et celle qui est circonscrite. Nous pouvons d'autre part construire un carré égal à toute figure rectiligne donnée ; il est par conséquent possible de produire un carré égal au cercle. Voilà donc comment Alexandre expose la question.

Mais le philosophe (Ammonius) disait que son maître Proclus objectait à l'explication d'Alexandre que, si Bryson avait carré le cercle de cette façon-là, sa solution s'accordait avec la quadrature proposée par Antiphon. Car chercher à faire coïncider la figure tracée entre les figures rectilignes inscrite et circonscrite avec la circonférence du cercle, cela Antiphon aussi l'avait fait, en essayant d'aller jusqu'au point où il fît coïncider, comme il disait, la ligne droite avec la circonférence, ce qui est impossible ; or il est question de ce problème dans les livres de la *Physique*, et Aristote ne citerait pas la quadrature du cercle de Bryson comme une solution différente à côté de celle d'Antiphon si vraiment Bryson avait carré le cercle ainsi. ...

(112, 20) Proclus disait donc que Bryson carrait le cercle de la façon que voici : le cercle, dit-il, est plus grand que toute figure rectiligne inscrite dans le cercle et plus petit que toute figure rectiligne circonscrite ; or là où il y a du plus grand et du plus petit il y a aussi de l'égal ; et il y a une figure rectiligne plus grande et une autre plus petite que le cercle ; il y a donc aussi une figure rectiligne égale au cercle.

Contre l'explication de Proclus on peut objecter ceci : si Bryson construisait la quadrature du cercle de cette façon, il est totalement faux qu'il la construisait à proprement parler, mais il la postulait dès le départ. Car ceux qui carraient le cercle ne cherchaient pas s'il se peut qu'un carré soit égal au cercle, mais il essayaient d'engendrer un carré égal au cercle en suivant la manière selon laquelle ils croyaient cette égalité possible. Or, d'après l'explication de notre maître, la solution qui vient d'être rapportée par Proclus a sans doute montré, à supposer même qu'on veuille bien accorder la démonstration, qu'il était possible qu'un carré fût égal au cercle ; mais elle n'a assurément pas été jusqu'à tracer un carré égal au cercle, et n'a pas non plus expliqué comment cela pourrait se faire, ce qui est précisément ce que se proposent de réaliser ceux qui carrent le cercle. Et Aristote a parlé de la *manière* utilisée dans le cas de la quadrature du cercle par Bryson, même si cette manière n'était pas géométrique. Par conséquent l'explication de Proclus ne paraît pas non plus être adéquate.

V. 2.A. POLYXÈNE : DONNÉES BIOGRAPHIQUES (fr. 211–218)

211 – Platon, *Epist.*, XIII, 360 b–c

(Platon à Denys le Jeune :)

Je t'adresse aujourd'hui..., comme nous en étions convenus alors, un homme que du moins toi et Archytas... pourriez mettre à contribution. Il s'appelle Hélicon, et est originaire de Cyzique ; c'est un élève d'Eudoxe, très versé dans toutes les doctrines de ce dernier. Il a en outre fréquenté un élève d'Isocrate, ainsi que Polyxène, un des compagnons de Bryson. A quoi s'ajoute, et c'est rare, que les relations avec lui ne sont pas désagréables et il ne paraît pas avoir mauvais caractère, mais semblerait plutôt être doux et d'un bon naturel.

212 – Platon, *Epist.*, II, 314 c–d

(Platon à Denys le Jeune :)

Tu t'es étonné que je t'aie envoyé Polyxène. Pourtant, à propos de Lycophron comme des autres personnes de ton entourage, je te tiens depuis longtemps le même langage et te le répète aujourd'hui : en matière de dialectique tu les surpasses infiniment, à la fois par ton talent naturel et par ta méthode de discussion ; aucun d'eux ne se laisse volontiers réfuter, comme certains le pensent, mais ils le font bien à contrecœur. Tu me parais en tout cas les avoir très convenablement traités et récompensés. Voilà ce que je voulais dire à leur sujet, et c'est beaucoup pour des gens pareils.

213 – Platon, *Epist.*, II, 310 c–d

(Platon à Denys le Jeune :)

Je te dis cela parce que, me semble-t-il, Cratistolos et Polyxène ne t'ont rien rapporté de sensé ; l'un des deux affirmerait avoir entendu à Olympie un bon nombre de ceux qui étaient avec moi dire du mal de toi ; il a peut-être l'ouïe plus fine que moi, car je n'ai, moi, rien entendu.

214 A – *Socratis et Socraticorum epistulae*, 33, 3 Köhler

(Speusippe à Dion :)

J'aurais beaucoup apprécié de pouvoir observer, par un tour quelconque, si tu conserves cette noble manière d'être, ou si tu es devenu fier et arrogant à notre égard, étant donné que tous parlent de toi : et les petits enfants dans la rue, et Polyxène accroupi devant les portes, et les bergers dans la montagne.

214 B – *Socratis et Socraticorum epistulae*, 34, 3 Köhler

(Denys le Jeune à Speusippe :)

Demande à Polyxène ainsi qu'aux autres, aux petites vieilles, aux pâtres, de me raconter par écrit les réunions qui ont lieu chez vous.

215 (?) – Athénée, XI, 471 f

Dans le vingt-huitième livre des *Histoires*, Timée qualifie la coupe de théricléenne ; voici ce qu'il écrit : « Polyxène, un de ceux qui sont venus de Tauroménium, avait reçu la charge d'ambassadeur ; il s'en retourna avec des cadeaux de Nicodème, et entre autres une coupe théricléenne. »

216 – Plutarque, *Regum et imperatorum apophthegmata*, 176 c–d

Denys le Jeune disait qu'il entretenait beaucoup de sophistes non pas parce qu'il les admirait mais parce qu'il voulait être admiré à cause d'eux. Le dialecticien Polyxène ayant affirmé qu'il allait le réfuter, Denys répliqua : « En paroles, sans doute ; mais moi, c'est par des faits que je te réfute : car tu as délaissé tes propres affaires et es en train de t'occuper de moi et des miennes. »

217 – Diogène Laërce, II, 76–77

Un jour le sophiste Polyxène vint voir Aristippe ; constatant qu'il y avait des femmes et une table fastueuse, il lui en fit reproche. Aristippe laissa passer un petit moment et dit : « Ne peux-tu toi aussi rester aujourd'hui avec nous ? » (77) Comme Polyxène accepta, Aristippe reprit : « Pourquoi donc me blâmais-tu ? Ce que tu dénonçais, me semble-t-il, ce n'était pas la bonne chère mais la dépense. »

218 – *Gnomologium Vaticanum*, 194

Au dialecticien Polyxène qui s'indignait d'entendre des gens qualifier Diogène (de Sinope) de chien, celui-ci dit : « Appelle-moi chien toi aussi ; car Diogène est mon surnom ; je suis bien un chien, un chien de bonne race en vérité, et de ceux qui veillent sur les amis. »

V. 2.B. POLYXÈNE : ÉCRITS ET DOCTRINE (fr. 219–220)

219 (?) – Grégoire de Corinthe, *In Hermog. «Perì methódou deinótētos»*, XVII, p. 1272, 6–18 Walz

Il est donc clair que si le plaideur s'en remet à la vérité, il ne s'exercera pas à déclamer, ne réfléchira pas longuement, n'étudiera pas à l'avance ce qu'il doit dire, mais exposera directement la question proprement dite ; c'est pourquoi, à ce qu'on dit, les Anciens, qui savaient cela, faisaient semblant, malgré la préparation à laquelle ils se pliaient, d'articuler avec difficulté des propos improvisés. Par exemple le rhéteur Polyxène, dont le discours est venu entre mes mains, s'exprime ainsi dans l'exorde de son écrit en l'honneur du sanctuaire de Délos : « J'adresse mes prières à Apollon et aux autres dieux qui résident à Délos, pour qu'ils nous accordent à nous de dire et à vous qui écoutez de juger ce qui leur est agréable, ce qui est pieux, ce qui est juste. » On voit qu'il fait semblant d'improviser quand il demande d'obtenir à l'instant des dieux, pour le proclamer sur le champ, ce qui est pieux et juste.

220 – Alexandre d'Aphrodise, *In Met.*, 84, 16–21 Hayduck

Dans son livre *Contre Diodore* Phanias rapporte que le sophiste Polyxène introduit le troisième homme dans les termes suivants : « Si l'homme existe par participation et communauté avec l'idée et l'homme en soi, il doit y avoir un homme qui aura son être en rapport avec l'idée. Or ce n'est pas l'homme en soi qui participe de l'idée, puisqu'il est idée ; ni non plus tel homme particulier. Il s'ensuit qu'il y a un troisième homme, celui qui a son être en rapport avec l'idée. »

ANNEXE I

Nous avons exposé dans l'Introduction (p. 8) les raisons pour lesquelles nous avons décidé d'adjoindre ce complément aux textes rassemblés par Döring. Sauf exception (voir les Annexes aux fr. 123, 186 et 151 H – 195), il ne s'agit pas de témoignages supplémentaires sur les Mégariques, mais de passages qui éclairent certains des fr. précédents, soit parce qu'ils en restituent le contexte immédiat, soit parce qu'ils apportent des informations plus précises sur un point auquel le fr. correspondant se contente de faire allusion.

ANN. AUX FR. 64–65

1) Textes sur le Menteur

Cicéron, ***Acad. pr.*** **II, XXIX, 95 – XXX, 97**

C'est un fait, n'est-ce pas, que le fondement de la dialectique est : « Tout énoncé (leur terme est *axioma*, ce qui signifie à peu près proposition) est vrai ou faux. » Mais alors ceci est-il vrai ou faux : « Si tu dis que tu mens et que tu dises vrai, est-ce que tu mens ou est-ce que tu dis vrai ? » Bien entendu, vous dites que ce sont là des cas « insolubles » ; ce qui est plus choquant que de parler, comme nous faisons, de choses « non comprises, non perçues ».

(XXX.) Mais laissons cela. Je demande : si ces cas ne peuvent pas être résolus, si on ne trouve aucun critère qui permette de répondre : « ces énoncés sont vrais ou faux », qu'en est-il de la fameuse définition : « Une proposition, c'est ce qui est vrai ou faux » ? J'ajouterai que, à partir du moment où des prémisses ont été posées, certaines choses doivent s'ensuivre, et d'autres doivent être rejetées parce qu'elles contredisent les prémisses. (96) Comment donc juges-tu ce raisonnement : « Si tu dis maintenant qu'il fait jour et si tu dis vrai, il fait jour ; or tu dis maintenant qu'il fait jour et tu dis vrai ; donc il fait jour » ? Vous approuvez sans aucun doute ce type de raisonnement et vous affirmez qu'il est parfaitement correct. Aussi l'enseignez-vous dans vos écoles comme le premier mode de raisonnement. Dès lors ou bien vous approuvez tout raisonnement qui procède de la même manière, ou bien votre art n'est rien. Vois donc si tu approuves ce raisonnement-ci : « Si tu dis que tu mens et si tu dis vrai, tu mens ; or tu dis que tu mens et tu dis vrai ; donc tu mens. » Comment ne pas approuver celui-là, alors que tu as approuvé le précédent qui était du même type ? Ces difficultés sont de Chrysippe, mais il ne les a pas lui-même résolues. Que dirait-il en effet du raisonnement suivant : « S'il fait jour, il fait jour ; or il fait jour ; donc il fait jour » ? Il l'admettrait évidemment ; car la nature même de l'implication logique oblige, une fois admis l'antécédent, à admettre le conséquent. Mais quelle différence entre ce raisonnement-là et celui-ci : « Si tu mens, tu mens ; or tu mens ; donc tu mens » ? Tu affirmes que tu ne peux ni l'approuver ni le rejeter. Comment alors approuver davantage le précédent ? Si l'art, la méthode, la manière de procéder ont une valeur, si enfin la force du raisonnement signifie quelque chose, ils sont les mêmes dans les deux cas. (97) Mais leur dernier refuge, c'est de demander qu'on excepte ces cas « insolubles ».

Aulu-Gelle, XVIII, 2, 10

Lorsque je mens et que je dis que je mens, est-ce que je mens ou est-ce que je dis la vérité ?

Lucien, *Vera historia*, I, 4

Il y a au moins une chose vraie dans ce que je vais dire, à savoir que je mens.

Au début de son récit, Lucien prévient le lecteur que ce qui suit est inventé, faux ; mais à la différence des autres auteurs de pareilles fictions, il revendique, lui, cette fausseté.

Ps.-Acron, *Schol. ad Hor. Epist.*, II, 1, 45 (cf. ci-dessous, p. 83).

Le Menteur consiste à garantir la fausseté par la vérité, par exemple si on dit : « Je dis que je mens, et je mens ; je dis donc la vérité. »

Aristote, *Soph. el.*, 25, 180 b 2–7

Le raisonnement est encore semblable quand il s'agit de savoir si le même homme peut en même temps mentir et dire la vérité. Mais parce qu'il n'est pas facile de voir si le terme « absolument » est appliqué à « dire la vérité » ou à « mentir », le problème paraît embarrassant. Rien n'empêche pourtant que le même homme ne soit menteur au sens absolu mais dise la vérité à quelque point de vue, ou que certaines paroles d'un homme ne soient vraies sans que lui-même dise la vérité (au sens absolu).

Anonyme, *In Soph. el.*, 58, 31–33 Hayduck

Lorsque je mens, je dis la vérité en affirmant que je mens ; car je dis la vérité et je mens en même temps, bien que ce ne soit pas sous le même rapport.

Ps.-Alexandre, *In Soph. el.*, 171, 17–20 Wallies

Est-il possible que le même homme mente et dise la vérité en même temps ? – Non. – Mais pourtant celui qui dit : « Je mens » ment et dit la vérité en même temps. Il est donc faux d'affirmer qu'il n'est pas possible que le même homme dise la vérité et mente en même temps.

St Augustin, *Contra Acad.*, III, 13, 29

Voilà ce que je dois à la dialectique, ainsi que beaucoup d'autres choses qu'il n'est pas nécessaire de rappeler ; car je ne dois pas me montrer ingrat. Mais le sage ou bien ne fait aucun cas de tout cela, ou bien, si vraiment la dialectique est la science même de la vérité, il la connaît assez pour mépriser et laisser sans pitié mourir de faim ce comble de la tromperie : « Si c'est vrai, c'est faux ; si c'est faux, c'est vrai. »

Lucien, *Vitarum auctio (Philosophes à l'encan)*, 22

Chrysippe. – Tu as un enfant ?

L'Acheteur. – Et alors ? Pourquoi donc ?

Chrysippe. – Supposons qu'un crocodile le trouve errant près du fleuve et s'en empare ; imagine qu'ensuite il promette de te le rendre à condition que tu devines sans te tromper la décision qu'il a prise quant à la restitution du bambin : quel parti diras-tu qu'il a pris ?

L'Acheteur. – Il est difficile de répondre à ta question. Car je ne vois pas laquelle des deux réponses peut me le rendre ; mais toi, au nom de Zeus, réponds et sauve-moi mon enfant, qu'il ne l'avale pas à l'instant ! *

Chrysippe. – Courage ! car je t'enseignerai des merveilles encore plus grandes.

L'Acheteur. – Lesquelles ?

Chrysippe. – Le Moissonneur, le Souverain, et par-dessus tout l'Électre et le Voilé.

** La bonne réponse ne peut être que : « Tu ne me le rendras pas », qui provoque à tout le moins la perplexité du crocodile raisonneur (s'il a décidé de rendre l'enfant, il ne doit pas le rendre ; s'il a décidé de ne pas le rendre, il doit le rendre). La réponse : « Tu me le rendras » a une chance sur deux d'entraîner la mort de l'enfant.*

Diogène Laërce, IX, 56

On raconte encore l'histoire suivante. Un jour que Protagoras réclamait son salaire à son élève Euathlos, celui-ci répondit : « Mais je n'ai encore remporté aucune victoire ! » Il lui répondit : « Eh bien, si je suis vainqueur (dans le procès que je vais t'intenter), je recevrai nécessairement mon argent parce que j'aurai été vainqueur ; si c'est toi qui gagnes, je le recevrai encore parce que tu auras alors remporté une victoire. »

Pour bien saisir la « circularité » dont il est ici question, il faut ajouter que le procès intenté par Protagoras doit porter sur les honoraires eux-mêmes, et que l'élève peut se tirer d'affaire en retournant le raisonnement : « Ou je gagne, et le tribunal me dispense de payer ; ou je perds, et alors je ne te dois rien en vertu de notre convention (de te payer à la suite de ma première victoire).»

2) Textes sur le Caché, l'Électre et le Voilé

Ps.-Alexandre, *In Soph. el.*, 161, 12–14 Wallies (Comment. de 179 a 26 ss)

Connais-tu celui qui s'approche et qui est voilé ? – Non. – (Ils enlèvent alors le voile). Mais quoi, tu connais cet homme ? – Oui. – Donc tu connais et ne connais pas le même homme.

Ps.-Alexandre, *In Soph. el.*, 125, 18–30 Wallies (Comment. de 175 b 15 ss)

Après avoir enveloppé le musicien Coriscus dans un voile ou autre chose, les sophistes demandaient : « Sais-tu que Coriscus est musicien ? – Oui. – Mais sais-tu qui est cet homme voilé ? – Non.» Après avoir enlevé le voile, ils disaient : « Eh quoi ! tu sais qui est cet homme ? – Oui. – Tu sais donc aussi que cet homme est musicien. Et cependant il est vrai aussi que tu ne le sais pas : car celui dont tu ne savais pas qui il était quand il était voilé, tu ne savais pas non plus s'il était musicien. Tu sais donc que le même homme est musicien et non musicien, ou qu'il est musicien et ignorant en musique, de sorte que le nom que tu as nié de lui, à savoir « musicien », tu l'as aussi affirmé de lui.»

Ou encore : « Sais-tu qui est cet homme voilé ? – Non.» Et après lui avoir enlevé son voile, ils continuent : « Mais quoi ? tu connais cet homme ? – Oui : c'est Coriscus. – Mais pourtant tu as dit aussi que cet homme n'est pas Coriscus. Car celui dont tu ne savais globalement pas qui il est, tu ne savais pas non plus que c'était Coriscus. De sorte que tu as à la fois affirmé et nié de lui le même nom.»

Lucien, ***Vitarum auctio (Philos. à l'encan)*, 22–23** (i.e. suite immédiate du texte sur le Crocodile ; voir ci-dessus, p. 77).

L'Acheteur. – Que veux-tu dire avec ce Voilé ou avec l'Électre ?

Chrysippe. – L'Électre, c'est ce personnage bien connu, la fille d'Agamemnon, qui à la fois connaît et ne connaît pas les mêmes choses : en effet, quand Oreste se tient à côté d'elle sans s'être encore fait connaître, elle connaît certes Oreste en tant qu'il est son frère, mais elle ignore que l'homme qui est près d'elle est Oreste. * Quant au Voilé, tu découvriras aussi, en l'entendant, un argument vraiment merveilleux ; réponds-moi, ton père, tu le connais ?

L'Acheteur. – Oui.

Chrysippe. – Eh quoi ! si je place à côté de toi un homme voilé et que je te demande : « Est-ce que tu connais cet homme ? », que diras-tu ?

L'Acheteur. – Bien évidemment que je ne le connais pas !

(23) Chrysippe. – Et pourtant cet homme, c'était précisément ton père : par conséquent si tu ne connais pas cet homme, il est clair que tu ne connais pas ton propre père.

L'Acheteur. – Certainement pas ! Mais je lui enlèverai son voile et je connaîtrai la vérité.

* *Eschyle*, Choéphores, *212 ss* ; *Sophocle*, Électre, *1106 ss.*

3) Textes sur le Sorite et le Chauve

a) Forme « classique » et primitive :

Cicéron, *Acad. pr.* II, XVI, 49

(C'est Lucullus qui parle, et qui va répondre aux Académiciens sur leurs objections contre l'idée d'évidence).

... On doit leur reprocher d'utiliser le type d'argumentation le plus captieux et que d'ordinaire on n'admet absolument pas en philosophie, celui qui consiste à procéder par additions ou soustractions très petites et graduelles. On l'appelle Sorite, parce qu'on fait un tas (de blé) par l'addition d'un seul grain. (*Du grec* sōrós, « *tas* ».)

Aspasius, *In Eth. Nic.*, 56, 32–57, 3 Heylbut

En ce qui concerne le Chauve, on pose la question suivante : « Une personne devient-elle chauve pour un cheveu qu'on lui enlève ? et pour deux ? pour trois ? » De là les noms de Chauve et de Sorite qu'on donnait à ces arguments. Car à propos du tas on pose la même question : le tas est-il amoindri quand on enlève un seul grain de blé, puis deux, et ainsi de suite ? Il est impossible de dire à quel moment il commence à ne plus y avoir de tas, parce qu'aucune chose sensible ne peut être saisie avec précision, mais seulement de façon approximative et générale.

Horace, *Epist.*, II, 1, 45 : voir ci-dessous, dans la partie d), p. 83.

b) Forme « mathématique » :

Aristote, *Soph. el.*, 24, 179 a 35

Est-ce que le produit d'un petit nombre par un petit nombre est un petit nombre ?

Cicéron, *Acad. pr.* II, XXIX, 93–95

(C'est ici Cicéron qui parle, et qui répond aux critiques de Lucullus).

Mais, dites-vous, les Sorites sont des raisonnements vicieux. – Détruisez-les donc, si vous le pouvez, pour éviter qu'ils ne vous gênent ; car ils le feront, si vous n'y prenez garde. La précaution est prise, dit l'adversaire. Chrysippe, lorsque par exemple on lui demande par degrés si « trois » est peu ou beaucoup, décide en effet, juste avant d'en arriver à dire « beaucoup », de se reposer <en gardant le silence> (ils disent *hēsucházein*). En ce qui me concerne, lui dit Carnéade, je te permets même de ronfler et pas seulement de te reposer. Mais à quoi bon ? Il vient ensuite quelqu'un pour te tirer de ton sommeil et te demander de la même façon :

« Si au nombre auquel tu t'es arrêté j'ajoute une unité, cela fera-t-il beaucoup ? » Tu avanceras de nouveau, aussi loin que tu le jugeras bon. Que demander de plus ? Car tu avoues que tu ne peux, dans ta réponse, ni ranger le dernier nombre dans le « peu » ni le premier dans « beaucoup ». Ce genre d'indécision s'étend si loin que je ne vois pas à quel domaine il ne pourrait s'appliquer. (94) « Cela ne me touche en rien, dit Chrysippe : comme un habile conducteur de char, je retiendrai mes chevaux avant d'arriver à la borne, et d'autant plus que l'endroit où s'élanceront les chevaux sera dangereux. C'est ainsi, dit-il, que je me retiens avant le danger et que je ne réponds pas plus longtemps à celui qui m'interroge de façon captieuse. » Si tu as de quoi éclairer la question mais ne réponds rien, c'est de la suffisance de ta part ; si tu n'as rien de tel, c'est que tu ne connais pas toi-même la chose de façon certaine. Si c'est parce que la question est obscure, je te permets de garder le silence : mais tu prétends que tu n'avances pas jusqu'aux questions obscures ; tu t'arrêtes donc aux choses qui sont claires. Si c'est seulement pour te taire, tu n'arriveras à aucun résultat. Qu'importe en effet à celui qui cherche à te prendre qu'il te saisisse dans ses filets silencieux ou en train de parler ? Si par exemple tu réponds sans hésiter jusqu'à neuf : « C'est peu », et que tu t'arrêtes à dix, tu retiens ton assentiment même en des questions certaines et particulièrement claires. Mais tu ne me permets pas de faire la même chose en des sujets obscurs. Donc ton art ne te sert à rien contre les Sorites, puisqu'il ne t'enseigne pas quel est le premier ou le dernier terme d'une quantité que l'on augmente ou que l'on diminue. (95) Bien plus, comme Pénélope défaisant sa toile, ce même art tant vanté détruit à la fin ce qu'il a édifié précédemment.

Diogène Laërce, VII, 82

Il n'est pas vrai, si deux est un petit nombre, que trois ne le soit pas aussi ; de même, si deux et trois sont des petits nombres, il n'est pas vrai que quatre ne le soit pas ; et ainsi de suite jusqu'à dix. Or deux est un petit nombre. Dix l'est donc aussi.

Sextus, *Adv. math.*, I, 69

Si l'on fixe un nombre très grand, celui qui est plus petit d'une unité est encore très grand, puisqu'il serait parfaitement absurde d'appeler le premier, parce qu'il est supérieur d'une seule unité, « très grand », mais de refuser absolument ce nom au deuxième. C'est pourquoi, si le nombre qu'ils appellent « très grand » est sans cesse supérieur[38] d'une unité, on en viendra à ce qu'il n'y ait absolument plus de nombre très grand, et pour la même raison il n'y aura pas non plus de grammaire * ; c'était là la conclusion de l'aporie du Sorite.

** Dans tout ce passage, Sextus s'en prend aux grammairiens, qui conviennent qu'ils ne connaissent pas tous les écrits des poètes et des prosateurs, mais justifient leur art en affirmant qu'il consiste à connaître « la plupart » de ces écrits. C'est cette notion de « la plupart » que Sextus cherche à ruiner en les soumettant à la question du Sorite.*

c) Version « physique » :

Aristote, *Phys.*, VIII, 3, 253 b 14–22

C'est un raisonnement semblable à celui qui a trait à l'usure par la goutte d'eau et à la division de la pierre par les plantes qui en sortent. En effet, si la goutte a creusé ou enlevé une certaine quantité de pierre, il n'est pas vrai que d'abord la moitié de la goutte a agi dans un temps égal à la moitié du précédent ; mais, comme dans le cas du halage, tant de gouttes produisent tel effet, et il n'existe pas de temps pendant lequel une partie d'entre elles produiraient un effet proportionnel. Ce qui a été enlevé à la pierre se divise assurément en plusieurs parties, mais aucune de ces parties n'est mue séparément, elles sont mues ensemble. Il est donc manifeste qu'il n'est pas nécessaire que l'effritement soit continu parce que la chose qui décroît se divise à l'infini ; mais c'est un ensemble qui, à un moment donné, se détache.

Simplicius, *In Phys.*, 1197, 35–1198, 5 Diels

Il faut à ce propos se demander si Aristote fait maintenant référence à l'argument appelé Sorite chez les sophistes, lorsque celui-ci est posé au sujet des gouttes d'eau qui tombent : en effet, disent-ils, si la première goutte n'a produit aucun effet pour ce qui est de creuser la pierre, la deuxième ne fait rien non plus ; si celle-ci n'a aucun résultat, la troisième n'en a pas non plus, si bien que la dernière sera elle aussi inefficace. Comment, dans ces conditions, peut-on dire : « La goutte d'eau creuse la pierre de façon continue » ? Ainsi donc, c'est à cet argument que pense Aristote quand il dit : « C'est un raisonnement semblable à celui qui a trait à l'usure par la goutte d'eau. » Ou alors à cet autre, posé au sujet de la chute d'une masse d'eau : si une quantité donnée d'eau tombant en une seule fois a enlevé telle quantité de pierre, est-ce que la moitié de l'eau a enlevé la moitié de la quantité de pierre, et pareillement une seule goutte une partie proportionnelle de la pierre ?

***Schol. ad Lucian. Lapith.* 23, IV p. 254 Jacobitz**

Le Sorite est un argument sophistique qui, au moyen d'une interrogation portant sur une petite quantité, comme ils disent, conduit, par un processus d'affaiblissement des représentations, vers ce qui est obscur ou manifestement faux. On demande en effet si la première goutte a eu une action sur la pierre ou non ; si oui, comment se fait-il que l'effet ne soit pas visible ? si non, si la deuxième goutte ne produit rien non plus, ni la dernière, comment le creux s'est-il formé dans la pierre ?

Aristote, *Phys.*, VII, 5, 250 a 19–25

C'est pourquoi n'est pas valide l'argument de Zénon selon lequel une partie quelconque du tas de mil fait du bruit ; rien n'empêche en effet qu'il n'y ait aucun temps dans lequel la partie soit à même de mouvoir cet air que le boisseau entier a mû en tombant. Il n'est pas vrai non plus que la partie prise en elle-même meuve autant qu'elle le fait quand elle est dans le tout. Car elle n'est rien, sinon en puissance, dans le tout.

Simplicius, ***In Phys.*****, 1108, 18–28 Diels**

Par ce moyen Aristote résout aussi la question que Zénon d'Élée posait au sophiste Protagoras. « Réponds-moi Protagoras, dit-il, est-ce qu'un seul grain de mil, voire la dix-millième partie d'un grain, font du bruit en tombant ? » L'autre ayant répondu que non, Zénon reprit : « Un boisseau de mil fait-il ou non du bruit en tombant ? » Un boisseau, oui, dit Protagoras. Zénon alors : « Eh bien, n'est-il pas vrai qu'il y a un rapport entre le boisseau de mil et le grain isolé, entre le boisseau et la dix-millième partie d'un grain ? » Sur la réponse affirmative de Protagoras, Zénon continua : « Mais quoi ? les bruits ne seront-ils pas entre eux dans les mêmes rapports ? Car les bruits sont entre eux dans le même rapport que ce qui les produit. Et pour cette raison, si le boisseau de mil fait du bruit, un seul grain et même la dix-millième partie d'un grain feront du bruit aussi. » Voilà donc l'argument de Zénon.

Aristote, ***Rhet.*****, II, 24 1401 a 31**

(*Un exemple parmi d'autres, dans les lieux des enthymèmes apparents*).

Puisque la dose double (d'un remède) est dangereuse pour la santé, dire que la dose simple n'est pas bonne non plus ; car il serait absurde que les deux moitiés soient bonnes et que le tout soit mauvais.

d) Sorites appliqués à d'autres domaines et notamment à des notions morales.

Cicéron, ***Acad. pr.*** **II, XVI, 49** (*C.-à-d. suite immédiate du premier texte sur la forme « classique » du Sorite, ci-dessus*, p. 79)

Argumentation vraiment vicieuse et captieuse ! Voici en effet sa marche ascendante : si un dieu vous présente dans votre sommeil une représentation telle qu'elle soit probable, pourquoi n'en présenterait-il pas une qui soit tout à fait vraisemblable ? puis une autre qui soit difficile à distinguer d'une représentation vraie ? puis une représentation telle qu'on ne puisse même plus la distinguer d'une vraie ? telle enfin qu'il n'y ait plus aucune différence entre elles ?

Cicéron, ***Acad. pr.*** **II, XXIX, 92** (*Texte précédant immédiatement celui qui illustre la forme « mathématique », ci-dessus,* p. 79)

Mais quoi ? est-ce notre faute si ce mode de raisonnement est vicieux ? C'est la nature qui ne nous a pas donné des limites des choses une connaissance telle que nous puissions dans chaque cas décider jusqu'où elles s'étendent exactement. Cela n'arrive pas seulement avec le tas de blé qui a donné son nom au Sorite ; mais chaque fois qu'on nous demande par degrés : riche ou pauvre ? célèbre ou obscur ? beaucoup ou peu ? grand ou petit ? long ou court ? large ou étroit ? nous ne savons absolument pas à quel degré de l'addition ou de la soustraction nous pouvons donner une réponse précise.

Horace, *Epist.*, II, 1, 34–49

Si le temps améliore les poèmes comme les vins, je voudrais savoir quel nombre d'années donne du prix aux écrits. L'auteur mort depuis cent ans doit-il être placé au rang de ces anciens si parfaits ou bien parmi ces modernes si méprisables ? Fixons une limite qui écarte les querelles.

– Après cent ans, un auteur est ancien et digne d'estime.

– Mais quoi ? celui à qui il manque un seul mois, une seule année, où le placer ? Parmi les anciens poètes, ou parmi ceux qui ne méritent que le mépris de notre époque et de la suivante ?

– On peut sans injustice ranger parmi les anciens celui à qui il ne manque que le court espace d'un mois, voire d'une année entière.

– J'use de la permission ; et comme si j'arrachais un à un des crins de la queue d'un cheval *, j'enlève une année, puis une autre, jusqu'à ce qu'il succombe, berné par l'argument du tas qui s'écroule, le critique qui se réfugie dans les fastes et mesure le mérite aux années, n'admirant que les œuvres consacrées par Libitine.

* *Allusion probable à un trait que rapporte Plutarque dans la* Vie de Sertorius, XVI *: un homme vieux et faible parvient à arracher la queue d'un cheval jeune et vigoureux en enlevant les crins un à un, pendant qu'un homme jeune et fort s'efforce en vain d'arracher d'un seul coup la queue d'un cheval pourtant chétif.*

Sénèque, *De benef.*, V, 19, 9

Car ce genre d'obligation ne saurait avoir de limite : si je suis le bienfaiteur du père, je le suis aussi de la mère, de l'aïeul, de l'oncle paternel, des enfants, des alliés, des amis, des esclaves, de la patrie ! Où donc le bienfait commence-t-il à s'arrêter ? Voici en effet que, furtivement, se glisse le fameux et insoluble Sorite, auquel il est difficile d'imposer une juste mesure parce qu'il s'insinue peu à peu, et ne cesse de gagner du terrain.

Sextus, *Adv. math.*, IX, 182–184

Certains de ces arguments ont été posés par Carnéade sous forme de Sorites, que son ami Clitomaque a décrits comme étant très réussis et très efficaces ; voici la forme qu'ils prennent : si Zeus est un dieu, Poséidon aussi est un dieu ;

> Car nous sommes trois frères issus de Cronos et enfantés par Rhéa :
> Zeus et moi, et en troisième Hadès qui règne sur les morts.
> Toutes choses ont été partagées en trois, et chacun a eu son apanage.*

de sorte que si Zeus est un dieu, Poséidon lui aussi, qui est son frère, sera un dieu. Si Poséidon est un dieu, Achéloüs le sera aussi ; si Achéloüs l'est, le Nil le sera ; si le Nil est un dieu, ce sera le cas de tout fleuve ; si c'est vrai pour tout fleuve, les rivières aussi seraient des dieux ; et, avec les rivières, les torrents. Or les rivières ne sont pas des dieux ; donc Zeus n'est pas non plus un dieu. Et s'il y avait des dieux, Zeus serait un dieu. Il n'y a donc pas de dieux. (*Suivent plusieurs autres exemples de même facture, jusqu'au* § *190*).

* Iliade, *XV, 187–189.*

Aspasius, ***In Eth. Nic.*****, 56, 25–32 ; 57, 3–7 Heylbut**

Ce qu'Aristote a écrit à la fin, à savoir qu'il n'est pas facile de déterminer dans quelle mesure et jusqu'à quel point l'écart par excès ou par défaut est répréhensible, cela suit de ce qu'il dit sans cesse : dans le domaine des actions à faire, rien n'est déterminable avec précision, mais on ne peut le faire que de façon générale ; et il en va de même pour les autres choses sensibles ; de là proviennent les Sorites. En effet, quelle somme d'argent faut-il posséder pour être riche ? Si quelqu 'un prétendait fixer la limite à dix talents, on demande : « Si on lui retire une drachme, notre homme ne sera-t-il plus riche ? et si on en enlève deux ? » Il n'est pas possible, en effet, de déterminer quoi que ce soit avec précision dans ce domaine puisqu'il s'agit de choses sensibles, et en particulier pour dire qui est pauvre et qui est riche... (*Aspasius expose ensuite les formes habituelles du Chauve et du Sorite : cf. ci-dessus,* p. 79).

(57, 3) Il en est de même, donc, pour les actions et les états affectifs ; car il n'est pas possible de déterminer quantitativement ce qu'est une colère moyenne, excessive ou trop faible, parce que les petits écarts en plus ou en moins nous échappent.

– Cf. aussi *Genèse*, 18, 23–32.

e) Le Sorite est encore mentionné dans les textes suivants :

Cicéron, ***De divin.*****, II, 4, 11** (cité avec le Menteur, comme exemple de questions relevant de la dialectique et non de la divination).

Cicéron, ***De finibus*****, IV, XVIII, 48–50** (cf. comm. des fr. 64–65, p. 117).

Perse, ***Satires*****, VI, 78–80**

Lucien, ***Convivium seu Lapithae*****, 23** (mentionné à côté du Cornu et du Moissonneur)

Sextus, ***Pyrrh. hyp.*****, II, 253** (dans un chapitre sur les sophismes)

Sextus, ***ibid.*****, III, 80** (dans un chapitre sur le mouvement)

Sextus, ***Adv. math.*****, VII, 416–421** (même problème que chez Cicéron, *Acad. pr.* II, XVI, 49 (ci-dessus, p. 82), mais avec des exemples numériques : « 50 est un petit nombre » est une représentation compréhensive ; « 10 000 est un petit nombre » est une représentation non compréhensive ; il s'agit alors de passer insensiblement de l'une à l'autre, pour montrer finalement que les représentations compréhensives ne se distinguent pas des représentations non compréhensives).

4) Textes sur le Cornu

Sénèque, *Ep.*, 49, 8

Je passerais à bon droit pour fou aux yeux de tous si... je restais assis, oisif et posant de petites questions de ce genre : « Ce que tu n'as pas perdu, tu l'as ; or tu n'as pas perdu de cornes : tu as donc des cornes », et d'autres élucubrations produites sur le même modèle de subtile extravagance.

Sénèque, *Ep.*, 45, 8

D'ailleurs, celui à qui on demande s'il a des cornes n'est pas assez sot pour se tâter le front, ni d'autre part assez déraisonnable ou obtus pour ignorer si ton argumentation très subtile l'a ou non persuadé ! Ainsi ces pauvres finesses abusent l'esprit, mais sans danger, comme les gobelets et les cailloux des escamoteurs, où c'est précisément la supercherie qui m'amuse. Dévoile-moi le secret : c'en est fini du jeu ! J'en dis autant de vos attrapes (quel meilleur nom donner aux sophismes ?) : on ne perd rien à les ignorer, on ne gagne rien à les connaître.

Aulu-Gelle, XVI, 2, 1–5 ; 9–13

C'est, dit-on, une règle de l'art dialectique que, dans l'examen et la discussion d'un problème, la réponse à une question ne dise strictement rien de plus que ce qui a été demandé et qu'elle s'exprime par oui ou par non. ... (2) Ce qu'ils prescrivent là, il est sans aucun doute nécessaire de le faire dans la plupart des discussions. (3) Car le discours sera vague et inextricable s'il n'est pas déterminé par des questions et des réponses simples.

(4) Mais il est, semble-t-il, des questions dans lesquelles on serait pris au piège si l'on répondait brièvement en se limitant à ce qui a été demandé. (5) Supposons en effet qu'on interroge quelqu'un dans les termes suivants : « Je te demande de répondre à cette question : as-tu ou non cessé de commettre l'adultère ? » Quelle que soit, des deux réponses permises par la règle dialectique, celle que l'on adopte, qu'on réponde oui ou qu'on réponde non, on sera pris dans le piège. ...

(9) Et si moi je demandais à l'un d'entre eux (à un champion de cette fameuse règle) : « Ce que tu n'as pas perdu, tu l'as ou tu ne l'as pas ? et je demande que tu répondes par oui ou par non », il serait pris au piège, quelle que soit de ces deux courtes réponses celle qu'il choisisse. (10) En effet, s'il dit ne pas avoir ce qu'il n'a pas perdu, on conclura qu'il n'a pas d'yeux, puisqu'il ne les a pas perdus ; si au contraire il dit avoir ce qu'il n'a pas perdu, on conclura qu'il a des cornes, puisqu'il ne les a pas perdues. (11) Il est par conséquent plus raisonnable et plus prudent de répondre : « Ce que je possède, je l'ai si je ne l'ai pas perdu. » (12). Mais ce type de réponse n'est pas conforme à la règle que nous avons exposée ; car on répond au-delà de ce qui a été demandé. (13) C'est pourquoi on a coutume d'ajouter à la règle en question qu'il ne faut pas répondre aux interrogations captieuses.

Aulu-Gelle rapporte encore le Cornu en XVIII, 2, 9 ; mais très brièvement, et en des termes qui sont la transposition littérale en latin du texte de notre fr. 65.

Sextus, ***Pyrrh. hyp.*****, II, 241**

Ainsi, contre les sophismes qui réclament utilement une solution, le dialecticien n'aura rien à dire, mais il va nous proposer des arguments de ce genre : « S'il n'est pas vrai que tu as de belles cornes et que tu as des cornes, tu as des cornes ; or il n'est pas vrai que tu as de belles cornes et que tu as des cornes ; donc tu as des cornes. »

On peut noter que, d'après la suite du texte, le dialecticien ne se contente pas de poser de pareilles questions, mais qu'il entreprend « solennellement » de résoudre *les difficultés exposées.*

On trouve encore le Cornu chez Quintilien, *Inst. or.*, I, 10, 5 (mentionné avec le Crocodile comme exemple de questions apparemment mineures mais dont il convient que le sage accompli soit instruit), Lucien, *Hermotimus*, 81 (cité sur le ton de la plaisanterie à côté du Crocodile et de l'implication « S'il fait jour, il ne fait pas nuit »), et Diogène Laërce, VI, 38.

ANN. AU FR. 94

Sextus, ***Adv. math.*****, IX, 109–110**

En réponse à cette contre-argumentation, les Stoïciens disent que Zénon a pris le mot « meilleur » au sens absolu (c'est-à-dire que ce qui est doué de raison est absolument meilleur que ce qui n'est pas doué de raison, ce qui est intelligent que ce qui n'est pas intelligent, ce qui est vivant que ce qui n'est pas vivant), alors qu'Alexinos ne l'a pas fait : car être poète n'est pas absolument meilleur que de ne pas l'être, ni être grammairien absolument meilleur que de ne pas l'être. On constate de la sorte une grande différence entre les arguments ; car il n'est pas vrai, par exemple, que le poète Archiloque soit meilleur que le non-poète Socrate, que le grammairien Aristarque soit meilleur que le non-grammairien Platon.

ANN. AU FR. 95

Cicéron, ***De nat. deorum*****, III, VIII, 20 – IX, 21**

Volontiers, reprit Cotta. Aussi, puisque tu as partagé la question dans son ensemble en quatre parties et que nous avons traité la première, passons à la deuxième, où il me semble qu'en voulant montrer de quelle nature sont les dieux tu as montré qu'il n'y en a pas. La grande difficulté, disais-tu, c'est de détacher l'esprit de son lien avec les yeux ; mais, à partir du moment où rien n'est supérieur à Dieu, tu n'hésitais pas à affirmer que le monde est Dieu puisque rien dans la nature n'est meilleur que le monde. Il faudrait que nous puissions le penser animé, ou plutôt que nous soyons à même de saisir cette vérité avec notre esprit comme nous saisissons le reste avec nos yeux. (21) Mais quand tu dis que rien n'est meilleur que le monde, en quel sens entends-tu « meilleur » ? Si tu veux dire que rien n'est plus beau, je suis d'accord ; que rien n'est plus approprié à nos besoins, je l'accorde aussi. Mais si tu le prends en ce sens que rien n'est plus sage que le monde, je ne l'accorde absolument pas, non qu'il me soit difficile de détacher mon esprit de mes yeux : au contraire, plus je l'en détache et moins je suis capable de saisir avec mon esprit ce que tu avances. (IX) « Rien dans la nature n'est meilleur que le monde. » Rien non plus n'est meilleur sur terre que notre ville : penses-tu pour autant que notre ville possède la raison, la pensée, l'esprit ? ou bien, parce qu'il n'en est rien, juges-tu qu'une fourmi vaut mieux que la plus belle des villes pour ce motif que celle-ci ne possède pas de sensibilité alors que la fourmi a non seulement une sensibilité mais encore un esprit, une raison, une mémoire ?

ANN. AU FR. 110

Diogène Laërce, VII, 82

L'argument de Personne est un argument concluant qui consiste en une majeure composée d'un terme indéfini et d'un terme défini, suivie d'une mineure et d'une conclusion ; par exemple : « Si quelqu'un est ici, il n'est pas à Rhodes ; or il y a quelqu'un ici ; donc il n'y a pas quelqu'un (= personne) à Rhodes. »

– Voir aussi *Odyssée*, IX, 366–414.

ANN. AU FR. 123

Sextus, *Adv. math.*, X, 102

Mais je me demande si Diodore ne s'égare pas ici. Car le présent « la balle touche le plafond » n'est pas vrai quand la balle effectue sa trajectoire dans l'air, mais quand elle commence à toucher le plafond. Mais quand elle a fini de toucher et qu'elle retombe, alors l'accompli « la balle a touché le plafond » devient vrai. Il est donc absurde que Diodore reconnaisse pour vrai le mouvement accompli et refuse comme étant faux le mouvement en train de s'accomplir ; il faut ou bien admettre les deux ou bien les refuser l'un et l'autre.

ANN. AU FR. 126

Sextus, *Pyrrh. hyp.*, II, 243

Ce qui devient, c'est ou bien l'être ou bien le non-être. Or ce n'est pas l'être qui devient, puisqu'il est. Mais ce n'est pas non plus le non-être ; car ce qui devient subit une action, et le non-être ne subit rien. Donc rien ne devient. (*Exemple de « sophisme » qui suit immédiatement deux autres arguments mégariques : le Cornu* (*cf. ci-dessus,* p. 86), *et un raisonnement contre le mouvement identique à celui du fr. 124*).

ANN. AU FR. 132A

Cicéron, *De fato*, VI, 12 ; VII, 14 ; IX, 17–18

Soit donc des principes astrologiques du type suivant : « Si quelqu'un est né, par exemple, au lever de la Canicule, il ne mourra pas en mer. » Sois attentif, Chrysippe, à ne pas déserter ta cause, car tu as ici un dur combat à livrer contre Diodore, un puissant dialecticien ! En effet, si cette implication : « Si quelqu'un est né au lever de la Canicule, il ne mourra pas en mer » est vraie, celle-ci est vraie aussi : « Si Fabius est né au lever de la Canicule, Fabius ne mourra pas en mer. » Il y a donc contradiction entre ces deux propositions : « Fabius est né au lever de la Canicule » et « Fabius mourra en mer » ; et puisqu'on pose comme certain, en ce qui concerne Fabius, qu'il est né au lever de la Canicule, il y a contradiction aussi entre : « Fabius existe » et « Il mourra en mer ». Cette conjonction est donc elle aussi constituée de propositions contradictoires : « Fabius existe, et Fabius mourra en mer » ; ce dernier événement, étant donné la manière dont il a été posé, est en outre impossible. Donc, la proposition : « Fabius mourra en mer » appartient à la catégorie des choses impossibles.

(*Pour la suite, voir fr. 132A, 1er* §).

(VII, 14) En effet, si cette implication est vraie : « Si tu es né au lever de la Canicule, tu ne mourras pas en mer », et que l'antécédent : « Tu es né au lever de la Canicule » soit nécessaire (en effet, tout ce qui est vrai dans le passé est nécessaire, comme le veut Chrysippe qui sur ce point n'est pas du même avis que son maître Cléanthe, parce que, selon lui, ce qui est passé est immuable et ne peut passer du vrai au faux), si donc l'antécédent de l'implication est nécessaire, le conséquent devient nécessaire aussi. Il est vrai que Chrysippe n'admet pas ce principe comme valable dans tous les cas ; néanmoins, s'il existe une cause naturelle qui empêche que Fabius meure en mer, Fabius ne peut pas mourir en mer. (...)

(IX, 17)... (*Fin du § 17, soit la suite immédiate du fr. 132A*)... et par suite ne semble pas y être ; ainsi, d'un homme atteint d'une maladie mortelle, il est vrai de dire : « Cet homme mourra de cette maladie » ; mais si la même affirmation était vraie d'un homme chez qui la gravité de la maladie ne paraît pas aussi grande, elle ne devrait pas moins se réaliser. Il en résulte que le changement du vrai en faux n'est pas non plus possible pour l'avenir. En effet, la proposition : « Scipion mourra » a cette propriété que, quoique dite de l'avenir, elle ne peut cependant pas devenir fausse : car elle porte sur un homme, qui doit nécessairement mourir. (18) De même si l'on disait : « Scipion mourra la nuit, dans son lit, de mort violente », on dirait encore la vérité ; car on dirait que doit arriver ce qui devait arriver en fait ; et c'est de ce que la chose est réellement arrivée que l'on doit entendre que cela devait arriver.

ANN. AUX FR. 151 H et 195

Sénèque, *Ep.*, 9, 1–3, 5, 8, 17–20

(1) Épicure a-t-il raison de blâmer, comme il le fait dans une de ses lettres, ceux qui soutiennent que le sage se suffit à lui-même et que par suite il n'a pas besoin d'amis ? Voilà ce que tu désirerais savoir. Cette critique d'Épicure vise Stilpon, ainsi que les philosophes qui ont défini le souverain bien comme l'état d'une âme impassible (*inpatiens*). (2) L'équivoque est inévitable si nous voulons rapidement traduire par un terme unique le grec *apatheia* et disons *inpatientia* : il se pourra en effet qu'on comprenne le contraire de ce que nous voulons faire entendre. Nous voulons parler d'une âme qui exclut absolument la sensation de la douleur ; on comprendra : une âme incapable de supporter aucune douleur. Vois donc s'il ne serait pas préférable de dire : une âme invulnérable, ou une âme totalement étrangère à la souffrance. (3) Voici ce qui nous distingue des sectateurs de Stilpon : notre sage triomphe, il est vrai, de tous les malheurs, mais il y est sensible ; le leur ne les sent même pas. Un point commun entre eux et nous, c'est que le sage se suffit à lui-même : et pourtant il veut avoir un ami, un voisin, un camarade, quelles que soient les ressources qu'il trouve en lui-même. ... (5) Le sage se suffit : cela ne signifie pas qu'il veuille vivre sans ami, mais qu'il le peut. Et quand je dis « il le peut », il faut entendre : la perte de l'ami, il la supporte d'une âme égale. ...

(8) Mais revenons à notre propos. Même si le sage se suffit, il veut néanmoins avoir un ami, ne serait-ce que pour exercer l'amitié, pour éviter de laisser à l'abandon une si grande vertu ; son but n'est pas, comme le disait Épicure dans la lettre mentionnée plus haut, « d'avoir quelqu'un qui veille à son chevet en cas de maladie, qui lui vienne en aide dans les fers ou dans la nécessité, » mais d'avoir quelqu'un au chevet de qui, en cas de maladie, il puisse lui-même veiller, qu'il puisse lui-même libérer des murs d'une prison ennemie. Celui qui dirige son regard vers lui-même et s'engage dans une amitié avec cette préoccupation fait un mauvais calcul. L'entreprise finira comme elle a commencé. Cet homme s'est fait un ami qui doit un jour lui porter secours en le préservant des fers : au premier bruit de chaîne, l'ami se dérobera. ...

(17) Aussi longtemps que le sage peut régler ses affaires selon sa volonté, il se suffit et il prend femme ; il se suffit et élève des enfants ; il se suffit et cependant il ne vivrait pas s'il devait vivre séparé des hommes. Ce qui le porte à l'amitié, ce n'est jamais son intérêt personnel mais l'aiguillon de la nature : car nous sommes naturellement attirés par divers objets, et l'amitié est du nombre. De même qu'il existe une horreur de la solitude en même temps qu'une inclination à la vie sociale, de même que la nature rapproche l'homme de l'homme, de même existe, en cette matière aussi, un stimulant qui nous pousse à désirer les relations d'amitié.

(18) Néanmoins, bien qu'il soit très attaché à ses amis, bien qu'il les égale à lui, qu'il les place même souvent au-dessus de lui, le sage contiendra à l'intérieur de lui-même tout ce qui est bien, et il dira ce qu'a dit Stilpon, ce Stilpon contre

qui s'acharne la lettre d'Épicure. ... (*Voir fr. 151H*). (19) Le voilà, l'homme ferme et résolu ! Il a triomphé de la victoire même de son ennemi ! « Je n'ai, dit-il, rien perdu » : il a forcé l'autre à douter de sa victoire. « Tout ce qui est à moi est avec moi » : justice, courage, prudence, et cette volonté même de ne pas considérer comme un bien tout ce qu'on peut nous enlever. Nous regardons avec émerveillement certains animaux qui passent au milieu des flammes sans aucun dommage physique : combien plus merveilleux cet homme, qui est passé au milieu des épées, des ruines, des flammes sans dommage ni préjudice ! Tu comprends, n'est-ce pas, à quel point il est plus facile de vaincre un peuple entier qu'un seul homme véritable ? Le langage de Stilpon et celui du Stoïcien sont identiques : celui-ci porte également ses biens intacts à travers les villes en cendres. Car il se suffit à lui-même : c'est là la limite qu'il assigne à son bonheur.

(20) Ne crois pas que nous soyons les seuls à lancer ce genre de propos généreux : le censeur de Stilpon, Épicure lui-même, a prononcé un mot semblable au sien... : « Si, dit-il, on ne considère pas son bien comme amplement suffisant, on peut bien être le maître du monde entier, on est malheureux. »... (21) Mais pour que tu saches que ce sont là des façons de penser communes – car, à la vérité, elles sont dictées par la nature – je te renverrai au poète comique :

« Il n'est pas heureux, celui qui ne croit pas l'être. »

ANN. AU FR. 186

Plutarque, *De Stoicorum repugnantiis*, 10, 1036 c–f

Ainsi Chrysippe se contredit : d'un côté il demande que l'on expose toujours les thèses contraires aux siennes non en plaidant pour elles mais en montrant qu'elles sont fausses, mais d'un autre côté il est pour ses propres thèses meilleur accusateur qu'avocat ; d'un côté il conseille aux autres de prendre garde aux arguments contraires à la position qu'on défend parce que ces arguments enlèvent la compréhension, mais il met lui-même plus de zèle à échafauder des arguments qui détruisent la compréhension qu'à produire des arguments qui la consolident. Et pourtant il montre clairement lui-même, dans le quatrième livre de son traité *Des modes de vie*, que c'est précisément cela qu'il redoute. Voici ce qu'il écrit : « Il ne faut pas exposer sans précaution les arguments opposés à la position qu'on soutient, ni les éléments de preuve en faveur de ces arguments ; on doit au contraire veiller à ce que les gens ne soient pas entraînés par eux et n'abandonnent pas la compréhension qu'ils avaient des choses, étant donné qu'ils ne sont pas à même de comprendre de façon satisfaisante les solutions correspondantes et que leur compréhension est facile à ébranler. En effet, même ceux qui, conformément à l'usage commun, saisissent de façon compréhensive les choses sensibles et celles qui dépendent de la sensation les abandonnent facilement lorsqu'ils se laissent entraîner par les arguments interrogatifs des Mégariques ou d'autres arguments de ce type, plus nombreux encore et plus forts. » J'aimerais bien demander aux Stoïciens s'ils jugent les arguments mégariques plus forts que ceux que Chrysippe a rassemblés contre l'usage commun en six livres. Ne faut-il pas plutôt poser la question à Chrysippe lui-même ? (*suit le fr. 186*).

ANNEXE II

En dehors des fragments et témoignages réunis par Döring, et indépendamment des compléments de notre Annexe I, il existe dans la littérature ancienne un certain nombre de lieux que divers historiens de la philosophie considèrent, à tort ou à raison, comme des allusions aux Mégariques ou à leurs thèses. Nous avons dit dans l' Introduction (p. 8) que le critère de sélection adopté par Döring nous paraissait entièrement justifié, et qu'un recueil comme le sien ne pouvait s'ouvrir trop largement aux textes controversés. Cependant, comme il arrive que ces passages jouent un rôle important dans l'interprétation des modernes, il nous a semblé qu'on devait au moins les signaler (à l'instar de Döring lui-même, qui en évoque un certain nombre dans son commentaire, et les rappelle dans son index des sources).

Parmi ces allusions éventuelles, certaines ne méritent manifestement pas qu'on s'y arrête, soit parce que la conjecture est trop aventureuse, soit parce qu'il s'agit d'une information marginale. Lorsqu'au contraire nous avons fait usage de l'un de ces passages dans notre interprétation ou que nous nous sommes prononcé sur sa valeur, nous l'indiquons par un renvoi à notre commentaire.

PLATON

Prot. 329 d et 349 b (pluralité des noms et unité de la vertu ; cf. fr. 25).

Euthyd., passim (pour certains, tout le dialogue est dirigé contre les Mégariques ; d'autres se contentent de rapprocher tel ou tel sophisme du dialogue de Platon de tel ou tel argument mégarique, cf. la note 136).

Phédon, 90 c (la mauvaise dialectique et le risque de scepticisme).

Rép., V, 454 a (la controverse et la dispute opposées à la vraie dialectique) ;
VI, 505 b (le Bien compris comme *phrónēsis* par des philosophes « plus raffinés » ; cf. comment. du fr. 24) ;
VII, 537 e – 539 d (les dangers de la dialectique mal pratiquée, et réduite à la réfutation, au jeu gratuit).

Parm., 130 a – 134 e (les arguments de Parménide contre la théorie des Idées seraient en fait ceux qu'utilisait Euclide contre Platon ; cf. comment. du fr. 220).

On a aussi rapproché les exercices dialectiques de la seconde partie du dialogue (137 c ss) des schémas d'argumentation en usage chez les dialecticiens en général et en particulier chez les Mégariques.

Théét., 155 b–c (Socrate « est » quelque chose que pourtant il n'est pas « devenu » ; cf. fr. 123, § § 97–101) ;
190 c–d (refus de la formule *τὸ ἕτερον ἕτερόν ἐστι* ; cf. fr. 27 et 197) ;
201 e ss (les éléments simples connus par l'intuition et non par le *lógos*) ;
208 d (le *lógos* défini comme différence caractéristique).

Soph., 246 b–252 c (les Amis des Idées ; voir notamm. le comment. p. 106, et note 97 ; p. 172 ;
259 c–e (ne pas suivre une démonstration, se contenter de rejeter la conclusion ; cf. fr. 29 et comment.).

Phil., 15 d–17 a (les « sages d'aujourd'hui » ne savent pas diviser les idées, ce qui les conduit à l'éristique ; cf. le comment. du fr. 197, p. 172 et note 440).

ARISTOTE

De interpr., 9 (les futurs contingents. Voir le comment. des fr. 130–139, Conclusion sur l'argument Souverain).

Soph. elench., 5, 166 b 37 ss (paralogismes résultant du fait qu'une expression est employée absolument ou sous un certain aspect) ;
24, 179 a 33–35 (divers paralogismes de l'accident, dont le Voilé ; cf. comment. p. 113) ;
25, 180 a 23 ss (solution des paralogismes du chap. 5 mentionnés ci-dessus).

Phys., I, 2, 185 b 25 ss (suppression du verbe être ; voir le comment. du fr. 197) ;
I, 3, (réfutation des argumentations éléatiques) ;
I, 9, début (ce qui naît vient du non-être ; la nature est une numériquement et donc aussi une en puissance) ;
VI, 1, 232 a 1–17 (la continuité du mouvement ; réfutation de la thèse selon laquelle il n'y a pas de mouvement actuel mais seulement mouvement accompli) ; cf. aussi 10, 240 b 20 – 241 a 6 et 241 a 6 – 14, ainsi que notre comment. des fr. 121–129, II, A, p. 139).

Metaph., Γ, 4, 1005 b 35 ss (refus du principe de contradiction), et 1008 b 14 (les adversaires du principe de contradiction le nient en paroles, mais non dans leurs actions, p. ex. s'ils veulent aller à Mégare...) ;
Γ, 5, 1009 a 22–38 (les contradictoires et les contraires existent simultanément dans les choses sensibles) ; voir la remarque finale au comment. des fr. 64–65, p. 119 ;
I, 6 (le problème de l'un et du multiple ; cf. note 440) ;
N, 4, 1091 b 13–14 (parmi les partisans des essences immobiles, certains assimilent l'Un en soi au Bien en soi ; cf. comment. p. 104 et note 87).

Eth. Nicom., VI, 13, 1144 b 17–18 (selon certains, toutes les vertus sont des formes de prudence ; cf. comment. p. 103; note 83).

Poet., 22, 1458 b 5–11 (un certain Euclide l'Ancien raille les poètes qui allongent les mots à volonté pour remplir leurs vers ; cf. Döring p. 97, note 6).

ATHÉNÉE

X, 418 e (un certain Alexis, auteur d'un traité *Sur l'Autarcie* ; voir le comment. p. 122 ; note 183).

DIOGÈNE LAËRCE

IV, 2 (un Diodore auteur de *Mémoires*, qui a écrit sur Speusippe) ;
VII, 161 (un élève d'Ariston du nom de Diphile, qui pourrait être le même que l'auditeur de Stilpon, cf. fr. 164 A) ;
VII, 200 et 202 (deux ouvrages de Chrysippe dirigés contre ou adressés à Diodore, *pròs Diódōron*) ;
X, 8 et 24 (critique d'Épicure contre les dialecticiens, et un ouvrage de Métrodore contre les mêmes).

Döring signale encore (p. 77, note 5) deux fragments de papyrus très mutilés dans lesquels on a voulu lire le nom d'Euclide. Mais, en l'absence de tout contexte, on ne peut ni se prononcer sur la valeur de ces conjectures ni en tirer quelque enseignement que ce soit.

COMMENTAIRE

Fr. 1

Le philosophe Taurus dont Aulu-Gelle rapporte ici les propos était scolarque de l'Académie vers le milieu du IIe siècle après J.-C., contemporain et maître direct de l'écrivain latin, qui semble l'avoir beaucoup fréquenté et qui se réfère souvent à lui (cf. I, 26 ; II, 2 ; VII, 13 ; XII, 5 ; XVII, 8 et 20 ; etc.) ; ce qui invite au moins à ne pas suspecter son témoignage. Le plus important serait évidemment de savoir d'où Taurus lui-même tenait l'anecdote, ce texte étant la seule donnée permettant une conjecture sur la date de naissance d'Euclide. Le décret interdisant aux habitants de Mégare de fouler le sol d'Athènes pouvant être daté de 432 av. J.-C., et Euclide devant avoir au moins une vingtaine d'années pour que le fait soit plausible, on admettait traditionnellement[39] qu'il était né vers 450. A la suite de O. Gigon, Döring estime (p. 74) que cette anecdote a trop visiblement été conçue à des fins édifiantes pour avoir une valeur historique, et, pour éviter de faire mourir Euclide à un âge trop avancé (voir plus loin, fr. 5), il propose la date de 435. K. v. Fritz[40] juge cet argument assez faible, avec raison nous semble-t-il, en rappelant le grand âge atteint par Platon, Démocrite ou Isocrate ; comme plusieurs indices concordants permettent par ailleurs de faire d'Euclide un des plus anciens élèves de Socrate[41], et que l'école fondée par lui à Mégare paraît assez ancienne (cf. fr. 4 A–B), la date de 450 n'est finalement pas invraisemblable, même si le caractère vaguement légendaire du récit de Taurus est difficilement niable.

Fr. 3 A et B

On sait que Platon prend volontiers des libertés avec la vérité historique quand il s'agit de réunir les participants d'un Dialogue[42], mais on s'accorde en général pour accepter ce qui est rapporté des circonstances extérieures de la mort de Socrate dans le *Phédon*[43]. La présence d'Euclide en particulier n'a aucune raison sérieuse d'être mise en doute. On peut certes, comme L. Robin, trouver à cette présence une autre explication (Platon rappellerait, dans une libre composition, les noms des familiers de Socrate à qui il voudrait indirectement s'adresser à propos d'un sujet – l'âme, la théorie des Idées – particulièrement « sensible ») ; mais l'enseignement qu'on en tirerait sur les liens d'Euclide avec les cercles socratiques serait identique, comme le note ailleurs le même L. Robin[44].

L'opposition entre les gens du pays et les étrangers a certainement pour fonction de distinguer les auditeurs habituels de Socrate à Athènes de ceux qui, tout en se réclamant de lui, ne le fréquentaient plus que de façon intermittente ; la mention d'Euclide dans le deuxième groupe (à la différence d'Eschine, d'Antisthène ou de Platon) signifie peut-être, outre son origine mégarienne, qu'il avait déjà fondé sa propre école à cette époque, ce qui confirmerait l'antériorité de l'École de Mégare (voir les fr. suivants).

Il importe peu que le nom de l'expéditeur de la 14e Lettre Socratique (fr. 3 B) ne soit qu'une conjecture, puisqu'on s'accorde à considérer ces lettres comme fictives et que ce passage est manifestement inspiré du *Phédon.*

Fr. 4 A–E

La réalité du séjour de Platon à Mégare peu après la mort de Socrate (fr. 4 A et B) n'est guère contestée[45], même si l'on éprouve quelques difficultés pour en déterminer les mobiles exacts et la durée. Du point de vue qui nous intéresse, il suffit de noter que, si la raison alléguée dans le fr. 4 B est peu convaincante (les amis de Socrate ne paraissant pas réellement menacés par les « tyrans », c'est-à-dire en fait par la démocratie athénienne)[46], on peut en revanche supposer avec quelque vraisemblance que les relations entre les Socratiques d'Athènes et les Mégariens étaient bonnes. Ces textes confirmeraient ainsi les indications des fr. précédents, tant pour l'amitié qui semble avoir régné entre Euclide et Platon[47] que pour l'existence probable de quelque chose comme une « école » à Mégare à cette date.

Il va de soi que si nous relevons aussi systématiquement tout ce qui touche aux relations personnelles entre les deux hommes (cf. aussi plus loin, à propos du *Théétète*), ce n'est pas par goût pour la petite histoire, mais parce que nous estimons – on le verra à plusieurs reprises – qu'on peut en tirer argument pour éclairer une question de fond concernant les rapports du platonisme à la philosophie mégarique. A cet égard il serait évidemment très précieux d'avoir des informations plus précises sur ce séjour à Mégare et notamment d'en connaître la durée : l'importance de cette étape serait grande pour nous si l'on admettait p. ex. l'hypothèse de M. Croiset, selon laquelle Platon serait resté environ trois ans dans l'entourage d'Euclide, et qu'il y aurait même commencé ses premiers Dialogues[48].

Le fr. 4E paraît bien renforcer cette dernière conjecture, mais on sait que nous sommes assez mal renseignés sur la provenance exacte et les dates de ces Lettres Socratiques (fr. 4 C–E)[49]. On doit cependant relever la parenté (sur le fond, et même jusqu'à un certain point dans le vocabulaire) qui existe entre le début du fr. 4 D et, d'autre part, le *Phèdre* (275 c ss) et la *Lettre* VII (341 c) : même réticence devant l'écrit abandonné à lui-même, privé de l'assistance de son auteur. Dans la suite de la 22e lettre, l'expéditeur précise d'ailleurs cette idée simplement suggérée ici, en même temps qu'il manifeste sa crainte de ne pas être capable de parler de la vertu de Socrate comme il conviendrait.

Fr. 5

Le prologue du *Théétète* de Platon est assurément un texte connu, mais le découpage de Döring est ici assez arbitraire, et c'est le passage entier (142a–143c) qu'il faut relire. On en retiendra deux enseignements importants relatifs à la biographie d'Euclide. La plupart des spécialistes estiment d'abord que ce prologue fournit une indication précieuse sur la date de sa mort : si l'on admet qu'en l'occurrence Platon rapporte un fait réel, et que la bataille où Théétète a été blessé est celle qui s'est déroulée près de Corinthe en 369[50], on doit considérer qu'Euclide est mort au plus tôt cette année-là. On verra à propos du fr. 6 que cette conjecture est confirmée et précisée par d'autres sources.

D'autre part, quelque liberté que Platon ait prise avec la vérité historique au sens étroit, l'artifice par lequel il justifie la conservation scrupuleuse des entretiens de Socrate avec le jeune Théétète ne peut être totalement gratuit : pour être vraisemblable, le rôle de rapporteur (fidèle, ô combien !) qu'il fait jouer à Euclide implique que Socrate et lui se fréquentaient régulièrement (cf. 143a), ce qui n'est pas sans importance eu égard aux querelles relatives à la formation du Mégarique (cf. notre Introduction)[51].

Fr. 6

A lui seul, ce témoignage tardif (Ier–IIe siècles après J.-C.) prouverait peu. Mais comme on peut déterminer à partir d'autres sources que Diogène a dû arriver à Athènes vers les années 369–368[52], on verra à tout le moins dans ce texte de Dion Chrysostome une heureuse confirmation des conjectures quant à la date de la mort d'Euclide fondées sur le *Théétète*. Döring propose en outre de rapprocher les indications des fr. 5 et 6 d'un passage de Diodore de Sicile (XV, 76), où Euclide n'est plus nommé parmi les élèves de Socrate vivant encore en 366, ce qui permettrait de conclure que le Mégarique est mort entre 369 et 366.

Fr. 7, 8, 9

Le fr. 7 nous offre le premier exemple d'une difficulté de traduction comme il s'en présentera plusieurs, en raison notamment du goût qu'avaient les Mégariques pour les jeux de mots – mais c'est de Diogène le Cynique qu'il s'agit pour l'instant. Quand on a comme ici affaire à de véritables calembours (*scholḗ – cholḗ, diatribḗ – katatribḗ*), il est le plus souvent impossible d'en proposer un équivalent convenable, et nous ne pouvons que renvoyer une fois pour toutes au texte grec.

Quant au fond, les fr. 7–9 contiennent aussi les premières mentions de cet esprit de chicane, de cette mentalité « éristique » qu'on attribue régulièrement et traditionnellement non seulement à Euclide mais à la quasi-totalité des philosophes de Mégare, et sur lesquels nous nous sommes déjà expliqué dans notre Introduction. On notera seulement que ces trois fr. nous apprennent que le reproche en question n'est pas un jugement rétrospectif, formulé tardivement et d'après des souvenirs imprécis, puisque nous le voyons exprimé par Socrate lui-même puis par Diogène du vivant d'Euclide, et par un poète qui écrit sans doute dans la 1re moitié du IIIe siècle, soit à peu près à l'époque où l'école s'éteint avec Stilpon.

On rappellera enfin qu'à la suite de v. Fritz nous avions attiré l'attention sur ce qu'une lecture naïve du fr. 9 pouvait avoir de trompeur[53] : le désir de Socrate (comme aussi de Platon, en d'autres circonstances) de bien marquer ce qui sépare sa méthode de la pure éristique et des procédés des sophistes n'efface pas les ressemblances, et n'empêche pas qu'Euclide ou d'autres aient pu en toute bonne foi se réclamer de lui. Ce qui ne signifie nullement, faut-il le préciser, que nous tenions Socrate pour un sophiste, ni non plus que nous ne voulions pas reconnaître les autres influences qui se sont exercées sur le Mégarique ; mais simplement que ce que nous pouvons connaître des pratiques dialectiques du Socrate historique interdit au moins de prendre prétexte du fr. 9 pour opposer les deux hommes de façon abrupte sur ce point précis, et par suite de nier la filiation socratique de la dialectique mégarique.

Fr. 10 A–F

La signification morale de ces différents fragments se passe de commentaire[54]. On doit toutefois relever qu'il n'est pas indifférent, étant donné notre interprétation de l'École de Mégare et en particulier de la pensée de son fondateur, de trouver quelques anecdotes de ce genre dans notre recueil : elles sont exceptionnellement rares, et ne concernent guère qu'Euclide et Stilpon, c'est-à-dire les deux seuls membres de l'école auxquels on attribue aussi par ailleurs un enseignement moral. Nous estimons en l'occurrence que, sans apporter par elles-mêmes de preuve décisive (en raison de l'extrême généralité de leur contenu), elles recoupent néanmoins assez bien notre thèse d'un Euclide socratique et avant tout préoccupé de morale. D'autant plus que, si pour de pareilles anecdotes l'attribution est souvent incertaine (les mêmes « mots » étant suivant les traditions mis dans la bouche de divers sages de l'Antiquité), plusieurs de celles qui nous intéressent, dont celle des fr. 10, semblent bien appartenir originairement à Euclide[55].

En ce qui concerne les variantes entre les différentes versions, on remarque que, contrairement à ce qui arrivera pour d'autres fragments, elles sont cette fois peu significatives ; seule précision intéressante : le texte 10 C, variante de Plutarque par rapport à lui-même, qui fait état de l'efficacité (immédiate !) de l'attitude d'Euclide, et qui s'explique sans doute par le contexte (dans le *De ira cohibenda* l'auteur veut montrer que l'attitude calme et sereine obtient de meilleurs résultats que l'emportement, alors que l'autre texte se contente d'exposer différents cas remarquables d'amour fraternel).

Fr. 11–14

Nous avons ici les autres anecdotes ou apophtegmes auxquels il vient d'être fait allusion. Toujours d'après l'enquête effectuée par Döring, les paroles rapportées dans les fr. 11 et 14 ne sont nulle part attribuées à quelqu'un d'autre ; celles des fr. 12 et 13 au contraire figurent aussi sous les noms de Démétrios de Phalère et de Démosthène pour les secondes, de Bias pour les deux. Cette considération nous invite à ne pas accorder la même attention à ces quatre fragments.

L'intérêt du n° 11, si donc il s'agit bien d'une phrase ou d'une pensée d'Euclide, vient de ce qu'il contient une des très rares mentions des dieux que nous ayons conservées de lui (cf. fr. 19, 20 et 24), et même plus généralement de l'ensemble des philosophes Mégariques. Mention difficilement exploitable, hélas : le début de la phrase citée semble renvoyer simplement à cette prudente réserve que beaucoup de philosophes anciens manifestaient à l'égard de la religion populaire (et qu'on retrouvera exprimée par Stilpon, fr. 177) ; quant à sa fin, interprétée comme nous l'avons proposé[56], elle constitue plutôt une pointe à l'adresse d'un importun qu'une véritable opinion en matière de religion.

La pensée du fr. 14 a beau être aussi peu spécifique de la doctrine mégarique que celle des fr. 10, elle nous paraît pourtant, comme elle, porter témoignage de cette aspiration authentiquement morale que nous nous plaisons à attribuer à Euclide. On peut aussi noter que pareille opposition entre l'« intérieur » et l'« extérieur » exprimée en termes concrets, appartient bien à cette tradition cynico-stoïcienne que dans notre Introduction nous avions rapprochée de la morale mégarique et dont nous aurons à reparler[57]. D'autre part, des recherches récentes ont conduit L. Rossetti[58] à affirmer que ce fr. n'était pas un simple apophtegme, mais la trace d'un écrit d'Euclide, et que par suite il aurait dû être rangé par Döring dans la section suivante. Il s'agirait d'un exemple type de « logos protreptikos » socratique (énonciation d'un paradoxe, qui exhorte à mieux vivre), qu'on peut rattacher à la forme aristippéenne (exposition d'un fait, et affirmation légèrement ironique) par opposition à la forme plus directement suggestive (qu'on trouve chez Xénophon), et à la forme interrogative (utilisée surtout par Eschine et Platon). Nous aurions là une information précieuse, quoique limitée, sur cet aspect de l'activité d'Euclide que nous connaissons mal ; l'hypothèse, en tout cas, ne fait que renforcer ce que nous soutenons nous-même quant à l'inspiration morale et socratique du Mégarique.

On doit signaler enfin que la sentence précédente du texte d'où est issu notre fr. 14 (soit le n° 7, p. 38) est aussi attribuée à Euclide, mais par l'un seulement des trois manuscrits en présence, les deux autres mentionnant Hermogène. Elle s'énonce ainsi : « *Plerosque homines in suis domibus saevissimos tyrannos, in alienis humillimos servos esse.* » (« La plupart des hommes sont chez eux les plus cruels tyrans, et chez les autres les plus soumis des esclaves. »). Il faut croire – puisque Döring ne s'en explique pas – que le manuscrit C en question (cod. Paris. lat. 4718, XIIIe s.) est moins fiable que les autres, et notamment que le manuscrit A (Xe s.) ; on note d'ailleurs que la situation est inversée pour la sentence 8 (= fr. 14) : A l'attribue à Euclide, mais C à Hermogène. Dans l'hypothèse où il s'agirait réellement d'Euclide, on voit qu'on pourrait reprendre à propos de cette sentence les mêmes commentaires que pour le fr. 14, y compris ceux de L. Rossetti.

Pour ce qui est des deux fr. dont l'origine est plus incertaine, on peut estimer que le n° 12 n'offrait de toute manière qu'un intérêt très limité. Le n° 13 paraissait de prime abord plus fécond, en raison des divers rapprochements que suggère la notion de *kairós*. Mais la totale indétermination de notre formule a vite fait de dissiper ces illusions : le *kairós* intervient dans des secteurs si variés de la pensée grecque[59] qu'on ne saurait le commenter tant qu'on ignore la façon exacte dont il était compris (et en particulier à quelle conception du temps il se rattache)[60].

Fr. 15–18

Dans ce qui nous est transmis des écrits d'Euclide, la première question à examiner est naturellement celle de leur authenticité. On voit que Panétius la mettait en doute, mais sans la rejeter absolument (fr. 18). Nous ne connaissons malheureusement pas ses raisons, pas plus que la nature et la qualité des sources de Diogène Laërce et de la *Souda* (fr. 15 et 16) ; on remarque seulement que les six titres cités sont exactement les mêmes des deux côtés, leur ordre seul étant différent ; et la *Souda* ajoute que la liste n'est pas complète. Ces indications convergentes à travers leurs différences nous paraissent renforcées par l'inscription du fr. 17, qui signifie vraisemblablement que l'un des six titres en question existait encore à Athènes aux environs de l'an 100 av. J.-C., ainsi que par la citation textuelle du fr. 19 et la connaissance qu'au IIe siècle av. J.-C. Lucilius pouvait avoir d'écrits d'Euclide (fr. 20) : on a quelque peine à croire que tout cela puisse provenir de l'imagination de « biographes hardis ».

Le second point à considérer est le caractère nettement socratique de tous ces ouvrages : ce sont des dialogues, et désignés d'une manière qui nous est familière[61] ; de plus, parmi les personnages qui ont donné leur nom à ces dialogues, trois au moins (Eschine, Criton et Alcibiade) appartiennent notoirement au cercle des familiers de Socrate[62] ; enfin le sujet du dernier de ces ouvrages, le dialogue qui est intitulé *De l'Amour* et qui semble inaugurer un genre qui allait ensuite connaître un certain succès, n'est pas sans évoquer plusieurs écrits d'autres Socratiques[63].

Excepté le dernier nommé, ces titres n'autorisent apparemment aucune conjecture sérieuse sur le contenu des ouvrages correspondants (on ne voit pas, en particulier, comment attribuer à l'un ou à l'autre les éléments de doctrine que nous connaissons par ailleurs). Pourtant, au terme d'une enquête sur les traces que semble avoir laissées chez Xénophon, Diogène Laërce et d'autres un écrit socratique relatant les derniers jours de Socrate, L. Rossetti parvient à montrer, de façon très convaincante, que cet écrit est vraisemblablement l'*Eschine* d'Euclide[64].

Fr. 19–20

Le fr. 19 apparaît comme particulièrement précieux en ce que, mis à part peut-être le fr. 14 dont il a déjà été question, il constitue l'unique citation textuelle qui nous soit conservée des écrits d'Euclide (les fr. 21–23 en proviennent sans doute aussi, mais il ne s'agit que de mots isolés). Son contenu philosophique est malheureusement assez pauvre et difficile à exploiter, bien qu'il ne soit pas insignifiant. L'auteur y peint deux « démons », dont seul le premier est nommé (le Sommeil), le deuxième étant simplement désigné comme « cet autre » ; on s'accorde à voir en lui la Mort, les deux étant en effet souvent associés dans la tradition[65]. Le texte d'Euclide rompt néanmoins avec cette tradition dans la mesure où, loin de souligner les points communs ou la « fraternité » des deux démons, il les oppose en insistant sur l'aspect négatif de la mort, alors que la comparaison sert d'habitude à banaliser la mort voire à la rendre désirable[66]. On doit regretter là encore qu'en l'absence de contexte[67] ou d'autres données sur le sujet on ne puisse interpréter cette innovation.

Le deuxième élément à considérer est le genre littéraire du morceau : quel que soit le sens exact de notre extrait et son rapport avec les idées d'Euclide, il est remarquable que ce dernier ne répugnait pas à inclure dans ses écrits des passages de style mythologique. Ce qui, d'une part, ne peut que renforcer la conviction de ceux qui veulent qu'Euclide ait été bien plus Socratique qu'Éléate[68], et, d'autre part, ne devra pas être oublié quand il s'agira de comprendre le fr. 30.

L'évidente parenté du fr. 20 avec le précédent a incité quelques interprètes à supposer que Lucilius (cité par Censorinus) se référait en réalité au même texte que celui dont nous venons de parler[69] ; les deux génies en question seraient donc, dans ce cas, le Sommeil et la Mort. D'autres « paires » de ce type peuvent être évoquées[70], mais le contexte serait de toute manière assez semblable, et les mêmes commentaires s'appliqueraient à elles.

Fr. 21–23

Le seul intérêt de ces fr. serait d'apporter une preuve supplémentaire, s'il en est besoin, de la réalité des écrits d'Euclide, puisqu'un lexicographe et un grammairien bien postérieurs (respectivement vers 400 et vers 180 ap. J.-C.) les utiliseraient encore comme des sources autorisées. Mais à travers quels intermédiaires les lisent-ils ? et se réfèrent-ils bien à notre Mégarique ?

Fr. 24

L'importance toute particulière de ce fr. a été souvent soulignée. Avec v. Fritz nous y lisons le « dogme fondamental » de la pensée d'Euclide, et comme lui nous voudrions surtout faire apparaître son caractère plus socratique qu'éléatique.

1. L'interprétation traditionnelle de la philosophie mégarique (voir notre Introd.) prétend en effet voir immédiatement dans la juxtaposition initiale de l'un et du bien la preuve que l'enseignement d'Euclide était un *compromis* : le Mégarique appliquerait ici au bien de Socrate la doctrine unitaire héritée des Éléates (le bien est un ; le non-bien n'est pas, cf. la fin du fr.)[71]. Remarquons d'abord que cette façon de voir est inséparable du postulat général d'un Éléatisme originaire dans la formation d'Euclide (Introd., p. 14), et qu'on a déjà établi la fragilité de cette conjecture. En second lieu, l'analyse comparée proposée par v. Fritz[72] de l'ordre et de la hiérarchie des concepts chez Parménide et dans le fr. 24 montre clairement les différences : chez le premier (voir p. ex. le fr. 8 de Diels), l'accent est mis sur la réalité de l'Être, son éternité, son unité, puis sur le refus du devenir et du non-être ; la pensée n'apparaît que bien après (vers 34) et le bien est absent ; pour Euclide, il s'agit d'abord et avant tout du bien, l'être n'étant pas même nommé. Or affirmer du bien l'unité (et non de l'un le bien) est tout autre chose que de parler de l'unicité de l'être au sens des Éléates : le contexte de la thèse d'Euclide est manifestement une interrogation – d'école – sur le bien (est-il unique ou multiple ? quel est le rapport entre les choses appelées biens et le bien ?), telle qu'on en trouve p. ex. chez Platon et Aristote[73]. Ce contexte moral est d'ailleurs plus évident encore, on le verra, dans le fr. 26 A, qui contient une affirmation très voisine.

2. La fin de notre fr. 24 paraît plus embarrassante : ne signifie-t-elle pas que seul le bien est ? ce bien étant unique, ne doit-on pas conclure que l'être est lui aussi unique ? Mais là encore ce même contexte invite à la prudence : prendre position en faveur de l'unité du bien (par opposition aux doctrines qui admettent une pluralité de biens, voir le comment. du fr. 26 A), comme le font Euclide et Platon, ne signifie pas qu'on nie la pluralité des êtres qui expriment ce bien ou lui sont soumis comme à un principe. Cette unité des diverses manifestations et appellations du bien a beau être partiellement problématique, on va s'en apercevoir, affirmer que les contraires du bien ne sont pas peut très bien signifier – à partir du moment où rien n'impose explicitement la négation de la pluralité des « êtres » – qu'on refuse d'accorder au mal et à ses manifestations le statut d'être authentique : il n'a pas de réalité vraie, il n'est qu'imagination ou apparence, comme le mouvement ou le devenir (cf. fr. 27)[74].

3. Reste donc la partie médiane de notre fr., la question des noms multiples du bien. V. Fritz cite le *Gorgias* (474 ss) et Xénophon (*Mémorables* IV, 6, 7 ss) pour montrer que les identifications dans le domaine du bien ne sont pas étrangères à la méthode de Socrate. Le terme d'« identification » (« Gleichsetzungen » = équations, assimilations) nous paraît pourtant équivoque. Si Euclide affirmait dogmatiquement que le bien *est* prudence, dieu, intelligence, etc. (?), qu'il n'y a là que des noms différents pour une même réalité, on aboutirait à la fameuse équation que précisément nous contestons : Être un = Bien = Dieu = Intelligence[75]. En effet, dans le texte de Diogène L., l'énumération est manifestement sans rigueur (« tantôt... tantôt... quelquefois... ») et elle s'avoue incomplète (« etc. »), ce qui s'accorde mal avec l'énoncé d'une thèse centrale ; de plus, les trois termes qui la composent ne se laissent pas facilement mettre sur le même plan[76], et l'ordre dans lequel ils apparaissent est surprenant. Euclide cherche plus vraisemblablement à affirmer l'unité de ce qui est visé en fait à travers des appellations diverses. Qu'il s'en prenne à l'usage ou à l'enseignement d'autres philosophes[77], son intention semble assez proche de celle de Platon à la fin du livre VI de la *République* : après avoir rappelé que la plupart des hommes font consister le bien dans le plaisir et les plus raffinés dans la prudence[78], l'auteur montre l'insuffisance de ces définitions qui obligent toujours à revenir au *bien lui-même,* puis la perplexité de l'âme qui poursuit toujours le bien sans savoir ce qu'il est exactement. Ainsi il s'agirait pour Euclide de conduire les hommes à la vérité éthique fondamentale, l'unité du bien, par opposition au pluralisme de fait des opinions et des systèmes.

Si l'on tient malgré tout à ce que ce soit Euclide qui *appelle* le bien tour à tour prudence, Dieu, intelligence, on est conduit, avec D. Henne, à attribuer au Mégarique une sorte de théorie des idées[79], à voir en tout cas dans cette diversité d'appellations du bien les premiers éléments d'une réflexion positive sur le problème de la prédication : Henne fait le rapprochement avec le *Sophiste* (251 a–b : une chose une peut recevoir plusieurs noms, contrairement à ce que soutiennent certains vieillards tard venus sur les bancs) ; et l'on connaît la thèse d'Aristote selon laquelle il y a autant de sens du bien que de catégories de l'être (dans les exemples, on retrouve d'ailleurs Dieu, l'intelligence, les vertus (cf. la prudence du fr. 24), et même le caractère incomplet de l'énumération !)[80]. Non pas qu'Euclide ait anticipé la théorie aristotélicienne des catégories, mais on verrait au moins chez lui comment une certaine pluralité des points de vue conduit à une pluralité de noms là où l'analyse bien menée découvre cependant une unité ; ces appellations variées ne correspondraient donc pas à différents sens de l'être, mais renverraient chaque fois à des réalités authentiques, le bien unique qui s'y manifeste étant dans ce cas situé « au-delà », comme dans la *République*[81].

Il reste que nous n'avons évoqué cette hypothèse – au conditionnel – que pour faire apparaître les conséquences auxquelles aboutit la surestimation du caractère dogmatique de cette partie médiane du fr. 24, conséquences en général moins acceptables encore aux yeux des partisans de l'interprétation traditionnelle (théorie des idées, problème de la prédication). La critique mégarique de la proposition attributive autre qu'identique (voir le comment. des fr. 197 et 198) nous incite à maintenir notre première hypothèse.

Fr. 25

La formule sur l'unité de la vertu « en dépit des noms multiples qu'on lui donne » évoque naturellement la précédente sur le bien. Mais elle ne pose pas tout à fait les mêmes problèmes dans la mesure où cette unité peut se comprendre immédiatement comme celle d'un genre, ce qui n'était pas le cas pour le bien. Pour expliquer ensuite la primauté ou du moins l'importance de ce genre par rapport aux différentes vertus particulières, on évoquera p. ex. certaines discussions platoniciennes[82], ou, mieux, la théorie de Socrate[83] et celle des Stoïciens[84].

Le fr. précédent donne à penser que cette vertu unique est, comme pour Socrate et Zénon, la prudence, entendue de façon probablement aussi « intellectualiste » étant donné les options générales de l'école en faveur du logos et des pures déterminations rationnelles que nous exposons par ailleurs[85]. On trouvera sans doute plus hasardeuse la tentative de D. Henne, qui prétend déduire de ces deux fr. une véritable hiérarchie des idées, avec genres et espèces subordonnées, rendant par suite possible une vraie dialectique au sens de Platon[86].

Fr. 26 A–B

Le texte de Cicéron, dont le contenu fait écho au fr. 24, a lui aussi été souvent utilisé, généralement pour confirmer l'éléatisme des Mégariques. Sous des dehors simples, c'est pourtant un des exemples les plus typiques des diverses difficultés auxquelles s'est longtemps heurtée l'exégèse de la pensée mégarique.

1. Il y a d'abord cette nécessité que nous avions évoquée dès l'Introduction de distinguer ce qui, dans nos sources, est information sur la doctrine (milieu du fr.)

et ce qui relève déjà de classements rétrospectifs opérés par des « historiens » (Cicéron, ou plutôt l'auteur qu'il a sous les yeux, traitant les Éléates, les Mégariques et les Érétriens comme une seule école).

2. C'est ensuite le danger auquel on s'expose quand on ignore le contexte. Le court extrait habituellement cité – et repris tel quel par Döring, sans d'ailleurs qu'on puisse lui en faire grief – ne permet pas de voir qu'il est question ici des différentes doctrines sur le Souverain Bien, et que les Mégariques ne sont nommés, après Hérillus et avant Ariston, Pyrrhon, Épicure et d'autres, qu'à titre d'illustration dans le groupe des thèses « maintenant abandonnées » sur la fin véritable de l'homme. Dès lors, le « seul est bien ce qui est un » inciterait plutôt à un rapprochement avec Platon, ce que fait d'ailleurs Cicéron, ou avec ceux qui, plus généralement, professent l'unicité du bien, contrairement à certains des philosophes cités plus loin pour qui le souverain bien est le plaisir *et* l'honnêteté, l'absence de souci *et* l'honnêteté... ; mais il ne permet nullement de conclure que pour les Mégariques « seul le bien est » ou que l'« être est un »[87].

3. La comparaison des deux fr. A et B permet aussi de se rendre compte à quel point une documentation fragmentée et tributaire de plusieurs intermédiaires peut être trompeuse : Lactance prétend recopier Cicéron, mais on remarque que le *solum* a disparu, et ce qui était l'énoncé d'une condition nécessaire devient une simple affirmation sur le bien. Cicéron prétendait déjà, ne l'oublions pas, reproduire un texte antérieur. On voit combien il est difficile de choisir parmi les sources celles que l'on a réellement le droit de considérer comme les plus sûres, et, plus généralement, de définir avec exactitude le contenu d'un fr. ; celui qui nous occupe reste assez indéterminé, même dans la version de Cicéron : l'unité et l'éternelle identité à soi sont certes condition nécessaire pour qu'une chose mérite d'être prise pour un vrai bien, mais on ne dit pas ce qui possède ces caractères (les idées platoniciennes, p. ex., répondent tout à fait à cette définition).

4. Ce fr. illustre enfin un problème de lecture et de traduction, et par suite de découpage. La phrase immédiatement suivante du texte de Cicéron est, dans plusieurs éditions, celle-ci : « *Herilli similia, sed, opinor, explicata uberius et ornatius* » (« Thèses semblables à celles d'Hérillus, mais, à mon avis, développées avec plus d'abondance et d'élégance. »). Mais « *Herilli* » est une correction ; les manuscrits portent : « *ulli* ». Zeller, entre autres, lit « *illi* », au nominatif, et comprend « les Mégariques » (« disent des choses semblables, etc. »)[88]. Si c'est un datif singulier, il renvoie peut-être aussi à Hérillus, mais peut-être aussi à Platon, plusieurs fois utilisé comme auteur de référence.

Fr. 27

Voici encore un passage dont l'étude requiert quelques précautions. D'abord parce qu'il s'agit une fois de plus d'un témoignage tardif (Aristoclès est un philosophe du début du IIIe s. apr. J.-C., Eusèbe de Césarée un écrivain chrétien un peu postérieur), entaché d'une schématisation rétrospective qui ignore les différences entre Xénophane, Parménide, Zénon, Mélissos et Stilpon. Ensuite parce que sur un point essentiel les manuscrits offrent des leçons différentes. On remarque enfin que, comme c'était le cas pour le fr. 25, Döring a rangé ce texte parmi les témoignages sur l'enseignement d'Euclide bien que celui-ci ne soit pas nommé, jugeant (à bon droit, nous semble-t-il) qu'on avait affaire à un élément fondamental, originel, de la doctrine mégarique.

Nous ne revenons pas sur l'identification des Mégariques et des Éléates, et ce sont trois autres points qui retiendront notre attention.

1. Aristoclès commence par opposer nos philosophes à ceux qui acceptent le témoignage des sens et les images : pour les premiers, seule la raison est digne de foi. Ce trait permettrait peut-être, avec des réserves, de les opposer aux Cyrénaïques, mais comme ce critère du logos est commun à un grand nombre d'écoles, on ne saurait en tirer des conclusions précises et bien arrêtées[89]. On observera cependant qu'il n'est pas totalement négligeable de trouver une fois au moins exprimé explicitement ce qui est souvent implicite ailleurs.

2. La fin du texte contient un deuxième élément peu controversé : le refus de la génération, de la corruption et du mouvement. On peut ajouter : du devenir en général, et aussi de la puissance, d'après le témoignage formel d'Aristote (fr. 130 A)[90]. Une autre confirmation nous vient des arguments circonstanciés de Diodore contre la réalité actuelle du mouvement (fr. 122–129), dont une variante est expressément dirigée contre la destruction ou corruption[91]. Le sens général de ce refus paraît clair. Reprenant la critique d'Aristote, les commentateurs y voient en outre la conséquence d'une interprétation restrictive de la part des Mégariques du critère de la raison dont il a été question au paragraphe précédent : s'ils refusent le mouvement, le devenir, la puissance, c'est parce qu'ils ne veulent connaître de l'être que ce qui relève de déterminations rationnelles rigoureuses, soit son unité et sa permanence, son « essentialité », et que, contrairement à Platon ou Aristote, ils dénient toute vérité au monde sensible. Nous aimerions mieux pour notre part attirer l'attention sur le fait que, comme le montre leur dialectique « réfutative » (cf. notre Introduction), cette négation de la particularité et de l'événementiel n'est pas tant une négation pure et simple du sensible comme tel que le refus d'accorder aux données des sens (cf. le début du fr.) un statut rationnellement acceptable, ou encore la contestation des diverses constructions théoriques par lesquelles d'autres prétendent *rendre compte* du sensible.

3. Le début de la dernière phrase contient une expression remarquable quoique obscure de prime abord et sujette à diverses variations ou corrections : *τὸ ὂν ἓν εἶναι καὶ τὸ ἕτερον μὴ εἶναι*, selon la leçon adoptée par Döring[92]. Il y a manifestement abus à traduire les premiers mots par : « Il n'y a qu'un être » ou « L'être est unique », quand le sens obvie est : l'être est un. Des formules de ce genre se rencontrent fréquemment chez Platon, il est à peine besoin de le rappeler[93], et le rapprochement invite à entendre, au cas où la chose n'apparaîtrait pas d'elle-même : l'être véritable, par opposition aux multiples objets de l'expérience sensible, est un. On s'exprimerait autrement si l'on voulait dire qu'il n'y a qu'un Être unique[94].

La deuxième partie de la phrase doit alors se comprendre comme un refus de l'altérité : la position absolue de l'être, dans son unité et sa parfaite détermination, est incompatible avec ce non-être relatif qu'implique la notion de l'autre. Le sens de ce refus s'éclaire quand on se souvient que, dans le *Sophiste*, Platon affirme précisément le contraire, plusieurs fois et en des termes très voisins[95] : l'autre est, il n'est pas un pur non-être. On connaît le rôle central de cette thèse dans la réponse de Platon à ses adversaires, Éléates mais aussi Amis des Idées. Or ces derniers se caractérisent par le fait qu'ils maintiennent une coupure radicale entre d'une part le devenir et la sensation, et de l'autre l'être réel, identique et immuable, connu par le raisonnement (248 a) – soit à peu près tout ce que nous avons trouvé jusqu'ici dans le fr. 27. C'est donc parce qu'ils refusent ce non-être relatif qu'est l'autre, comme il sera expliqué à partir de 256 d, qu'ils s'interdisent l'usage de la proposition attributive et la participation des Idées entre elles (251 d–252 a), comme il est dit ailleurs des Mégariques[96]. Cette parenté avec le *Sophiste* ainsi que la cohérence qui en résulte pour l'ensemble du fr. nous incite donc à conserver le texte de Döring[97].

Fr. 28

Ce jugement de Sénèque a quelque chose de trop recherché dans la forme pour être pris à la lettre. Mais en confondant les Mégariques avec les Pyrrhoniens et les (Nouveaux) Académiciens, tous accusés de scepticisme radical, il mérite d'être remarqué en ce qu'il est la seule formulation ouverte d'un reproche parfois implicite ailleurs (p. ex. quand il est fait état de la vanité des arguments de la dialectique mégarique : fr. 76, 110, 186, ... ; ou lorsqu'on veut à tout prix rattacher Pyrrhon aux Mégariques : fr. 34, 203 A). Les fr. précédents (24–27) constituent déjà une réponse à Sénèque, et nous aurons plusieurs occasions de mettre en évidence ce qui avait retenu les Mégariques sur la pente du scepticisme[98].

Fr. 29

Avec le suivant, ce passage appartient au petit nombre de textes considérés[99] comme les plus fiables et les plus importants pour interpréter la pensée d'Euclide parce qu'ils formulent un point de doctrine déterminé. Il s'agit cette fois de sa méthode dialectique, domaine dans lequel, d'une manière générale, nous ne manquons pas d'informations. Mais ce n'est pas tout à fait le cas pour Euclide, et, en dépit de la relative précision des termes du fr. considéré, l'absence de contexte ou d'explications complémentaires autorise plusieurs interprétations. En langage stoïcien, *lémmata* désigne ou la majeure ou les prémisses en général, et *epiphorá* la conclusion[100]. Qu'on accepte ou non d'attribuer à Euclide l'usage de cette terminologie[101], on croit comprendre que le Mégarique n'intervenait pas dans le déroulement de l'argumentation d'un adversaire, mais attendait le résultat, la conclusion, et s'attaquait alors à elle. Cette façon de faire peut être comparée à celle de Zénon aussi bien qu'à celle que Platon met parfois dans la bouche de Socrate[102]. Ce que Döring objecte à ces deux rapprochements ne suffit pas pour leur ôter toute pertinence :

que le point de départ soit à chaque fois spécifique[103] ne change rien au fait que dans les trois cas c'est bien à une proposition considérée par l'autre comme un « résultat » vrai que s'attaque la réfutation, et non aux prémisses (explicites ou implicites) ni au cheminement logique qui a abouti à cette proposition.

Ces rapprochements suggèrent en outre qu'il s'agit d'une véritable réduction à l'absurde au sens technique[104]. Mais, encore une fois, rien ne permet de l'assurer en toute certitude, et l'on doit au moins évoquer une autre hypothèse : il arrive en effet à Platon de reprocher à de « mauvais dialecticiens » (et nous avons de bonnes raisons de penser que ce reproche vise à l'occasion les Mégariques ; cf. dans l'Annexe II, *Rép.* V et VII, et *Phil.*) de ne pas savoir suivre patiemment, méthodiquement, le fil d'une démonstration et de se contenter de refuser la conclusion à partir d'autres considérations[105] ; attitude que l'on peut effectivement juger plus « éristique », et qui correspond davantage à la réputation d'Euclide : à la différence de certains de ses successeurs, il n'est jamais désigné comme un dialecticien expert ou particulièrement redoutable, mais bien comme un « disputeur ».

Fr. 30

La deuxième information sur la pratique dialectique d'Euclide, contenue dans le même passage de Diogène Laërce, est à première vue plus facile à comprendre. Le rejet du *lógos dià parabolễs* est unanimement interprété comme la critique d'un des procédés habituels de Socrate, d'autant plus que nous disposons en l'occurrence de l'autorité d'Aristote[106].

Parce qu'il lui paraissait hautement improbable qu'Euclide osât s'opposer à son maître sur un aspect aussi caractéristique de sa méthode, v. Fritz avait d'abord essayé d'interpréter l'expression autrement : le Mégarique viserait plutôt les mythes platoniciens ; mais cette hypothèse a été ensuite abandonnée, Döring ayant entre temps objecté que *logos* avait très vraisemblablement ici le sens (stoïcien) d'argument, et surtout qu'une critique par Euclide du recours au mythe serait peu compatible avec le fr. 19[107]. Il nous semble que cette deuxième objection prouve trop, car si l'on rejette l'analogie socratique au nom d'exigences de rigueur et d'exactitude dans l'expression, on devrait s'interdire à soi-même l'usage de mythes ou d'autres figurations de ce genre. Par suite, ou le fr. 19 est un morceau rapporté (cf. ci-dessus, Comment. du fr. 19), et l'argument de Döring tombe ; ou il traduit bien les manières et la pensée d'Euclide, et il s'expose à la critique du fr. 30.

Il reste que notre fr. témoigne d'une tendance mégarique assez caractéristique à la précision, à la détermination conceptuelle rigoureuse ; comme tel, il nous apparaît qu'il peut viser aussi bien Socrate que Platon[108], voire Antisthène[109], et il n'est pas interdit de le rapprocher des fr. 208 et 111, dans la mesure où ils expriment le même souci de n'avoir affaire qu'à des significations unes et déterminées par la pensée de celui qui parle, excluant du même coup les divers « effets » de style ou de rhétorique, toujours coupables (même si on s'en sert pour le bon motif, pour des raisons pédagogiques p. ex.) de profiter de l'ambiguïté objective du langage.

Fr. 31–44

On nous permettra de présenter les éclaircissements suivants de façon plus schématique, étant donné que certains de ces fr. ont été ou seront exploités ailleurs, et que plusieurs d'entre eux ne contiennent que peu d'informations importantes.

1. **Fr. 31** : a) Qu'Euclide soit originaire de Géla (sur la côte sud de la Sicile, donc relativement proche d'Élée) plutôt que de Mégare, on comprend que seuls y attachent de l'importance ceux qui veulent par tous les moyens prouver l'antériorité de la formation éléatique de notre Mégarique. Mais Géla n'est qu'une variante proposée par un auteur peu fiable dans ce domaine[110], et de toute manière la seule proximité géographique prouve bien peu en comparaison des nombreuses raisons qui nous ont amené à le considérer comme un Socratique[111].

b) Même problème, bien qu'en apparence fondé sur des bases plus solides, à propos des « études parménidiennes » : voir notre Introd., p. 14.

c) Selon Diogène Laërce, nos philosophes auraient porté trois noms différents. Que ce soit successivement, comme il le prétend, n'est rien moins qu'assuré puisqu'en fait « Mégariques » est le plus usité, « Éristiques » apparaissant plus rarement et plutôt comme un qualificatif. Quant à « Dialecticiens », il semble avoir eu dans certains cas une sorte de sens technique, et désigner une seconde étape dans l'histoire de l'école (voir ci-après) ; mais il est utilisé aussi, plus tard, pour désigner les Stoïciens, et il est difficile de savoir s'il faut systématiquement ranger parmi les Mégariques ceux qui sont appelés ainsi (cf. le cas de Denys de Chalcédoine, fr. 45–46; de Polyxène, fr. 216 et 218)[112].

Le terme « Éristiques » a, dans l'usage qui en est fait ailleurs, la résonance péjorative que lui donnent volontiers Isocrate, Platon ou Aristote[113]. Il vise un certain goût de la dispute cultivée pour elle-même, de la réfutation systématique et un peu gratuite, apparemment peu attentive au fond du débat, et ne répugnant pas au sophisme. Il est vrai que, de ce point de vue, les apparences sont plutôt contre les Mégariques ; mais nous avons déjà indiqué dans l'Introduction qu'elles sont le plus souvent trompeuses, et l'examen des différents arguments dialectiques nous fournira l'occasion de revenir sur le sujet.

La justification finale du terme « Dialecticiens » est plus étrange : ce n'est pas, comme on pourrait le supposer, pour s'être intéressés presque exclusivement à la dialectique qu'ils furent appelés ainsi, mais en raison d'une « particularité » de leur manière d'argumenter[114]. Or, ni la méthode interrogative ni l'exigence de répondre par oui ou non n'appartiennent en propre aux Mégariques[115]. Peut-être faut-il comprendre – s'il est bien vrai que ce nom leur fut attribué *ultérieurement*, après les deux autres – que les successeurs d'Euclide se distinguèrent peu à peu des autres en continuant à attacher à cette technique une importance primordiale alors qu'elle tombait progressivement en désuétude.

2. **Fr. 32–42** : Les fr. suivants ont pour objet de situer globalement l'École de Mégare dans l'histoire schématique des écoles de l'Antiquité ; d'où une série d'informations brèves et un peu répétitives sur ses origines, son développement et sa fin, sur son fondateur et ses « chefs » ou membres les plus éminents, enfin sur sa place dans le tableau d'ensemble des écoles et ses rapports avec elles. Pour toutes ces questions on peut se reporter à la partie historique de notre Introduction. Il faut signaler aussi l'analyse attentive à laquelle se livre Döring (pp. 91–94) des deux principales traditions auxquelles nous devons tous ces renseignements, à savoir Diogène Laërce et la *Souda* ; il en ressort principalement que, dans l'ensemble, les deux sources convergent malgré quelques particularités, que l'auteur explique d'ailleurs de façon convaincante (notamment en ce qui concerne le tableau des écoles socratiques, voir ci-dessous). Pour ce qui regarde Stilpon et Bryson, voir le comment. des fr. 147 ss. et 202 ss.

a) A la lecture du fr. 32 A, on pourrait croire qu'Ichthyas et Clinomaque sont les premiers disciples d'Euclide mentionnés par D. Laërce. Le classement de Döring est ici un peu trompeur, car ce passage termine en réalité le chap. consacré à Euclide, et les autres Mégariques sont tous nommés avant. Cela dit, les rares informations que nous ayons sur eux confirment plutôt cette première impression. Ichthyas ne peut être postérieur à Diogène le Cynique (fr. 32 A et B) ; il aurait dirigé l'école après Euclide (fr. 33), et enseigné à l'un des maîtres de Stilpon (fr. 147). Clinomaque semble avoir joué un rôle plus important puisqu'il est présenté comme le chef de l'école dialectique, « fille » de celle de Mégare (cf. ci-après), mais nos renseignements sur lui sont presque aussi pauvres : disciple d'Euclide (fr. 34, début), maître de Bryson (fr. 203 B ; mais ses rapports avec ce dernier sont plutôt incertains, cf. fr. 34, suite), contemporain de Speusippe (fr. 49), il doit peut-être son importance au fait d'avoir *le premier* écrit sur « les propositions, prédicats et autres questions de cette nature » (fr. 32 A). Ce vocabulaire stoïcien (*axiōmata, katēgorēmata*), cf. D. Laërce, VII, 64–65) n'est malheureusement pas suffisant pour que nous puissions avoir une idée du contenu de ces spéculations, mais l'information est étonnante : d'après ce qui précède, Clinomaque serait un peu antérieur à Aristote, au plus tard son contemporain ; si c'est bien à lui qu'on doit attribuer la première élaboration de la logique mégaro-stoïcienne, on voit qu'il faut en faire remonter l'origine plus haut encore que ce que l'on avance d'ordinaire aujourd'hui (Diodore et Philon), et surtout qu'une autre logique a existé en Grèce au temps d'Aristote[116] !

b) Les fr. 34 et 35 présentent un peu autrement, et donc confirment partiellement, ce qui a été dit plus haut (fr. 31 ; cf. aussi fr. 33) des changements de nom de l'école en distinguant deux étapes dans son développement. Bien que l'importance de Clinomaque, on vient de le voir, puisse justifier cette dualité, on est cependant amené à soupçonner qu'elle n'est peut-être qu'un artifice inspiré par une tentative de systématisation : il s'agit de montrer que les dix sectes transmises par la tradition[117] sont toutes plus ou moins issues de Socrate, les unes parce qu'elles ont été fondées par des élèves directs de Socrate, les autres parce qu'elles sont nées des premières[118]. Ces filiations (fr. 35) seront plus clairement exposées par un tableau :

Socrate	1.	Académie (Platon) → Ec. Péripatéticienne (Aristote)
	2.	Ec. Cyrénaïque (Aristippe) → Ec. Épicurienne (Épicure)
	3.	Ec. d'Elis (Phédon) → Ec. d'Érétrie (Ménédème)
	4.	Ec. de Mégare (Euclide) → Ec. Dialectique (Clinomaque)
	5.	Ec. Cynique (Antisthène) → Ec. Stoïcienne (Zénon)

On y remarque entre autres choses que le dédoublement de l'École de Mégare ne laisse plus de place, cette fois, pour les Pyrrhoniens ; ceux-ci figuraient pourtant dans le fr. 34, 2e §, mais dans une *autre* tentative de systématisation dont Döring estime – à juste titre, nous semble-t-il – qu'elle a été fabriquée à partir de pièces hétérogènes et peu sûres (cf. le fr. 203 B, où la même *Souda* inverse le rapport Bryson-Clinomaque), pour rattacher les Pyrrhoniens à Socrate par l'intermédiaire de Bryson.

c) Terpsion ne semble figurer sur ces listes (fr. 34 et 44 C–D) que parce que Platon le nomme deux fois à côté d'Euclide (fr. 3 et 5). Qu'il ait ou non fréquenté l'École de Mégare importe peu, au demeurant, puisque nous ne savons rien d'autre de lui (le fr. 34, remarquons-le, ne le cite pas avec l'École de Mégare, mais après coup, comme élève de Socrate).

d) Le texte du fr. 36 est, de l'avis général, corrompu. Dans notre traduction nous avons suivi la restitution proposée par R.D. Hicks[119], bien que nous n'en soyons pas très satisfait. La distinction du début entre « successeurs » de Socrate et « Socratiques » nous avait pourtant paru de nature à éclairer le débat (les premiers seraient des personnalités suffisamment marquées pour ne pas être confondues sous un nom commun), mais il semble bien que Diogène Laërce ait simplement juxtaposé, sans faire d'effort particulier pour les accorder, deux listes différentes, celle des disciples de Socrate et celle des dix sectes. On note en outre qu'il ne respecte pas, dans la suite du livre, le plan qu'il est censé annoncer ici ; par suite, même en déplaçant *epei* à la ligne 5 et en traduisant « Platon est le premier dans la série des dix sectes puisqu'il a lui-même fondé la première Académie », on ne gagne pas grand-chose car on ne voit pas bien pourquoi l'étude du « premier dans la série » est annoncée comme devant suivre les autres. – Mais la question ne mérite sans doute pas tous ces développements.

3. **Fr. 43–44** : Les derniers fr. de ce groupe ne nous apprennent plus rien : il s'agit de textes qui citent l'École de Mégare comme exemple de sectes qui tirent leur nom de la ville d'où était originaire leur fondateur. A moins qu'on puisse entendre en outre qu'il ne leur était pas nécessaire, pour conserver ce nom, d'être définitivement fixées dans la ville en question, précision qui renforcerait ce que nous avons dit du caractère peu « institutionnalisé » de la plupart de ces écoles.

Fr. 45–49

Les personnages que Döring rattache directement à Euclide nous sont trop peu connus pour qu'on s'attarde davantage sur eux. Pour ce qui concerne Ichthyas et Clinomaque, voir ci-dessus le comment. du fr. 32 A.

Fr. 50

Le terme *diadochḗ* (succession) ne suffit pas pour assurer qu'Eubulide ait été un élève direct d'Euclide, comme on le dit quelquefois ; mais les conjectures sur sa vie qu'autorisent les textes suivants ne s'opposent pas à une telle interprétation. Le fait que D. Laërce cite Eubulide à la première place dans cette succession (le fr. 50

suit immédiatement ce qui est dit d'Euclide, en l'occurrence le fr. 15) peut faire penser aussi qu'il a été son « héritier » à la tête de l'école, mais cela contredit le fr. 33.

Fr. 51 A

1. Les deux premiers vers du poète cité par Diogène visent directement l'aspect le plus célèbre de la personnalité d'Eubulide, son goût pour la dispute et les arguments « éristiques » ; parmi ces derniers, le Cornu est mentionné explicitement, et on peut penser que les premiers mots du second vers constituent une allusion à peine voilée au Menteur (*Ψευδαλαζόσιν λόγοις*). Il ressort aussi de ce passage que l'habileté dialectique du Mégarique est jugée sévèrement, ce qui n'est pas toujours le cas, contrairement à ce qu'on croit parfois (cf. fr. 53 B, 55).

2. La fin du fr. (le troisième vers et la suite) paraît claire à la lecture de la traduction : la difficulté de prononciation dont souffrait Démosthène est bien connue[120] ; et c'est Eubulide, auprès de qui il aurait étudié, qui l'en aurait délivré. Mais le texte grec pose en réalité un double problème, qui nécessite quelques éclaircissements[121] :

a) le mot *ῥωβοστωμυλήθραν* est inconnu et étrange (en outre, de par sa prosodie il s'inscrit mal dans le vers) ; il semble acquis qu'il remplace fautivement *ῥωποπερπερήθραν*, attesté par un passage de Plutarque[122]. Ce dernier terme serait un hapax créé par le poète comique ; sa signification nous est accessible grâce à l'étymologie (*ῥῶπος* : pacotille, et *πέρπερος* : frivole ; d'où l'idée de « vain bavardage »), mais l'obscurité de la deuxième composante serait à l'origine de la substitution annoncée : pour expliquer *περπερ* –, un copiste aurait ajouté en marge *στωμυλ* –, plus courant[123], qui se serait ensuite intégré au texte ;

b) pour éclairer son lecteur sur cet étrange *rhōbostōmulēthran*, Diogène forge (ou reprend) la scolie que nous lisons à la fin, en créant au passage un autre mot (*rhōbikós*) pour désigner le défaut de prononciation de Démosthène. Mais cette explication repose elle-même sur une interprétation discutable du vers entier : on a (sans doute très tôt) compris que l'« enseignement » d'Eubulide avait « enlevé » quelque chose (« s'en est allé avec »...) à Démosthène, alors que, étant donné le sens du mot original (qui ne contient aucune idée se rapportant à un défaut de prononciation), le poète comique ne cherchait sans doute qu'à caractériser Eubulide en lui attribuant un bavardage stérile « à la manière de » Démosthène. A partir du moment, donc, où le Mégarique passe pour avoir débarrassé l'orateur d'un défaut quelconque, il est naturel qu'on évoque la difficulté à prononcer les « r »[124] ; et s'il a eu cette action décisive sur lui, c'est qu'il était son maître. Ainsi serait née cette tradition par ailleurs suspecte, et dont nous retrouverons la trace dans les fr. suivants (52–56).

Fr. 51 B

Même problème que le 2. du fr. 51 A, mais avec deux difficultés supplémentaires : le mot controversé a subi une nouvelle modification (adjonction d'un *μ* dans la première syllabe), et surtout Eubulide devient l'auteur de la phrase citée au lieu d'en être la cible : nouvel exemple (troublant) de ces petites modifications qui changent tout ; que n'irions-nous pas supposer, en effet, pour interpréter le fr. 51 B si par accident il était isolé (cf. le problème posé pour le fr. 19) ?

Fr. 52

Phrase extraite d'une réponse à quelqu'un qui prétendait que les hommes politiques ne dépensent pas de temps pour les affaires publiques ; pour prouver le contraire, on cite Thémistocle, Périclès, puis Démosthène, ainsi que leurs « travaux » respectifs ; ce qui incite à comprendre que ce dernier a lui-même construit le ou les miroirs devant lesquels il faisait ses exercices[125]. – Les études de Démosthène auprès de Platon sont peut-être aussi fictives que sa fréquentation d'Eubulide, mais le voisinage est flatteur pour le Mégarique.

Fr. 53–56

Mêmes indications que précédemment (Eubulide maître de Démosthène) ; on voit ici (fr. 52 B, ainsi que les noms illustres qui figurent à côté de celui d'Eubulide : fr. 52 et 56 ; 55) que notre Mégarique n'était pas seulement considéré comme un éristique, mais aussi comme un bon dialecticien. Cela nous donne en outre l'occasion de nuancer les conclusions négatives auxquelles l'analyse du fr. 51 A nous avait conduit à propos des rapports entre Eubulide et Démosthène : même s'il n'y a jamais eu de contacts entre les deux hommes, il nous paraît intéressant qu'on n'ait pas hésité à rapprocher ainsi le métier de dialecticien de celui d'orateur ou de maître de rhétorique (cf. en partic. fr. 54), ce qui complète nos allusions précédentes au genre de dialectique pratiqué par les Mégariques (comment. du fr. 31, c).

Le fr. 55 appelle d'autre part une justification pour notre traduction. Contrairement à ce qu'indique le texte grec donné par Döring, le *soí* initial ne représente pas Démosthène : l'ouvrage de Lucien est un dialogue entre l'auteur (qui se propose de faire l'éloge de l'orateur athénien) et un poète, Thersagoras (qui veut faire celui d'Homère). Thersagoras oppose alors les conditions dans lesquelles se présentent ces deux projets : pour Homère, tout est obscur et incertain, et notamment son éducation et sa formation ; pour Démosthène au contraire, tu disposes, toi (Lucien), de beaucoup de renseignements en la matière.

Fr. 57–58

Si l'on suit Crönert[126], on verra dans le fr. 58 une confirmation du fait qu'Eubulide a écrit une comédie, comme l'affirme le fr. 57 ; du même coup, ce dernier texte ne nous apprendrait rien d'autre du Mégarique que cette activité littéraire (le cas n'est pas isolé, cf. fr. 68, 90, 91). Si l'on accepte au contraire la conjecture de Kaibel (voir l'apparat critique du fr. 57 ; même cas que celui de 51 B), Eubulide ne serait pas l'auteur de la pièce, mais un personnage visé dans cette pièce par un auteur anonyme, et l'on en tirerait que le Mégarique (les Mégariques en général ?) percevait des honoraires, à l'instar des sophistes (cf. fr. 75, l. 14–15, et 206).

Fr. 59–62

La polémique contre Aristote dont il est question dans ces quatre fr. est intéressante à deux titres. Elle constitue d'abord un point de repère chronologique pour la carrière d'Eubulide (cf. Introduction, p. 11). Elle représente d'autre part un témoignage dépourvu d'ambiguïté sur un des aspects caractéristiques de la dialectique des Mégariques, à savoir leur penchant peut-être excessif pour la polémique. Les textes ici regroupés donnent malheureusement de cette polémique d'Eubulide une image peu flatteuse, puisqu'il n'y est question que d'attaques personnelles et très peu de philosophie[127]. Les informations suivantes (fr. 63–65) concernant sa pratique de la dialectique permettent malgré tout de penser qu'il avait avec Aristote de meilleurs sujets de controverse, bien que ce dernier ne soit plus nommé.

Fr. 63

L'information que donne Sextus au début de son traité *Contre les Logiciens* s'inscrit dans une réflexion sur les différentes branches de la philosophie, à savoir la logique, l'éthique et la physique ; les Mégariques sont les derniers cités parmi ceux qui considèrent que la philosophie se réduit à l'une de ces branches, en l'occurrence à la logique. Nous avons déjà rencontré de telles généralisations, toujours un peu abusives, et appris à ne pas les prendre à la lettre ; mais il faut bien reconnaître que ce que nous savons par ailleurs des trois auteurs mentionnés donne plutôt raison à Sextus. C'est néanmoins le lieu de rappeler l'hypothèse de A. Levi sur un éventuel sens moral de la dialectique d'Eubulide (p. 15, note 26). Voir aussi le Commentaire des fr. 82–85, 2.

Fr. 64–65

On a coutume, sur la foi de ces deux passages, d'associer le nom d'Eubulide à la majorité des célèbres arguments dialectiques de l'École de Mégare ; on voit que, en toute rigueur, Diogène Laërce n'affirme pas qu'Eubulide les ait inventés, mais c'est malgré tout le sens vraisemblable de la phrase du fr. 64[128]. Le Sorite semble certes remonter à Zénon (voir l'Annexe I), et v. Fritz n'hésite pas à mentionner, parmi les antécédents ou sources possibles des arguments mégariques, les « sophismes » de Socrate[129] ; d'autre part, certains d'entre eux sont attribués aussi à Chrysippe ou aux Stoïciens (fr. 65 ; D. Laërce, VII, 82 et 196–198). On peut noter, inversement, qu'aucun des arguments attribués à Eubulide ne figure tel quel dans l'*Euthydème* de Platon, alors que les *Réfutations Sophistiques* d'Aristote en citent au moins deux, le Voilé et le Menteur[130] ; ce qui peut vouloir dire qu'ils ont bien été proposés dans l'intervalle par le Mégarique. Quoi qu'il en soit, il nous semble que la question de l'origine et de l'invention au sens strict est moins importante que celle de la signification exacte de chaque argument et de l'usage philosophique que les Mégariques en faisaient, et c'est là-dessus que nous voudrions insister.

Il est clair cependant qu'on ne saurait analyser dans le détail le mécanisme et la portée de chaque argument, si l'on veut éviter de grossir le commentaire au-delà du raisonnable : le plus souvent les textes complémentaires de notre Annexe I permettent à eux seuls de se faire une idée suffisante de la nature et de la formulation des raisonnements en question (bien que rien n'indique ce qui revient exactement aux Mégariques) ; quant à leur signification, nous nous bornerons à quelques remarques particulières destinées à compléter ce que nous avons proposé à ce sujet dans l'Introduction.

1. **Le Menteur**

a) Forme primitive :

Des deux formes distinguées par A. Koyré[131], seule la deuxième entre en ligne de compte pour ce qui est des Mégariques. On peut la résumer très simplement ainsi : celui qui dit « je mens » dit-il la vérité ou bien ment-il ? Mais nos textes contiennent plusieurs formules différentes, sans jamais donner l'argument entier ; c'est pourquoi nous jugeons utile d'exposer brièvement la tentative de reconstruction d'A. Rüstow[132]. Selon lui, on doit d'abord distinguer quatre groupes dans ces textes :

– ceux où on pose seulement la question, comme nous venons de le faire à l'instant pour résumer l'argument (Cicéron, *Ac. pr.*, II, 95 ; A. Gelle, XVIII, 2, 10) ;

– ceux où il est dit que le menteur ment (Cicéron, *Ac. pr.* II, 96) ;

– ceux où on affirme qu'il dit vrai (Lucien, *Vera hist.*, I, 4 ; Pseudo-Acron, *Scol. ad. Hor.* ;

– ceux enfin où l'on conclut qu'il dit à la fois vrai et faux (Ps.-Alexandre, *In Soph. el.*, 171 ; St Augustin, *Contra Acad.*, III, 29).

De là, Rüstow estime être en mesure de déduire la forme suivante, réputée canonique et originelle :

– « Si, en mentant, j'affirme que je mens, est-ce que je dis la vérité ou est-ce que je mens ? – Tu dis la vérité.

– (Mais) si je dis la vérité en affirmant que je mens, je mens. – Tu mens donc.

– (Mais) si je mens en disant que je mens, je dis la vérité. »

Cette reconstruction nous paraît très vraisemblable dans son principe : elle respecte la forme interrogative générale qui était de règle dans la pratique dialectique de Mégare ; elle fait bien apparaître le redoublement caractéristique de cet argument, et donc aussi l'aporie (la circularité, l'impossibilité de s'arrêter à une conclusion).

b) Portée philosophique

Le Menteur a, semble-t-il, été perçu dès l'origine comme un argument à part, si l'on en juge par le nombre des citations ou des traités qui lui ont été consacrés dès l'Antiquité[133], même si son intérêt et sa portée logiques ne paraissent avoir été clairement dégagés qu'à l'époque moderne[134]. La difficulté logique qu'il met en évidence, on le voit, est celle des antinomies, contradictions ou cercles (les auteurs contemporains sont partagés sur le terme adéquat) qu'engendre la réflexivité de certaines notions ou propositions, c'est-à-dire le fait de pouvoir s'appliquer à elles-mêmes. De ce point de vue, Le Menteur n'est pas un cas unique et isolé : comme le notent A. Tarski et J. L. Gardies, l'universalité du langage ordinaire nous expose en fait souvent à ce genre de contradiction, dans la mesure où « il permet à celui qui parle de parler du langage même dans lequel il parle à l'instant même où il en parle »[135] ; mais on ne peut tolérer ce risque dans un langage formalisé ou qui voudrait être d'une perfection logique absolue, ce qui exige dès lors des mesures expresses de sauvegarde sous forme de règles « grammaticales » (définissant les conditions formelles de la possibilité du sens)[136].

Il est bien entendu difficile de savoir si l'inventeur du Menteur voulait effectivement en arriver là. Il semblerait que l'Antiquité ait été surtout sensible au caractère aporétique de l'argument. Il est exclu en tout cas qu'il ait eu pour fin de *démontrer* une thèse mégarique majeure[137]. Peut-être simple tour de force à l'origine (dans l'esprit de cette exploitation un peu ludique des ressources et pièges du logos dont nous avons parlé dans l'Introduction), il se serait alors vite révélé de nature à mettre en cause non seulement certaines conventions linguistiques ou dialectiques, comme le Cornu, mais plus gravement le fondement même de la dialectique selon lequel toute énonciation est vraie ou fausse[138]. Mais aporétique ne veut pas dire sceptique : il serait assez surprenant qu'une école qui a tant fait pour la logique ait eu par ailleurs la volonté de la ruiner, et il importe de souligner qu'on ne trouve guère, dans la littérature ancienne, d'usage du Menteur à des fins purement négatives ou sceptiques : les dialecticiens semblent avoir considéré l'argument comme une véritable difficulté logique, mais qu'il leur appartenait de résoudre[139]. Nous n'avons hélas aucune trace d'une solution mégarique, mais, indépendamment du fait que cela ne prouve pas que les successeurs d'Euclide n'en aient pas proposé[140], on a eu l'occasion déjà de remarquer que leur mérite consistait plus souvent à savoir poser les bonnes questions qu'à les résoudre d'une façon définitive.

c) Arguments apparentés :

En ce qui concerne tout d'abord l'autre forme citée par A. Koyré (et qui donne souvent son nom au Menteur en général), l'Épiménide, elle prend sa source dans une phrase de St Paul : « L'un d'entre eux, leur propre prophète, a dit : Crétois perpétuels menteurs, mauvaises bêtes, ventres paresseux »[141] ; le prophète en question étant Épiménide, suivant Clément d'Alexandrie[142]. Rien n'indique qu'Épiménide ou St Paul aient songé à formuler un paradoxe[143], mais la matière s'y prêtait aisément et fournissait un exemple facile à retenir.

Il nous a paru intéressant d'autre part, à défaut de pouvoir exposer les divers exemples inventés par les logiciens modernes pour illustrer les antinomies de la théorie des ensembles, de faire figurer dans l'Annexe deux autres « cercles » connus des Anciens, le Crocodile et le dialogue entre Protagoras et son élève (p. 77).

2. Le Caché, l'Électre, le Voilé

Ces raisonnements posent moins de problèmes en ce qui concerne leur nature exacte ; les textes parlent d'eux-mêmes et l'explication serait ici redondante[144]. Pour l'interprétation, l'essentiel a été esquissé dans l'Introduction (« La dialectique réfutative »). Si la critique mégarique a ici pour but de susciter la défiance quant à la solidité ontologique de l'expérience (les objets sensibles devenant dans le discours susceptibles de déterminations contradictoires), la réfutation d'Aristote a l'intérêt de faire en outre apparaître le lien de ces raisonnements apparemment sophistiques avec une position métaphysique précise. Le principe général de la solution des paralogismes « tirés de l'accident » (groupe dans lequel est cité le Voilé, *Réf. Soph.*, 24, 179 a 33) est en effet le suivant : il n'est pas nécessaire qu'un attribut qui est vrai de l'accident (Coriscus *voilé*) le soit aussi de la chose (Coriscus lui-même) ; mais l'on voit immédiatement qu'un tel langage implique qu'on accepte la différence entre l'essence et l'accident, et donc une pluralité réelle des significations de l'être : nous savons déjà que rien n'est plus contraire aux dogmes mégariques.

Il faut signaler aussi que les arguments du type de l'Électre ont reçu récemment un éclairage inattendu des discussions contemporaines concernant l'« opacité référentielle » (problème du rapport entre une désignation et son objet, avec les incertitudes et paralogismes qui peuvent en résulter)[145]. Quine se sert notamment d'ex. du genre : « Tom croit que Cicéron a dénoncé Catilina, mais ignore que ce Cicéron est aussi le Tullius du *De Senectute*. » On ne peut pas ne pas penser au problème d'Électre en présence d'Oreste.

3. Le Sorite et le Chauve

a) Ces deux arguments étant rapportés dans de nombreux textes et formulés de manières différentes, nous avons pour plus de clarté distingué dans l'Annexe quatre formes principales, selon les domaines d'application ou les exemples utilisés :

– la version « classique » d'abord, où on demande à partir de quel moment, quand on ajoute des grains de blé un à un, se forme un tas (ou, inversement, à quel moment le tas disparaît si on retranche les grains les uns après les autres ; ou encore quand un crâne peut être dit chauve si on arrache les cheveux un à un)[146];

– une version (faussement) mathématique ensuite, où le beaucoup et le peu sont envisagés abstraitement, sans référence à une expérience particulière ;

– puis une version physique, où il est question de l'efficacité des corps les uns sur les autres ou de la causalité ;

– enfin des exemples « axiologiques », où le beaucoup et le peu s'appliquent à la notion de degré et à des objets non quantifiables (en principe).

Nous pensons que tous ces textes permettent d'avoir une idée suffisante de la nature de l'argument[147].

b) Le passage de la *Physique* d'Aristote cité dans le troisième groupe concerne un raisonnement de Zénon qui paraît dans son principe identique à notre Sorite : même difficulté quant à l'efficacité (sur les organes de la perception) d'une cause, lorsque celle-ci est décomposée en ses constituants élémentaires. L'intention de Zénon semble cependant plus directement polémique[148] : l'absurdité de la conclusion (le bruit du grain isolé) doit conduire à la réfutation de l'hypothèse initiale de la pluralité (de la réalité ontologique de la pluralité sensible). Pareille réfutation convient sans doute parfaitement aux Mégariques, mais sans conduire pour autant à la thèse de l'Unité absolue. Le problème, pour eux, est d'abord celui de l'application à l'expérience sensible (non récusée comme telle) des déterminations rationnelles. La réalité nouvelle, tas ou calvitie, se constate empiriquement, mais sa formation progressive semble échapper à l'analyse : ou bien on choisit arbitrairement (donc irrationnellement) de faire commencer le tas à tel nombre de grains, ou bien on reconnaît que le tas n'est pas une idée, un être véritable pour la raison.

Il ne faudrait pas sous-estimer la difficulté sous prétexte que l'exemple est futile : il est vrai que pour déterminer une quantité de façon rigoureuse nous avons d'autres moyens (une expression chiffrée p. ex.), mais cela ne fait que reculer le problème, celui de la possibilité de faire se rejoindre une pensée rigoureuse, mathématique, et l'expérience sensible. C'est ce que montre la deuxième version[149], et mieux encore la troisième, où il est question de la causalité : comment *comprendre* qu'un phénomène A produise un phénomène B différent de A ? La division de la cause (les gouttes)[150], qui est censée rendre l'effet intelligible parce que progressif, n'est en fait qu'une diversion : qu'on prenne en effet la question sous l'angle du phénomène lui-même (l'usure de la pierre) ou sous celui de la perception du phénomène (cf. la scolie au texte de Lucien), l'émergence brusque de quelque chose d'entièrement neuf et différent est aussi peu intelligible à la première goutte qu'au passage d'une goutte quelconque à la suivante. Ce que veut montrer l'auteur du Sorite, c'est, en d'autres termes, que constater n'est pas expliquer, et que recourir à des notions aussi obscures que le devenir, la puissance, ou l'action progressive du temps n'est qu'un pis-aller indigne de la raison[151].

Comme il est encore plus difficile de fixer des seuils dans le domaine des valeurs (morales, esthétiques, cf. la dernière série de textes), il est vraisemblable que le Sorite a trouvé là une application privilégiée, et ce dès le début : le texte d'Aspasius sur le Chauve permet de penser qu'il visait le « juste milieu » d'Aristote ; on songe aussi à la « juste mesure » platonicienne (*Politique*, 283 c).

c) Au sens moderne, le sorite est « un polysyllogisme abrégé dans lequel on a effacé les conclusions intermédiaires »[152]. Il est ordinairement « progressif » (les moyens termes sont en extension croissante), comme cet exemple proposé par la *Logique de Port-Royal* (IIIe partie, chap. 1) : « Les avares sont pleins de désirs : Ceux qui sont pleins de désirs manquent de beaucoup de choses... : Ceux qui manquent de ce qu'ils désirent sont misérables ; donc les avares sont misérables[153]. » La raison de cette dénomination paraît bien être l'« accumulation » de prémisses à laquelle cette façon de procéder donne naturellement lieu. Mais elle n'est pas non plus sans rapport avec le contenu du Sorite mégarique, dans la mesure où l'on y passe aussi d'une notion à une autre, en principe assez éloignée de la première, de façon progressive et par degrés. La différence (essentielle) est que cette lente progression est utilisée par l'argument mégarique en vue d'une conclusion absurde, alors que pour les modernes un sorite bien conduit est concluant.

La transition entre ces deux espèces de sorites apparaît déjà dans les écrits de Cicéron. On trouve dans le *De finibus* (IV, XVIII, 48–50) l'exemple suivant : « Ce qui est bon est souhaitable ; ce qui est souhaitable est à rechercher ; ce qui est à rechercher est méritoire » ; conclusion (exprimée plus haut) : ce qui est bon est méritoire. Il s'agit bien ici (au moins en apparence et pour nous) de rapports d'extension entre des termes différents, comme dans l'exemple de Port-Royal, mais Cicéron appelle ce raisonnement « sorite » et il le condamne comme tel. Inversement, des sorites au sens moderne se trouvent dans le *De deorum natura*[154], mais ils ne sont pas appelés ainsi, et sont utilisés par l'auteur comme étant de « bons » raisonnements, alors qu'à nos yeux ils ne sont guère différents de celui du *De finibus*[155].

4. **Le Cornu**

a) Aussi célèbre en son temps que le précédent, ce raisonnement est celui dont l'origine incertaine est la plus manifeste dans nos textes : le fr. 65 l'attribue d'abord à Chrysippe avant de mentionner Eubulide, en faveur de qui on peut invoquer aussi les fr. 64 et 51 A ; le fr. 77 parle d'Alexinos et de Diodore, le fr. 109 de Diodore seul et le fr. 110 de Diodore et de Philon.

Le fr. 65 est suffisamment explicite pour ce qui regarde la formulation exacte de l'argument, à condition de restituer, là comme ailleurs, la forme interrogative (« Ce que tu n'as pas perdu, tu le possèdes ? – Oui. Etc.») impliquée par la première phrase. Les autres textes cités en Annexe confirment clairement ce point[156], mais celui de Sextus exige quelques éclaircissements car il présente une forme logiquement plus complexe et de prime abord obscure. Le schéma général est certes familier, puisqu'il s'agit de la première forme canonique du syllogisme stoïcien, à savoir : « Si A, alors B ; or A ; donc B »[157]. Mais on ne voit pas bien pourquoi l'adversaire accepterait la majeure (Si A, alors B) dans les termes où elle est énoncée : « S'il n'est pas vrai que tu as de belles cornes et que tu as des cornes, alors tu as des cornes »[158]. Cette implication dont l'antécédent est la négation d'une conjonction s'explique, croyons-nous, de la façon suivante :

1) L'interrogateur commence par poser les deux questions : « As-tu de belles cornes ? » et « As-tu des cornes ? » ; de la double réponse « non », il tire la négation de la conjonction : « Il n'est pas vrai que... et que... » ; ces deux formulations ne sont pas équivalentes, mais la deuxième est bien impliquée par la première, et peut donc s'en déduire si la première, comme c'est le cas, est vraie[159] ;

2) le deuxième énoncé est alors présenté comme impliquant la disjonction exclusive correspondante : « Il n'est pas vrai que... *et* que... » entraîne « c'est l'un *ou* l'autre »[160] ; ce qui est faux, certes, mais peut passer pour vrai selon la manière dont on l'exprime dans le langage ordinaire (d'autant plus que l'inverse est vrai : si « c'est l'un ou l'autre », alors « il n'est pas vrai que l'un et l'autre »[161] ; il suffit de faire passer cette implication pour une équivalence, et le tour est joué).

3) Or le *contenu* des deux propositions du conséquent de l'implication est tel que l'une quelconque des deux suffit : si l'on a la première (« tu as de belles cornes ») on a aussi la seconde (« tu as des cornes ») ; on peut donc dire, en simplifiant : « S'il n'est pas vrai que... et que..., alors tu as des cornes »[162].

b) On voit bien dans cette reconstruction où est la faille, le sophisme (temps n° 2), et l'on pourrait aisément mettre un défaut semblable en évidence sur la forme habituelle du Cornu[163]. Mais on voit en même temps, comme nous avons tenté de le montrer dans l'Introduction, que l'intérêt de ce type de « piège » est d'attirer l'attention sur les conditions de la formulation des questions, ou plus généralement des énoncés, et sur les conditions du passage d'une proposition à une autre (problèmes de la négation, de l'implication, de la conjonction, de la disjonction), sans que les énoncés eux-mêmes soient nécessairement analysés[164]. Cet intérêt « formel » du Cornu et des raisonnements apparentés justifie à nos yeux la place peut-être un peu inattendue[165] que nous leur avons assignée dans notre deuxième groupe d'arguments dans le contexte d'une authentique réflexion logique. – Nous avons du même coup été amené à passer sous silence leur contenu propre. Si l'on devait néanmoins s'y arrêter, ce serait pour faire remarquer qu'ils portent en outre sur des notions (perdre quelque chose, cesser de...) pour lesquelles se pose à nouveau la question du passage de l'être au non-être ou du devenir, ce qui les apparenterait au Sorite.

En guise de conclusion, nous voudrions attirer l'attention sur un fait important qui ne nous paraît pas avoir été assez souligné[166] : lorsqu'on étudie toutes les données relatives aux arguments dont il vient d'être question, on ne trouve aucune trace indiquant qu'ils aient été exploités dans un sens sceptique par les Mégariques eux-mêmes : ceux que notre Introduction appelle « réfutatifs » (Electre et apparentés, Sorite) ne vont jamais jusqu'à mettre en question le logos ou les réalités intelligibles ; ceux de notre deuxième groupe ne visent aucunement à faire douter de la possibilité de la dialectique, pas même le Menteur. Et il faut tout particulièrement relever que les deux catégories d'arguments supposent la validité du principe de contradiction[167]. Dans le cas de l'Électre, par exemple, il est clair que la conclusion (« Donc elle connaît et en même temps ne connaît pas son frère ») ne signifie pas que nous soyons obligés d'abandonner le principe de contradiction sous la pression d'une expérience (sensible !) particulière ; c'est au contraire son évidente absurdité qui permet de « réfuter » quelque chose ; il faut choisir (et ceci vaut aussi pour les interprètes) entre la cohérence rationnelle et la réalité ontologique du monde sensible. Mêmes commentaires pour le Sorite, pour lequel la réduction à l'absurde est encore plus manifeste ; et qui réduit à l'absurde a besoin du principe de contradiction. On ne voit d'ailleurs pas très bien comment on pourrait, autrement, expliquer l'existence d'une dialectique « positive », comme les théories de l'implication de Diodore et de Philon[168].

Fr. 66–67

Diogène Laërce mentionne par deux fois le nom d'Eubulide en dehors des pages qu'il consacre aux Mégariques. Dans les deux cas il se réfère à des écrits de nature historique[169], à seule fin de compléter une information portant sur des faits, sans aucune allusion à une quelconque doctrine philosophique. Il est par suite impossible de savoir si notre Mégarique est visé par l'un ou l'autre passage[170]. Leur seul intérêt, de toute manière, serait d'être un indice supplémentaire en faveur d'une activité « littéraire » d'Eubulide (cf. le commentaire des fr. 57–58).

Fr. 68–72

Le personnage auquel se rapportent les cinq fr. suivants, Euphante d'Olynthe, se tient manifestement en marge de l'École de Mégare : il est présenté par Diogène

Laërce comme un élève ou un proche d'Eubulide, mais ce qui est transmis de son activité concerne presque exclusivement la production de tragédies et d'ouvrages historiques[171]. La seule exception viendrait du fr. 69 : d'après W. Crönert[172], ce passage appartient (en même temps que nos fr. 75, 200 et 201) à un écrit polémique épicurien ; la présence du nom d'Euphante à côté de ceux d'Alexinos, d'Eubulide et peut-être de Stilpon (selon la conjecture de Crönert pour le « toi » de la l. 2) indiquerait alors qu'il était considéré comme un philosophe au même titre que les autres membres cités de l'école, et solidaire de leurs positions.

Fr. 73–74

Dans son chapitre sur les Mégariques, Diogène Laërce consacre presque autant de place à Alexinos qu'à Euclide, bien que les informations qu'il nous livre (fr. 73–74, 92, 93) ne donnent pas, de prime abord, une très haute idée du philosophe[173]. L'ensemble des renseignements concernant sa vie et son activité ont été brièvement évoqués dans l'Introduction[174]. Dans la relation de Diogène on relève en outre qu'Alexinos illustre de façon privilégiée deux traits caractéristiques (quoique secondaires) de l'esprit mégarique. Il apparaît d'abord que sa notoriété repose tout entière sur une pratique de la dialectique tournée exclusivement vers la réfutation, pratique renforcée en outre par un tempérament querelleur ; cet aspect du personnage est confirmé de diverses manières par les fr. suivants. On voit d'autre part plus nettement qu'ailleurs combien l'idée d'« école » doit être nuancée quand on parle de nos philosophes : après avoir été l'élève (direct ou indirect, il s'agit toujours de *diadochē*, fr. 73, l. 1, comme dans le fr. 50) d'Eubulide à Mégare, Alexinos regagne sa ville natale, Elis, pour y enseigner à son tour (fr. 74, les « élèves » de la l. 2 sont manifestement ceux d'Élis puisque nous les voyons s'inquiéter du déplacement de leur école), puis décide de s'installer à Olympie avec l'intention avouée d'y fonder une nouvelle secte : rien de tout cela néanmoins ne détourne Diogène de le traiter comme un Mégarique. Cette liberté dans les relations entre membres d'une même « école » se manifeste d'une façon encore plus directe dans le fr. 83, où on lit qu'Alexinos n'hésitait pas à attaquer Stilpon.

Fr. 75

Selon Crönert, ce passage est extrait d'un texte épicurien dont l'auteur reste inconnu ; cet auteur parle d'une lettre attribuée à Épicure (« ce même écrit »), et cherche soit à justifier son maître, soit plus probablement à réfuter l'idée qu'Épicure puisse être l'auteur des propos qu'on lui prête. En ce qui concerne les deux Mégariques cités, on verra plus loin (fr. 158 ; cf. aussi fr. 152) comment comprendre l'« ivrognerie » de Stilpon ; quant à Alexinos, la faiblesse ou le défaut exploité par le pamphlétaire n'est pas, comme dans la plupart des autres cas, son esprit querelleur ou ses pratiques éristiques, mais le fait qu'il demandait de l'argent pour ses leçons ; cela ne suffit certainement pas pour en faire un sophiste, mais, comme on sait, la chose est souvent interprétée dans ce sens[175]. Enfin, avec les autres morceaux du même ensemble (fr. 69, 200, 201), ce texte serait aussi – si les hypothèses de Crönert sur son origine sont fondées – un témoignage supplémentaire sur une polémique contre les Mégariques engagée par les premiers Épicuriens (cf. fr. 88, 151 H, 194, 195, 197) ; l'existence de cette polémique et la violence de certaines de ces attaques nous semblent attester au moins la vitalité des idées mégariques au IIIe siècle[176].

Fr. 76

Nouvelle illustration, est-on tenté d'écrire, du discrédit où étaient tombés dès l'Antiquité la plupart des philosophes de Mégare et plus particulièrement leurs productions dialectiques. Mais le contexte donne un éclairage inattendu au jugement de Cicéron. Il s'agit en effet pour lui de ruiner les objections développées auparavant par Lucullus contre le scepticisme et le probabilisme de la Nouvelle Académie, et pour cela il invoque en sa faveur la grande majorité des philosophes anciens. Les Mégariques sont donc, il est vrai, considérés par lui comme des sceptiques, et des sceptiques mineurs ; mais sur le premier point au moins son témoignage prouve peu quand on sait que les autres avocats du scepticisme cités par lui se nomment Parménide, Socrate, Platon ou Chrysippe...

Fr. 77

Le plaidoyer de Fronton en faveur de l'étude de la grande éloquence exprime à première vue un jugement aussi défavorable que celui de Cicéron dans le fr. précédent sur les écrits mégariques et sur certains de leurs plus célèbres arguments. C'est du moins ce qui ressort de la fin du passage, quand il oppose les écrits de Diodore et d'Alexinos à ceux de Platon, de Xénophon et d'Antisthène. Mais le début est étrange et donne à son propos une autre résonance : il concède en effet que l'on s'intéresse aux arguments mégariques si l'on accorde plus d'importance au fond (aux « choses » elles-mêmes) qu'à la forme ; ce qui voudrait dire que ses objections ne concernent que l'expression et que par suite les arguments en question ne sont pas, philosophiquement parlant, sans valeur. Son exhortation indique en tout cas qu'au IIe siècle après J.-C. les éléments de la dialectique mégarique étaient toujours enseignés, et dans le contexte d'une éducation de qualité[177].

Fr. 78

Le qualificatif «sycophante» appliqué à Alexinos semble à nouveau viser l'homme plus que le philosophe ou le dialecticien ; les fr. 90 et 91 pourraient éventuellement avoir un rapport avec un tel reproche, et l'on se souvient, dans le même genre, des calomnies prêtées à Eubulide (fr. 60). Mais il est bien difficile en pareille matière de faire la part des choses : Alexinos est manifestement une cible privilégiée de la verve des autres philosophes (cf. fr. 79, 80, 82, 83), sans qu'on sache si cette animosité a eu d'autres motifs que le tempérament querelleur du Mégarique (fr. 73, 83).

Fr. 79–81

Exception faite de ce que suggère le fr. 77, les rapports d'Alexinos avec les

Stoïciens ne paraissent pas meilleurs qu'avec les Épicuriens : un membre de l'école[178] a certes été un moment son élève (fr. 81), mais aux yeux de Chrysippe il est un modèle d'inculture (fr. 80), et son nom semble avoir survécu ensuite chez les successeurs de Chrysippe comme celui d'un type de mauvais philosophe (fr. 79). Cependant les conflits entre Alexinos et les Stoïciens (cf. aussi fr. 87, 92, 94) révèlent peut-être quelque chose de plus important, comme on verra dans le commentaire du fr. 83 (où l'on retrouvera aussi la thèse du fr. 80).

Fr. 82–85

1. Les relations d'Alexinos (et de ses élèves) avec Ménédème sont à la fois plus directes et plus compliquées. Les deux hommes se sont manifestement fréquentés et opposés (fr. 82, 84 ; cf. fr. 85)[179], mais on est surpris de découvrir que notre querelleur patenté (et « sycophante » de surcroît) non seulement ne dit pas de mal de son adversaire mais a coutume de le louer (fr. 83) ! L'autre le lui rend bien mal puisqu'il l'attaque fréquemment et durement ; ses griefs sont tantôt indéterminés (fr. 82) tantôt justifiés de façon sophistique (fr. 83)[180], mais au moins une fois exposés sérieusement et avec précision (fr. 84), dans un passage qui nous fournit à la fois une illustration d'une des règles de base de la dialectique mégarique et une variante de l'argument Cornu (cf. comment. des fr. 64–65). Il faut ajouter que le piège tendu par Alexinos est habile dans la mesure où Ménédème prétendait n'user que de propositions affirmatives simples, ce qui est doublement impossible en l'occurrence (sa réponse est une conjonction de deux négations !) ; les libertés qu'il est contraint de prendre par rapport à sa propre doctrine font qu'il est mal placé ensuite pour contester les règles auxquelles se réfère Alexinos.

2. Pour ce qui est de l'attitude d'Alexinos envers Stilpon (fr. 83), on ne reviendra pas sur la signification générale d'une telle opposition à l'intérieur de l'école (cf. la fin du Comment. aux fr. 73–74), mais une réflexion plus précise sur la nature de leurs divergences n'est pas sans intérêt. On voit d'abord que, informé de la bienveillance de Stilpon à son égard, Alexinos fait brusquement volte-face ; ce qui ne peut s'expliquer, croyons-nous, que s'il opère spontanément une distinction entre la dimension philosophique des positions de Stilpon et ses qualités humaines, unanimement reconnues comme on sait[181]. Les raisons de cette divergence doctrinale seraient alors à chercher dans le peu qui nous est livré des thèses d'Alexinos : le fr. 88 évoque un différend avec Eubulide qu'on pourrait à la rigueur transposer à Stilpon en tenant compte de sa réputation de dialecticien ; mais ce sont surtout les fr. 80 (le sage ne doit pas être amoureux) et 85 (le sage ne doit pas préparer de décret) qui s'opposent expressément aux positions de Stilpon (sur ses rapports avec les femmes, voir les fr. 155–158 ; sur son activité politique, les fr. 162 et 149)[182]. Par opposition à ce dernier, dont nous aurons à souligner la mesure, l'équilibre, Alexinos apparaîtrait alors comme un auteur moins soucieux de perfection dialectique, mais plus radical, plus « cynique », en morale[183]. L'intérêt de ces hypothèses serait d'autoriser une meilleure appréciation de la place un peu particulière d'Alexinos dans le développement de l'école : plus éristique que véritable logicien (conformément aux constatations précédentes), il serait aussi le seul à pouvoir entrer en conflit avec les Stoïciens sur autre chose que sur la validité de l'implication, puisque ce « radicalisme » moral s'oppose aussi bien à l'« indifférentisme » d'Ariston[184] qu'au naturalisme de Zénon[185] ou de Chrysippe (fr. 80).

Fr. 86

On peut considérer que cette anecdote apparemment futile constitue en réalité la donnée la plus tardive quant à la durée de l'École de Mégare, puisqu'elle signifie qu'Arcésilas (315 ? – 240 ?) a rencontré un élève d'Alexinos qui tentait d'exposer un point de la doctrine de son maître. Que cet élève ait été médiocre et qu'il n'ait pas laissé de nom dans l'histoire, c'est sans doute un signe d'épuisement de la doctrine, mais l'anecdote signifie en tout cas, d'un point de vue purement historique, qu'il existait encore vers le milieu du IIIe siècle des philosophes se réclamant directement de la tradition mégarique, (cf. Comment. du fr. 75, fin ; et Introd. p. 12).

Sur le fond, la réplique d'Arcésilas est obscure (appelle-t-il « mienne » la doctrine d'Alexinos maltraitée par l'élève ? que désigne alors « les vôtres » ?) ; mais le fait de déplorer une mauvaise présentation des thèses d'Alexinos présupposerait d'après Döring (p. 117) une « forte sympathie » pour ce dernier ; il faudrait alors faire le rapprochement avec les fr. 106–108 qui, pour le même Arcésilas, parlent d'une affinité avec la dialectique de Diodore.

Fr. 87

Voir la fin du commentaire du fr. 83. Et comparer avec les fr. 79–81.

Fr. 88

Ce texte de Philodème, un Épicurien du Ier siècle avant J.-C., est une nouvelle pièce de la polémique engagée par le Jardin contre les Mégariques (cf. fr. 75). Il fait état de la critique adressée par Hermarque (un des premiers élèves d'Épicure, et son successeur à la tête de l'école) à la conception professée par Alexinos des rapports entre rhétorique et philosophie, et contient par la même occasion des informations intéressantes sur l'état de la question au IIIe siècle.

De quoi s'agit-il exactement dans ce passage ? Le contexte[186] indique que Philodème invoque l'autorité des premiers maîtres de l'Épicurisme en faveur de sa thèse, à savoir : seule la rhétorique sophistique (d'après lui : celle qui a pour objet le genre démonstratif ou d'apparat, ainsi que les écrits en prose) est un art (début), à la différence du genre judiciaire et du genre politique. Pareille prise de position s'inscrit dans un débat que nous connaissons bien par les écrits de Platon et d'Aristote, et dont l'enjeu concerne précisément l'emploi du mot « art » (*téchnē*) qui figure dans la formule précédente. Platon, on le sait, refuse explicitement ce terme quand il s'agit de la rhétorique des sophistes (*Gorgias*, 465 a), parce que la *téchnē*, pour lui (du moins dans ce contexte), est du même côté que la science et s'oppose à l'empirisme et à la routine (463 b ; 465 a) ; la bonne rhétorique au contraire, celle dont nous entretient le *Phèdre*, mérite bien le nom de *téchnē* (269 d) puisqu'elle repose sur la connaissance vraie de son objet (259 e), l'efficacité de la première n'étant due qu'à une sorte de conjecture et non au savoir (*Gorg.*, 464 c : *ou gnoûsa... allà stochasaménē*). Pour Aristote cependant il faut distinguer entre la science, vertu de l'intelligence théorique portant sur les choses nécessaires, et l'art, vertu de l'intelligence pratique portant sur les choses « qui peuvent être autres qu'elles ne sont »[187] ; par suite, s'il est toujours vrai que la rhétorique n'est pas science, elle est néanmoins susceptible de devenir un art[188]. Cette position est proche de celle de beaucoup de rhéteurs[189], qui, tout en acceptant la distinction entre les sciences rigoureuses et celles qui reposent sur la conjecture, n'en dévalorisaient pas pour autant ces dernières, mais prétendaient qu'elles étaient seules adaptées aux objets qui ne peuvent de par leur nature comporter d'exactitude rigoureuse. On comprend enfin que cette question n'est pas seulement l'enjeu d'un débat théorique, mais qu'elle a immédiatement des conséquences pratiques dans le domaine de l'éducation, terrain traditionnel de rivalité entre philosophes et rhéteurs.

Ces précisions devraient éclairer le texte de Philodème, du moins la thèse d'Alexinos qui y est discutée, car la position épicurienne est moins facile à définir. La doctrine du Mégarique (exprimée, remarquons-le, dans un traité *De l'Éducation*) apparaît comme étant assez nuancée et assez éloignée de l'agressivité qu'on pouvait attendre dans un pareil conflit de la part d'un « querelleur éristique ». Il reproche aux rhéteurs la vanité d'une bonne partie de leurs recherches[190], mais reconnaît une certaine utilité à l'art d'argumenter qu'ils enseignent, même s'ils ne concluent pas toujours scientifiquement (1er §). Cette concession nous paraît, d'après les explications d'Alexinos comme d'après la critique d'Hermarque, d'inspiration aristotélicienne :

a) du point de vue de la finalité ou de l'utilité de cette rhétorique tout d'abord : la fin de la ligne 11 (du texte grec) est obscure[191], mais il semble bien que, quelle que soit la traduction retenue, Alexinos veuille faire référence à toute une catégorie de situations ou de problèmes dans lesquels il n'est pas possible de procéder avec la rigueur propre à la science ; Aristote ne dit pas autre chose quand il déclare, au début de l'*Éthique à Nicomaque* par exemple, qu'« on ne doit pas chercher la même rigueur dans toutes les discussions indifféremment » et qu'« il est à peu près aussi déraisonnable d'accepter d'un mathématicien des raisonnements probables que d'exiger d'un rhéteur des démonstrations proprement dites[192] ; »

b) du point de vue des rapports entre science et dialectique, par suite entre philosophie et rhétorique : lorsque Hermarque reprend la thèse d'Alexinos pour la critiquer (2e §), il se demande si c'est l'absence de « syllogismes dialectiques » qui expliquerait l'absence de scientificité des arguments des rhéteurs. Pour que cette question ait un sens (et aussi pour comprendre qu'il puisse affirmer ensuite que ces arguments en sont en fait tous dépourvus, sans que cette absence empêche la rhétorique d'être un art)[193], les mots « syllogismes dialectiques » désignent nécessairement des raisonnements conformes aux exigences de la *science* dialectique, c'est-à-dire construits selon les règles formelles de la logique. Il importe peu que ce vocabulaire soit aussi peu aristotélicien que possible[194], ce qui est en jeu c'est bien la conception que l'on se fait de la scientificité : pour Aristote, le syllogisme dialectique conclut réellement, au même titre que la démonstration, la différence venant de la nature des prémisses ; pour Hermarque au contraire, la scientificité pourrait tenir au seul respect des règles formelles, comme si la logique était une véritable science autonome. Il est donc normal qu'il ne comprenne pas Alexinos et cherche à le mettre en contradiction avec lui-même[195]. Mais si l'on attribue à ce dernier une conception d'inspiration aristotélicienne, tout s'explique : si le scientifique dépend du contenu des prémisses, il peut en effet parler de vraisemblance, de probabilité, d'« empirisme » (autant de termes qui s'appliquent difficilement à la forme d'un raisonnement) chaque fois que la matière n'est pas susceptible d'une rigueur de type mathématique, comme l'éthique pour Aristote[196] ; il peut dire aussi (fin du texte) qu'on peut néanmoins « connaître » les choses (certaines, les mêmes) sans syllogismes scientifiques.

Enfin, comme les rhéteurs peuvent néanmoins (par accident ?)[197] produire des syllogismes scientifiques, il est essentiel de souligner que le jugement n'appartient pas aux rhéteurs mais aux philosophes (1er §) : jugement sur ce qui est vraisemblable et ce qui ne l'est qu'apparemment, et sans doute, par extension, sur cette différence entre arguments vraisemblables et arguments scientifiques, ainsi que sur la pertinence de l'une ou l'autre espèce selon les matières concernées ; ce qui préserve les droits de la dialectique au sens mégarique, c'est-à-dire de la philosophie. Cet aspect de la thèse d'Alexinos ne doit pas être minimisé, sous peine de réduire sa conception à une apologie de la rhétorique ou à une vague complaisance envers elle, et par suite de rendre incompréhensible l'hostilité d'Hermarque.

Resterait à s'interroger sur le sens d'une pareille convergence entre Alexinos et Aristote. On ne peut exclure un pur et simple emprunt, mais cela ne ferait que reculer le problème. On devrait plutôt, nous semble-t-il, rappeler le rôle particulier joué par Aristote en la matière : celui d'un théoricien, qui cherche moins à créer une discipline nouvelle qu'à élaborer une théorie explicite, systématique et rigoureuse de ce qui se pratiquait en fait, de manière empirique et implicite, avant lui et autour de lui[198]. Or pour ce qui regarde les relations entre la dialectique des philosophes et la rhétorique, les faits, ce sont : d'une part, d'incontestables affinités dues à la proximité voire à la confusion des méthodes et des matières traitées (cf. aussi le Commentaire des fr. 53–56 et 90–91) ; et, d'autre part, un effort assez général des philosophes, depuis Platon (d'après ce qui précède, les Épicuriens font exception), pour maintenir la spécificité du traitement philosophique et, sous une forme ou une autre, la subordination de la rhétorique à la philosophie (ou, ce qui revient au même, de la rhétorique des rhéteurs à celle du philosophe)[199]. Les convergences entre philosophes sont donc d'autant plus naturelles qu'Aristote est moins original dans le domaine considéré, et il ne nous paraît par suite nullement abusif d'utiliser ses « explications » pour tenter de dévoiler l'implicite d'une position insuffisamment définie. Qu'il y ait néanmoins une élaboration spécifiquement aristotélicienne de la question, et qu'on ne puisse assimiler simplement la position d'Alexinos à celle de l'auteur des *Topiques* ou de la *Rhétorique*, il n'est guère besoin de le préciser : sans même vouloir évoquer la richesse du contenu des ouvrages d'Aristote, nous avons été avertis déjà de ces différences par les quelques divergences terminologiques relevées ci-dessus[200].

Fr. 89

D'après Sudhaus, le titre qui conviendrait au livre IV de Philodème d'où est extrait ce fragment est : « A ceux qui prétendent que la science de la nature fait les bons orateurs »[201]. Deux opinions sont en présence : la première affirme que la disposition rhétorique est directement issue de la science de la nature, la seconde que, au contraire, la pratique et l'exercice proprement oratoires sont nécessaires si l'on veut être un bon « rhéteur ». A la façon dont les Mégariques sont cités, on voit qu'il est difficile de les ranger dans l'un ou l'autre camp ; et bien que ce débat ne soit pas sans rapport avec celui du fr. précédent, on ne saurait en tirer argument ici[202]. L'unique confirmation qu'apportent ces lignes est que la question de la rhétorique ne semble pas avoir préoccupé le seul Alexinos puisqu'on y parle des Mégariques en général.

Fr. 90–91

Ce n'est pas la première fois qu'une activité de type « littéraire » est attribuée à un Mégarique ; d'apprendre qu'Alexinos a écrit des *Mémorables* (fr. 90) et un péan (fr. 91) n'est donc pas une surprise, mais on constate que, par le premier au moins de ces ouvrages, notre homme se trouvait engagé encore autrement et plus étroitement dans le débat relaté par le fr. 88 (la « rhétorique sophistique » de Philodème ayant notamment pour objet, on s'en souvient, les écrits en prose). On a vu aussi (n. 174, p. 197) que, de son côté, le péan constituait un repère chronologique précieux pour la carrière d'Alexinos.

L'attaque contre Aristote que rapporte le fr. 90 est de la même veine, approximativement, que celles d'Eubulide (fr. 60). Cette polémique de bas étage alliée à une certaine complaisance envers le pouvoir macédonien (dont témoigne aussi le fr. 91)[203] explique peut-être le surnom de « sycophante » mentionné dans le fr. 78.

Fr. 92–95

Les rapports d'Alexinos avec les Stoïciens ont déjà été examinés dans le commentaire des fr. 79–81 et 83 (fin). L'intérêt du fr. 94 est de nous offrir en outre un exemple précis de son argumentation contre Zénon (le fr. 95 rapporte un raisonnement pratiquement identique, mais Alexinos n'est pas nommé ; c'est l'Académicien Cotta qui répond à Zénon, en s'adressant à Balbus, qui défend le point de vue stoïcien). Il peut sembler de prime abord que nous ayons là une réfutation par l'absurde, ce qui justifierait le rapprochement souvent proposé avec le fr. 29. Mais il faut y regarder de près, et tout d'abord veiller à ne pas se méprendre sur l'objet de la réfutation. Zénon est cité par Sextus dans une section de son livre où sont examinés les arguments en faveur de l'existence des dieux ; le raisonnement ici rapporté y aboutit médiatement, en démontrant que le monde possède les attributs de la divinité[204]. Il est certes exclu que les Mégariques aient accepté une telle proposition étant donné leur négation bien connue de la réalité physique en général. Mais il est beaucoup moins assuré – si Alexinos est resté fidèle à l'inspiration du premier mégarisme[205] – qu'il veuille aussi refuser l'existence de la divinité, comme l'utilisation qu'en fait Sextus le laisse penser et comme on le dit parfois.

En second lieu, le procédé logique de la réfutation vise sans doute à mettre en évidence une absurdité, mais il ne s'identifie pas avec la réduction à l'absurde au sens strict[206] : pour bâtir son raisonnement conduisant à une « absurdité », Alexinos ne reprend pas la conclusion de Zénon, mais change le contenu de la majeure[207]. Ce qui est en cause, c'est l'ambiguïté des propositions initiales et en particulier celle du mot « meilleur », comme le montre la réplique des Stoïciens à l'objection d'Alexinos (voir dans l'Annexe le complément au fr. 94), quand ils distinguent un sens absolu et un sens relatif de ce terme. Il reste que, même ainsi rectifiée ou précisée, la démonstration de Zénon souffre d'un autre défaut qu'Alexinos avait peut-être en vue et qui rappelle par certains aspects la critique kantienne de la preuve ontologique : c'est la mineure de son raisonnement qui est la thèse décisive et c'est elle qu'il faudrait justifier ; à partir du moment où il est tenu pour évident que « être doué de raison » est une perfection, c'est un simple jugement analytique de dire que « ce qui est le meilleur (absolument) » est « doué de raison » ; nul prédicat nouveau ne venant augmenter le concept initial, on peut dire que l'argument de Zénon n'est pas un vrai raisonnement. Ce qui donne à penser que telle pouvait être l'intention d'Alexinos, c'est que le seul intérêt de ses contre-exemples est de mettre en évidence le sens absolu de « meilleur » dans la majeure, objet de la réplique stoïcienne[208]. On a bien ainsi un jugement analytique : le monde, qui est ce qu'il y a de meilleur, possède cette chose absolument bonne qu'est la raison. Ce qui ramène l'attention sur la mineure, qui constitue le vrai problème[209] : si le monde est superlativement bon, on peut en effet lui attribuer toutes les perfections qu'on voudra. Le « dialecticien » de Mégare aurait, de cette façon, dénoncé un double défaut dans le « raisonnement » de Zénon : l'affirmation subreptice d'une perfection absolue sous le couvert d'une simple comparaison, et le caractère non démonstratif de cet ensemble de propositions.

Fr. 96–98

Indications purement historiques sur les patries respectives d'Apollonios et de Diodore, et sur leurs liens avec l'École de Mégare. On peut ajouter à ce propos que l'origine géographique d'un bon nombre de ces « Mégariques » suggère que, avant même le succès que connaîtra l'enseignement de Stilpon (cf. fr. 163), notre école avait déjà un certain rayonnement dans le monde grec : après Eubulide (de Milet), Euphante (d'Olynthe) et Alexinos (d'Élis), voici donc Apollonios venant de Cyrène et Diodore d'Iasos en Carie (Asie Mineure).

On note aussi que, en dehors de cette origine et de son surnom, on ne nous dit pratiquement rien sur Apollonios, qui doit sans doute au seul fait d'avoir été le maître de Diodore de figurer dans nos textes ; Strabon explique même leur commun surnom de « Cronos » par l'obscurité du premier (fr. 98). (Sur le sens de ce surnom voir le commentaire du fr. suivant). C'est donc principalement parce qu'elles nous aident à situer Diodore dans l'école – en même temps qu'elles nous offrent un premier exemple des railleries auxquelles il s'est exposé, cf. fr. 96 – que ces données ne sont pas tout à fait sans intérêt[210].

Fr. 99–100

Cette curieuse – et tragique – anecdote n'est peut-être qu'une histoire inventée pour expliquer le surnom de Diodore, mais elle n'est pas sans intérêt.

En ce qui concerne ce surnom tout d'abord, Döring suppose (p. 124) que « Cronos » peut avoir, outre le sens péjoratif bien connu (« vieux radoteur »)[211], un sens laudatif (« rusé, retors comme Cronos »)[212] ; la plaisanterie de Ptolémée aurait alors consisté à retourner en mauvaise part un terme exprimant primitivement la subtilité dialectique du Mégarique. Pour ce qui regarde Apollonios (fr. précédents), on peut penser, en l'absence d'autres renseignements sur lui, que c'est le sens laudatif qu'il avait mérité ; les mêmes qualités intellectuelles auraient ensuite valu ce surnom à Diodore, avant le jeu de mot fatal de Ptolémée. Le calembour supplémentaire de D. Laërce (fr. 99, fin : *Krónos* devenant *ónos*, c'est-à-dire « âne ») apparaît vraiment, dans ce contexte, comme le coup de pied de l'âne...

On note d'autre part, à propos de la dialectique en général, que ces fr. offrent l'avantage de contenir explicitement plusieurs des traits caractéristiques évoqués ailleurs : les arguments en forme de question, l'obligation de répondre sur le champ, et aussi le caractère de jeu de société que revêtait volontiers un entretien dialectique.

Cette mort dramatique – réelle ou légendaire – mérite d'ailleurs réflexion. A l'instar d'autres Mégariques, Diodore apparaît comme un homme non dépourvu d'humour (cf. fr. 101, 112–115), et l'on sait que la dialectique mégarique s'était acquis dès l'Antiquité une réputation de futilité – bien qu'elle passe pour avoir provoqué une autre mort, celle du poète Philétas de Cos, qui ne parvenait pas à résoudre le problème du Menteur[213]. Tout en refusant cette qualification, nous n'avions pas manqué pour notre part de relever le caractère ludique de certaines pratiques dialectiques, et Pline nous le rappelle opportunément ici. Tout cela ne nous prépare guère à l'idée que Diodore ait pu être affecté par son échec au point d'en mourir peu après, même si nous comprenons qu'un dialecticien aussi renommé n'a pu l'accueillir avec indifférence. Il ne s'agit pas cette fois du contenu sérieux des arguments mégariques apparemment sophistiques ; une anecdote comme celle-ci invite plutôt à considérer que nos philosophes mettaient le même sérieux, plus généralement, dans leur rapport subjectif et personnel à la dialectique, dont nous avons laissé entendre d'ailleurs qu'elle était pour eux presque toute la philosophie[214].

Fr. 101–102

Les textes anciens mentionnent plusieurs femmes philosophes[215], et l'on sait que les Stoïciens avaient fait de l'égalité de l'homme et de la femme devant la philosophie l'objet d'un dogme[216]. En ce qui concerne les Mégariques, outre les filles de

Diodore dont il est question ici, on parle aussi avec une certaine considération de la compagne de Stilpon (fr. 156) ; mais il faut avouer que les premières, dialecticiennes toutes les cinq, constituent un cas remarquable (s'il est historiquement exact) de mimétisme familial[217].

On remarque d'autre part, dans la liste des noms du fr. 101, que le troisième est ordinairement un prénom masculin. Pour tout autre que Diodore, on penserait à une erreur ; mais quand on rapproche ce nom de sa théorie du langage et des noms qu'avaient reçus certains de ses serviteurs (fr. 111–115), on trouve qu'en l'occurrence il a plutôt fait preuve de modération...

Fr. 103–105

Les trois témoignages suivants font état d'élèves plus marquants de Diodore. Nous avons déjà souligné l'importance de l'information selon laquelle Zénon, le fondateur de l'École Stoïcienne, a été l'auditeur du Mégarique, en particulier pour la dialectique ; nous n'y revenons que pour tenter de faire un peu de lumière sur les divers noms cités dans les fr. 104–105. D'après Döring (qui utilise notamment les travaux de v. Fritz, cf. p. 126), on aurait affaire ici à quatre personnages, à savoir Diodore Cronos et trois de ses élèves : Zénon de Citium, Philon, et Zénon le Jeune (dit encore Zénon de Sidon ; mais qu'il ne faut pas confondre avec l'Épicurien de même nom). Le *autoû* du fr. 104, l. 3 renverrait ainsi à Zénon le Jeune, conformément à l'indication du fr. 105, mais pourrait se rapporter aussi à Zénon de Citium qui est l'objet principal du passage[218]. Il est en revanche hautement invraisemblable que ce Zénon le Jeune (ou de Sidon), philosophe stoïcien, ait été le maître du fondateur de l'école, comme l'affirme la fin du fr. 105[219]. On note enfin qu'il n'est pas dit explicitement que Philon a été l'élève de Diodore, dans le fr. 104 ; ce n'est ici qu'une interprétation, rendue néanmoins vraisemblable par les fr. 110, 135–138 et 140–142[220].

Fr. 106–108

Alors que les citations précédentes évoquent la dialectique de Diodore de façon neutre ou implicitement élogieuse, les fr. 106–108 font nettement allusion à son image négative, celle où cette dialectique est exclusivement associée à l'idée de sophisme et de vaine subtilité. Cette dualité est une constante dans l'appréciation portée sur Diodore (cf. fr. 76, 77 et 110 pour les jugements négatifs ; dans l'autre sens, cf. fr. 109 ; 128, § 310 ; 132 A, début), et elle nous est désormais familière, pour ce qui concerne les Mégariques en général ; il est donc inutile de s'y appesantir. On remarque toutefois que, dans ce contexte, Diodore se trouve indirectement opposé à Stilpon par l'intermédiaire de la rivalité entre Arcésilas et Zénon (fr. 106) mais sans qu'on puisse interpréter plus précisément cette opposition[221].

Ces mêmes fr. 106–108 confirment aussi l'influence que certains Mégariques semblent avoir exercée sur le fondateur de la Nouvelle Académie, Arcésilas (cf. le Comment. du fr. 86). Influence qui mériterait d'ailleurs elle aussi d'être examinée de plus près. On a en effet coutume de l'invoquer, entre autres explications, pour rendre compte de ce qu'on croit être le scepticisme d'Arcésilas, et ce qui est rapporté ici de la dialectique de Diodore et de l'utilisation qu'en fait l'Académicien va apparemment dans le même sens. Mais ces témoignages sont tous assez fortement polémiques (le fr. 106 est extrait d'un ouvrage intitulé *Sur l'infidélité de l'Académie à Platon* ; les vers d'Ariston et de Timon parlent d'eux-mêmes), et l'expérience acquise dans l'étude des Mégariques nous a appris à suspecter ce genre d'accusation. Ce que nous savons par ailleurs d'Arcésilas nous frappe au contraire, en dépit des apparences, par sa ressemblance avec les aspects « positifs » de la philosophie mégarique, c'est-à-dire avec tout ce qui en elle résiste précisément à la tentation du scepticisme[222].

Fr. 109–110

La réputation de Diodore en matière de dialectique explique sans doute, comme dans le cas d'Eubulide (fr. 64), qu'on lui ait attribué la paternité de plusieurs des arguments auxquels le nom de l'École de Mégare est resté attaché, sans qu'on puisse d'ailleurs savoir avec exactitude qui en a été le véritable créateur. Sur le Voilé et le Cornu, voir le commentaire des fr. 64–65. Les raisonnements « qui affirment et nient en même temps » (fr. 110) constituent probablement une allusion au Menteur, commenté lui aussi lors de son attribution à Eubulide (fr. 64). Sur l'argument de Personne (fr. 110), qui est simplement cité sans être rapporté ni à Diodore ni à Philon, voir l'Annexe.

Le Souverain (ou « Dominateur »), lui, est étudié plus longuement dans le commentaire des fr. 131 et suivants. On peut cependant noter dès à présent que Themistius cite ensemble Diodore et Philon, sans autre précision quant à l'inventeur de l'argument. On constate d'autre part que la tonalité du fr. 110 est nettement polémique[223], que le Souverain et le Cornu y sont traités de sophismes malfaisants et inutiles : il faudra s'en souvenir quand il sera question du premier, car ce jugement n'est pas isolé, et une telle appréciation n'est pas tout à fait sans importance pour comprendre certains aspects de l'argument.

Fr. 111–115

Les réflexions de Diodore sur le langage constituent la matière de ce groupe de fragments, auquel nous avons fait allusion dans l'Introduction au début de la deuxième subdivision de la dialectique. En raison de sa précision sur la notion centrale de signification, le fr. 111 est particulièrement précieux. Les fr. 112–115 contiennent essentiellement la thèse diodoréenne de « l'arbitraire du signe linguistique », ou plus exactement l'affirmation selon laquelle le sens des mots n'est pas naturel mais résulte d'une convention. Cette doctrine n'est ni nouvelle ni originale puisqu'elle est exposée déjà dans le *Cratyle* et n'est pas étrangère à la pensée d'Aristote[224], mais elle s'accorde parfaitement avec l'ensemble de la théorie de Diodore et ne doit pas en être détachée (cette théorie devant à son tour être située dans le champ de ses préoccupations logiques, comme nous l'avons fait dans l'Introduction). Si nous insistons un peu lourdement sur ces liens et sur le caractère global de cette problématique, c'est parce que trop de commentateurs ont tendance à la morceler ou à ne voir dans ces fr. qu'une curiosité plaisante (cf. les noms donnés par Diodore à ses serviteurs, en application de sa théorie). Le détail de ces divers textes exige en outre quelques explications.

1. **Fr. 111** : La thèse de Diodore n'est pas aussi anodine qu'on l'a dit et mérite d'être examinée de près. S'il refuse qu'un mot soit équivoque, c'est parce que, selon lui, il faut toujours considérer la pensée de celui qui parle et que cette pensée ne peut être équivoque. Cette conception implique trois choses :

1) qu'une pensée authentique est une[225] ;

2) que pensée et langage sont solidaires ; que du moins le second ne peut exercer sa contrainte sur la première de façon irrémédiable et que le sujet maîtrise suffisamment sa langue ;

3) que le sens renvoie toujours à l'acte intentionnel d'un sujet. De ces trois éléments, le premier ne fait guère problème, et le deuxième semble aller de soi pour Diodore (cf. § 2 et fin du § 3) ; il peut d'ailleurs, on va le voir, être partiellement ramené au troisième, lequel constitue manifestement la thèse essentielle du passage. Le Mégarique n'ignore pas les distorsions qu'un message peut subir (début du § 3) pour des raisons qui tiennent à l'être objectif des mots ou de la langue, puisqu'il accepte qu'un terme ou un énoncé soit dit obscur ; il n'ignore pas non plus que le locuteur peut être volontairement équivoque (pour tromper, p. ex.), puisque la dernière phrase écarte explicitement ce cas de la discussion. Il faut donc comprendre : les mots en eux-mêmes sont sans doute susceptibles de plusieurs significations différentes, mais, dans une occurrence donnée, il n'y a sens pour l'auditeur comme pour le locuteur que par l'acte qui assume une signification déterminée, par référence à un vouloir-dire intentionnel. Par là Diodore refuse donc principalement d'accorder le statut de *pensée* (ayant du sens et comme telle objet possible d'une discussion) à quelque chose qui n'aurait pas été voulu mais résulterait du déchiffrage par autrui d'un signifié inconscient, « non-dit ». Non pas parce que ce sens non voulu n'existe pas (il existe au moins pour celui qui a mal compris), mais parce que sans cette volonté de sens nous n'aurions aucune maîtrise sur le discours : si les mots traduisent mal ma pensée, il y a obscurité et non équivocité, car ce dernier terme voudrait dire que ma pensée est indéterminée, donc que je ne pense pas ; si d'autre part le sens de toute parole est la somme des sens que l'analyse d'autrui (par définition jamais achevée) *peut* y découvrir, il n'y a en fait plus de sens du tout[226].

Nouvelle manifestation de la tendance de l'esprit mégarique à la détermination rigoureuse, qui seule rend possibles un discours authentiquement rationnel et une logique, ce principe est en même temps une réponse aux questions que les diverses « plaisanteries » semblaient laisser en suspens. Car les pièges du langage existent (cf. le point 2) ci-dessus), les Mégariques ont assez fait pour les mettre en évidence ! Le moyen de les éviter serait donc de ne pas se fier à l'expression objective, mais de se référer au sens que le locuteur a dans l'esprit[227]. C'est en effet ce que suggère notre analyse du Cornu, p. ex. (cf. n. 163, p. 196 : on ne peut poursuivre le raisonnement si on prend en compte ce que veut réellement dire celui qui répond oui à la première question) ; et c'est le même principe de la souveraineté du sujet sur le sens qui apparaît dans la réponse de Stilpon à l'Aréopage[228], ainsi que dans la thèse de Bryson selon laquelle il n'y a pas de mots obscènes (voir le comment. des fr. 208).

Qu'une telle conception conduise par ailleurs à affirmer que le signe linguistique est « arbitraire » (ou mieux, conventionnel) n'a rien qui doive surprendre, même si, comme le montrent les fr. suivants, Diodore pousse assez loin le principe en question, puisqu'il va jusqu'à transgresser les catégories grammaticales élémentaires.

2. **Fr. 112** : Ammonius commente ici le début du *De Interpretatione*[229]. Dans les deux premiers chapitres, Aristote emploie plusieurs fois le terme *phōnḗ* pour désigner la capacité vocale, la possibilité de produire des sons avec la voix. Il est implicite que ces sons ne sont pas tous signifiants, et c'est cela que Diodore conteste en transformant les « conjonctions » (*súndesmoi*, réputés sans signification, cf. *Poét.*, 20, 1456 b 38) en noms (*onómata*, qui sont chacun *phōnḕ sēmantikḗ* : *De Interpr.*, 2, 16 a 19). On s'attendait peut-être à une création plus radicale (un mot nouveau forgé à partir de sons totalement indéterminés) ; mais alors l'opération ne sortirait pas du cadre normal du nécessaire enrichissement de la langue, et par suite elle eût été moins démonstrative ; en choisissant au contraire des mots qu'Aristote avait expressément déclarés dépourvus de sens, Diodore pense sans doute renforcer sa démonstration. On ne conclura pas pour autant à une opposition tranchée entre Aristote et Diodore sur ce point, la doctrine du *De Interpretatione* n'excluant pas absolument que la « convention » s'étende jusque-là[230], et on verra plus loin (fr. 115) que le *súndesmos* n'est pas absolument sans signification.

Mais on doit surtout remarquer ici que les dénominations « arbitraires » de Diodore ne constituent pas la thèse première, elles sont présentées comme une preuve de l'affirmation précédente selon laquelle tout son vocal a (ou peut avoir) un sens, et qui découle elle-même de la conception exposée dans le fr. 111 : dans l'économie générale de cette théorie, la priorité revient à la doctrine de la signification intentionnelle (le sens est dans le vouloir-dire conscient d'un sujet pensant), faute de quoi la prise de position en faveur de la convention risquerait de paraître elle-même arbitraire[231].

3. **Fr. 113** : a) Pour bien comprendre ce passage, il est indispensable d'avoir à l'esprit le contexte. Simplicius traite d'une aporie soulevée par l'école de Nicostrate, et qui porte sur le *koinón* de la définition aristotélicienne de l'homonyme[232]. A l'aide de l'exemple du chien (cf. *Réf. Soph.* 4, 166 a 16), on objecte :

1) que « chien » tout seul ne signifie rien (on sait certes qu'il ne s'agit pas d'un bœuf ou d'un cheval, mais non si l'on a en vue l'animal ou la constellation), donc que ce n'est pas un nom (qui, par définition, signifie quelque chose) ;

2) que si l'on ajoute chien « marin » ou « céleste », ce n'est plus un nom mais un logos, lequel ne sera plus, de toute manière, *commun.* Donc, dire que les homonymes ont en commun le nom, c'est ne rien dire. Le fr. 113 répond au 1) de cette objection en distinguant trois espèces de noms, la première s'appliquant au cas de l'homonyme.

b) La première espèce de noms comprend les syllabes sans signification mais assemblées selon les caractères formels du nom (elles sont, par exemple, précédées de l'article, ou associées à un verbe) et renvoyant à un référent : l'exemple qui suit est un son qui imite et désigne celui de la lyre ; il est cité aussi par Sextus pour illustrer l'idée de son (*phōnḗ*) non signifiant[233], ainsi que par Diogène Laërce dans son exposé de la théorie stoïcienne[234]. Cette première espèce correspond donc très exactement à ce que nous appelons une onomatopée, qui se distingue d'une simple imitation par le fait qu'elle constitue une unité linguistique susceptible de fonctionner dans la langue comme un nom[235] : c'est bien ce que Simplicius veut dire ici.

c) La deuxième espèce, celle qui fournit à l'auteur l'occasion de citer Diodore, est un cas original et intéressant : le Mégarique ne se contente pas, en effet, d'un simple transfert de sens ou d'une métaphore, mais il donne à une « conjonction » la fonction d'un nom, ce qui représente une violence assez exceptionnelle faite aux distinctions entre les parties du discours[236].

d) La troisième espèce de noms, enfin, nous conduit à attirer l'attention sur une autre particularité de ces conceptions du langage : l'absence de distinction nette et rigoureuse entre le nom commun et le nom propre, et par suite entre le sens et la référence. Simplicius donne en effet comme premier exemple de nom « normal » (à la fois par la forme et la signification) des noms propres qui justement, pour nous, n'ont pas de vraie signification mais servent seulement à désigner des êtres individuels[237]. Il ajoute cependant : « Et les autres termes appelés noms ; » ce qui peut signifier tout simplement « et cetera », mais pourrait aussi être une allusion à la distinction stoïcienne entre *ónoma* (nom propre) et *prosēgoría* (nom commun)[238] : cette différence n'ayant qu'une valeur sémantique[239], par référence à la physique et à la notion de qualité individuelle, on confond volontiers les deux sortes de noms sous l'appellation commune de *onómata*, notamment quand on adopte un point de vue purement syntaxique. Mais il est explicitement question ici de signification, et de ce point de vue la confusion aurait de quoi surprendre s'il n'apparaissait, plus généralement, que dans les théories anciennes du langage la *signification* se différenciait malaisément de la *référence* à une réalité extra-linguistique[240]. Ces précisions sont nécessaires, croyons-nous, pour bien entendre le fr. 113 et, au-delà, l'intention de Diodore ; on risquerait autrement d'objecter que l'arbitraire de sa décision est tout relatif, puisque donner un autre nom propre ne consiste pas, à nos yeux, à imposer un sens nouveau[241].

4. **Fr. 114** : Trois éléments originaux ici, mais d'importance secondaire. D'abord, Diodore paraît admettre l'idée d'une signification naturelle primitive des mots, puisque le sens conventionnel est déclaré « second » ; mais la phrase est ambiguë et ne veut pas nécessairement dire cela ; de toute façon, l'imposition d'un deuxième sens est toujours possible, et par suite la liberté du sujet parlant reste entière. En deuxième lieu, ce sont les enfants de Diodore et non plus ses serviteurs ou esclaves qui reçoivent des noms bizarres ; mais outre que *païs* peut signifier aussi « jeune esclave, serviteur », la chose s'accorde mal avec le fr. 101 (il faudrait qu'il ait eu d'autres enfants ; on a vu, de toute manière, que Diodore avait déjà appliqué sa théorie autrement dans ce domaine : en donnant un nom de garçon à une fille). Enfin, les noms choisis par Diodore sont différents, mais ils appartiennent bien, pour les Grecs, à la même catégorie du *súndesmos*[241bis].

5. **Fr. 115** : Ce dernier texte résume assez bien les données précédentes mais semble aller un peu plus loin dans la théorie. Il justifie d'une certaine manière Diodore en mettant en évidence la double acception de *ónoma* : au sens large, il peut être considéré comme un synonyme de « mot », au sens étroit il est réservé à ce qui a la forme particulière du nom et qui – surtout – signifie comme un nom. Mais comme c'est la signification qui fait le discours, le sens étroit rejaillit sur le sens large, et ainsi il n'est pas abusif de dire que toutes les parties du discours sont douées de signification[242] ; par suite, se servir d'une autre partie que le nom pour nommer n'est plus une extravagance.

Fr. 116–120

Assez curieusement, la quasi-totalité des interprètes refusent d'attribuer à Diodore, comme une doctrine positive, la notion de « corps sans parties » (ἀμερῆ), et ils préfèrent y voir une simple hypothèse destinée à prouver l'impossibilité du mouvement à partir des thèses reconnues par l'adversaire[243]. On verra dans le groupe de fr. suivant que ces corpuscules jouent en effet un rôle essentiel dans les démonstrations, mais il nous semble que cela prouve plutôt le contraire, car, de deux choses l'une : ou bien Diodore utilise une proposition d'un adversaire (les corps sans parties) dans les prémisses d'un raisonnement destiné à démontrer par l'absurde la fausseté de cette proposition, ou bien la conclusion du raisonnement (la négation du mouvement) est au contraire la thèse que le Mégarique veut établir. Dans le premier cas, il faut admettre que Diodore trouve absurde la négation du mouvement[244], ce qu'on hésite malgré tout à faire quand on se souvient que c'est une des thèses mégariques les plus connues. Dans le deuxième cas, on doit reconnaître que Diodore n'atteint pas son but puisque la conclusion n'est valable que si les prémisses sont vraies ; ce qui n'arrive que si le Mégarique admet réellement les corps sans parties[245].

Les fr. 116–120 sont d'ailleurs unanimes pour l'affirmer (cf. aussi fr. 141, § 111). On se rappelle d'autre part que le Sorite avait affaire déjà à la divisibilité finie de la matière. Et l'on ne peut manquer d'évoquer de nouveau les Amis des Idées du *Sophiste* de Platon, dont il est dit précisément que leurs arguments réduisent les corps en petits morceaux (246 b–c). Rien n'interdit donc de regarder les corps sans parties comme les « principes » et « éléments » du monde physique (cf. les fr. 117). Ce dernier reste certes – dans sa diversité sensible et mobile – rebelle à l'analyse, et comme tel il ne possède pas l'être[246]. Les corps sans parties au contraire seraient des réalités dans la mesure où ils sont rationnellement déterminés, et principes d'identité ; mais ils seraient moins des réalités matérielles qu'une sorte de modèle théorique, susceptible de donner à ce monde la seule forme d'intelligibilité (et de réalité) compatible avec le rationalisme sévère de nos philosophes[247]. Il reste que la simple volonté d'introduire quelque intelligibilité en ce domaine peut passer pour une sorte d'évolution ou d'avancée doctrinale dont Diodore serait plus particulièrement responsable ; l'hypothèse est d'autant moins invraisemblable qu'elle s'accorde avec d'autres innovations (relatives, mais significatives) du même Diodore à propos du mouvement et du possible (voir fr. suivants)[248].

1. **Fr. 116** : Dans une formulation qui rappelle directement les fr. précédents sur le langage, Diodore passe ici pour avoir seulement changé le nom des atomes en « corps sans parties ». Il en résulte qu'on aurait affaire à une seule et même notion, ce qui ne nous paraît pas tout à fait exact : « atome » renvoie à l'impossibilité physique d'une partition, alors que « sans parties » exprime seulement la simplicité absolue, la pure non-composition en soi, c'est-à-dire sans référence à une quelconque action exercée sur elle[249]. En outre, l'atome n'est pas nécessairement sans parties[250].

2. **Fr. 117** : Dans les différentes versions – sans doute dérivées d'une source commune dont 117 A pourrait fournir le modèle – qui constituent ce fragment, on remarque que le terme qui revient le plus souvent pour caractériser les corps sans parties est *archē*, « principe ». On doit l'entendre, nous semble-t-il, au sens abstrait de « ce à partir de quoi on peut expliquer ou comprendre » ; principe d'intelligibilité donc, plutôt que véritable élément constituant. Il est vrai que les versions D et F ajoutent le mot *stoicheîon* ; mais la langue ne maintient pas toujours une distinction rigoureuse entre les deux termes[251] : la version F, qui va jusqu'à parler « d'éléments des principes », en témoigne à sa façon ; quant à la version D, on peut d'autant moins l'invoquer que la formule en question, mise entre parenthèses par Döring, ne s'applique pas spécialement à Diodore[252].

On relève aussi la présence de *eláchista* dans les cinq premières phrases, mot qui désigne les parties minimums et ultimes, et qui traduit le refus d'une division à l'infini de la matière sur lequel nous avons déjà attiré l'attention. On note enfin que ces corpuscules sont « définis en grandeur » (fr. 117 A, fin), termes où nous voyons moins l'expression d'une propriété physique particulière[253] que celle de la parfaite détermination qui doit caractériser ces corps minimums.

3. **Fr. 118** : Le premier paragraphe n'offre pas de difficulté pour ce qui regarde Diodore, mais le second a besoin d'être brièvement situé et commenté. Il est emprunté à une partie du Commentaire de Chalcidius intitulée « De Silva » (elle commence en 268, et porte sur le *Timée*, 47 e 3 ss) ; l'auteur précise qu'il traduit par *silva* ce que les Grecs appellent *húlē* (matière), terme qui désigne en fait la nécessité. A partir de 276, on trouve une digression sur les opinions exprimées par les philosophes sur la matière : après avoir traité de ceux pour qui elle est engendrée, Chalcidius aborde donc en 279 les doctrines de ceux qui nient que la matière corporelle ait été engendrée ; sont exposées successivement les thèses de Démocrite et d'Épicure, celle d'Anaxagore, enfin celle de Diodore.

L'expression de cette dernière reste obscure (en particulier la formule *subtilitatem silvae contexi putant*, l. 5). Par comparaison avec les deux doctrines citées auparavant, il apparaît en tout cas que Diodore ne s'est prononcé ni pour des corpuscules ne se distinguant que par leur configuration et leur forme (Démocrite et Épicure), ni pour des particules possédant déjà des qualités spécifiques (Anaxagore) ; deux hypothèses qui obligent précisément à reconnaître à ces entités de véritables propriétés physiques (particulières, en sus de leur simple grandeur, cf. fr. 117 A et 119, 1er §). Diodore semble au contraire vouloir mettre l'accent sur l'irréalité relative de ces corps, trop petits pour être des éléments physiques constituants de la matière, mais qu'on peut supposer[254] au niveau ultime (*subtilitatem*) pour rendre compte de la matière empirique et de ses modifications, la notion de tissu ou d'assemblage (*contexi*) ayant pour fonction de concilier la continuité de la matière visible avec le caractère discret des éléments qui la constituent[255].

4. **Fr. 119** : En se penchant avec attention sur le *De Sensu* d'Aristote (445 b 3 ss et 449 a 20 ss), on pourrait peut-être reconstituer plus précisément, du point de vue de Diodore s'entend, la « question » qu'évoque Alexandre d'Aphrodise[256]. Mais les données concernant la position du Mégarique sur ce point particulier sont si minces (la part de la conjecture est déjà importante dans ce qui précède), que nous craignons d'être entraîné trop loin. On doit cependant signaler qu'Aristote y écarte expressément plusieurs aspects de la thèse diodoréenne telle que nous venons de la caractériser : la réalité seulement mathématique des corpuscules imperceptibles, la saisie purement intellectuelle de données concernant les choses sensibles, la grandeur conférée aux atomes (445 b 13–20) ; d'où l'on est tenté de conclure que la thèse des corps sans parties a servi aussi à Diodore contre la théorie aristotélicienne de la perception, par une argumentation identique à celle du Sorite (cf. l'allusion au grain de mil en 446 a 1, et la troisième version du Sorite).

5. **Fr. 120** : Rien de neuf sur Diodore dans cette affirmation de Simplicius, mais peut-être est-il utile d'en indiquer rapidement le contexte pour éclairer la traduction que nous avons adoptée. Il s'agit de la fin d'un commentaire de la *Physique*, VI, 1, 231 a 21–29. Après avoir paraphrasé la démonstration d'Aristote et répondu à une objection possible, l'auteur conclut et généralise : ce qui vient d'être expliqué de la ligne (l'impossibilité que le continu soit formé d'indivisibles) s'applique aussi aux autres continus ; car si la démonstration précédente est vraie, ce n'est pas parce qu'il y est question de points, mais parce qu'il s'agit d'*amerê̂*. Vient alors la phrase du fr. 120, qui achève ce développement. Les instants et les corps qu'évoque Simplicius pour finir répondent donc à la ligne, sur laquelle fut faite la démonstration, et illustrent les autres grandeurs pour lesquelles le problème se pose de la même manière (le début du passage, p. 925, 5–6, en avait distingué cinq : la ligne, la surface, le corps, le mouvement et le temps).

Fr. 121–129

Voici donc les fameux raisonnements de Diodore sur le mouvement auxquels il a été plusieurs fois fait référence. La dispersion des données à travers plusieurs textes d'un intérêt inégal, la confusion relative qui règne parfois dans un même fragment, nous contraignent à présenter d'abord sous forme schématique l'organisation logique de l'ensemble de cette argumentation avant d'examiner le fond du débat.

I – L'argumentation de Diodore

A) La thèse. Vue d'ensemble

– La position du Mégarique est exprimée de façon brève et claire dans les deux premiers textes : fr. 121 et fr. 122. Cette thèse comporte deux propositions complémentaires :

1) Rien ne se meut.

2) Mais quelque chose s'est mû, ou : on peut parler d'un mouvement accompli, achevé.

– L'argumentation proprement dite, ou démonstration de la thèse, occupe principalement les fr. 123 et 129, deux des plus longs fragments de tout le recueil, mais elle apparaît aussi plus brièvement dans les fr. 124, 125, 128, § 311.

– On trouve enfin dans les fr. 126, 127 et 128, § 312, divers prolongements ou illustrations de la même doctrine.

B) Les démonstrations

L'établissement de la première des deux propositions ci-dessus prend beaucoup plus de place, dans les fragments concernés, que celui de la deuxième. Peut-être est-ce la raison pour laquelle on réduit presque toujours l'ensemble de l'argumentation de Diodore à ces démonstrations, ce qui est doublement abusif[257] : quant au fond, puisqu'on néglige ainsi une partie de sa thèse (qui ne se réduit nullement à refuser le mouvement en général), et quant à la forme, puisqu'on ramène les arguments en faveur de la deuxième proposition au rang d'explications complémentaires.

1) La première proposition est établie au moyen de deux arguments différents, s'appuyant l'un et l'autre sur les corps sans parties.

a) Le premier argument est de nature plus logique, dans la mesure où il invoque essentiellement la contradiction qu'il y a, pour un mobile quelconque, à *être* tout en étant *en mouvement.*

Il apparaît dans trois versions :

– Sous sa forme la plus simple et la plus ramassée (fr. 129, § 112), il repose sur l'idée générale que le mobile doit (pour avoir une réalité, même empirique) être dans un lieu ; mais comme ce qui est dans un lieu est immobile, le mobile est en fait immobile.

– Même principe pour la deuxième version, (fr. 123, § 87 ; 124 ; 128, § 311 ; cf. aussi fr. 127), mais le raisonnement est cette fois présenté sous la forme dialectiquement plus élaborée d'un « dilemme destructif » : de deux choses l'une, le mobile se meut ou bien dans le lieu où il est ou bien dans le lieu où il n'est pas ; or ce n'est ni l'un ni l'autre ; donc le mobile ne se meut pas (les prémisses de ce raisonnement font elles-mêmes l'objet d'une démonstration particulière, fr. 123, §§ 88–90).

– La troisième version (fr. 123, déb. 2e § et fr. 125) ajoute explicitement à cette argumentation ce qui en est le fondement véritable et qui n'était que sous-entendu dans les deux premières, la notion d'*amerê̄* (corps, lieux et temps).

b) Le deuxième argument est uniquement rapporté dans le fr. 129 (§§ 113–117), et n'est qu'une application du Sorite[258] au problème du mouvement : au moyen de la distinction préalable entre mouvement par prépondérance et mouvement pur, Diodore s'efforce de mettre en évidence l'impossibilité de concevoir le *passage* du repos au mouvement.

2) Reste la deuxième proposition de la thèse initiale, l'acceptation du mouvement passé, accompli. Ce point est traité dans les lignes restantes du fr. 123 (§ 86, fin, et §§ 91–101). Et si le terme de démonstration peut être jugé impropre ici, il faut malgré tout noter que Diodore s'efforce de justifier aussi ce second aspect de sa théorie : par l'appel à l'évidence sensible d'abord, puis, à la fin, par sa réponse en deux temps (voir ci-après le plan du fr. 123) aux objections de ses adversaires.

Peut-être appréciera-t-on, pour finir, d'avoir sous les yeux le plan détaillé du **fr. 123**, le plus riche et le plus intéressant, mais qui a l'inconvénient d'être assez touffu :

1. (début) : les deux propositions de la thèse ;
2. (jusqu'au milieu du § 86) : démonstration de la première proposition, argument a), 3e version ;
3. (fin du § 86) : la deuxième proposition de la thèse, avec sa justification ;
4. (§§ 87–90) : retour à la première proposition, argument a), 2e version ;
5. (§§ 91–101) : discussion de la deuxième proposition :
   - (§§ 91–92) : objections des adversaires de Diodore;
   - (§§ 97–98) : réponse « paradigmatique » (la possibilité pour une proposition d'être vraie au passé alors que le présent correspondant est faux) ;
   - (§§ 100–101) : application de cette réponse au mouvement.

II – Commentaire

Compte tenu des éclaircissements précédents ainsi que des redondances et ruptures de plan qui caractérisent les fragments sur le mouvement, il serait à la fois fastidieux et périlleux d'entreprendre une analyse détaillée de chacun de ces textes. Nous en avons indiqué la signification générale dès l'Introduction, et on doit se souvenir aussi de ce qui a été exposé précédemment des corps sans parties. Il convient cependant d'attirer l'attention sur deux points particuliers qu'on n'a pas eu le loisir d'examiner de près.

A) Diodore, Zénon et Aristote

Si de prime abord les démonstrations de Diodore n'ont pas le mérite de l'originalité, elles ne sont pourtant pas aussi insignifiantes qu'on le laisse souvent entendre[259]. Le rapprochement avec Zénon s'impose, certes : Sextus fait remarquer (fr. 123, § 87) que le raisonnement qu'il attribue à Diodore est en fait « colporté de tous côtés » ; et on ne doit pas dissimuler que la deuxième version du premier argument contre le mouvement actuel est textuellement attribuée à l'Éléate (Diogène Laërce, IX, 72). Cependant, le fait que, à la différence de ceux de Zénon[260], tous les arguments de Diodore dépendent d'une même hypothèse, celle des corps, lieux et temps sans parties, est beaucoup plus qu'une particularité accidentelle, et nous n'hésitons pas à y voir un indice extrêmement révélateur. Tout d'abord, comme nous l'avons expliqué à propos des *amerê*, de l'importance qu'acquiert par là même cette « hypothèse » dans la doctrine du Mégarique (sans elle, en effet, il n'y aurait plus d'argument contre le mouvement), mais aussi, plus généralement, du caractère non essentiellement négatif du point de vue de Diodore : Zénon veut manifestement ruiner toute thèse qui serait contraire à l'affirmation de l'Un immobile, et l'on peut dire que ses arguments sont uniquement réfutatifs ; Diodore, lui, ne nie que le mouvement actuel, on a un peu trop tendance à l'oublier[261], et un examen attentif du fr. 123 révèle que le sensible et le temps ne sont pas refusés absolument (c'est bien la perception du changement, § 86, fin, qui permet de poser comme vraie la proposition qui affirme le mouvement passé).

On est tenté d'aller encore plus loin dans l'interprétation de cette différence, en particulier de cette reconnaissance du mouvement passé. On peut se demander en effet si dans ces discussions Diodore ne serait pas en réalité guidé par l'intuition juste et féconde selon laquelle le mouvement ne peut appartenir à des choses, à des objets corporels : tant qu'on cherche à le prendre sur le fait dans un corps (quel qu'il soit, macroscopique ou particule ultime), on ne l'atteint jamais. La façon correcte de le saisir consiste au contraire à le penser comme relation : le recours à la perception de deux positions successives (*ibid.*) n'a-t-il pas pour effet d'introduire la dualité nécessaire à la pensée de la relation[262] ? Il reste donc vrai que le mouvement n'a pas de réalité substantielle en tant que mobilité, mais il acquerrait néanmoins une réalité en tant qu'« idée » nécessaire à la pensée des états divers du monde. On voit mieux ainsi, croyons-nous, en quel sens le monde empirique à la fois n'est pas (en tant qu'empirique, sensible, changeant), et n'est pas non plus absolu non-être, pure et simple apparence ou illusion, en quel sens donc on peut considérer ces textes comme une avancée théorique de la pensée mégarique[263]. Quoi qu'on pense de cette interprétation, il est en tout cas inacceptable de continuer à parler de ces démonstrations et de ces textes en ignorant la moitié de la thèse de Diodore.

On ne peut pas non plus passer sous silence, d'autre part, qu'Aristote examine lui aussi le mouvement dans l'hypothèse des choses sans parties, et ce dans une formulation très proche de celle que nous trouvons attribuée à Diodore[264]. La question se pose naturellement de savoir si la *Physique* répond à Diodore, ou si ce dernier s'en prend à la doctrine aristotélicienne. La première hypothèse paraît la plus simple, dans la mesure où une thèse aussi caractéristique n'a pas dû être inventée par Aristote (même s'il ne nomme pas son adversaire, ce qui n'est pas exceptionnel de sa part)[265] ; mais elle se heurte à de sérieuses difficultés chronologiques : le livre VI de la *Physique* étant généralement considéré comme assez ancien[266], Diodore devrait, pour avoir pu faire connaître sa thèse avant la rédaction dudit livre VI, être né au plus tard (et dans l'hypothèse la plus favorable) autour des années 70, ce qui s'accorde mal avec les autres données biographiques qui le concernent (voir la n. 210, p. 200). Il faut alors ou bien réviser la chronologie de Diodore, ou bien accepter la seconde hypothèse : le Mégarique a pris connaissance de la *Physique*[267], mais maintient, en l'étayant de nouvelles démonstrations, une position rejetée par Aristote[268].

Il devient dès lors encore plus nécessaire de considérer les éléments sans parties comme une doctrine propre de Diodore, puisqu'il serait absurde, dans ce cas précis, de prétendre qu'il ne fait qu'argumenter à partir des propositions reconnues par l'adversaire. Le Mégarique avait de toute façon d'autres raisons de contester la théorie aristotélicienne du mouvement, à commencer par sa définition même telle qu'elle s'exprime au livre III[269] : quand on connaît l'hostilité de l'école en général (et la sienne en particulier) à l'encontre de la notion de puissance (cf. fr. suivants), on imagine ce qu'il pouvait penser d'une formule qui fait du mouvement une sorte de puissance redoublée, c'est-à-dire où la puissance s'épuise à être puissance sans jamais arriver à être pleinement acte[270]. Et rien n'illustre mieux, à notre sens, les limites du « progrès » théorique réalisé par Diodore : son acceptation partielle du mouvement, de la perception, et même de la notion de possible (cf. Comment. des fr. suivants), n'a pas été jusqu'à lui faire admettre qu'on devait ou qu'on pouvait aussi se donner les moyens conceptuels de penser véritablement cette seconde catégorie de « réalités » autrement que sur le mode de la stabilité et de l'achèvement subséquents, c'est-à-dire dans sa dispersion même, dans son essentielle incomplétude, qui interdisent à tout jamais d'en proposer une science parfaitement déterminée et accomplie.

B) Le problème du temps

Le temps est donc présent dans cette argumentation, et il passe même au premier plan dans deux passages qui appliquent au problème de la destruction et de la mort le raisonnement utilisé pour le mouvement (fr. 126 et 128, § 312). Nous savons déjà que, tout comme les corps et l'espace, le temps est composé d'éléments sans parties, et l'on ne reviendra pas sur cet aspect de la doctrine. Il n'est cependant pas inutile de s'interroger sur le statut de cette notion de temps qui n'est jamais l'objet d'analyses ou de réflexions particulières et ne figure dans ces textes que de façon oblique.

Pas plus que le mouvement le temps n'est nié : non seulement le terme apparaît ici ou là avec un sens positif (cf. fr. 123, § 101), mais les notions de passé et de futur sont explicitement utilisées dans les raisonnements et commentaires de Diodore[271]. La fin du fr. 123 contient à cet égard plusieurs détails intéressants. Elle montre essentiellement que, si le temps a apparemment le pouvoir de rendre vraie une proposition, en réalité il est absurde pour Diodore de faire dépendre la vérité d'une énonciation de sa coïncidence chronologique avec un événement. L'exemple des mariages d'abord (§§ 97–98). Döring déclare que ces lignes ne sont qu'arguties verbales (p. 131), et Sextus se montre tout aussi sévère (§ 102, après le fr. 123 : voir dans l'Annexe). Il est vrai que l'introduction de l'idée de simultanéité a l'air de changer les données du problème. Mais ce passage n'est en un sens qu'un paradigme destiné à faire comprendre qu'un présent correspondant à un passé vrai peut être faux. Les deux cas allégués apportent en outre des éléments de réflexion nouveaux : dans le premier, l'auteur semble faire une concession de taille en reconnaissant qu'un présent pourrait être vrai (fin du § 97 : si les deux hommes se mariaient en même temps) ; le deuxième présente la particularité d'utiliser une proposition qui, pour le public grec comme pour nous, appartient au domaine des choses bien connues (les trois maris d'Hélène) et dont on peut dire après coup qu'elle fait partie de l'idée d'Hélène (en tant qu'événement passé) ; or pour Diodore la proposition est fausse quand on se place en pensée au moment de chacun des mariages[272], parce qu'il faut attendre que cette vérité ait eu lieu. L'exemple final de la balle lancée au plafond (§ 101) précise cette « chronologie de la vérité » : Diodore n'accepte pas cette fois d'énonciation au présent ; car dire comme Sextus : la proposition est vraie au moment où la balle touche le plafond[273], c'est manifestement tomber dans des difficultés plus grandes encore puisque ce moment est si évanescent[274] que la vérité en question n'aurait même pas le temps d'être proférée qu'elle serait déjà fausse[275]. Ce qui corrige en même temps la concession précédente à propos des mariages simultanés : ce n'est qu'en gros (en accordant une certaine durée à l'acte du mariage) qu'on peut éventuellement dire avec vérité, au présent : ils se marient ; mais si on s'intéresse à la naissance de l'événement, au moment précis où ils sont censés se marier, la même aporie surgira.

Que signifie en définitive ce « pouvoir », ou plus exactement cette fonction reconnue au temps ? Dira-t-on, par exemple, que le temps est pris au sérieux, qu'il a une certaine efficacité ontologique et gnoséologique, que par lui l'être se révèle progressivement[276] ? Ces formules ne sont pas inacceptables si on les utilise avec précaution[277]. Mais nous préférons nous exprimer autrement pour éviter de faire oublier le dualisme ontologique introduit par Diodore. Dans cette perspective, nous dirons que, tant dans les textes utilisés jusqu'à présent que dans ceux qui seront examinés plus loin à propos du Souverain, la temporalité prend en réalité deux significations différentes mais complémentaires. D'un côté, elle n'est que l'expression de l'indétermination et de l'irréalité relative du monde et des événements sensibles : il y a de l'avant et de l'après (comme il y a du mouvement accompli et des changements achevés), mais cette dimension ou cette « forme » de l'expérience est la manifestation d'une faiblesse ou d'une limite de la connaissance empirique, corrélative d'un déficit ontologique des objets de cette expérience. Mais il y a aussi, d'un autre côté, un passé « neutre », c'est-à-dire dépouillé de toute référence temporelle particulière, qui n'est que la traduction dans le langage de la connaissance humaine[278] de la vérité portant sur des événements : lorsque ceux-ci sont passés, ils sont susceptibles d'une énonciation vraie, et cette vérité est dès lors « éternelle » (elle restera vraie, elle est donc nécessaire : cf. fr. 138). Cet aspect du temps est donc en un sens opposé au précédent : non plus limite, mais possibilité de l'achèvement[279] ; mais en un sens seulement, car dans les deux cas la temporalité est bien une forme de l'indétermination partielle ou de l'impuissance de tout un monde, distinct du domaine de la vérité par excellence, qui est intemporelle et a pour objet l'être véritable[280].

Fr. 130–139

Les fr. suivants doivent à nouveau être considérés comme un tout ; ils ont pour objet la doctrine diodoréenne du possible et l'argument Souverain (*kurieûōn lógos*). Un livre ne suffirait pas, hélas, pour rendre compte des controverses que cette doctrine et cet argument ont suscitées (dans les temps modernes du moins, nous y reviendrons). Face à une telle quantité de commentaires et devant l'impossibilité de les prendre tous en considération dans les limites de ce travail, il nous a semblé que le plus sage et le plus utile était de privilégier l'élucidation des textes et de l'ensemble des données indiscutables, en évitant presque systématiquement d'entrer dans la discussion des diverses reconstitutions et interprétations proposées. On devine néanmoins que cette perspective volontairement limitée n'interdit pas que nous prenions parti, ni que nous refusions de corriger les erreurs patentes.

Contrairement aux textes sur le mouvement, ceux qui concernent le possible gagnent à être étudiés un à un dans un premier temps, même si cet examen ne peut être aussi détaillé qu'on le souhaiterait. Ce n'est que dans un deuxième temps que nous proposerons une mise au point systématique sur le Souverain[281].

I – Les fragments sur le possible

– **Fr. 130 A** : Ces quelques lignes du livre *θ* de la *Métaphysique*, la chose vaut d'être relevée, contiennent la seule mention explicite des Mégariques dans toute l'œuvre d'Aristote (si l'on excepte les références à Bryson, que certains ne considèrent pas comme un Mégarique authentique). Ce silence peut étonner, étant donné l'usage fréquent qu'on est amené à faire de sa doctrine pour éclairer la pensée mégarique. Mais les commentateurs s'accordent pour penser que le Stagirite procédait volontiers par allusion, certaines doctrines (surtout contemporaines) étant trop connues pour qu'on ait besoin de les désigner par un nom propre. On s'accorde moins facilement, comme on sait, sur la fréquence de ces allusions ou sur l'identité des auteurs visés, et nous avons déjà eu l'occasion de nous prononcer sur telles d'entre elles (à propos du principe de contradiction, cf. fin du comment. des fr. 64–65, et à propos du mouvement).

Le présent fr. est de ceux dont on déplore tout particulièrement la brièveté, car toute la suite du chap. 3 du livre *θ* est dirigée contre les Mégariques. Cette réfutation ne contient certes que le point de vue de l'auteur sans nous livrer aucun autre élément déterminé de la doctrine visée, mais on ne peut nier que les commentaires d'Aristote soient extrêmement précieux pour comprendre les enjeux de cette doctrine, malgré les risques évidents de distorsion[282]. Comme il s'agit toutefois d'un texte aisément accessible, nous n'avons pas jugé nécessaire de le faire figurer dans notre Annexe.

Aristote attribue la thèse qu'il se propose de discuter aux Mégariques en général. Si l'on juge qu'elle a été conçue comme une critique des positions aristotéliciennes, on admettra qu'elle a peut-être été réellement exprimée en ces termes. Mais alors il ne pourrait plus s'agir de la doctrine des anciens Mégariques[283], comme on le dit d'ordinaire et comme le laisse supposer le fait que Diodore et Philon ont apparemment développé des points de vue différents sur ce sujet (voir les fr. suivants). Mais cette question de la formulation est de toute façon secondaire, et personne ne songe à nier que le refus de la puissance ait fait partie du patrimoine commun de l'école. Nous avons nous-même suggéré (Comment. du fr. 24, note 74,

p. 102) un rapprochement avec le « dogme central » d'Euclide ; et la parenté des critiques du livre θ avec celles que le *Sophiste* adresse aux Amis des Idées (cf. notamment 248 c) va dans le même sens. La seule difficulté viendrait de ce que le livre θ passe pour tardif (après 335 pour Düring, après 330 pour Gauthier), et qu'il serait surprenant qu'à cette époque de sa carrière Aristote n'ait pas eu connaissance de la « modification » introduite par Diodore ; or Aristote n'en tient aucun compte (l'affirmation de 1047 a 10 ss contredit même ouvertement la thèse de Diodore sur le mouvement). Peut-être juge-t-il que la formule de Diodore ne modifie pas réellement la position mégarique, qui reste globalement inacceptable à ses yeux ; sinon, c'est la chronologie aristotélicienne qu'il faudrait revoir[284].

– **Fr. 131** : Texte capital sur le Souverain. C'est en effet le seul qui donne avec précision les propositions qui composent l'argument, ainsi que le parti qu'en tirait Diodore. On imagine aisément qu'il a pour cette raison été abondamment utilisé et commenté[285], chaque phrase offrant pour ainsi dire matière à controverse. C'est ici plus que jamais que nous sommes contraint de nous limiter à l'essentiel.

1. – Les différentes propositions du *kurieúōn lógos*

Le texte d'Épictète est clair dans sa signification générale et sa structure : l'auteur rapporte d'abord les propositions qui constituent l'argument, puis expose les différentes positions adoptées par les philosophes qui se sont prononcés sur le sujet, en commençant par Diodore ; il termine en indiquant que lui-même ne veut pas prendre parti. Une première difficulté – essentielle – surgit dès la lecture des trois propositions initiales entre lesquelles il y a conflit.

a) La première juxtapose quatre neutres singuliers et un infinitif, ce qui autorise apparemment plusieurs constructions. La traduction la plus naturelle serait :

I) « Toute vérité passée est nécessaire ».

Mais cette formulation reste ambiguë, et peut signifier :

α) « Tout ce qui est vrai *dans* le passé est nécessaire »[286]

β) « Tout ce qui est vrai *du* passé est nécessaire »[287].

Certains interprètes évitent de trancher et traduisent :

II) « Tout ce qui est passé et vrai est nécessaire »[288],

ou encore :

III) « Tout ce qui est passé est nécessairement vrai »[289],

qui paraît toutefois compris plutôt comme I, β. D'autres enfin, interprétant « vrai » au sens de « réel », écrivent :

IV) « Toute réalité passée est nécessaire »[290],

« Tout ce qui s'est réalisé dans le passé est nécessaire »[291],

« Tout fait passé est nécessaire »[292],

formules qui ont toutes trois l'inconvénient de donner d'emblée une nécessité objective aux événements.

On peut résumer le problème de la façon suivante : si l'on ne veut pas laisser au lecteur le soin de trancher en refusant de lever l'ambiguïté dans la traduction (cas II et III)[293], le choix se ramène aux deux significations de I[294] ; comme la version I, α prête trop facilement le flanc à la critique[295], et que les textes sur le mouvement nous ont fourni une illustration sans équivoque de ce qu'est une vérité passée[296], on comprend que l'on s'accorde de plus en plus aujourd'hui sur la formule I, β, ou toute autre de même signification.

b) Le sens de la deuxième proposition dépend presque uniquement de la façon de comprendre le verbe *akoloutheîn.* Zeller (à sa suite Rescher, et, semble-t-il, Schuhl) donne à ce mot un sens temporel (suivre dans le temps, succéder), et l'applique à un même événement, déclaré d'abord possible, puis, après sa non-réalisation, impossible ; c'est cette « transformation » d'un possible en un impossible que refuserait la deuxième proposition du texte d'Épictète. Mais la majorité des interprètes estiment aujourd'hui qu'il faut l'entendre au sens logique : c'est par ce verbe, en effet, que s'exprime d'habitude le lien entre les deux propositions d'un *sunēmménon*, comme on le voit dans le fr. 142, § 112[297] ; et il suffit de consulter les nombreux exemples de *sunēmménon* que les Anciens nous ont laissés pour s'apercevoir qu'il n'y a pas nécessairement un rapport de succession chronologique entre l'antécédent et le conséquent[298]. Certains veulent néanmoins que cette implication ne concerne qu'un seul énoncé ; la phrase d'Épictète signifie alors : la possibilité de p ne peut entraîner l'impossibilité de p [299], ce qui paraît peu vraisemblable, les implications dont nous disposons étant toujours composées de deux propositions différentes. Il est donc plus naturel, et historiquement plus sûr, de comprendre : quand on a une implication $p \supset q$, alors, si p est possible, on ne peut avoir q impossible[300].

c) La troisième proposition donnée par Épictète pose, comme la première, un problème de construction de la phrase grecque. En effet, « est possible ce qui n'est ni ne sera vrai »[301] est à nouveau ambigu et peut être compris soit comme une vraie définition du possible[302], soit comme une particulière avec le sens de : « il y a du possible qui n'est ni ne sera vrai »[303]. Cette dernière solution s'impose, de toute évidence : non seulement parce que la précédente serait une curieuse définition du possible[304], dont on voit mal quel adversaire de Diodore pourrait la soutenir, mais parce que la formulation grecque la suggère fortement si elle ne l'impose pas[305] ; comprise comme une particulière, au contraire, elle convient parfaitement aux Stoïciens qui s'opposent justement à Diodore sur ce point[306]. En outre, et conformément à la logique de ces premières lignes du texte, la quatrième proposition doit apparaître comme la négation de la troisième ; or cette quatrième proposition ne dit pas : « il n'est pas vrai que le possible soit ceci ou cela », mais : « rien n'est possible qui ne soit... », le pronom *mēdén* étant évidemment la négation de *tì*.

2. – L'argument de Diodore

D'après ce qui précède, on peut raisonnablement espérer que l'accord finira par se faire sur le sens des propositions de base, les difficultés de traduction que nous avons rencontrées n'étant pas insurmontables. Mais cet accord se réaliserait-il, la reconstitution de l'argument proprement dit resterait problématique. En effet, les logiciens ont jusqu'à ce jour dépensé beaucoup de science et de finesse sans parvenir, semble-t-il, à un résultat qui puisse être considéré comme définitif : la diversité même des reconstitutions proposées et les critiques qu'ils s'adressent les uns aux autres à l'occasion de ces reconstitutions font douter que la bonne solution ait été découverte [307]. Le texte d'Épictète contient pourtant sur ce point des informations troublantes, qui pourraient bien invalider – historiquement s'entend et non d'un point de vue logique – toutes ces tentatives.

Tout le monde est convaincu que Diodore a démontré quelque chose, et que cette démonstration consiste à établir l'incompatibilité des trois premières propositions ; ensuite, comme il veut conserver les deux premières, il en déduit la négation de la troisième. Remarquons tout de suite que cette seconde étape est présentée comme quasi immédiate, et qu'en conséquence c'est la première qui est unanimement considérée comme l'essentiel de la démonstration de Diodore qu'il s'agit de reconstituer[308]. Or, si l'on veut bien prêter attention au texte, on découvre tout autre chose :

a) Épictète ne parle nulle part de démonstration : le conflit initial entre les propositions est seulement *aperçu* par Diodore (*sunidṓn*) ; on peut à la rigueur supposer qu'il a été le premier à l'apercevoir, ce qui n'est pas rien, peut-être, mais même cela n'est pas explicitement affirmé. De plus, cette incompatibilité est acceptée par tous les auteurs mentionnés : s'il y avait eu une vraie démonstration, il serait étonnant que personne n'ait émis la moindre critique à son égard (les travaux contemporains montrent à l'envi qu'on peut toujours trouver quelque chose à reprendre dans une démonstration) ; ce silence devrait tout particulièrement surprendre si Diodore avait procédé à la manière de MM. Barreau ou Prior, en utilisant des postulats spécifiquement mégariques (le caractère discret du temps, p. ex.), que les Stoïciens – sans parler d'Aristote – n'auraient pas manqué de contester, invalidant sans difficulté cette incompatibilité prétendument « démontrée »[309]. Ajoutons que l'exposé d'Épictète, lu comme nous le proposons, permet aussi de rapprocher le Souverain des autres arguments mégariques, dont nous savons qu'ils consistent essentiellement en une *question* conduisant à une aporie du côté du répondeur[310], plutôt qu'en une démonstration en forme d'une proposition déterminée.

b) Le Souverain permet certes à Diodore d'« établir » sa définition du possible, mais quelle est la force logique de cette « conclusion » ? On voit d'abord que, même en tenant le conflit initial entre les propositions pour acquis, la thèse du Mégarique n'a rien de contraignant puisqu'il suffit pour y échapper de rejeter l'une des deux premières propositions, à l'instar de Cléanthe ou de Chrysippe, et même du Mégarique Panthoïdès. La « supériorité » de la thèse de Diodore repose uniquement, selon Épictète, sur la « vraisemblance » des deux premières, sur une certaine évidence intuitive : étrange façon de présenter un « Maître-Argument »[311] ! Le seul élément magistral qu'on devrait reconnaître à l'entreprise de Diodore, ce serait selon nous d'avoir réuni un ensemble de propositions qui servait admirablement sa position : non pas en acculant l'adversaire à une conclusion logiquement imparable, mais en l'obligeant à se prononcer sur des données où la « vraisemblance » était du côté mégarique et dont la réfutation, par suite, était *philosophiquement* délicate[312].

c) Détail tout aussi troublant bien que d'apparence secondaire, la lettre du texte ne dit même pas ce qui mérite au juste de s'appeler *kurieúōn lógos*, ni ce qui revient exactement à Diodore dans l'invention de l'argument. L'incompatibilité entre les trois premières propositions est présentée comme un fait, une donnée impersonnelle (génitif absolu), non comme une création particulière, donnée qui est exploitée d'une certaine manière par Diodore, d'une autre par Cléanthe, etc. ; par suite, ce que désignent les termes *kurieûōn lógos* n'apparaît pas nettement : ce peut être aussi bien le conflit initial que l'utilisation chaque fois *différente* qu'en font les auteurs cités.

Notre conclusion, toutefois, n'est pas uniquement négative. Nous avons certes voulu attirer l'attention sur tout ce que ce texte ne contenait pas et qu'on prétendait pourtant y lire, mais il est bien entendu qu'il constitue une source extrêmement précieuse en tant qu'il formule avec une certaine netteté trois thèses indubitablement diodoréennes, à savoir les propositions 1, 2 et 4 : à la première nous étions préparés grâce aux textes sur le mouvement ; la deuxième intéresse la logique propositionnelle et la validité de l'implication dont il va être question dans le groupe de fragments suivant ; la troisième, qui est la fin en vue de laquelle les deux autres ont été réunies, est l'expression d'une doctrine très importante du Mégarique, confirmée et commentée dans les fragments suivants.

– **Fr. 132 A** : Le *De fato* de Cicéron traite lui aussi du possible selon Diodore, ainsi que de la doctrine opposée de Chrysippe. Son contenu, dans les pages qui nous intéressent, est tout à fait comparable à celui du fr. précédent, mais, bien que la lettre du texte n'offre pas les mêmes difficultés que celui d'Épictète, il est néanmoins objet de controverse : traditionnellement invoqué pour justifier l'interprétation nécessitariste de la pensée de Diodore, il a tendance à être considéré aujourd'hui comme une source suspecte et donc non opposable à une interprétation différente[313]. Nous croyons là encore qu'un examen sans préjugé du texte invite à ne se satisfaire ni de l'une ni de l'autre attitude.

1.– Remarquons tout d'abord que le texte de Cicéron contient exactement toutes les données précédemment recueillies sur le Souverain, si l'on excepte qu'il n'y est fait aucune allusion à un « argument » déterminé, ni par suite à son nom. Sur le reste la ressemblance est telle que l'on a peine à imaginer que les deux auteurs n'aient pas puisé à la même source[314]. En ce qui concerne d'abord les fameuses quatre propositions, la première apparaît dans une parenthèse malheureusement omise par Döring (VII, 14 ; cf. ci-dessus, à propos des diverses traductions possibles de la phrase grecque d'Épictète) ; la seconde ne figure pas telle quelle chez Cicéron, mais, juste après la parenthèse précédente, sous une forme différente quoique équivalente[315] ; la troisième apparaît comme il est naturel en tant que thèse de Chrysippe ; la quatrième enfin est la mieux représentée, puisque c'est la thèse de Diodore (il est à noter qu'elle se présente tantôt avec l'adjectif « vrai », en VII, 13 et IX, 17, 1re occurr., comme chez Épictète, tantôt au contraire comme s'il s'agissait de la réalité elle-même, IX, 17, 2e occurr.)[316]. Le texte de Cicéron se rencontre avec le précédent sur deux autres points : sur les positions respectives de Cléanthe et de Chrysippe (VII, 14, donc dans un passage absent de notre fr.), et sur le but ou l'objet exact de la discussion pour Diodore, à savoir sa définition du possible (fr. 132 A, IX, 17 début).

2.– Si l'on accepte donc que, sans le nommer, Cicéron traite en réalité du même *lógos* que le texte d'Épictète, on admettra aussi sans réticence l'hypothèse qui s'était imposée plus haut à propos du sens de *akoloutheîn* dans la deuxième proposition : à savoir que ce terme s'applique à la liaison entre l'antécédent et le conséquent d'une implication. Le contexte de notre fragment mentionne en effet plusieurs exemples de ce genre (VI, 12 et VII, 14 ; cf. fr. 132 A, VII, 13) qui conviennent si bien à la problématique du Souverain que nous ne doutons guère, pour notre part, que c'est sous cette forme concrète que l'argument était « posé » (comme une question) : une implication réputée vraie, dont l'antécédent porte sur un fait passé et le conséquent sur un fait futur[317]. Le seul problème sera de déterminer si de telles implications peuvent exister pour Diodore et quel sens elles auraient pour lui. C'est à Chrysippe que Cicéron reproche d'admettre les prédictions des devins tout en niant la détermination du futur, non au Mégarique[318].

3.– Qu'en est-il alors de la responsabilité de Cicéron dans l'interprétation nécessitariste de la pensée de Diodore ? Reconnaissons que l'idée de nécessité est en effet formulée de façon parfaitement claire, et à plusieurs reprises dans les limites mêmes de notre fr. 132 A ; cette idée est en outre attribuée explicitement à Diodore, elle n'apparaît pas seulement comme une conjecture de l'auteur ou une extrapolation[319]. On a vu d'autre part que Cicéron n'a probablement dans cette affaire qu'un rôle d'adaptateur, et il n'est pas interdit de penser qu'Antiochus lui-même tenait ses informations de la tradition stoïcienne, puisque nous savons que le Portique s'est intéressé au problème, au moins à partir de Cléanthe, et qu'on ne trouve pas de trace du Souverain dans les écrits ou les doctrines des autres écoles. N'est-il pas vraisemblable, dès lors, que les responsables de cette interprétation soient les Stoïciens ? Dans cette hypothèse il faut assurément abandonner l'expédient auquel on a parfois recours pour expliquer la relation du *De fato* et qui consiste à accuser son auteur d'ignorance en matière de logique. Non pas que l'argument de Diodore conduise logiquement à l'affirmation de la nécessité universelle (nous savons que tel n'était pas son objet) ; mais en ce sens que ce n'est pas par un simple enchaînement de fautes logiques qu'on en est venu là : les Stoïciens (pour ne rien dire encore d'Aristote) étaient peut-être fondés à dénoncer certaines conséquences apparemment inscrites dans les propositions mises en avant par Diodore, même si ce dernier ne songeait nullement à les prendre à son compte. Nous ne voulons pas dire non plus que le Mégarique était mauvais logicien au point de ne pas apercevoir ces conséquences, ou de produire une définition des modalités qui manquerait de cohérence parce qu'elle identifierait contre son gré le possible et le nécessaire. La différence doit être maintenue, mais nous croyons que ce n'est pas par de telles distinctions seulement qu'on échappe à la nécessité universelle, et nous préférons considérer Diodore comme assez bon métaphysicien pour avoir su poser le problème sur le plan de l'ontologie[320].

– **Fr. 132 B et 133** : Identique à celui du fr. 132 A, le contenu de ces deux courts fragments ne réclame pas de commentaire nouveau.

– **Fr. 134** : Ces lignes de Plutarque ne semblent pas intéresser les interprètes, elles méritent pourtant notre attention. Premier détail curieux, le *kurieûōn* n'est pas nommé bien que le contexte soit le même que précédemment (l'opposition entre Diodore et Chrysippe au sujet du possible), et que par ailleurs Plutarque connaisse l'argument[321]. D'autre part, tout en confirmant au passage la définition diodoréenne du possible que nous connaissons, l'auteur semble l'associer implicitement à la doctrine du destin. Mais il faut se garder ici d'une lecture hâtive. Plutarque n'attribue pas au Mégarique une telle doctrine (comme Cicéron le fait pour la nécessité), il montre seulement que sa conception du possible serait, elle, compatible avec l'affirmation du destin, à la différence de celle de Chrysippe[322]. La nuance est importante, et peut-être acceptera-t-on d'en chercher confirmation dans la conclusion du *De fato* (ch. XI), si ce traité est bien de Plutarque[323], conclusion dans laquelle l'auteur énumère un grand nombre d'arguments utilisés dans ces débats sur le destin et la nécessité, mais sans la moindre allusion ni à Diodore ni au Souverain[324]. L'ensemble du fragment nous semble ainsi donner une vue assez juste de l'esprit dans lequel Diodore engageait ce débat : il s'agit avant tout de contester la conception d'un possible qui n'arrive jamais (fr. 134, fin : qu'est-ce qu'une capacité à produire quelque chose qui ne produit rigoureusement rien ?)[325], en montrant plus précisément que certaines thèses de l'adversaire sont difficilement compatibles avec elle[326] ; mais on voit aussi, nous semble-t-il, comment certains (cf. le texte de Cicéron) peuvent être amenés ensuite à attribuer à Diodore des propositions qui intervenaient effectivement dans la discussion, soit, comme ici, en tant que position des adversaires présentée par Diodore comme s'accordant mieux avec sa propre définition du possible qu'avec la leur (mais, bien entendu, sans que cela implique qu'il prenne cette position à son compte), soit, comme dans le *De interpretatione*, en tant qu'objection à Diodore.

– **Fr. 135** : Ce passage d'Alexandre d'Aphrodise est important lui aussi, mais plutôt à titre de confirmation de ce qui précède. Notons d'abord qu'il est le premier (dans l'ordre de nos fr.) à faire expressément le rapprochement entre le Souverain et Aristote ; le texte commenté (*An. pr.*, I, 15, 34 a 12) est d'ailleurs un de ceux que l'on cite quand on veut établir que les deux premières propositions du Souverain (en l'occurrence la deuxième) ont été empruntées à Aristote. Mais l'intérêt du rapprochement ne se limite pas à cette proposition, et nous nous réservons de faire le point sur les rapports entre Diodore et Aristote lorsque nous serons en possession de toutes les données sur le sujet.

Alexandre confirme d'autre part la définition diodoréenne du possible, illustrée ici par deux exemples, et affirme très clairement que le but de l'argument était bien cette définition. Les termes de cette confirmation méritent d'ailleurs d'être remarqués : on voit que l'idée de « vérité » n'est pas exprimée, ni dans la définition proprement dite (début), ni dans le bref éclaircissement qui suit, ni dans les exemples, et que le problème du possible est ici posé sur le plan ontologique[327] ; on peut noter aussi que, comme Épictète, l'auteur présente le *kurieûōn* comme une « question » servant à « affirmer » une thèse[328].

La fin du fr. contient la conception philonienne de la possibilité, qui se rapproche sensiblement de celle de Chrysippe (voir l'exemple de la paille qui « peut » brûler même au fond de la mer)[329]. Cette définition se verra reprise et confirmée dans les fr. suivants. Le seul problème qu'elle pose est celui de sa compatibilité avec le reste de la pensée mégarique. Nous avons déjà eu l'occasion de remarquer que Philon apparaît pour cette raison comme un auteur en marge de l'école de Mégare : comme on ne le connaît que pour cette théorie et pour sa conception de l'implication, il est difficile d'expliquer réellement cette divergence ; et parler de simple évolution pour une opposition aussi caractéristique à la tradition antérieure serait peu satisfaisant.

– **Fr. 136** : Simple présentation des deux thèses opposées de Diodore et de Philon. En ce qui concerne la première, on a affaire derechef à la formulation « ontologique », renforcée par la présence du verbe *ekbaínō*.

– **Fr. 137** : Quoique plus long, ce texte de Simplicius ne fait lui aussi que confirmer les indications précédentes, mais à propos du problème particulier de l'aptitude à être perçu et à être connu, dans le cours d'un commentaire des *Catégories* (7, 7 b 15 – 8 a 12). Aristote lui-même indique dans la *Métaphysique* le lien de cette question avec la conception mégarique du possible, quand il affirme qu'une des conséquences de cette doctrine sera que le sensible n'existe pas en dehors de la sensation (θ, 3, 1047 a 4 ss.). Simplicius mentionne les trois thèses que nous connaissons : celle de Philon, celle des Stoïciens selon toute vraisemblance, bien qu'ils ne soient pas nommés (cf. fr. 138), celle de Diodore enfin (on relève à nouveau la formulation « ontologique », avec notamment les mots *ékbasis* et *érgon*) [330].

– **Fr. 138** : Voici encore un texte souvent invoqué dans les discussions contemporaines sur le Souverain bien que celui-ci ne soit pas nommé. On y trouve en effet, exposées avec précision et les unes à côté des autres, les définitions des différentes modalités selon Philon, Diodore et les Stoïciens. Rien de très nouveau, à vrai dire, sur le possible ; mais, outre qu'on apprécie d'avoir à sa disposition une présentation aussi systématique qui facilite les comparaisons, c'est la première et la seule fois qu'on nous donne la définition diodoréenne des quatre modalités, en particulier celle de la nécessité, si précieuse pour notre sujet parce qu'elle permet de vérifier la cohérence de la doctrine. En ce qui concerne donc Diodore, on remarquera :

1) que le Mégarique distingue bien, comme nous le disons depuis le début, le possible du nécessaire ; les quatre définitions rapportées sont parfaitement compatibles et ne manifestent aucune confusion puisqu'on a pu constituer avec elles un véritable « carré logique des modalités », selon le schéma suivant :

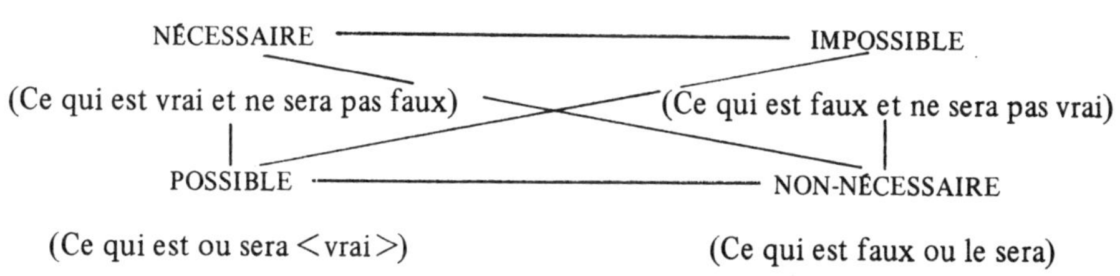

où l'on voit que les deux apodictiques (1re ligne) sont incompatibles comme des contraires, que les deux problématiques admettent d'être vraies en même temps comme des subcontraires, que les diagonales relient des contradictoires, et que les problématiques sont les subalternes des apodictiques correspondantes, mais sans réciprocité, ce qui signifie en particulier que le possible ne se confond pas avec le nécessaire[331] ;

2) que Boèce exprime lui aussi le possible sans le mot « vrai » (mais il emploie « vrai » et « faux » pour les trois autres modalités) ;

3) que les modalités sont déterminées par Diodore de façon temporelle, ce qui ramène les notions modales sur le plan de l'assertion simple, et donne à l'ensemble une simplicité et une rigueur supérieures à ce que propose Philon[332] ;

4) que malgré ce qui vient d'être dit de la différence entre le possible et le nécessaire, Boèce n'hésite pas à évoquer le « nécessitarisme » de Diodore (dernier §). Observons toutefois qu'il ne s'agit pas d'une attribution directe ; et l'exemple de la fin ne concerne pas un fait futur, mais une nécessité passée dont le contraire est en effet impossible[333] ; ce qui donne à penser que nous avons affaire une fois encore à une conclusion de l'auteur, à une sorte de commentaire, et non à une proposition de Diodore. Le fr. suivant, pourtant, ne confirme pas ce commentaire.

– **Fr. 139** : De manière inattendue, le même Boèce tend ici à ramener la conception de Diodore à celle d'Aristote. Deux sortes de possibles sont distinguées[334], celui qui n'est pas encore, et celui qui est déjà (ce dernier comprenant à son tour deux espèces). Que le second soit identifié à la première partie de la formule de Diodore (« ce qui est », fin du fr.) ne soulève guère de difficulté, car on peut estimer que les deux auteurs entendaient en effet de la même manière cette thèse élémentaire que ce qui est réel est a fortiori possible. Il est en revanche beaucoup moins certain que le « sera » de Diodore corresponde à la « puissance séparée » d'Aristote[335], celui-ci envisageant aussi bien un possible qui ne se réalise pas[336] ; et c'est très probablement sur ce point précis que porte le débat entre les deux hommes. Il est curieux en tout cas de trouver une interprétation aussi « neutre » de la formule de Diodore chez un auteur dont on a vu dans le fr. précédent qu'il ne reculait pas devant l'interprétation nécessitariste ; à moins que Boèce ne veuille interpréter Aristote lui-même de cette façon.

Un autre point mérite qu'on s'y arrête un instant, à savoir la distinction supplémentaire de Boèce, dans le possible qui est déjà en acte, entre ce qui est sans être nécessaire et ce qui est nécessairement[337]. Elle n'intéresse apparemment pas Diodore dans ce texte, mais nous croyons que l'on doit se demander si elle a un sens pour lui : la question revient en effet à savoir si l'événement est purement et simplement nécessaire à partir du moment où il se produit, à s'interroger aussi, par suite, sur le type de nécessité qui appartient aux événements passés[338]. Il nous semble difficile de contester que Diodore ait eu à l'esprit une pareille distinction, quand on se souvient de la différence qu'il y a pour lui entre la « vérité éternelle » et absolument nécessaire, et les vérités portant sur les événements (cf. ci-dessus la proposition sur Hélène, qui n'est vraie qu'après coup). Que les événements passés soient néanmoins l'objet d'une vérité nécessaire, conformément à la première proposition du Souverain, ne signifie donc pas que ces événements se voient dès lors attribuer une nécessité *haplôs* (« géométrique et métaphysique » dans le langage de Leibniz)[339], mais que, pour la connaissance que nous pouvons acquérir des événements, l'immutabilité du passé supplée heureusement la nécessité pure et simple, et confère à la vérité des jugements que nous portons sur eux une autre « éternité », dérivée, si l'on ose dire[340].

II – Conclusion sur l'Argument Souverain

On peut considérer que cette revue détaillée des données intéressant le *kurieúōn lógos* et la conception du possible de Diodore a, en fait et implicitement, tranché plusieurs des difficultés traditionnelles que cette question suscite. Un bilan systématique ne sera cependant pas inutile en raison de la dispersion des renseignements précédents, qui contraste malheureusement avec l'unité évidente du problème philosophique qui en est l'enjeu.

A) L'argument

1.– Un inventaire objectif des informations disponibles fait immédiatement apparaître une certaine disproportion entre la pauvreté des données et l'éclat que l'argument est censé avoir connu dans l'Antiquité.

a) On remarque d'abord que les documents parlant explicitement de l'argument et de ses rapports avec la doctrine de Diodore sont extrêmement rares : les seuls qui soient absolument indiscutables sont ceux d'Épictète (fr. 131) et d'Alexandre d'Aphrodise (fr. 135). On accorde cependant sans difficulté qu'on fasse appel aux autres fr. réunis dans cette section, qui, sans nommer l'argument lui-même, précisent et confirment la définition diodoréenne du possible, objet avoué de l'argument ; parmi eux, ceux qui sont empruntés à Cicéron (fr. 132 A) et à Boèce (fr. 138) sont incontestablement les plus précieux : mais, s'ils éclairent l'interprète sur le but du *kurieúōn*, ces textes sont moins utiles et plus difficiles à exploiter quand il s'agit de la nature même de l'argument. Il faut signaler enfin que la théorie de l'implication exposée dans les fr. suivants (140–143) est un autre élément du débat, dans la mesure où, selon toute vraisemblance, le *kurieúōn* est un raisonnement présenté sous cette forme. Là s'arrête la part de ce qui est incontestable.

b) Parmi les affirmations complaisamment répétées dont il est nécessaire de faire justice – parce que sans entrer apparemment dans les problèmes de la reconstitution ou de l'interprétation elles préjugent en fait l'intérêt et la signification de l'argument – on relèvera d'abord celle selon laquelle le *kurieúōn* est le plus célèbre des arguments de l'Antiquité[341]. En réalité, en dehors des *deux* fr. mentionnés dans le paragraphe précédent, il ne figure dans tout notre recueil qu'*une* autre fois (fr. 110). Diogène Laërce n'en parle ni à propos des Mégariques ni à propos des Stoïciens. Les autres mentions que nous avons pu trouver[342] indiquent sans doute que l'argument avait une certaine notoriété, mais pas plus que la plupart de ceux que nous connaissons, et moins que le Sorite ou le Menteur (cf. comment. des fr. 64–65 et Annexe pp. 75 ss ; 79 ss).

c) D'autre part, l'argument est loin d'inspirer le respect aux auteurs anciens qui en font état, et il est tout à fait abusif de prétendre que Diodore lui devait sa réputation. Les jugements exprimés par les auteurs en question révèlent exactement le contraire : il est cité une seule fois avec une neutralité qu'on peut éventuellement juger bienveillante (fr. 135) ; toutes les autres occurrences s'accompagnent soit de réserves expresses (chez Épictète)[343], soit de critiques dépourvues de toute ambiguïté et semblables à celles qu'on adresse couramment aux « sophismes » mégariques et stoïciens (voir les commentaires de Themistius, de Plutarque, d'Aulu-Gelle, de Lucien)[344]. Le seul texte qu'on pourrait à la rigueur invoquer en sens contraire est le *De fato* de Cicéron, où l'auteur rappelle la qualité de bon dialecticien de Diodore (fr. 132 A, début) au début d'une discussion où le Souverain n'est pas nommé mais implicitement présent (Cicéron ne prétend d'ailleurs aucunement que sa réputation lui vienne de la discussion en question). Nous ne soutenons évidemment pas que Plutarque ou Lucien soient meilleurs juges que les logiciens contemporains de la valeur intrinsèque de l'argument ; mais puisqu'on prétend se servir des Anciens pour donner du lustre à l'argument, il est permis de constater qu'en réalité leur jugement ne diffère en rien de celui qu'ils portaient sur les autres « sophismes » mégariques.

d) On peut même rappeler, pour terminer, que l'attribution à Diodore repose uniquement sur l'affirmation d'Alexandre, le texte d'Épictète n'étant pas décisif de ce point de vue (cf. Comment. du fr. 131, 2., c), et Themistius nommant à la fois Philon et Diodore (dans cet ordre). Là encore, la chose paraîtra secondaire en elle-même, mais elle n'est pas sans signification dans le contexte général de la surestimation du *kurieûōn* : si vraiment l'argument était si célèbre et si Diodore lui devait l'essentiel de sa réputation, on s'explique mal cette discrétion.

2.– Le problème de la reconstitution du raisonnement originel se pose lui aussi en des termes différents de ce que l'on dit habituellement. Dans le commentaire du fr. 131 (2, a et b) nous avons attiré l'attention sur le fait que la lettre du texte d'Épictète invitait à comprendre que Diodore n'avait à proprement parler rien démontré (ni l'incompatibilité initiale entre les trois propositions, ni a fortiori le choix des deux premières). Les fr. suivants et les autres mentions de l'argument n'apportent rien qui puisse infirmer cette hypothèse, au contraire, le *kurieûōn* étant régulièrement associé à l'idée de question, d'énigme ou de piège. Nous nous tiendrons donc à cette conclusion, qui nous semble historiquement plus vraisemblable, et plus à même d'expliquer l'étrange silence des textes anciens sur cette fameuse démonstration, alors que les matériaux nécessaires à la reconstruction des autres arguments ne manquent pas, ou pas à ce point. La seule « reconstitution » acceptable, nous semble-t-il, serait alors celle qui se contenterait d'appliquer à un ou plusieurs cas déterminés (comme chez Cicéron) les affirmations générales rapportées par Épictète.

Nous ne songeons pas pour autant à discuter l'intérêt de toutes les tentatives qui ont été faites depuis pour déterminer de façon aussi irréprochable que possible le conflit entre les trois propositions initiales : il n'y a pas de meilleure façon de montrer que le problème est réel, qu'il ne repose pas sur une équivoque ou une illusion ; et si les Anciens n'y ont en majorité vu que sophisme, on ne peut que se réjouir de voir les Modernes rendre justice à Diodore.

De toute manière, et pour en finir avec cet aspect de la question, il faut insister sur le fait que l'essentiel ne réside pas dans la forme particulière que revêtirait une éventuelle reconstitution ; il suffit de savoir que celle-ci est réalisable, ou plutôt que le conflit entre les propositions était à juste titre reconnu par tous comme un vrai conflit. A partir de là, le fond du problème est bien l'interprétation de la conception du possible qui est à la fois l'objectif et l'enjeu philosophique du *kurieûōn* : c'est elle – et non la démonstration d'incompatibilité – qui est ou n'est pas nécessitariste, c'est elle qui justifie la place exceptionnelle accordée à toutes ces controverses, et c'est elle qu'il faut maintenant élucider.

B) L'interprétation

L'examen séparé des fr. de cet ensemble nous a fourni l'occasion d'exposer par anticipation plusieurs éléments de notre interprétation ; mais nous ne saurions nous dispenser de proposer une réflexion plus systématique sur la signification historique et philosophique de l'argument Souverain, qui nous apparaît d'abord comme la pièce essentielle d'un débat qui a opposé – directement ou non – Aristote et Diodore, mais aussi, en dépit des perspectives nouvelles ouvertes par ce dernier, comme un témoignage révélateur sur les limites du rationalisme mégarique.

1.– « Le possible, c'est ce qui se réalise » : telle est la thèse mégarique qu'Aristote combat dans la *Métaphysique* (fr. 130 A). A l'instar de celles qui portent sur le mouvement et le devenir, cette thèse n'a pas pour fin de nier le changement, mais de refuser d'assumer les notions contradictoires forgées par d'autres pour penser le changement ; au premier rang de ces notions, on reconnaît sans difficulté la puissance aristotélicienne, coupable aux yeux des Mégariques d'introduire une indétermination et une sorte de vide dans l'être lui-même[345]. Conformément à une tendance constante de l'esprit mégarique, cette thèse initiale est sans doute plus polémique que dogmatique : si l'on entendait à travers elle quelque chose comme l'affirmation d'une identité ontologique entre l'être authentique et le possible, on serait fondé à en dénoncer immédiatement le caractère nécessitariste ; mais elle visait plutôt, croyons-nous, à n'accepter que les notions déterminées et simples (non contradictoires) même dans le domaine de cette réalité seconde sur laquelle le discours rationnel a si peu de prise : il y a du possible, sans doute, puisque en cette matière les choses ne sont pas nécessaires et déterminables à l'avance ; mais si elles ont quelque réalité, ce n'est qu'après qu'elles se sont manifestées et non dans la privation actuelle, sous forme d'entités mystérieuses, intermédiaires entre l'être et le non-être[346]. On peut très bien imaginer que c'est pour répondre à des objections semblables à celles du livre θ (sinon à ces objections mêmes) que Diodore a ajouté à la formule initiale le « sera (vrai) » de sa propre définition. Ce faisant, il ne bouleverse pas la doctrine antérieure (le possible reste ce qui se réalise), mais exprime la même idée de façon plus satisfaisante en n'excluant pas par avance comme impossible une chose qui se révèlera ensuite comme existante ; c'est l'acte futur qui est le garant de la possibilité, et non une disposition actuelle indéterminée et contradictoire[347].

2.– On voit immédiatement qu'une telle doctrine n'est nécessitariste que si l'on affirme dans le présent la réalisation inéluctable de ce futur, par exemple qu'il est vrai dès maintenant que je serai à Corinthe (cf. fr. 135) ; il faut avouer que la formulation habituelle (« ce qui est ou sera ») a quelque chose d'ambigu, et qu'en l'absence d'autres informations sur Diodore elle se prêterait à une telle interprétation. C'est en tout cas la voie qu'emprunte Aristote : pour défendre contre les Mégariques sa conception de la puissance, il s'efforce de faire apparaître la nécessité universelle comme une conséquence peut-être indésirable mais inévitable de leur notion du possible. On s'en convaincra en rapprochant par exemple les chapitres 3 et 4 du livre θ de la *Métaphysique* : dans le premier, l'auteur objecte à ses adversaires que « ce qui est privé de puissance est impossible » (1047 a 10), et que par suite le mouvement et le devenir sont anéantis ; sans doute, mais à la condition de comprendre cette phrase comme si on affirmait *avec vérité* que telle chose ne sera pas, comme il l'explique dans le chapitre suivant[348]. La formule mégarique critiquée dit seulement : s'il n'y a pas acte, il n'y a pas puissance ; ou encore : le possible sera, s'il n'est déjà. Cela ne veut pas dire : ce qui n'est pas actuellement donné est impossible (cf. 1047 a 13), mais exprime seulement l'ignorance actuelle de la réalité future (ou le refus de l'affirmation actuelle d'une virtualité). Même extrapolation dans le *De Interpretatione*, quand l'auteur tire de la doctrine adverse l'affirmation selon laquelle « si une chose est blanche actuellement, il *était vrai* de dire *antérieurement* qu'elle serait blanche, de sorte qu'il était *toujours vrai* de dire d'un événement quelconque qu'il *est ou* qu'il *sera*[349] ; » nous le savons, Diodore non seulement n'affirme pas cette rétrogradation du vrai, mais la refuse explicitement (cf. les fr. sur le mouvement, et l'exemple d'Hélène) ; mais elle découle de sa formule dans le cas où le « sera » est compris comme l'affirmation vraie d'une réalité future.

3.– On conçoit aisément que c'est à ce genre de critique que réplique le Souverain[350], en établissant conjointement :

a) que le possible mégarique est une position philosophique plus forte et en accord avec des principes couramment admis (les deux premières propositions) ;

b) que, d'après le même raisonnement que celui qu'Aristote utilise contre lui (c'est-à-dire *en situation de science sûre*), le possible indéterminé du Stagirite est en réalité un impossible dans certains cas. Soit par exemple un vêtement dont on dit qu'il « peut » être coupé en deux, même s'il ne l'est jamais mais est usé auparavant (*De Interpr.*, 9, 19 a 12) ; pourtant l'énoncé suivant : « Si un vêtement est usé avant d'avoir été coupé en deux, il ne sera pas coupé en deux » est une implication vraie ; il suffit alors de l'appliquer à une situation réelle (par exemple à ce vêtement que j'ai usé et finalement jeté ou brûlé hier) pour qu'il soit *vrai* de dire désormais (et donc nécessaire) que ce vêtement ne *sera* jamais coupé en deux, en vertu du principe de conservation des modalités qu'Aristote évoque d'ailleurs lui-même dans la deuxième partie du chapitre 4 du livre θ (1047 b 14 ss :

si A entraîne nécessairement B , et si on pose A , alors aucune impossibilité n'en résulte – on reconnaît la deuxième proposition du Souverain – et il est nécessaire que B soit)[351].

Ce raisonnement est d'autant plus séduisant que Diodore a trouvé (ou cru trouver) chez son adversaire les propositions sur lesquelles il repose, comme le soulignent les commentateurs modernes[352]. De toute manière, le fond de l'affaire réside, à n'en pas douter, dans l'hésitation (parfois dans l'imprécision) d'Aristote en présence de deux notions distinctes du possible : certains passages ne peuvent se comprendre que par référence à un pur possible logique (le possible de Leibniz, ou le contingent de la catégorie de Kant)[353], alors qu'ailleurs Aristote affirme la réalisation du possible si l'on envisage le temps dans sa totalité, en particulier dans le *De caelo* où plusieurs interprètes découvrent un véritable Souverain ou «Dominateur» aristotélicien[354]. Ce qui accroît l'ambiguïté, nous semble-t-il, c'est qu'Aristote n'explicite pas une telle distinction, et traite plusieurs fois de la possibilité empirique comme s'il s'agissait d'un pur possible logique : quand par exemple il dit que « tu es debout *maintenant* » est faux (*Métaph.*, θ, 4, 1047 b 13), il s'agit d'un moment déterminé du temps réel et unique de l'expérience : il ne devrait donc pas ajouter que ce n'est pas impossible, autrement dit que le contraire est possible[355]. Le sens de la première proposition du Souverain (ou plus exactement de l'usage qu'en faisait Diodore) nous semble précisément être de lever cette ambiguïté en limitant sans équivoque l'idée de possibilité au cadre des événements empiriques, par opposition à une possibilité de la pure catégorie : dans ce dernier domaine, celui des êtres vrais, la notion de possible n'a plus aucune pertinence pour un Mégarique, les choses sont (vraies) ou ne sont pas, de façon parfaitement déterminée.

4.– Le problème ne se ramène-t-il pas, en définitive, à cette opposition entre l'être vrai et les événements, et corrélativement entre la science véritable et une connaissance de second rang ? Notre conclusion paraîtra peut-être paradoxale, mais, si l'on se place à ce point de vue, il nous semble que les positions respectives de Diodore et d'Aristote sont beaucoup moins éloignées que cette polémique le laisse supposer. En effet, si l'on a affaire à des êtres sur lesquels on est en possession d'une science vraie, il n'y a de possible ni pour l'un ni pour l'autre, il n'y a que du nécessaire et de l'impossible. Mais si cela ne soulève aucune difficulté tant qu'il s'agit d'êtres «éternels» (comme la diagonale de θ, 4), il n'en est plus de même pour les êtres « qui peuvent aussi bien être que ne pas être » dans l'hypothèse de faits singuliers futurs ; le principe reste que, s'il existe en cette matière des énoncés dont la vérité est établie et indiscutée, il y a nécessité (cf. le reproche d'Aristote à ses adversaires anonymes du *De Interpr.*) ou impossibilité (objection de Diodore à Aristote, sur le vêtement ou autre chose)[356]. La question est alors de savoir si l'un ou l'autre est en situation de devoir reconnaître de pareils énoncés. Pour Aristote la réponse est manifestement négative (le chap. 9 du *De Interpr.* a précisément été rédigé dans cette intention ; on doit rappeler aussi la thèse plus générale selon laquelle il n'y a pas de science démonstrative du contingent individuel[357]); et on ne voit rien chez Diodore qui aille dans ce sens, bien au contraire[358]. Au plus acceptaient-ils l'un et l'autre, selon toute vraisemblance, les cas où un énoncé « légal » (au sens moderne d'une loi physique) s'applique à des individus concrets de façon non équivoque et absolument certaine, tel cet exemple de la maladie mortelle rapporté par Cicéron[359]. Aucun des deux, en tout cas, ne s'expose aux difficultés soulevées par le même Cicéron et Plutarque à propos de la validité des prédictions des devins ou de la thèse du destin.

Mais si nos deux auteurs sont d'accord sur l'essentiel, pourquoi cette controverse ? Pourquoi toute cette littérature sur le *kurieúōn* ? Indépendamment des raisons qui font de ce problème une question philosophiquement essentielle (raisons qui expliquent sans doute l'écho exceptionnel que cette discussion a éveillé dans l'histoire), les motifs proprement historiques de la polémique entre Aristote et les Mégariques tiennent à notre avis à une différence fondamentale des stratégies en présence : des deux côtés on affirme l'indétermination des événements empiriques, mais à partir de choix philosophiques irréductiblement divergents. Tout en reconnaissant que « l'être concret, séparé, individuel, actuel, n'est pas à proprement parler objet de science », Aristote ne renonce nullement à une science de la nature[360], ce qui le conduit à prendre au sérieux le devenir, le changement, le mouvement, et le met dans l'obligation d'élaborer des concepts qui soient à même d'en rendre compte, fût-ce de façon « générale » et ces concepts dussent-ils apparaître parfois comme contradictoires[361] ; la distinction de l'acte et de la puissance appartient à ce projet, et donc l'affirmation d'une réelle indétermination ontologique, c'est-à-dire d'une indétermination qui n'appartient pas seulement au savoir mais qui réside réellement dans une sorte d'êtres qui n'en sont pas moins des êtres. On comprend aisément que cette solution soit inacceptable pour Diodore, qui préfère maintenir *globalement* l'indétermination de ces « êtres » de second rang plutôt que de renoncer à la parfaite détermination rationnelle : les existants du monde sensible ne relèvent pas du vocabulaire de l'être authentique ; le Mégarique n'a donc pas à proposer une « ontologie » qui serait une élucidation de cet être corruptible et contingent (avec par exemple des « catégories » de l'être), ni une physique qui comprendrait des notions ayant cette prétention exorbitante d'être à la fois des notions authentiquement rationnelles et des expressions ou traductions adéquates de l'être en mouvement en tant que tel.

Nous n'avons pas à juger Diodore, mais il faut reconnaître que, même si on peut parler de « progrès » par rapport à la conception initiale de l'École, sa démarche conserve quelque chose de foncièrement négatif. Le monde empirique n'est certes plus aussi radicalement étranger à tout discours rationnel, mais il est clair que cette intelligibilité dérivée et partielle n'autorise que peu de développements (en dehors des affirmations générales sur le mouvement passé, le vide et les corps sans parties). Si bien qu'Aristote n'a peut-être pas tort de prétendre que la théorie des Mégariques aboutit, malgré qu'ils en aient, à une sorte d'empirisme ou de sensualisme à la manière de Protagoras[362], dans la mesure où ce monde est en définitive abandonné à la non-science et aux constatations brutes de la perception. Comme en outre cette impuissance – assumée, peut-être revendiquée – était associée dans leur doctrine à une critique incisive des autres systèmes, on comprend que le reproche de scepticisme ait pu être formulé.

Note sur le nom de l'argument

Nous avons à plusieurs reprises exprimé des réserves sur les traductions habituelles du nom même de notre argument. Peut-être est-il nécessaire, maintenant que nous disposons de tous les éléments nécessaires, de donner à ces réserves une forme plus systématique et de justifier notre traduction.

1.– On ne reviendra pas sur les mots *lógos* et *erōtân* qui ont déjà été commentés. Le problème est donc celui du sens exact de *kurieúōn.*

a) La plupart des traductions s'écartant sensiblement du sens premier et obvie de ce terme, il n'est pas inutile de rappeler que le verbe *kurieúō* exprime d'abord le fait d'être ou de devenir le maître de quelque chose, d'exercer une autorité ou de prendre le pouvoir ; cette idée très générale peut être appliquée aussi bien au domaine politique[363] qu'à l'autorité du mari dans la famille[364], et même s'étendre au domaine grammatical (pour parler d'une négation qui « gouverne » ou « régit » une expression)[365] ; on peut noter enfin que les Stoïciens désignaient parfois la partie directrice de l'âme (*tò hēgemonikón*) par les termes *tò kurieûon méros*[366].

b) L'utilisation d'un participe et plus spécialement d'un participe présent actif à côté de *lógos* surprendrait si nous avions affaire à un cas isolé. Mais une simple comparaison avec les autres arguments cités dans notre étude montre qu'il n'en est rien[367], et il faut admettre que par une sorte de métonymie ou d'hypallage le raisonnement est désigné par un élément de son contenu ou par une attitude de celui qui le tient. Cette constatation invite à accueillir avec la plus extrême méfiance toutes les interprétations qui voudraient que le participe qualifie directement le raisonnement en mettant en évidence une qualité particulière (comme si c'était l'argument lui-même qui « dominait » en quelque façon) : ce n'est pas absolument impossible, évidemment, mais ce serait un cas unique à notre connaissance[368].

2.– Les traductions par « Maître-Argument » ou « Argument Triomphateur » se heurtent donc immédiatement à cette première objection. Mais il en est d'autres, non moins graves, de sorte que ces traductions en deviennent difficilement acceptables.

a) Si l'on entend par là que c'est un argument qui l'emporte sur les autres par son excellence, qui est remarquable entre tous, on se souvient que telle n'était pas l'opinion des Anciens (cf. ci-dessus, II, A, 1.) ; il serait par suite surprenant qu'ils lui aient donné un nom si peu conforme au jugement qu'ils portaient sur lui. De plus, le choix du verbe *kurieúō* (« exercer le pouvoir sur les autres arguments » ?) serait peu naturel pour exprimer tout simplement un superlatif, une excellence.

b) On peut vouloir dire aussi, par une telle traduction, que l'argument est irréfutable, qu'il permet de l'« emporter » sur tout adversaire. Outre que le mot paraîtrait à nouveau mal choisi (*anélegktos* serait tout indiqué, cf. Diogène L., VII, 46), nous savons que les Anciens ne le considéraient pas comme tel et ne se privaient pas de le traiter de sophisme vulgaire, etc. (le Menteur mériterait peut-être cette épithète, nous l'avons vu). De plus, comme la solution de Diodore n'est pas la seule possible, il y aurait alors plusieurs arguments (avec des conclusions opposées !) qui seraient « irréfutables »[369] ?

3.– Quant à l'hypothèse de P.M. Schuhl, qui voudrait que la domination en question fût celle de la théorie de Diodore « qui soumet l'activité humaine au joug d'une inflexible nécessité » (p. 10), elle est inséparable de l'interprétation nécessitariste de l'ensemble de la pensée du Mégarique, et s'expose donc aux mêmes objections. Mais une pareille hypothèse est de toute manière assez peu vraisemblable, aucun argument n'étant nommé d'après la théorie philosophique dont il serait l'expression privilégiée. L'auteur invoque, il est vrai, l'exemple de l'argument Paresseux ; mais si l'on peut aisément imaginer un paresseux utilisant ce dernier raisonnement, on voit mal comment le nôtre serait posé par un « dominateur » ; ou si l'on dit que la paresse est la conséquence pratique de l'argument, en quel sens la « domination » s'imposerait-elle aux hommes[370] ?

4.– Reste donc, comme hypothèse possible, celle qui est aussi la plus simple et la plus naturelle, mais qui ne semble jusqu'ici avoir été retenue que par Gassendi et Th. Gomperz[371] : comme pour les autres raisonnements désignés par un nom, le terme *kurieúōn* s'explique selon toute vraisemblance par le fait qu'il y était question, à travers un exemple particulier, de « domination », de règne ou de pouvoir ; et nous avons déjà signalé plus haut que le texte de Cicéron contenait justement un cas de ce genre[372]. Remarquons enfin que le mot *kúrios* (tout comme le latin *potior*, de *potis*, qui peut) contient en même temps l'idée de pouvoir ou de puissance qui est justement au cœur de ce débat[373] ; de là à supposer que Diodore ait délibérément choisi un exemple qui joue de cette dualité (« il est en mon pouvoir de régner à Corinthe si je règne ou dois régner un jour... »), il n'y a qu'un pas... La traduction la plus appropriée serait alors « l'argument Souverain », qui rend à peu près ces deux idées en français, et que proposent les traducteurs de Plutarque dans *Les Stoïciens* de la Pléiade (p. 155) (alors que, dans le même volume, la version du texte d'Épictète conserve « Dominateur »)[374].

Fr. 140–143

Nous nous sommes plusieurs fois référé à ces textes qui contiennent les théories de Diodore et de Philon sur la validité de l'implication. On a en effet tendance à l'oublier : ce n'est pas seulement pour l'histoire de la logique que ces pages sont importantes, elles contiennent aussi plusieurs informations décisives sur la conception qu'avait Diodore de la science et sur sa « physique » (fr. 141 et 143, § 333), et c'est la raison pour laquelle une étude de l'argument Souverain ou de la notion de corps sans parties ne devrait pas les ignorer.

En ce qui concerne leur signification proprement logique, nous avons indiqué déjà que les travaux contemporains avaient généralement rendu justice à cette théorie. Cela nous invite à abréger notre commentaire et à nous limiter aux points controversés.

1.– Le vocabulaire de Sextus surprend de prime abord le non spécialiste, en particulier dans les deux fragments les plus courts (141 et 143) ; le fr. 142, qui contient les différentes combinaisons possibles accompagnées de leur « évaluation » dans les doctrines de Philon et de Diodore, lève heureusement toute équivoque et permet de considérer les théories en question comme une véritable anticipation de la table de vérité de l'implication, telle qu'on la trouve dans le moderne calcul des propositions[375]. Si l'on appelle p et q les deux propositions non analysées et dont on n'envisage que la vérité (V) ou la fausseté (F), et si le signe ⊃ représente la liaison entre ces deux propositions, cette table se présente comme suit :

p	q	p ⊃ q
V	V	V
V	F	F
F	V	V
F	F	V

Cela signifie que l'implication est valide dans trois cas sur quatre ; la seule combinaison rejetée comme non valide, aussi bien par Diodore que par Philon, est celle où le vrai implique le faux, c'est-à-dire lorsque l'antécédent est vrai et le conséquent faux ; les exemples des trois textes de Sextus permettent aisément de le vérifier.

2.– En ce qui concerne la différence entre Diodore et Philon, on interprète généralement la position du premier comme une tentative qui vise à rapprocher la notion d'implication de celle de conséquence logique, donc comme l'expression d'une tendance opposée au pur formalisme et cherchant à respecter davantage les formules du langage ordinaire[376]. Il semble pourtant que la différence soit ailleurs. En effet :

a) Les principes de la théorie de Diodore sont identiques à ceux de Philon. La table de vérité, on vient de le voir, est la même pour les deux. Et Diodore n'est pas moins paradoxal, comme le montre l'exemple du fr. 141, § 111 : la validité de l'implication dépend strictement de la valeur de vérité de ses composantes ; il n'y a pas de relation de conséquence logique entre elles (cf. les exemples volontairement déconcertants utilisés par les logiciens modernes pour faire comprendre au débutant le sens de l'implication : « Si 2 + 2 = 4, alors Londres est en Angleterre », etc.)[377].

b) Ce que Diodore reproche à l'implication philonienne, ce n'est pas de conduire à des paradoxes[378], mais de rester en quelque sorte indéterminée : dans la plupart des exemples de Philon, la valeur de vérité des deux propositions qui composent l'implication *peut* changer avec le moment et les circonstances de leur profération, et c'est cela que Diodore veut éviter. Pour se prononcer sur « S'il fait jour, je parle » (fr. 141), il faut savoir s'il fait jour et si je parle ; il arrive donc qu'une implication devienne fausse simplement parce que, dans le cours du raisonnement, la nuit tombe (fr. 142, § 116). On remarque en effet que la critique de Diodore porte toujours sur des exemples de ce genre (cf. fr. 142 : il ne dit rien de : « Si la terre vole... »), et que les seuls cas reconnus par lui comme valides concernent des « vérités éternelles », c'est-à-dire des propositions vraies ou fausses absolument, indépendamment du moment ou des circonstances où elles sont énoncées (fr. 141, § 111, où le « toujours » est explicite ; fr. 143, § 333).

c) La formule restrictive de Diodore (« ... sauf s'il était ou s'il est possible que... »), qui paraît redondante, s'explique alors, croyons-nous, par sa conception du possible étudiée dans les fr. précédents. Elle signifie en clair que la combinaison V ⊃ F doit non seulement ne pas être donnée dans une situation contingente particulière, mais être exclue en tout temps. Mais comme la définition diodoréenne du possible ne parle explicitement que du présent et du futur, il lui fallait, pour exclure sans ambiguïté une situation contingente singulière dans le passé, ajouter le « ... s'il *était* possible... »[379].

d) Diodore cherche donc à éliminer du discours logique l'indétermination qui empêche celui-ci de fonctionner rigoureusement, en n'acceptant dans le raisonnement que les « énoncés éternels »[380] d'un certain type. Mais on doit ajouter, conformément à tout ce que nous savons du Mégarique, que ce n'est sans doute pas seulement parce qu'elles sont moins maniables (alourdies de toutes les précisions nécessaires quant aux circonstances de la profération) qu'il a écarté les propositions du genre de celles qu'utilisent Philon et les Stoïciens : le simple fait de considérer *temporairement* comme *vrais* des énoncés portant sur des événements contingents répugne manifestement à l'esprit mégarique ; et même si Diodore s'y résout quand il s'agit d'événements passés (cf. le problème du mouvement), une pareille concession lui apparaît comme incompatible avec l'apodicticité de la logique proprement dite, qui doit échapper totalement au temps. L'occasion est bonne de rappeler que la logique mégarique ne se confond pas avec celle des Stoïciens, malgré leurs affinités évidentes et leur commune originalité par rapport à celle d'Aristote : les raisons qu'on invoque pour expliquer la naissance de la logique stoïcienne (négation des essences ; individus absolument discernables, à qui surviennent des événements incorporels) ne peuvent valoir pour les Mégariques, puisqu'ils passent le plus clair de leur temps à défendre l'universel et à polémiquer contre tous ceux qui tentent d'appliquer à l'événement comme tel un discours rationnel, scientifique ; leur refus de la proposition du type « S est P » doit plutôt être rattaché à leur négation de la participation en général, de la relation entre les essences. Mais on voit aussi que les mêmes raisons devaient leur interdire, faute de « matière » et en l'absence d'un véritable formalisme, de donner à leurs spéculations logiques le développement qu'elles ont reçu des Stoïciens.

3.– On doit sans doute interpréter de la même façon l'effort que fait Diodore pour exclure du discours logique les considérations de modalité. Non pas qu'il les ignore (cf. ci-dessus fr. 138 et comment. de l'argument Souverain), mais parce que ses définitions tendent, comme l'écrit R. Blanché[381], « à ramener les notions modales... sur le plan de l'assertion simple », en les déterminant de façon temporelle. Mais ce qui relève du temps échappe à la science, et la logique, on vient de le voir, n'a affaire qu'au nécessaire, c'est-à-dire à ce qui est toujours vrai. Les modalités et le temps appartiennent à ce monde des événements inessentiels, dont on peut parler et qui n'est pas purement et simplement nié, mais sur lequel la rationalité véritable n'a pas prise.

Fr. 144

Le point d'interrogation qui suit le numéro de ce fr. indique que, pour Döring, il n'est pas absolument certain que le Philon contre qui Chrysippe a écrit deux livres soit bien le Mégarique. Si l'on est en droit de juger du contenu d'après les titres, il est clair toutefois qu'une étude « Sur les significations », une autre « Sur les modes » (c'est-à-dire sur les différentes figures du raisonnement, cf. Diogène L., VII, 76) ne détonnent pas dans un catalogue mégarique[382]. On a vu plus haut (fr. 101) qu'on attribue aussi à Philon un *Ménéxène*, sur lequel on ne peut cependant produire que des conjectures extrêmement fragiles (Döring, p. 138), et d'un intérêt médiocre étant donné la position très marginale de cet auteur par rapport aux autres Mégariques.

Fr. 145–146

Nous n'avons que très peu d'informations sur ce Panthoïdès. Sa qualité de Mégarique n'est pas vraiment attestée ; elle repose aux yeux de Döring sur le fait que Sextus le nomme à côté d'Alexinos et d'Eubulide dans le fr. 63[383]. L'ouvrage contre lequel Chrysippe a pris la peine d'écrire deux livres (fr. 146) n'est peut-être pas sans rapport, dans ce cas, avec la thèse du fr. 111 (où nous voyons le Stoïcien soutenir, contre l'avis de Diodore, que tout mot est équivoque). Plus intéressante serait sa position sur les trois propositions de l'argument Souverain (fr. 131, fin : comme Cléanthe, Panthoïdès rejette la première, ce qui l'oppose à la fois à Diodore et à Chrysippe), si d'autres données permettaient d'avoir une idée un peu plus précise de sa doctrine.

Fr. 147–152

Les fragments et témoignages qui concernent Stilpon sont exceptionnellement assez nombreux (15 p. dans l'édition de Döring). C'est aussi le seul Mégarique sur lequel les « données biographiques » (le plus souvent des anecdotes, dont la valeur historique est, comme à l'accoutumée, faible ou incertaine) soient relativement abondantes (11 p. dans la même édition)[384]. On devine que cela ne va pas sans recoupements ni redites ; d'où la nécessité de regrouper les fr. pour le commentaire aussi souvent que possible.

Les premiers témoignages sur Stilpon nous renseignent de façon approximative sur les dates de sa vie et sur les maîtres qu'il aurait fréquentés.

– **Fr. 147–148** : Qu'il ait été auditeur d'Euclide (fr. 147) est pratiquement exclu pour les raisons chronologiques qui apparaîtront dans les fr. suivants. Il se rattacherait néanmoins au fondateur par l'intermédiaire de deux maîtres sur lesquels on ne sait pratiquement rien d'autre : Thrasymaque de Corinthe, un disciple d'Ichthyas, et

Pasiclès de Thèbes, élève d'un auditeur moins connu d'Euclide, Dioclide. Encore le cas de Pasiclès est-il assez douteux, puisqu'il est censé avoir été aussi élève de son frère Cratès, qui lui-même passe pour avoir suivi les leçons de Stilpon (fr. 165–166) ; et il n'est pas certain que l'élève d'Euclide du fr. 148 A soit bien Dioclide. La *Souda* affirme par ailleurs à deux reprises (fr. 148 A et 33) que Stilpon a été chef de l'école (cf. Introd. p. 9). – Sur la date de sa naissance (fr. 148 A : « sous Ptolémée 1er »), voir ci-après.

– **Fr. 149** : On a parfois contesté que Stilpon ait réellement été l'auditeur de Diogène, mais sans raison sérieuse. En tirer argument, en revanche, pour soutenir que la morale du Mégarique est l'héritière directe de la morale cynique est excessif dans l'autre sens ; il faudra y revenir lorsqu'il sera question de façon plus complète des positions de Stilpon en la matière (voir la note finale après le comment. du fr. 196).

L'allusion aux hommes politiques mérite d'être relevée : la phrase laisse en effet entendre que Stilpon est compté parmi eux ; si on la rapproche du fr. 162 et des informations sur les rapports du Mégarique avec Ptolémée (fr. 150) et avec Démétrios (fr. 151), on peut supposer que notre philosophe ne s'est pas seulement intéressé à la théorie politique mais qu'il a aussi participé à la vie publique de Mégare. De cela aussi il faudra se souvenir lorsqu'on reviendra sur la situation exacte de Stilpon, entre le Cynisme et le Stoïcisme[385].

– **Fr. 150–151** : a) Les contacts que Stilpon a eus avec Ptolémée Sôter (fr. 150 ; cf. aussi fr. 99) et avec Démétrios Poliorcète (fr. 151) constituent des repères historiques précieux. Ils ont selon toute vraisemblance eu lieu à Mégare, lors des occupations successives de la ville par les deux souverains rivaux, soit dans les années 308–306. Pour que Ptolémée et Démétrios aient souhaité rencontrer notre philosophe, il faut que celui-ci ait déjà été célèbre, ce qui implique qu'il n'était pas trop jeune à cette époque (Döring estime qu'il était au moins cinquantenaire), et exclut du même coup qu'il soit né sous Ptolémée 1er Sôter (fr. 148 A), dont le règne a commencé en 323. Le fait qu'il ait aussi été un des maîtres de Ménédème, dont on croit savoir qu'il est venu à Mégare vers 317 (cf. fr. 170, et Döring, p. 146), confirme cette évaluation. On peut donc raisonnablement fixer la naissance de Stilpon un peu avant 350. (Pour ce qui est de sa mort, voir le fr. 152).

b) L'anecdote qui fait l'objet des fr. 151 est, on le voit, rapportée un grand nombre de fois (neuf textes différents, dont trois de Plutarque et deux de Sénèque), ce qui permet à nouveau d'intéressantes comparaisons et d'utiles réflexions sur la manière dont nous sont transmises de pareilles informations. On voit par exemple qu'en B Stilpon passe pour n'avoir perdu que ses domestiques, alors qu'en G il s'agit de son patrimoine et de ses filles, en H de sa femme et de ses enfants (les deux textes de Sénèque, qui sont aussi les premiers dans l'ordre chronologique, accumulant les détails dramatiques propres à relever par contraste la sérénité du Mégarique). La réponse de Stilpon à Démétrios offre elle aussi quelques variantes : tantôt il ne parle que de « son bien » sans autre précision, tantôt ce bien propre est son éducation, sa raison, son savoir, sa vertu[386]. On conviendra cependant que ces différences sont plutôt des nuances et ne changent rien à l'essentiel (cf. au contraire les fr. 26 A et B et le Comment., 3).

En ce qui concerne le fond de l'anecdote, il n'est sans doute pas très utile de rappeler que l'attitude de Stilpon n'est pas exceptionnelle[387], il suffit qu'on puisse à bon droit la considérer comme authentique, ce que les autres renseignements sur sa personne et sa morale confirment clairement (cf. notamment fr. 192). Il n'est pas sans intérêt en revanche de remarquer que son humour et son goût pour les jeux de mots – que l'on aura l'occasion d'apprécier à plusieurs reprises plus loin – ne sont en rien entravés par les circonstances peu réjouissantes de son entrevue avec Démétrios[388].

– **Fr. 152** : Sur la foi de l'historien Hermippe, Diogène L. rapporte plusieurs exemples de mort provoquée par le vin (Arcésilas : IV, 44; Chrysippe : VII, 184). Le cas de Stilpon se distingue pourtant des autres : d'abord parce qu'il passe pour avoir eu sa vie durant un fort penchant pour la boisson (fr. 158 ; cf. fr. 191), ensuite parce qu'il est présenté ici comme ayant volontairement hâté sa mort par le vin, les autres morts paraissant plutôt accidentelles.

D'autre part, l'information selon laquelle le Mégarique mourut à un âge avancé est la seule donnée autorisant une conjecture sur la date de sa mort. Si l'on admet qu'il faut atteindre au moins 70 ans pour mériter une pareille notation biographique[389], on doit placer la mort de Stilpon après 280.

Fr. 153–186

On a dit au début de la section consacrée à Stilpon que, par exception à ce qui semble une règle pour les Mégariques en général, un assez grand nombre de fragments se rapportaient à la vie et à la personne de Stilpon. On ne sait trop, d'ailleurs, comment qualifier ces textes très divers et d'un intérêt philosophique incertain ; leur classement n'est pas aisé, leur commentaire fragment par fragment risque d'être lassant. Il nous a malgré tout semblé que la plupart d'entre eux n'étaient pas insignifiants et qu'il valait la peine d'en relever les éléments essentiels. On n'a pu faire autrement, par commodité, que de suivre l'ordre des numéros de Döring, même si d'autres regroupements eussent été préférables ici ou là.

– **Fr. 153–156** : Stilpon prit femme, et il eut au moins une fille (les fr. 151 G et H parlent d'enfants au pluriel) ; il vécut d'autre part avec une courtisane. La comparaison avec les recommandations de son maître Diogène en la matière (cf. Diogène L., VI, 54, 61, 66, 69, 72) est une illustration parmi d'autres de ce qui sépare les principes de Stilpon de ceux d'un certain Cynisme (Antisthène ayant été plus nuancé sur ce point, cf. Diogène L., VI, 3 et 11).

Le Fr. 154 confirme à sa manière ce différend avec les Cyniques. Il contient une application inattendue du sorite (mais au sens moderne, cf. Comment. des fr. 64–65) à une question de morale. Mais il est peut-être plus intéressant de signaler que ce petit dialogue a pu être emprunté à une œuvre de Stilpon lui-même : on sait en effet par ailleurs que le Mégarique a non seulement écrit un *Métroclès*, mais qu'il y apparaissait aussi en personne comme interlocuteur (fr. 187 et 190) ; il est facile d'imaginer, dans ce cas, que le fr. 153 a la même origine.

Ce qui est dit de Nicarète dans les fr. 155 et 156 est à rapprocher du Comment. des fr. 101–102 ; cf. aussi le jeu de mots de Cratès sur son nom, fr. 180, dernier vers.

– **Fr. 157** : En comparant la « corruption » dont elle est responsable à celle qui est due à Stilpon et aux philosophes en général, la courtisane Glycère a probablement pour intention d'élever son état plutôt que de rabaisser celui de philosophe. On remarque malgré tout au passage que Stilpon, dont on ne retient d'habitude que l'enseignement moral, avait aussi une réputation de dialecticien (cf. fr. 99 et 163), et qu'en cette matière il n'était pas mieux partagé que la plupart des autres Mégariques (cf. fr. 76 et 186). La même comparaison entre sophistique et prostitution est faite par Socrate dans les *Mémorables* de Xénophon (I, 6, 13), mais ce qui est en cause dans ce cas ce n'est pas la corruption due aux « sophismes inutiles et captieux », c'est de faire de sa science un emploi honteux, en la vendant à qui peut payer...

– **Fr. 158** : Pas plus ici que dans son dialogue avec Démétrios (fr. 151) ou dans les témoignages ultérieurs, rien dans l'attitude ou la doctrine de Stilpon n'évoque le moindre fatalisme, la soumission à une nécessité inflexible. Il est piquant d'en trouver une illustration aussi claire (Cicéron se sert précisément de l'exemple de Stilpon et de Socrate pour montrer que « quelque chose est en notre pouvoir », que la volonté n'est pas soumise à un destin extérieur) dans le *De fato*, texte qui passe si souvent pour le meilleur témoignage sur le nécessitarisme mégarique. L'ouvrage de Cicéron impose en effet de rapprocher la « liberté » de Stilpon de la doctrine diodoréenne du possible, et l'on voit le parti que l'on peut en tirer pour l'interprétation de cette dernière – à moins de refuser absolument à Diodore la qualité de Mégarique, ce qui pose d'autres problèmes non moins redoutables.

– **Fr. 159–160** : Ces anecdotes et quelques autres (cf. fr. 177 et 183) attestent la liberté de ton du Mégarique dans le domaine de la religion traditionnelle. Mais son attitude ne se réduit pas simplement à une critique destructrice, et il n'est nullement absurde d'imaginer qu'il a réellement accepté d'être prêtre, comme l'affirme Plutarque (fr. 159, 1re phrase) : sur ce point encore il serait, dans cette hypothèse, moins l'héritier des Cyniques[390] que le précurseur des Stoïciens[391].

– **Fr. 161** : On pourrait en dire autant du trait suivant : la simplicité (comprise comme le contraire du refus ostentatoire des manières communes)[392], la bienveillance envers le commun des mortels font plutôt songer au sage serein et accueillant de la tradition stoïcienne[393]. On osera ajouter qu'une telle disposition invite à nuancer ce qui est dit ailleurs (cf. ci-dessus fr. 151, et plus loin fr. 184 et 192–196) de sa « constance » et de son « impassibilité », qui ne devraient pas être comprises comme une pure insensibilité ou une indifférence radicale à autrui[394].

– **Fr. 162** : Voir le comment. du fr. 149.

– **Fr. 163 A et B** : Le succès de l'enseignement de Stilpon (cf. fr. 32 A et 176) reposerait uniquement, à en croire la phrase de Diogène L., sur des qualités ayant trait à l'art rhétorique et dialectique. On a de bonnes raisons de penser que sa morale et sa personne y étaient aussi pour quelque chose (cf. fr. 151, 172, 176, etc.); mais comme la tradition a surtout retenu ces dernières, ces fragments ont au moins le mérite (avec quelques autres, cf. fr. 76 ; 99 ; 199, début) de nous apprendre que Stilpon était mégarique aussi par ses talents de dialecticien. Le verbe forgé par Diogène L. pour exprimer ce succès rappelle d'ailleurs opportunément cette appartenance au courant mégarique que certains se croient autorisés à contester (on doit se souvenir à cet égard que Stilpon passe pour avoir été le dernier ou l'un des derniers chefs de l'école : cf. fr. 33 et 148 A).

– **Fr. 164–175** : L'extraordinaire succès de Stilpon qu'on vient d'évoquer signifie qu'il a attiré auprès de lui un grand nombre d'élèves ou d'auditeurs, et c'est d'eux qu'il est tout naturellement question dans les fr. suivants. Beaucoup d'inconnus, certes, parmi ces noms[395], mais on ne peut manquer de relever ceux de Zénon le Stoïcien (fr. 165, 167–169), du Cynique Cratès (fr. 165–166), de Ménédème d'Érétrie (fr. 170–171) et de Timon le Sceptique (fr. 174)[396], qui attestent le rayonnement de l'École de Mégare et son influence sur d'autres courants de la pensée grecque – bien que cette influence ne puisse pas être déterminée avec précision à partir de ces seules listes de noms.

Il est peut-être abusif de considérer tous ceux qui ne se sont pas illustrés ensuite dans d'autres écoles comme des philosophes Mégariques, comme le fait Döring (voir p. 66). Ces textes illustrent plutôt, à notre sens, les liens assez lâches qui existaient entre les « disciples » et les maîtres de cette époque, ainsi que la concurrence sévère que se faisaient les diverses écoles (cf. fr. 164 A, 169), et par suite la relativité de la notion même d'école sur laquelle nous avions attiré l'attention dans l'Introduction.

– **Fr. 176–183** : Les fr. suivants contiennent à nouveau diverses anecdotes, dont l'objet commun pourrait être l'esprit de répartie de Stilpon. Ces bons mots ne révèlent pas seulement l'heureux naturel du Mégarique, ils ont aussi un rapport – parfois évident, parfois indirect – avec ses convictions ou ses pratiques proprement philosophiques[397]. Cette unité, cet équilibre est peut-être ce à quoi Stilpon lui-même fait allusion, dans le premier fr. de cette série, quand il explique sa popularité par sa qualité d'« homme véritable » (par opposition à « bête curieuse », qui désignerait un homme se distinguant par des performances exceptionnelles – et partant « monstrueuses » – dans quelque domaine particulier).

La réponse (ou l'absence de réponse) sur l'opportunité des génuflexions et des prières (fr. 177), ses plaisanteries sur Athéna (fr. 183) sont à rapprocher de sa franchise légèrement irrespectueuse envers Poséidon et Cybèle (fr. 159–160). Comme elle, cette attitude nous paraît devoir être interprétée de façon nuancée ; elle ne ressemble pas, en tout cas, à une agressivité réelle ou à une volonté de dérision. La prudence du fr. 177, par exemple, n'a pas nécessairement ou uniquement des motifs politiques : on peut juger que certains discours critiques exigent des oreilles averties, pour éviter précisément qu'on les confonde avec une négation pure et simple (le rapprochement avec l'attitude stoïcienne s'impose à nouveau). Il reste que, dans la mesure où les renseignements positifs sur les conceptions religieuses des Mégariques sont rarissimes et ambigus (cf. fr. 11 et 24), on ne peut guère s'avancer sur ce terrain.

Les différents procédés dont use Stilpon pour faire un mot d'esprit ou pour clore un échange à son avantage n'exigent pas beaucoup d'explications, toujours un peu lourdes en cette matière[398]. Globalement considérés, ils témoignent assez bien de la propension mégarique à la joute verbale, et de cette tendance caractéristique à jouer avec les possibilités du langage dont nous n'avions pas hésité à suggérer, dans l'Introduction, la parenté avec la dialectique proprement dite. Cette parenté est d'ailleurs si forte que plusieurs de ces exemples sont étudiés par Aristote comme de véritables sophismes[399]. On doit de même mettre le fr. 179 en parallèle avec le fr. 199 : il est très vraisemblable que Cratès montre une figue et demande à Stilpon si « cela » est une figue ; la réplique du Mégarique, qui mange la figue, signifierait alors l'irréalité de la chose sensible particulière par opposition à l'idée[400]. On se souvient enfin du fr. 151 et du sens moral évident du « déplacement » que constitue la réponse de Stilpon à Démétrios. Mais, en dépit de ces divers exemples de liaison intime entre une intention sérieuse et un procédé ludique, on aurait tort d'escamoter la part de franche plaisanterie et de bonne humeur que comportent ces anecdotes (et que souligne expressément le fr. 182, fin), car on méconnaîtrait ainsi un aspect de l'esprit mégarique[401].

– **Fr. 184** : Cette formule est une des rares à pouvoir justifier une interprétation « cynique » de la morale de Stilpon, si on pense qu'elle exprime un idéal d'insensibilité absolue, supérieure à celle d'une statue : on songe à Diogène embrassant en plein hiver les statues enneigées afin de s'endurcir (D. Laërce, VI, 23), et on sait qu'Épictète utilise la même comparaison pour refuser l'assimilation de l'« apathie » du sage à l'insensibilité d'une statue (*Entr.*, III, 2, 4). Mais les précisions que donne Épictète pour expliquer la différence invitent à ne pas accorder trop d'importance à ce fr. 184, ou à le comprendre autrement, car ce qui est dit des obligations naturelles du sage stoïcien correspond trop bien à ce qu'on nous apprend ailleurs du Mégarique (il faut être homme religieux, père, participer à la vie politique...). En relisant le fr. on s'aperçoit alors qu'il n'est pas évident du tout qu'il soit l'expression de l'idéal moral du philosophe (être plus fort qu'une statue est un étrange critère pour un idéal moral), et qu'il n'est pas impossible que cette pensée constitue en réalité une critique d'une certaine forme d'insensibilité. Voir aussi le début du fr. 197, où il est question de la douceur et de la modération de Stilpon.

– **Fr. 186** : Voici encore un fragment dont on peut penser qu'il a été mal découpé par Döring. Plutarque parle en effet des Mégariques dès 1036 e, et les lignes qui précèdent notre fr. 186 sont non seulement nécessaires à la compréhension de celui-ci, mais elles contiennent en outre des éléments d'information qui ne sont pas sans intérêt en eux-mêmes ; c'est pourquoi nous n'avons pas hésité à reproduire ce texte dans notre Annexe.

On remarque ainsi que Chrysippe se voit adresser des reproches qui rappellent curieusement ce qui passe pour une des caractéristiques essentielles de la dialectique mégarique (il mettait tant d'ardeur à attaquer les positions du sens commun – et, semble-t-il, moins de soin à défendre ensuite ces positions – que sa dialectique paraissait surtout négative) ; ce rapprochement peut constituer une raison supplémentaire de ne pas se laisser exagérément impressionner par les commentaires sévères que les Anciens ont coutume de faire sur la dialectique des Mégariques (et dont le fr. 186 proprement dit est une nouvelle illustration).

Le texte de Plutarque confirme ensuite une autre thèse souvent utilisée dans la présente étude, celle du refus mégarique des choses sensibles et de la sensation. Chrysippe affirme en effet que, même si l'on suit l'usage commun et l'habitude en ne doutant pas de ses sens, on risque d'être ébranlé par les arguments des Mégariques (arguments, donc, qui s'opposent à cette croyance commune). Passage à rapprocher, par conséquent, du fr. 27 (et de son commentaire).

En ce qui concerne enfin le fr. 186 proprement dit, on voit qu'il ne fait état que de choses que nous connaissons : la grande réputation de Stilpon d'une part, et de l'autre le discrédit qui s'est rapidement[402] attaché ensuite aux arguments mégariques. Il est difficile toutefois d'identifier avec certitude l'« argument de Stilpon et de Ménédème » qu'évoque Chrysippe[403].

Fr. 187–191

Les informations sur les écrits de Stilpon sont rares (par comparaison avec les anecdotes et apophtegmes dont il vient d'être question) et contradictoires.

1.– Diogène L. fait état de deux traditions différentes quant à la production du Mégarique : selon la première, il aurait écrit des Dialogues, au nombre de neuf (fr. 187) ; la seconde voudrait au contraire qu'il n'eût rien écrit (fr. 189). Les fr. 188, 191 et surtout 190 viennent appuyer la première, malgré une différence entre Diogène L. et Suidas sur le nombre des Dialogues. L'épithète *psuchroi*[404] qui accompagne la liste de Diogène Laërce explique peut-être la seconde tradition, les ouvrages de Stilpon n'ayant rien fait pour la gloire de leur auteur (voir cependant le comment. des fr. 192–193, début).

2.– En ce qui concerne la nature et le contenu de ces œuvres, on note que le Mégarique reste dans la tradition socratique en écrivant des dialogues, désignés par des noms propres (à l'exception de l'ouvrage *A sa fille*)[405], ce qui, à la fin du IVe siècle ou au début du IIIe, devait constituer déjà une manière d'archaïsme. La particularité révélée par le fr. 190 (le fait que l'auteur intervienne comme interlocuteur dans un de ses dialogues)[406] a été mise à profit ci-dessus (Comment. du fr. 154). Les « souvenirs » évoqués dans le fr. 191 (début) peuvent désigner aussi bien des récits concernant Stilpon (et Zénon) que des œuvres de ces deux auteurs ; dans ce dernier cas, en vertu du même fr. 190, rien n'empêche que ces « souvenirs » ne soient en fait l'un ou l'autre des dialogues. Mais, dans les deux hypothèses, Persée[407] s'inspire bien de Stilpon pour ce que rapporte la suite du fr. ; si bien que les indications précédentes sur l'amour du Mégarique pour le vin et les femmes (cf. Comment. du fr. 152, et fr. 75) seraient corroborées d'une autre façon. Mais à condition de ne pas se méprendre sur le sens de pareilles remarques : nous savons que Stilpon était un modèle de liberté et de maîtrise de soi (cf. fr. 158) ; ces rappels ne visent donc nullement à l'accabler, si peu que ce soit, mais au contraire à suggérer des rapprochements propres à nous remettre en mémoire qu'il peut exister sur ces sujets une attitude et une réflexion philosophiques[408].

Fr. 192–193

Les deux passages de Télès qui forment les fr. suivants méritent de retenir l'attention des exégètes non seulement parce que ce sont des documents plus suivis que les anecdotes et pensées précédentes sur la morale de Stilpon, mais encore parce qu'ils pourraient bien être issus directement des ouvrages mêmes du Mégarique.

Télès est le plus ancien des auteurs connus de diatribes cynico-stoïciennes. Il vécut au IIIe siècle avant J.-C., donc peu de temps après Stilpon, et il était en outre de Mégare. Il est donc permis de croire qu'il a eu accès aux écrits (ou du moins à certains écrits) de notre philosophe[409], ce qui autorise à considérer toute la fin de ce fr. comme une citation directe de Stilpon. Döring explique d'autre part (cf. les premières lignes de l'apparat, et pp. 152–153) que Télès s'inspire très probablement du Mégarique en d'autres passages encore, sans qu'on puisse hélas en fournir la preuve, les deux extraits retenus étant les seuls où le nom de Stilpon figure en toutes lettres. Qu'il s'agisse ou non de citation textuelle, on accordera que la référence explicite à notre auteur dans les deux passages considérés suffit à nous assurer que nous sommes bien en présence d'une pensée très proche de celle du Mégarique, d'autant plus que le contenu de ces fr. s'accorde, de manière générale, avec ce que nous savons d'elle par ailleurs.

Le premier texte a pour objet l'égalité d'âme du sage confronté à l'épreuve de l'exil ; comparé à l'anecdote de la prise de Mégare par Démétrios, son contenu surprend quelque peu. La distinction initiale des trois sortes de bien (2e §) se réfère sans doute à une opinion commune, mais elle nous renvoie plutôt à Platon[410] et à Aristote[411] qu'aux Stoïciens[412]. On pouvait s'attendre en outre à un développement sur l'autosuffisance du sage, sur le fait qu'on ne saurait le dépouiller de son vrai bien (cf. fr. 151) ; or le raisonnement exposé dans notre fr. 192, loin de juger indifférents les avantages du corps et les biens extérieurs, s'attache au contraire à établir que l'exil ne prive nullement de tous ces biens (les explications et illustrations qui suivent montrent que ces biens sont compris dans leur sens premier et ordinaire, qu'il ne s'agit pas de métaphores ou de symboles). On ne conclura cependant pas trop vite à une différence significative par rapport aux Stoïciens, ceux-ci ayant eux-mêmes complété leur théorie des Indifférents par la doctrine des Préférables (Diogène L., VII, 105–106, où l'on retrouve justement la richesse et la santé...) ; on peut dire aussi, d'autre part, qu'il ne s'agit pas dans le présent fr. d'une réflexion sur le bien ou les biens, mais seulement d'armer le sage contre une « infortune » déterminée, l'exil, et que de ce point de vue l'auteur manifeste une réelle et totale indifférence envers l'avantage qu'il y aurait à vivre dans sa patrie ; ce qui le rapproche à nouveau des Stoïciens[413].

Le deuxième texte, lui, s'accorde parfaitement avec les fr. 151 G et H puisqu'il y est question de l'attitude du sage face à la mort d'un être cher. On peut penser qu'il illustre l'idée d'« apathie » de façon plus traditionnelle, plus prévisible pour qui a lu Épictète par exemple[414]. L'idée d'apathie elle-même ne peut d'ailleurs être considérée comme la propriété d'une école particulière[415]. Mais la manière dont elle est traitée par Stilpon mérite à nouveau d'être remarquée. A la différence de ce qui se produit chez les Cyniques ou les Sceptiques[416], cette défense de l'apathie est solidaire d'une attitude qu'on peut qualifier de rationaliste ou d'intellectualiste : le contraire est « déraisonnable » (l. 1, et sans doute dernière phrase) ou « sot » (phrase précéd.) ; l'auteur évalue de façon quasi utilitariste[417] les inconvénients de l'affliction (cf. l'agriculteur, et toutes les comparaisons de la fin) ; et il n'est pas abusif de lire dans la deuxième phrase l'idée selon laquelle cette affliction dépend en fait du jugement.

Fr. 194

On a vu plus haut que les Épicuriens s'étaient à plusieurs reprises opposés aux Mégariques, et que la polémique a même été plutôt vive (cf. fr. 69, 72, 75, 88, 151 H). L'ouvrage d'Épicure dont il est question dans le présent fr. en est une nouvelle preuve. Döring le fait figurer dans la section concernant Stilpon parce que Sénèque mentionne une lettre d'Épicure dirigée nommément contre lui (fr. 151 H et 195) ; mais il n'est pas certain qu'il s'agisse du même écrit[418]. De toute manière, les motifs de controverse ne manquaient pas entre les deux écoles, on le verra encore ci-dessous, et Stilpon était incontestablement le Mégarique le plus en vue à son époque, ce qui rend tout à fait acceptable la décision de Döring.

Fr. 195

Ce fr. est au contraire l'un de ceux qui obligent à faire des réserves sur la méthode de l'éditeur ; car, pour bien comprendre les quelques phrases retenues, il faut avoir à l'esprit presque toute la neuvième lettre de Sénèque. C'est la même lettre, en effet, qui rapporte l'anecdote de Stilpon face à Démétrios, et surtout la suite immédiate de notre fr. contient des données sur l'amitié qui concernent manifestement aussi le Mégarique (« Un point commun entre nous et eux... » poursuit Sénèque ; voir le Comment. du fr. 161, en particulier la note finale, ainsi que l'Annexe).

Sur le fond, donc, la position de Stilpon est claire : on doit lui attribuer à la fois la thèse de l'autosuffisance du sage et le désir d'avoir des amis, la conciliation de ces deux attitudes apparemment contradictoires faisant justement l'objet de la lettre de Sénèque – dans la perspective stoïcienne, certes, mais on ne voit pas où serait la différence[419], et la formule du début du § 5 (Annexe) résume sans doute assez bien ce qu'on doit retenir de la doctrine du Mégarique en cette matière. D'autre part, que Stilpon fasse au moins partie de ceux pour qui le souverain bien est l'état d'une âme impassible (fin du § 1) est assez évident aussi[420], les fr. étudiés précédemment (notamment fr. 151 et 193) nous en ayant déjà convaincus.

Stilpon s'expose donc doublement aux attaques des Épicuriens. Sur la question de l'amitié, et bien que sa conception soit assez différente de ce que ses adversaires veulent en retenir (fr. 195, début), il est naturel de voir le Jardin lui chercher querelle, vu l'importance de ce thème dans la philosophie épicurienne[421]. Mais la notion d'apathie n'est pas moins décisive dans ce différend. Elle n'est pas sans rapport avec la précédente, certes, mais ne se confond pas avec elle, ne serait-ce que parce que son domaine d'application est plus vaste. Elle concerne en particulier le rapport à la douleur, dont les Épicuriens veulent qu'on la surmonte, non qu'on la nie, puisqu'elle est toujours un mal[422] et qu'à ce titre elle est un critère éthique essentiel ; c'est pourquoi la morale épicurienne parle d'ataraxie et d'absence de douleur (*aponía*), mais non d'apathie[423], qui impliquerait l'inexistence de cela même qu'il faut fuir ou surmonter. – Il est curieux de constater enfin qu'Épicure s'est prononcé aussi contre la quasi-totalité des autres positions ou attitudes que nous avons relevées chez Stilpon : contre le mariage et le fait d'avoir des enfants, contre l'activité politique, contre l'« ivresse »[424], et même contre le fait de ne pas enseigner « dogmatiquement » et de soulever des apories[425].

Fr. 196

Il est à nouveau question des Mégariques en général dans ce fr., mais Döring a estimé que seules les informations sur la morale de Stilpon offraient des éléments de comparaison significatifs. Il nous prévient cependant (p. 154) que ce témoignage est douteux, et nous sommes d'avis aussi qu'en dépit de sa brièveté ce fr. mérite quelques éclaircissements. Il s'agit, on le voit, de définir le « premier bien propre » de l'âme ; comme on ne nous donne pas d'autre précision sur la façon de comprendre cette *aochlēsía*, il est permis, apparemment, de lui donner un sens voisin de l'« apathie » dont le fr. précédent disait qu'elle était pour Stilpon le souverain bien. Il semble pourtant que ce terme soit plus proche de l'idée d'ataraxie que de celle d'apathie, et si l'on se souvient du commentaire du fr. précédent, on devine que nous voyons dans cette différence plus qu'une nuance. L'ataraxie et l'« aochlésie » (absence d'embarras, d'empêchement, de gêne) sont des notions essentiellement négatives et « extérieures », en ce qu'elles mettent l'accent sur une absence de fait, donnée, appartenant presque au domaine de l'événement ; l'apathie au contraire relève plus directement de la maîtrise active et d'une volonté d'autonomie par rapport à l'événement. Et ce n'est pas un hasard si les deux premiers termes font partie du vocabulaire d'Épicure[426] alors que les Stoïciens l'ignorent quasiment[427], la situation étant exactement inversée pour la notion d'apathie. Nos analyses antérieures nous conduisent donc à faire nôtres les doutes de Döring quant à la valeur de ce témoignage.

Note sur la morale de Stilpon

Les nombreux rapprochements avec la morale stoïcienne que nous avons été amené à proposer depuis qu'il est question de Stilpon méritent cependant une mise au point. On aura compris qu'il s'agissait avant tout de réagir contre un jugement très répandu[428], qui – sous prétexte que notre homme a été l'élève de Diogène, et sur la base d'une lecture hâtive des divers mots et anecdotes que la tradition lui attribue – assimile plus ou moins la morale de Stilpon et la morale cynique. Les différences que nous avons relevées[429] nous paraissent être plus que des nuances. Elles contribuent toutes à dessiner l'image d'un homme moins radical et moins abrupt que ne l'étaient les Cyniques ; même les textes où sa force d'âme est mise en relief (fr. 151, 153, 192–193) ont quelque chose de mesuré et de serein qui contraste avec la vertu farouche et volontiers agressive des Cyniques. Les parallèles que nous avons proposés avec l'enseignement du Portique permettent en revanche d'affirmer qu'en morale Stilpon est à maints égards un stoïcien avant la lettre[430].

Mais il faut surtout souligner que cette morale est aussi et d'abord mégarique. A. Lévi a cherché à montrer que la « métaphysique » d'Euclide comportait des conséquences éthiques, celles précisément que nos textes attribuent à Stilpon[431] ; c'est trop peu dire, puisque la visée d'Euclide, on l'a vu, était déjà de nature morale. La thèse de l'unité du Bien et de l'inexistence des contraires du Bien, associée à ce rationalisme exigeant et très critique à l'égard du monde empirique que nous avons rencontré à maintes reprises, a dû très normalement se traduire par une morale de l'« insensibilité » et de l'indifférence envers les choses particulières, mais appuyée sur une confiance agissante en la raison.

L'intérêt de ces rectifications dépasse la personne de Stilpon. Car il ne s'agit pas seulement de rendre au Mégarique ce qui lui appartient, ou d'ouvrir d'autres perspectives sur les origines de la morale stoïcienne ; il importe autant de rappeler qu'il existe une morale mégarique (ce que les autres interprétations tendraient à faire oublier), et que Stilpon n'est pas, de ce point de vue, un accident qui s'expliquerait par quelque influence étrangère. Il y a plus : en procédant ainsi, on méconnaîtrait la signification particulière du cas de Stilpon pour l'histoire de la morale. Car il mérite bien, en un sens, une place à part dans le courant mégarique : en tant qu'il réunissait dans sa personne les qualités nécessaires pour illustrer, mieux que d'autres, les multiples aspects de la philosophie telle que la concevait son école (la dialectique *et* la morale ; la théorie – morale, politique... – *et* la pratique effective)[432]. Mais s'il a fallu un homme exceptionnel pour illustrer avec bonheur les principes mégariques, c'est peut-être aussi que dans son abstraction, la théorie seule, là comme ailleurs, n'était pas à même de rejoindre l'expérience ; et on ne peut nier que les critiques que Hegel adresse aux Stoïciens touchent bien plus nettement les Mégariques, partisans de la « pure universalité de la pensée », et « indifférents à l'égard de l'être-là naturel », de sorte que le contenu reste étranger[433]. Le rayonnement de Stilpon et l'oubli dans lequel est tombée la morale mégarique ne seraient ainsi que les deux aspects complémentaires d'un même phénomène.

Fr. 197

Malgré son stoïcisme avant la lettre, Stilpon bénéficie curieusement d'un préjugé favorable dans l'esprit de Plutarque : on s'en est aperçu plus haut (fr. 151 B,

C, D et 154), et c'est encore le cas dans ce fr. 197 où Plutarque prend la défense de Stilpon contre Colotès, un Épicurien du IIIe siècle avant J.-C. et un des premiers disciples du maître, qui avait attaqué le Mégarique pour son refus de l'attribution autre qu'identique (fin du 1er §). Le plaidoyer de Plutarque surprend d'autant plus qu'il s'agit là d'une thèse plutôt malaisée à défendre aux yeux de ce sens commun dont l'auteur prend si volontiers le parti. Mais son intention se comprend mieux si l'on prête attention à la méthode de défense adoptée, et au contexte : l'auteur commence par mettre en avant la vérité de certaines thèses du Mégarique, sa réputation exceptionnelle, ses qualités morales éminentes ; puis il affecte de considérer que la doctrine dont il s'agit n'est qu'un jeu pour Stilpon, une plaisanterie destinée à faire rire des sophistes, ou un exercice dialectique[434], mais en aucun cas une théorie susceptible d'anéantir la vie ; les thèses épicuriennes au contraire sont réellement dangereuses et malfaisantes, car ce qu'elles séparent ce n'est pas « homme » de « bon » ou « cavaliers » de « dix mille », mais « dieu » de lui-même (en ne permettant pas de l'appeler ainsi), ou « Zeus » de « protecteur de la famille », « Déméter » de « législatrice », etc., séparations qui, elles, ruinent réellement la vie morale ainsi que les sacrifices, les mystères, les fêtes...[435].

Il reste que s'il n'est pas absolument déplacé de parler de jeu quand on évoque la dialectique mégarique (et celle de Stilpon en particulier, cf. fr. 100), la thèse dont il est question dans ce fr. a malgré tout une autre résonance. Nous y avons fait référence en plusieurs occasions (cf. comment. des fr. 24 et 27), bien qu'il soit difficile de prouver que les premiers Mégariques aient professé cette thèse ; l'évidente parenté, toutefois, qu'il y a entre les fr. 27, 197 (198, à un moindre degré), et la critique platonicienne des Amis des Idées dans le *Sophiste*[436] impose leur rapprochement et renforce l'hypothèse selon laquelle les Mégariques sont (aussi) visés par Platon dans ce passage[437] ; il est par conséquent permis de conclure que Stilpon, en l'occurrence, ne fait que défendre et illustrer une position traditionnelle de l'école[438].

Cette position ne nous est guère connue que sous sa forme négative, et il n'est pas aisé de conjecturer ce que serait pour les Mégariques l'attitude correcte en la matière[439]. Notre fr. 197 (cf. « la nature essentielle », début du chap. 23) suggère qu'il y a bien pour eux une essence de l'homme, du bon, du cheval et du courir, mais non de l'homme bon ni du cheval en train de courir. Cela confirme ce que nous avons maintes fois dit de leur refus de tout discours ontologique sur le sensible, refus qui ne laisse subsister que la saisie et l'affirmation rationnelles d'idées séparées (à la fois les unes des autres et du sensible, cf. l'autre *chōrís* du *Sophiste*, en 248 a, et fr. 199). Il ne semble pas en tout cas que le texte d'Aristote que l'on rapproche parfois de notre fr. 197 contienne une solution acceptable pour les Mégariques : au début de la *Physique* (I, 2, 185 b 25 ss), l'auteur parle des « derniers des Anciens » qui, pour éviter de faire coïncider l'un et le multiple[440], supprimaient le verbe être entre le sujet et l'attribut, tantôt en laissant côte à côte les deux termes sans copule, tantôt en tournant la phrase autrement, avec un verbe conjugué (« l'homme a blanchi », ou « l'homme marche »). Or ni la première formulation ni la seconde n'empêchent que l'on affirme le divers du divers (fr. 197, chap. 23, avant la lacune) : « Socrate blanc » est certainement aussi inacceptable que « Socrate est blanc » ; et ce qui montre bien que ce n'est pas seulement l'expression linguistique contenant le verbe être qui est en cause, mais la communauté d'idées qu'elle signifie, c'est que les Mégariques ne se satisfont pas davantage de la formulation « le cheval court » (chap. 23)[441]. On pense alors aux exemples d'implication valide de Diodore, qui échappent à ce défaut dans la mesure où il n'y est question que de l'être ou du non-être des corps sans parties, du mouvement ou du vide (fr. 141, 143). L'explication d'Aristote (185 b 31) reste malgré tout valable : c'est bien parce que l'être s'entend d'une seule façon que les Mégariques refusent l'attribution du divers ; mais cet être n'est pas celui de la copule, c'est l'être de l'idée qui n'est pensable que dans la plénitude de son essence et de son identité à soi, de telle sorte que toute relation ou participation en devient inconcevable (fr. 197, chap. 23 : la communauté de « cheval » et de « courir », même en l'absence du verbe être, impliquerait une identité ; parce que l'être de l'idée est tel qu'on ne peut en prendre « une partie », un aspect, pour le mettre en rapport avec une partie d'un autre être). Nous retrouverons cette univocité de l'être dans le fr. suivant.

Fr. 198

Même problème, pour l'essentiel, que dans le fr. 197 (c'est la raison pour laquelle ce texte figure ici bien qu'il y soit question des Mégariques en général), et nous renvoyons pour le fond à notre commentaire précédent. Quelques particularités doivent cependant être relevées. Simplicius est occupé à paraphraser un passage de la *Physique* (I, 3, 186 a 25 ss) dans lequel Aristote réfute la thèse parménidienne de l'unité de l'être en montrant plus particulièrement que l'unité « blanc » n'empêche pas qu'il existe une multiplicité de choses blanches ; Parménide, ajoute-t-il, n'avait pas encore vu cette différence quant à l'être (τῷ εἶναι ἕτερον) entre le blanc et son sujet (ᾧ ὑπάρχει). C'est de la même ignorance que parle Simplicius au début du fr. 198, celle de la pluralité des significations de l'être et notamment de la différence entre l'être comme sujet (*hupokeimenon*) et de l'être comme accident[442]. Cette univocité de l'être ne conduit cependant pas les Mégariques à l'unité absolue de Parménide, puisque les lignes suivantes de notre fr. font état au contraire de *lógoi* différents correspondant à des êtres différents et « séparés » les uns des autres, ce qui s'accorde parfaitement avec le fr. précédent. La suite s'en distingue pourtant, car il ne s'agit plus de l'attribution d'un prédicat identique à des sujets différents (comme « bon » à « homme », « aliment »...), mais de la pluralité des attributs convenant à un même sujet (Socrate musicien et blanc), et l'on doit se demander si pour les Mégariques la difficulté était bien la même : dans le premier cas, on tient à sauvegarder la pureté de l'universel, sa parfaite détermination, son identité à soi, qui interdisent toute attribution (et toute relation aux individus sensibles, cf. fr. 199) ; dans le second, accepter de poser « Socrate est blanc », « Socrate est musicien », etc., impliquerait à la fois une attribution non identique pour chaque proposition *et* une participation de l'individu sensible à l'idée (car Socrate est bien un existant singulier, non un universel). Il est par suite hautement improbable que les Mégariques aient pris ces énoncés à leur compte : ou bien ils se servaient de semblables formulations pour ruiner un peu plus la légitimité d'un discours rationnel sur le sensible individuel (en mettant en évidence l'absurdité de la séparation de l'individu par rapport à lui-même)[443] ; ou bien c'est Simplicius qui s'en sert comme objection contre les Mégariques et qui l'applique alors à un cas non pertinent à leurs yeux (c'est ce qu'indiqueraient les mots « Les Mégariques semblaient démontrer que... »). Il y a bien des définitions différentes, mais non de sujets concrets sensibles.

Fr. 199

Ce fr. est souvent invoqué pour nier que Stilpon et les Mégariques en général admettaient l'universel et les idées, alors que les fr. précédents établissent assez clairement le contraire. Il est vrai que la première ligne parle d'un rejet des « idées ». Mais, comme l'avait déjà noté Hegel[444], la suite du fr. contredirait ouvertement cette affirmation si elle signifiait que Stilpon ne reconnaissait pas l'universel ou l'intelligible. Les exemples qui suivent montrent en effet qu'il n'admettait que l'universel (il ne dit pas : « Celui qui dit *homme* ne dit *rien* », mais : « Celui qui dit *homme* ne dit *personne* », c'est-à-dire, explicitement, aucun individu particulier). Il est plus que probable, par suite, qu'il faille comprendre ce texte comme une critique de l'Idée platonicienne, en tant que celle-ci implique justement une participation du sensible à l'universel[445].

Fr. 200–201

Ces deux fr. appartiennent au même écrit polémique d'origine épicurienne que les fr. 69 et 75 (voir le Comment. de ce dernier fr.). La seule chose qu'on puisse en dire, c'est qu'ils apportent une preuve supplémentaire de la réalité et de l'ampleur de cette polémique, ainsi que de l'importance (négative) de la figure de Stilpon pour la pensée épicurienne.

Fr. 202–205

Bryson est et reste un personnage énigmatique : Aristote le mentionne cinq fois (fr. 202, 208 A, 209 A, 210 A) et commente deux de ses thèses (nous savons qu'aucun autre Mégarique n'a eu l'honneur d'être nommé par le Stagirite, cf. Comment. du fr. 130 A), mais les données sur sa vie et ses relations avec les écoles de son temps sont incertaines et contradictoires. Bryson serait en effet :

1. fils a) de Hérodore (fr. 202)
   b) de Stilpon (fr. 203 A)[446] ;
2. élève a) de Socrate (fr. 34, début 2e §)
   b) d'Euclide (fr. 34, 2e §)
   c) de Clinomaque (fr. 203 B)
   d) de Stilpon (203 A)[446] ;

3. maître a) de Polyxène (fr. 211)
b) de Pyrrhon (fr. 34, 2e § et fr. 203 A)
c) de Théodore l'Athée (fr. 34, fin et fr. 204)
d) de Cratès (fr. 205)
e) sinon le maître, du moins le prédécesseur de Clinomaque (fr. 34, 2e §).

Comme il est impossible d'accorder entre elles toutes ces données, on en est réduit à avancer diverses hypothèses plus ou moins vraisemblables. On ne peut faire mieux, sur ce sujet, que de renvoyer au long et patient travail de clarification réalisé par Döring (pp. 157–163). Ses conclusions peuvent se résumer ainsi :

1.– Dans les ouvrages d'Aristote (fr. 202, 208 A, 209 A, 210 A), la lettre platonicienne (fr. 211) et le fr. 206, on a affaire à un seul et même Bryson, personnage suffisamment connu pour être désigné simplement par son nom (ou avec la seule mention : « le sophiste ») ; les fr. 207 et 34 concernent le même individu ;

2.– Ce même Bryson était relativement connu dans les années 60 et 50 du IVe s. (d'après les mêmes fr. et les dates probables des ouvrages d'où ils sont tirés) ; il doit donc être né au plus tard au début du siècle ;

3.– Ce philosophe a par suite pu être le maître de Pyrrhon (né vers 360), mais non de Théodore (né vers 340 ou 330) ;

4.– Les informations qui le rattachent à Socrate et aux Mégariques sont en revanche dénuées de valeur ; elles s'expliquent par le désir des auteurs anciens de trouver un lien entre le Scepticisme et Socrate ;

5.– Celui qui est appelé « Bryson l'Achéen » (fr. 205) est peut-être le même homme, mais cela reste douteux.

Dans les explications de Döring, seuls les motifs allégués pour refuser le rattachement de Bryson aux Mégariques ne nous paraissent pas tout à fait convaincants. L'hypothèse de l'artifice auquel auraient eu recours des auteurs anciens n'est pas absolument invraisemblable, mais elle n'exclut pas à elle seule que Bryson ait pu entendre Euclide ou Clinomaque. Les liens qui unissaient les Mégariques étant de toute manière assez lâches (voir notre Introduction), la simple fréquentation d'un maître peut suffire pour que la tradition range l'auditeur parmi les membres du groupe (Döring lui-même est moins exigeant ailleurs, par exemple pour les élèves de Stilpon). En outre, il n'est pas interdit de penser que Bryson a été situé dans la mouvance de l'École de Mégare parce que son enseignement avait avec le sien des affinités suffisantes, ce qui est bien l'essentiel en définitive (voir ci-après).

Fr. 206

L'intérêt de ce fr. ne vient certainement pas de l'allusion aux « leçons lucratives » qu'aurait données Bryson (accusation courante dès qu'il s'agit de quelqu'un qui est traité de sophiste, cf. fr. 202 ; voir aussi fr. 75 et 83). Mais on remarque que Bryson est associé par Ephippos (un auteur du IVe s., donc un contemporain) à l'Académie et aux familiers de Platon (cf. aussi fr. 211). On n'en peut rien conclure de précis, mais les premiers Mégariques étant eux-mêmes proches de Platon, il n'est en tout cas pas inconcevable qu'il y ait eu des contacts entre Bryson et Euclide, comme on l'a supposé ci-dessus.

Fr. 207

Alors que le fr. 189 rapporte la tradition qui range Bryson parmi ceux qui n'ont rien écrit, ce passage d'Athénée se fait l'écho d'un ouvrage de Théopompe de Chios où Platon se voit reprocher d'avoir plagié, entre autres, les *Entretiens* de Bryson dans un grand nombre de ses Dialogues. Si l'on prétend trouver dans cette accusation autre chose qu'un trait satirique assez banal[447], on accordera peut-être quelque crédit à l'hypothèse de P. Natorp selon laquelle Bryson aurait emprunté à son élève ou ami Polyxène l'argument du Troisième homme (fr. 220), argument que Platon aurait ensuite utilisé dans ses propres ouvrages[448]. Ajoutons que les fr. suivants et en particulier l'usage que fait Aristote de deux thèses assez précises de Bryson plaident en faveur de la tradition qui veut que ce dernier ait effectivement laissé des écrits.

Fr. 208.

La première des deux thèses de Bryson que rapporte et commente Aristote concerne la théorie du langage et de la signification, théorie dont les liens avec la logique n'ont plus besoin d'être rappelés. Il s'agit de l'affirmation selon laquelle il n'y a pas de mots obscènes. Cette thèse s'éclaire, croyons-nous, quand on l'interprète à la lumière de la doctrine de Diodore (fr. 111–115), au point qu'il est permis de penser que les deux auteurs se font, chacun à sa manière, les interprètes du même point de vue (authentiquement) mégarique. Il est vrai que l'affirmation de Bryson semble d'abord se rapporter à une limite extérieure privant le sujet d'une possibilité expressive[449], ce qui irait à l'encontre de la primauté réclamée par Diodore pour la volonté de signification (fût-elle totalement arbitraire) de celui qui parle ; cependant, et pour autant qu'on puisse la restituer à partir des informations fragmentaires qui en sont conservées, la justification de cette affirmation oriente la réflexion dans la même direction.

Les explications d'Aristote[450] se réfèrent à une théorie « objectiviste » de l'obscénité : l'auteur invoque des propriétés objectives, des différences réelles entre les mots, tant du point de vue de la signification (mots plus précis, plus ressemblants) que du point de vue de la forme du signifiant (mots constitués différemment et pour cette raison plus beaux ou plus laids). Ces différences apparaissent comme des données préalables, des faits de langue objectifs auxquels on ne peut échapper (« Il faut admettre qu'un mot est plus beau ou plus laid »), et c'est par le choix des mots que se manifeste l'intention signifiante du locuteur – ou de l'écrivain. Cette théorie est en effet assez facilement admise quand il est question de la valeur stylistique ou poétique des termes d'une langue (et c'est ce qui intéresse Aristote dans ce texte)[451], mais pose peut-être d'autres problèmes dans le cas de l'obscénité.

L'objection mégarique (et stoïcienne)[452] porte essentiellement et d'abord sur l'identité de signification entre le mot réputé obscène et le mot décent. Si le sens d'un mot c'est ce à quoi il renvoie (Comment. des fr. 111–115, et plus particulièrement du fr. 113), ils auront tous deux le même sens s'ils désignent la même chose, et ils seront obscènes l'un et l'autre, ou ni l'un ni l'autre. S'ils ne renvoient pas à la même réalité, il faut donc que cette réalité soit elle-même obscène dans un cas et non dans l'autre ; mais alors on n'a plus le choix entre une désignation décente et une autre qui ne le serait pas, ce serait une impropriété de langage d'employer l'une pour l'autre[453]. De toute manière, Aristote admet implicitement – et Cicéron le dit en termes exprès – que ce n'est pas la chose elle-même qui est indécente[454]. L'obscénité ne peut donc résider que dans les idées associées au sens de base[455], mais on voit du même coup qu'elle concerne alors la part de la signification qui dépend des circonstances et des auditeurs, qui échappe par conséquent à la maîtrise que l'utilisateur de la langue est censé avoir sur le sens de son discours.

C'est ici que le cas de l'obscénité n'est pas simplement assimilable à celui de l'effet poétique et que l'on comprend mieux la tentative du Mégarique, en liaison avec la thèse diodoréenne de l'absolue souveraineté du locuteur, d'exclure précisément cet effet-là du champ de la signification. Dans le cas de la poésie ou du style en général, Aristote a sans doute raison d'admettre une certaine évidence objective de l'intention de l'écrivain[456]. Mais l'imputation à autrui de quelque chose comme l'obscénité implique l'attribution d'une intention que rien ne garantit absolument[457] ; elle suppose donc un travail de déchiffrage et d'interprétation qui se passe totalement et par principe de l'aveu du sujet parlant, pour quelque chose qui relève pourtant – à la différence de ce qui est requis dans le domaine de l'art – de son intention, de sa volonté de signifier. Paradoxe qu'on croit atténuer en invoquant, par exemple, un inconscient psychique[458], mais qui devait nécessairement heurter l'exigence mégarique de *détermination* du discours : aucune assignation de vérité (ou de toute autre valeur) n'est plus possible si le langage est objectivement ambigu (fr. 111) ou si les propos les plus banals sont exposés à une interprétation par principe jamais *achevée*[459].

Fr. 209–210

La deuxième thèse de Bryson mentionnée par Aristote est la solution proposée par lui au problème de la quadrature du cercle. Aristote lui-même ne fait que des allusions rapides à cette solution, et ce sont les commentateurs du Stagirite qui nous apportent sur elle des renseignements plus précis quoique controversés. Pour bien saisir la nature du problème et le sens des informations dont nous disposons, il est nécessaire, croyons-nous, de parcourir d'abord les textes d'Aristote et d'en résumer l'essentiel avant d'en venir à la thèse proprement dite de Bryson.

1.– Les allusions du Stagirite figurent dans un contexte où il est question d'une proposition bien connue, à savoir la nécessité de recourir à des principes propres si l'on veut démontrer vraiment quelque chose d'un sujet quelconque[460]. On peut se reporter tout de suite au deuxième texte (fr. 210 A), qui a l'avantage de formuler immédiatement cette doctrine : pour connaître vraiment, il ne suffit pas de partir de propositions vraies, indémontrables et immédiates, il faut encore que l'on s'appuie sur des principes propres au sujet considéré et que la chose démontrée dépende des mêmes principes.

Le premier texte (fr. 209 A) est plus complexe, parce qu'il contient de façon très concise plusieurs thèses antérieures tout en les modifiant quelque peu. On y distinguera trois moments, dont seuls les deux derniers concernent Bryson.

a) Dans le premier (1er §), l'auteur se réfère aux distinctions établies au début du traité (chap. 2) entre la démonstration, la dialectique, la critique et l'éristique (appelée ici sophistique), à cette différence près que la critique est expressément rapprochée de la dialectique alors que le chapitre 2 les distinguait[461]. Aristote rappelle d'autre part ce qui constitue un des éléments essentiels du débat, le fait que le dialecticien a affaire aux principes communs. Le sophiste, enfin, est apparenté au dialecticien : comme lui, il utilise les principes communs, mais de façon apparente seulement, ce qui exige d'être précisé.

b) Dans le moment suivant (2e §), l'auteur examine le syllogisme éristique ou sophistique. Deux espèces en sont distinguées : la première est aisément identifiable et correspond au syllogisme « formellement éristique » des *Topiques*, c'est-à-dire à celui qui ne conclut pas vraiment, qui comporte une ou des fautes de raisonnement ; la deuxième par contre ne paraît pas correspondre tout à fait à celui qu'on appelle, toujours d'après le début des *Topiques*, « matériellement éristique » (qui conclut, mais à partir de prémisses admises seulement en apparence) : il s'agit bien de raisonnements concluants, mais, dit l'auteur, qui ne sont pas conformes à la méthode propre. D'après l'explication qui suit, ces raisonnements ne respectent pas la règle annoncée de l'appropriation des prémisses au genre particulier du sujet. C'est dans ce contexte qu'Aristote cite Bryson et sa quadrature du cercle, dont le défaut est justement de s'appuyer sur des principes trop généraux et non spécifiquement géométriques (à la différence des « faux tracés géométriques », qui peuvent conclure le vrai ou le faux mais par des démonstrations proprement géométriques, fausses ou vraies).

c) Le troisième moment (dernier §) est plus important encore, car l'auteur y précise le rapport de l'éristique à la dialectique, annoncé plus haut comme relevant de l'apparence ou du faux semblant. L'éristique serait au dialecticien ce que celui qui fait de fausses figures géométriques est au géomètre, parce qu'il part comme lui des principes communs. Mais cette analogie est trompeuse, car elle laisse entendre que le raisonnement éristique est légitime dans son principe et erroné seulement dans l'application, ce qui est éventuellement le cas de la première des deux espèces distinguées dans le deuxième moment. L'autre espèce, qui intéresse Aristote ici, transfère à un genre particulier ce qui est commun. On le voit, il ne s'agit pas seulement du passage d'un genre à un autre comme la thèse initiale (cf. fr. 210 A) le laissait prévoir, ni d'une simple erreur comme le suggérait la comparaison avec la géométrie (qu'Aristote corrige par suite lui-même : dès le début du 3e § (*pōs hoútōs*), et plus clairement en 172 a 10)[462].

2.– En ce qui concerne la nature exacte de la solution de Bryson, on trouve chez les commentateurs d'Aristote des précisions importantes mais pas tout à fait suffisantes, d'autant plus que l'on débattait dès l'Antiquité de la pertinence des explications proposées (cf. fr. 210 C). Remarquons en tout cas que les versions du Pseudo-Alexandre (fr. 209 B) et du commentateur anonyme (fr. 209 C) diffèrent des autres (y compris du résumé de l'explication du Ps.-Alexandre contenu dans le fr. 210 C, premier §) sur un point capital : les premières ne parlent que de grandeurs supérieures et inférieures aux *mêmes* grandeurs, les deuxièmes précisent : à *toutes* les mêmes grandeurs ; la première explication est évidemment fausse, comme le remarque le Ps.-Alexandre (fr. 209 B, fin), et Aristote aurait eu d'autres objections à lui faire que celles que nous connaissons. Cela étant, la mise au point de Philopon (fr. 210 C, en particulier dernier §) ne manque pas de pertinence, mais un peu malgré lui, à ce qu'il semble : il remarque justement que Bryson postule l'égalité mais ne la démontre pas, et ne construit pas le carré égal au cercle ; le problème en effet n'est pas de savoir s'il est possible qu'un carré soit égal à un cercle, mais de le construire effectivement par des moyens géométriques. Cette observation n'est donc pas une *objection* à l'interprétation de Proclus, comme le voudrait Philopon (fin), puisque c'est en gros ce qu'Aristote reproche à Bryson[463].

Cette « solution » du problème de la quadrature du cercle paraît reposer sur une hypothèse de la continuité de l'espace qui contredirait la doctrine des *amerê* (et aussi les suppositions qui sont à la base des raisonnements du type du sorite) : il faut qu'on puisse passer de manière continue du dernier polygone inscrit au premier polygone circonscrit pour égaler à coup sûr le cercle. Mais alors cette solution serait plutôt pertinente, et c'est Aristote qui n'aurait pas compris Bryson[464]. Il est difficile de se prononcer sur ce point, mais il se pourrait très bien que Bryson se soit contenté d'une formulation très générale, à partir du cas des nombres entiers par exemple[465], sans prendre en considération de façon explicite la continuité de l'espace à laquelle la géométrie a affaire ; l'intuition du Mégarique ne perdrait pas son intérêt, mais on s'expliquerait alors la critique d'Aristote. Il serait beaucoup plus aventureux encore de vouloir retrouver, à partir de ces seules données, d'autres éléments de la pensée de Bryson, dans le domaine logique par exemple. Toutefois, si l'on a raison de rattacher Bryson au courant mégarique, on prendra acte du fait que des préoccupations de type scientifique n'étaient pas étrangères à ce courant, comme nous l'avons laissé entendre précédemment.

Fr. 211–218

Polyxène n'est guère plus connu que son maître ou ami Bryson[466], et l'on ne s'intéresserait guère à lui s'il ne passait pour l'un des « inventeurs » de l'argument du Troisième homme.

1.– En ce qui concerne les dates de sa vie et ses liens avec les écoles de son temps, ces fr. ne contiennent que des données vagues et peu sûres. Ses rapports avec Bryson, par exemple, ne sont connus que par la formule *τῶν Βρύσωνός τινι ἑταίρων* du fr. 211. Si l'on comprend qu'il a été l'« élève » de Bryson[467], il faut admettre qu'il avait au moins une dizaine d'années de moins que lui, et donc qu'il était né vers 390. Mais dans ce cas, sa participation au débat sur les Idées platoniciennes (fr. 220 : l'argument du Troisième homme), à l'Académie ou dans les milieux proches d'elle, est peu vraisemblable[468] : pour qu'il ait pu y jouer un rôle important, il faut qu'il soit né au moins aux alentours de l'année 400, comme Bryson ; et l'on pourrait alors donner à *hetaírōn* le sens ordinaire de « compagnons »[469]. C'est sans doute pour le même motif que v. Fritz en fait un contemporain de Platon et un élève d'Euclide[470], ce que rien n'atteste par ailleurs mais n'est pas invraisemblable. Polyxène semble en tout cas bien connu des proches de Platon, au vu de l'ensemble de ces fr. 211–214, encore qu'il ne faille pas dissimuler le caractère très hypothétique de conclusions qui ne reposent que sur des documents aussi incertains que les lettres attribuées à Platon et à d'autres Socratiques[471] ; le séjour de Polyxène auprès du second Denys est cependant confirmé par Plutarque (fr. 216).

Tout cela ne suffit sans doute pas à faire de Polyxène un Mégarique, et c'est principalement ce que nous connaissons de sa doctrine (fr. 220) qui justifie un pareil traitement. On remarquera cependant qu'il est appelé « dialecticien » (fr. 216 et 218) et « sophiste » (fr. 217 et 220), ce qui, compte tenu de ce que nous avons maintes fois constaté pour les Mégariques, constitue au moins une présomption favorable.

2.– Pour ce qui regarde sa personne et le reste de son activité, la même prudence s'impose quant à la valeur des informations qui nous sont transmises. Dans ces textes, Polyxène est l'objet de jugements contradictoires. La 13e Lettre platonicienne (fr. 211), le cite, avec d'autres, comme garant des qualités intellectuelles de l'homme envoyé à Denys, Hélicon de Cyzique, mathématicien et astronome présenté par Plutarque comme un familier de Platon[472] ; mais la précision donnée ensuite sur le caractère d'Hélicon peut faire croire que les personnes qu'on vient de mentionner ne sont pas très agréables à fréquenter.

Dans la 2e Lettre (fr. 212), Polyxène est présenté comme un dialecticien non dépourvu de qualités, puisque Platon l'a envoyé à Denys pour donner à ce dernier un interlocuteur digne de lui, par opposition aux autres personnes de son entourage. Pourtant, l'auteur de la lettre avait un peu plus haut (fr. 213) accusé le même Polyxène de le diffamer auprès de Denys.

Les fr. 214 A, B et 215 ont été diversement interprétés et corrigés (voir Döring p. 167–168, ainsi que l'apparat) sans qu'on puisse en tirer une conclusion quelconque quant à la personnalité ou la pensée de Polyxène ; tout au plus remarque-t-on que notre homme n'avait pas très bonne presse auprès des auteurs des deux lettres socratiques[473].

Les renseignements fournis par les trois anecdotes suivantes sont tout aussi difficiles à exploiter. Plutarque (fr. 216) confirme que Polyxène a vécu à la cour de Denys, et qu'il y était en qualité de dialecticien soucieux de « réfutation ». Sa rencontre avec Aristippe (fr. 217) ne donne peut-être pas une très haute opinion de sa « morale », mais c'est une information trop particulière et trop isolée pour autoriser des conjectures sérieuses dans ce domaine. On en dira autant de sa rencontre avec

Diogène (fr. 218), qui permet tout au plus de penser qu'il avait une certaine admiration pour le Cynique, sans qu'on puisse parler pour autant d'influence exercée par ce dernier sur Polyxène.

Fr. 219

Nous n'avons en tout et pour tout que deux données sur les écrits et la doctrine de Polyxène. Encore faut-il ajouter que la première (fr. 219) est douteuse. Il n'est certes pas invraisemblable qu'un dialecticien ait composé un discours en l'honneur du sanctuaire de Délos[474] ; la difficulté vient plutôt de ce que cette activité ne se rattache à rien de ce que nous savons (?) par ailleurs de Polyxène[475].

En ce qui concerne le contenu de ce fr., on voit que Polyxène y est cité uniquement pour illustrer le propos initial de l'auteur sur la nécessité d'improviser quand on veut persuader ses auditeurs. Polyxène lui-même ne dit rien de tel, mais on peut penser en effet qu'il applique cette recette dans l'exorde de son discours. Ce genre de préoccupation n'est pas sans évoquer l'intérêt d'Alexinos pour la rhétorique (fr. 88) ; mais on se souvient que, tout en manifestant une certaine considération pour les rhéteurs, celui-ci ne leur en reprochait pas moins la vanité des aspects proprement techniques de leur métier, et c'est bien d'une recette de métier qu'il s'agit ici. Il faut toutefois souligner que l'improvisation concerne aussi, et très directement, la méthode du dialecticien telle que nous l'avons à maintes reprises évoquée, en la rapprochant notamment des *Topiques* d'Aristote[476].

Fr. 220

Le deuxième élément de la doctrine de Polyxène que nous connaissions est d'une tout autre portée : d'après Alexandre d'Aphrodise, en effet, notre auteur aurait utilisé une forme du fameux argument du Troisième homme contre la théorie platonicienne des Idées. Cette information explique l'intérêt que l'on porte à Polyxène, et justifie qu'on le range dans la mouvance de l'École de Mégare[477]. Que celle-ci ait dû tout naturellement s'opposer à Platon sur la question des Idées, cela ressort assez de toutes les analyses précédentes (voir en particulier le Comment. des fr. 27 et 197–199). Mais il n'est pas nécessaire de faire à Polyxène l'honneur d'avoir été le premier à formuler l'objection en question, comme le veulent plusieurs interprètes[478].

Pour ce qui concerne la signification exacte de l'argument du point de vue mégarique (une étude approfondie de la question pour elle-même excéderait évidemment les limites de ce travail), on ne reviendra pas sur le contexte théorique dans lequel il s'inscrit (cf. les fr. mentionnés ci-dessus, et la fin de l'Introd.). Mais il faut être très attentif à la spécificité de la version de Polyxène. Il nous semble que la forme considérée comme classique[479] et qui conduit au redoublement à l'infini de l'Idée ne pouvait pas être mégarique : d'abord parce que, pour fonctionner comme objection, elle est obligée d'accepter la communauté et même la similitude[480] entre les Idées et les individus sensibles ; ensuite et surtout parce que cette forme de l'argument vise à combattre la thèse de l'existence séparée des idées, et qu'une pareille thèse constitue au contraire un des dogmes fondamentaux de la pensée mégarique[481]. Mais cette dernière ne pouvait pas non plus utiliser la deuxième version rapportée par Alexandre : quand on dit que « l'homme se promène », celui qui se promène ce n'est ni l'idée d'homme (qui est immobile), ni un individu particulier (puisque nous ne savons pas de qui il s'agit exactement) ; c'est donc un troisième homme[482]. Cette formulation, si elle doit servir à combattre les Idées, s'appuie elle aussi sur une affirmation directement opposée aux principes mégariques, puisqu'elle réalise une de ces attributions dont le fr. 197 nous disait qu'elles étaient inacceptables (p. ex. « le cheval court »)[483]. La version de Polyxène, au contraire, ne combat pas l'existence des Idées, leur séparation, leur réalité, mais très exactement la participation, la communauté du sensible avec l'idée (ce ne peut être tel homme particulier qui a son être en rapport avec l'idée, affirme l'auteur comme si cela allait de soi, sans éprouver le besoin de se justifier, alors qu'il s'agit d'une des fonctions essentielles de l'Idée platonicienne...!). Cela change totalement le sens de l'argument : ce ne sont pas les conséquences « absurdes » de la participation qui réfutent les Idées, ce sont les Idées elles-mêmes qu'on cherche à préserver des ambiguïtés et des impuretés de la participation[484]. C'est pourquoi le rapprochement proposé par v. Fritz[485] avec *ce qui suit* immédiatement la discussion sur le Troisième homme dans le *Parménide* nous paraît non seulement justifié mais particulièrement éclairant : à partir de 133 c, c'est précisément la relation entre le sensible et l'intelligible qui est mise en question[486], avec cette conséquence remarquable (134 a) qu'il y aura bien alors une science en soi des êtres véritables, mais non de la vérité « de chez nous » ; or nous avons de bonnes raisons de penser que les Mégariques ne reculaient pas devant une telle conclusion[487].

NOTES

1. En ce qui concerne les Petits Socratiques, on rappellera pour mémoire les *Antisthenis fragmenta* de Winckelmann (1842), ainsi que les recueils de J. Humble (1931) et de F. Decleva-Caizzi (1965) auxquels a fait suite récemment la traduction française de L. Paquet (*Les Cyniques grecs*, Ottawa, 1975) ; les fragments d'Aristippe et des Cyrénaïques ont été rassemblés en 1956 par G. Giannantoni (avec une traduction italienne) et en 1961 par E. Mannebach.

2. K. Döring, *Die Megariker*, Kommentierte Sammlung der Testimonien, Amsterdam, B.R. Grüner, 1972.

3. Voir les fr. 123 et 186. – On notera que, par commodité et pour nous conformer à l'usage, nous utilisons l'abréviation « fr. » pour désigner les textes mégariques bien qu'en toute rigueur les *fragments* soient très peu nombreux et qu'il s'agisse en fait surtout de *témoignages*.

4. Fr. 95.

5. Pour éviter de briser la continuité de la numérotation originale, et parce que ces textes ne constituent pas à proprement parler des témoignages supplémentaires, on a préféré les regrouper à part et à la suite de l'ensemble constitué par Döring. Ces ajouts sont signalés après chacun des fragments concernés.

6. Aux livres de D. Henne (*L'École de Mégare*, Paris, 1843) et de C. Mallet (*Histoire de l'École de Mégare et des Écoles d'Élis et d'Érétrie*, Paris, 1845), qui accusent leur âge, il faut cependant ajouter les belles analyses de Hegel (*Leçons sur l'histoire de la philosophie*, trad. fr. de P. Garniron, Paris, Vrin, tome 2, 1971, pp. 339–359) et de E. Zeller (*La philosophie des Grecs considérée dans son développement historique*, vol. 3, trad. franç. de M. Belot, Paris 1884 ; nous citons cependant une édition allemande postérieure, voir plus loin), toutes deux contenues dans des ensembles plus vastes et risquant de ce fait de passer inaperçues.

7. La situation n'est pas très différente dans les autres langues. Une exception toutefois : l'article « Megariker » que K. von Fritz a signé dans la *Realenzyklopädie* de Pauly-Wissowa-Kroll (Suppl., vol. 5, Stuttgart, 1931, col. 707–724), et qui constitue l'étude la plus complète et la plus intéressante sur le sujet.

8. Cf. par exemple C. Prantl, *Geschichte der Logik im Abendlande*, I, Leipzig, 1855, réimpr. Graz-Austria, 1955, p. 33 (« l'École de Mégare... n'a pas non plus et en aucune manière poussé plus loin l'édification d'une logique »), et R. Blanché, *La logique et son histoire*, Paris, A. Colin, 1970, p. 91 (Les Mégariques sont « les vrais fondateurs de la logique dite stoïcienne »).

9. Cf. par exemple E. Dupréel, *La légende socratique et les sources de Platon*, Bruxelles, 1922, p. 365.

10. Sur tous ces points, voir le commentaire des premiers fr., en particulier fr. 1, 4, 31 ss.

11. Le cas le plus caractéristique étant celui d'Alexinos, qui s'en est allé à Olympie fonder une secte nouvelle sans pour autant cesser d'être considéré comme un mégarique (fr. 74).

12. Bryson et Polyxène, par exemple, ont été pour cette raison rejetés en appendice par Döring lui-même. On a voulu exclure aussi Diodore (cf. D. Sedley, « Diodorus Cronus and Hellenistic philosophy », *Proceed. of the Cambridge Philol. Soc.*, XXIII, 1977, pp. 74–78).

13. Sur les écoles socratiques et leurs traits particuliers, voir la brève mais claire mise au point de K. von Fritz, art. « Megariker », col. 718–719.

14. L'Antiquité ne paraît pas avoir mis en doute la réalité de l'École de Mégare, cf. les fr. 31 et suivants (dans le fr. 41, on remarque qu'elle figure même en tête de liste !).

15. Nous nous permettons de renvoyer pour les détails au commentaire de Döring, qui fait généralement le point sur tous ces problèmes avec beaucoup de sûreté. L'essentiel en est repris dans nos propres éclaircissements.

16. Si l'on accepte d'inclure Bryson (début du IVe siècle, selon toute apparence) parmi les Mégariques, on relèvera qu'il eut lui aussi l'honneur d'être discuté par Aristote : il est même cité nommément à plusieurs reprises pour deux de ses thèses (fr. 208 et 209–210).

17. Sa théorie du *sunēmménon* ayant paru à certains logiciens contemporains très proche de la conception moderne de l'implication « ordinaire », ils ont appelé celle-ci « philonienne » en souvenir du Mégarique.

18. On peut encore citer Panthoïdès (fr. 63, 131, 145 et 146), mais il reste de lui peu de choses. Quant aux divers disciples de Stilpon que Döring considère comme autant de philosophes mégariques (p. 66), on voit qu'il n'y a sur eux rien d'autre à dire.

19. Cf. aussi l'Annexe au fr. 186, ainsi que les commentaires des fr. 17, 75, 86.

20. On sait que Leibniz cite quelquefois Diodore (*Théodicée*, §§ 170–171 ; lettre à Bourguet de déc. 1714). Sur la manière dont les Mégariques en général ont été jugés par les modernes, voir G. Cambiano, « La scuola megarica nelle interpretazioni moderne », *Rivista di Filosofia* (Turin) LXII, 1971, pp. 227–253.

21. Voir par exemple, pour le cas particulier d'Aristote, P. Aubenque, *Le problème de l'être chez Aristote*, Paris, P.U.F., 1962, pp. 4 ss.

22. Art. « Megariker », col. 708–709 et 716. – Pour les détails, voir le commentaire des divers fr. cités.

23. Comme le veulent E. Zeller (*Die Philosophie der Griechen in ihrer geschichtlichen Entwicklung dargestellt*, II, 1, Leipzig, 4e éd. 1889, pp. 245–246, n. 3 de la p. 245) et J. Rolland de Renéville (*Essai sur le problème de l'Un-Multiple et de l'attribution chez Platon et les Sophistes*, Paris, Vrin, 1962, p. 95).

24. Cf. D. Henne, *L'École de Mégare*, p. 20 : « Il se passionna pour ses doctrines » ; P. M. Schuhl, *Le Dominateur et les Possibles*, Paris, P.U.F., 1960, p. 35 : « ... il avait étudié de très près les doctrines (de Parménide) » ; J. Humbert, *Socrate et les Petits Socratiques*, Paris, P.U.F., 1967, p. 275 : « Il fut profondément marqué par l'Éléatisme... »

25. Détail qui permettrait même de donner à *kaí* un sens fort et d'inverser

le rapport entre les deux sources où Euclide est censé avoir puisé : « Il a, *en outre*, étudié les écrits de Parménide ». Quant à *metecheirízeto*, il suggère tout au plus une relative familiarité due à un « maniement » fréquent des livres ou des idées de Parménide, qu'Euclide aurait ainsi, si l'on veut, « étudiés de près ».

26. Voir notamment le commentaire des fr. 82–85, fin ; et aussi A. Levi (« Le dottrine filosofiche della scuola di Megara », *Rend. Reale Accademia nazionale dei Lincei*, ser. VI, vol. VIII, fasc. 5–6, 1932, pp. 472–473 et 495) qui estime que la dialectique apparemment négative d'auteurs comme Eubulide et Diodore, qui ne semblent pas s'être occupés de morale, avait une fonction de purification éthique (et religieuse).

27. On peut par exemple justifier ce rapprochement habituel avec l'école de Parménide, en essayant de montrer que l'« Éléatisme » des Mégariques était moins le résultat d'un héritage que la conséquence de certains présupposés doctrinaux et du caractère particulièrement abstrait de leur rationalisme (cf. la fin de l'Introd.).

28. Il faudrait montrer, là encore à la suite de K. von Fritz (art. « Megariker », col. 709–715), que quoi qu'en ait dit Socrate (fr. 9), Euclide doit sans doute beaucoup en la matière à son maître – lequel, comme on sait, n'a pas manqué non plus d'être traité de sophiste – et que les ressemblances avec la dialectique de Zénon sont plus apparentes que réelles. Cf. le comment., pp. 98 ; 106 ; 138.

29. Cf. dans le même sens l'analyse de S. Rosen, « La critique aristotélicienne des Mégariques », *Études philosophiques*, 1982, 3, pp. 322, 325–327.

30. Nous empruntons cette qualification à Hegel : « Mettre le discours commun dans l'embarras de répondre paraît un jeu, une plaisanterie, cela paraît inepte : autrui sait bien ce qu'on veut dire, il joue sur les mots... C'est pourquoi notre sérieux allemand proscrit le jeu de mots... » (*Leçons sur l'histoire de la philosophie*, trad. franç., tome 2, p. 347).

31. Par exemple la règle qui veut qu'on réponde par oui ou par non à la question posée (cf. fr. 84) est reconnue par Aristote comme faisant partie de la procédure dialectique normale, et même « plus parfaite » (*Topiques*, VIII, 2, 158 a 14 ss ; *Réf. soph.*, 17, 175 b 9 ss). On sait que le même Aristote s'est longuement penché sur tous ces pièges qui tiennent à l'expression, *en léxei* (*Réf. soph.*, 4 et 19–23). – Pour tout ce qui concerne la procédure et la forme générale de cette sorte de dialectique qu'on pratiquait à Mégare, les deux traités cités d'Aristote constituent sans doute notre meilleure source. On trouvera un exposé détaillé et clair sur le sujet dans l'Introduction de J. Brunschwig à son édition des *Topiques* (Paris, coll. des Universités de France, 1967, spéc. pp. X et XXII ss). Voir aussi notre article, « Signification historique et philosophique de l'argument Souverain de Diodore », *Revue de philos. ancienne*, 1984–1, pp. 14–17.

32. Le lien entre les deux faces, « négative » et positive, du problème (la plaisanterie d'apparence sophistique et la théorie de la signification intentionnelle) apparaît bien dans le fr. 183.

33. L'antinomie du Menteur mériterait une place à part, dans ce contexte, en raison de son intérêt et des nombreuses discussions auxquelles elle a donné lieu depuis l'Antiquité jusqu'à nos jours. Voir le commentaire du fr. 64 et la bibliographie.

34. Il faut remarquer cependant que ce vocabulaire moderne n'est plus aujourd'hui admis sans restriction quand il s'agit des théories logiques de l'Antiquité, certains interprètes préférant souligner la spécificité des conceptions anciennes (par exemple le caractère non extensionnel d'une bonne part de la logique stoïcienne).

Voir notamment J. Corcoran (éd.), *Ancient logic and its modern interpretations*, Dordrecht-Boston, D. Reidel, 1974 ; et C. Imbert, *Logique et langage dans l'Ancien Stoïcisme*, Essai sur le développement de la logique grecque, Thèse en Sorbonne, juin 1975.

35. Comme le font pourtant encore certains interprètes récents : la plupart des arguments d'Eubulide (fr. 64) sont appelés « jonglerie gratuite » par v. Fritz (art. « Megariker », col. 715, l. 18) et « jeux chicaniers » par Döring (p. 108).

36. *Leçons sur l'histoire de la philosophie*, trad. fr., tome 2, p. 343.

37. P. M. Schuhl, *Le dominateur et les possibles*, p. 60. Il faut entendre : absence de communication ou de participation avec le sensible, le divers en général (fr. 199, 220), et les unes avec les autres (fr. 197). On ne peut s'empêcher de faire le rapprochement avec les critiques que Platon adresse aux Amis des Idées (*Soph.*, 248 a et 252 b–c).

38. J. Mau, dans l'éd. Teubner (Leipzig, 1961, p. 19, l. 13), adopte une correction antérieure de C. L. Kayser et écrit *μειονεκτούμενος* au lieu de *πλεονεκτούμενος*, soit : « ... sans cesse inférieur », ce qui paraît plus clair à première vue. Il nous semble que la leçon des manuscrits peut être conservée, même sans recourir à l'ingénieuse explication de G. Sillitti (« Alcune considerazioni sull' aporia del sorite », in *Scuole socratiche minori*..., Bologne, 1977, p. 77 ss : le Sorite comprendrait normalement un double processus, descendant et ascendant ; le début du passage correspond à la « descente », et la phrase suivante à la « montée ») : Sextus envisage ici le processus de soustraction continuelle ; à chaque étape, la comparaison se fait avec le nombre précédent, celui dont on *enlève* une unité mais qui est aussitôt exprimé dans le vocabulaire de *l'addition* (*προσθέσει* ; la « contradiction » est présente dès la première phrase) ; bien que l'on obtienne chaque fois un nombre plus petit, ce nombre est ainsi « sans cesse supérieur d'une unité », c'est-à-dire d'une unité seulement, de sorte que le suivant (même si en réalité il est très petit) sera sans cesse très grand lui aussi en vertu du raisonnement exposé dans la première phrase.

39. Par exemple J. Brun, « Les Mégariques », in *Histoire de la philosophie*, Paris, Encycl. de la Pléiade, tome 1, 1969, p. 692.

40. Recension du livre de Döring, in *Schriften zur griechischen Logik*, Stuttgart – Bad Cannstatt, 1978, vol. 2, p. 94.

41. Voir les fr. suivants, et K. v. Fritz, art. « Megariker », *Realenzyklopädie*, Suppl. V, 1931, col. 707 ss.

42. Par exemple pour le *Parménide* (cf. A. Diès, *Notice du Parm.*, Paris, Coll. des Universités de France, 1923, 4e tirage 1965, p. 10, et L. Robin, *Platon*, Paris, 1935, rééd. P.U.F., 1968, p. 94), ou pour le *Banquet* (cf. L. Robin, *Notice du Banquet*, Paris, Coll. des Universités de France, 1929, 7e tirage 1962, pp. XXII, XXVII-XXVIII).

43. Cf. U. von Wilamowitz-Moellendorff, *Platon*, 2e éd. Berlin, 1920, I, p. 172 et II, p. 56 ; et L. Robin, *Notice du Phéd.*, Paris, Coll. des Universités de France, 1926, 9e tirage 1965, pp. XXI–XXII.

44. *Platon*, p. 94.

45. Cf. U. v. Wilamowitz, *Platon*, I, p. 180 ; L. Robin, *Platon*, p. 4 ; J. Wahl, « Platon » in *Histoire de la philosophie*, Encycl. de la Pléiade, I, p. 464.

46. U. v. Wilamowitz invoque le désir des disciples d'échapper aux moqueries après la mort du maître, et aussi la volonté de se regrouper pour continuer son œuvre (*ibid.*).

47. A. Diès se plaît à souligner ce point (*Platon*, Paris, 1930, p. 71 ; *Notice du Théétète*, Paris, Coll. des Universités de France, 1926, 4e tirage 1963, p. 123 ....) ; cf. aussi U. v. Wilamowitz, *Platon*, I, p. 516.

48. *Introduction* au tome I des Oeuvres de Platon, Paris, Coll. des Universités de France, 1920, rééd. 1966, pp. 4–5.

49. D'après l'édition de L. Köhler (*Die Briefe des Sokrates und der Sokratiker*, in *Philologus*, supplément XX, 2e cahier, Leipzig 1928), la lettre 22 d'où provient le fr. 4 D est adressée à Simmias et à Cébès ; l'expéditeur n'est pas mentionné sur le manuscrit, mais pourrait être Xénophon ou Eschine (d'après le contenu). La lettre 15 (fr. 4 E), elle, est adressée aux familiers de Socrate de la part de Xénophon. Expéditeurs et destinataires sont manifestement fictifs.

50. A Diès (*Notice du Théét.*, pp. 119–123 et 147–148) et Döring (pp. 73–74) exposent clairement les divers arguments échangés à ce sujet. Même position de la part de J. Humbert (*Socrate et les petits Socratiques*, pp. 272–274) et K. v. Fritz (*Schriften...*, II, p. 94).

51. C'est l'occasion aussi de signaler l'audacieuse hypothèse de D. Henne (*École de Mégare*, pp. 47–52) : prenant prétexte du prologue et du contenu du dialogue entier, celui-ci n'hésite pas à en attribuer la substance à Euclide et à fonder sur lui sa reconstitution de la véritable « méthode » du Mégarique, et, par extension, de *la* méthode de l'École de Mégare tout entière.

52. Voir Döring, p. 77.

53. Ci-dessus p. 185, n. 28. Voir aussi L. Robin, *Notice du Phédon*, pp. XV–XVII.

54. Elle est par exemple trop générale, voire trop « banale », pour autoriser des rapprochements doctrinaux avec une conception morale déterminée.

55. Suivant les intéressantes précisions fournies sur ce point par Döring dans son commentaire, p. 78. – Ce qui, soit dit en passant, contribue à ébranler les affirmations péremptoires d'E. Dupréel (*La légende socratique et les sources de Platon*, p. 365), selon lequel la personnalité et la doctrine d'Euclide ne sont qu'invention tardive de biographes hardis : ce type d'anecdotes ne peut, comme il l'avance, avoir été puisé dans le *Théétète* et le *Phédon*, et nous paraît avoir besoin d'un support historique minimal.

56. Le terme *philográgmonas* pourrait signifier aussi « les gens affairés » ; mais il faudrait se demander alors à quel genre d'« affaires » il serait ainsi fait allusion, et la formule serait assez plate.

57. Comparez avec une image d'Épictète (*Entretiens*, III, 9, 18 : « Toi, tu possèdes de la vaisselle en or, mais ta raison, tes jugements... sont de terre cuite »), et une autre de Diogène (D. Laërce, VI, 27 : « Il s'étonnait... de voir les musiciens si bien accorder leur lyre, et oublier d'accorder leur âme »).

58. « Ricerche sui « Dialoghi socratici » di Fedone e di Euclide », *Hermes*, CVIII, 1980, pp. 198–200.

59. Des anciens rhéteurs et médecins aux Stoïciens, sans oublier ni Platon ni Aristote ; cf. par exemple V. Goldschmidt, *Le système stoïcien et l'idée de temps*, Paris, Vrin, 1953, pp. 159, 202–204, et P. Aubenque, *La prudence chez Aristote*, Paris, P.U.F., 1963, pp. 95 ss.

60. Aux premiers Mégariques on peut probablement attribuer la négation de la réalité ontologique et de l'efficacité du temps (cf. fr. 27 ?) ; mais comme aucun texte n'en parle explicitement et qu'en outre la pensée du fr. 13 est doublement

indéterminée (quant à son origine et quant à sa signification), la part de la conjecture serait trop grande si l'on se hasardait à faire intervenir ici cette conception.

61. Par Platon, bien entendu ; mais il en est de même chez Eschine (Diog. Laërce, II, 61) ou chez Antisthène (*ibid.*, VI, 15 ss).

62. L'identification des deux autres nous paraît secondaire ; voir Döring, p. 79.

63. Les *Banquet* de Platon et de Xénophon, ou encore l'*Aspasie* d'Eschine, et le *Traité du Mariage* d'Antisthène.

64. L. Rossetti, « Tracce di un *lógos sōcraticós* alternativo al Critone e al Fedone platonici », *Atene e Roma*, XX, 1975, pp. 34–43.

65. On les trouve par exemple dans l'*Iliade*, chez Hésiode, et dans diverses représentations plastiques ; cf. Döring, p. 80.

66. Comme on voit dans l'*Apologie* de Platon, 40 c–e.

67. Il n'est pas assuré, par exemple, que ce passage exprime bien la pensée d'Euclide (qu'on songe aux deux Aphrodites du discours de Pausanias, dans le *Banquet* de Platon !).

68. V. Fritz a le premier attiré l'attention sur ce fait, en rapprochant ce fr. des écrits de Platon et d'Eschine (art. « Megariker », col. 708, l. 32 ss).

69. V. Fritz, *ibid.* Suivant la remarque de U. v. Wilamowitz (*Platon*, II, p. 23, n. 2), le *héteros hoûtos* du fr. 19 rappelle la manière dont, dans un procès, on désignait l'adversaire *présent* au tribunal ; ce qui voudrait dire que la Mort est bien présente aux côtés de chacun de nous, comme le dit le fr. 20 (*adpositum*) du couple de démons.

70. Le Bon et le Mauvais Génie, les Moires et Démons d'Empédocle, les deux Ames du monde des *Lois*, le *thumós* et le *logismós* des Stoïciens, selon U. v. Wilamowitz (*ibid.*). Zeller propose le Discernement et la Folie (Einsicht, Torheit) (*Die Philosophie der Griechen...*, p. 261, fin de la n. 2 de la p. 260). Voir aussi P. Boyancé, « Les deux démons personnels dans l'Antiquité grecque et latine », *Revue de philologie*, 3e série, IX, 1935–2, pp. 189–202 ; l'auteur reconnaît dans notre passage la doctrine des deux démons (ou génies) personnels, un bon et un mauvais, doctrine elle-même d'origine pythagoricienne.

71. Quelques exemples récents de cette interprétation : pour A. Rivaud, Euclide affirmait « l'identité de l'un et du Bien » (*Hist. de la philosophie*, I, Paris, P.U.F., 2e éd. 1960, p. 163) ; « On sait, écrit J. Rolland de Renéville, que l'enseignement essentiel d'Euclide le Mégarique consistait à nier toute existence réelle, hormis celle de l'Un-Bien » (*Essai sur le problème de l'Un-Multiple...*, p. 28) ; J. Humbert parle de « soif de l'Un » et de « refus du Multiple » (*Socrate et les Petits Socratiques*, pp. 275–276) ; J. Brun enfin évoque « l'Etre unique, immuable » (*Hist. de la philosophie*, Encycl. de la Pléiade, I, p. 693). On aura remarqué, outre l'emploi insinuant des majuscules, comment on passe aisément du bien qui est un à l'Un et à l'Etre tout court.

72. Art. « Megariker », col. 709.

73. *Rép.* 507 b ss (cf. aussi *Philèbe* 15 a) ; *Eth. à Nicomaque*, I, 4, 1096 b 26 et *Eth. à Eudème*, I, 8. Voir aussi un passage d'Eusèbe (*Préparation évangélique*, XIV, fin du chap. 16) où il est question du Dieu de Socrate et de Platon en des termes assez voisins (insistance sur l'unité d'un être à la fois Bien, Dieu et Intelligence, et susceptible de recevoir plusieurs noms).

74. « Aucun de ces caractères (il s'agit des qualificatifs *ingrat, impitoyable, insoumis,* appliqués à Néron) n'exprime quoi que ce soit d'une essence » (Spinoza,

Lettres, 23, trad. ch. Appuhn, 1929, in *Œuvres*, Paris, Garnier-Flammarion, IV, 1966, p. 219). Voir aussi la célèbre Remarque au § 6 de l'*Encyclopédie* de Hegel, qui éclaire en même temps le rapport de la doctrine mégarique du possible (fr. 130 ss) à ce qui est donné ici comme le dogme central du fondateur de l'école (l 'erreur, écrit Hegel, le mal et toutes choses de ce genre ne sont pas dignes d'être appelées réalités; or le réel se distingue notamment du contingent, lequel n'a pas plus de valeur qu'un possible. Le même mouvement de pensée qui vise à nier la substantialité des contraires du bien est ainsi conduit à dévaloriser voire à refuser la notion de possible). – Les contraires du bien du fr. 24 sont peut-être aussi une réponse aux théoriciens des deux principes (le Bien et le Mal) responsables de tout ce qui existe dans le monde dont nous entretient Aristote (*Métaph.*, A, 4, 984 b 32–33 : les contraires du bien sont présents aussi dans la nature). Cela ne modifierait pas l'interprétation proposée, mais lui donnerait une portée cosmique sans autre exemple dans les textes mégariques. Voir aussi *Théétète*, 176 a.

75. Présentée sous cette forme par A. Levi, « Le dottrine filosofiche della scuola di Megara », p. 470. Cf. aussi C. M. Gillespie, « On the Megarians », *Arch. f. Gesch. der Philosophie*, XXIV, 1911, p. 221.

76. Ce dont semble avoir eu conscience Gillespie, puisqu'il évite de parler de la prudence, ainsi que du statut de la vertu du fr. 25. Levi tente bien de tenir compte de tous les termes, mais son embarras est visible.

77. On songe évidemment à Xénophane, à Anaxagore, à Socrate et même à Platon ; cf. Döring, p. 87.

78. *Rép.*, VI, 505 b. Zeller (*Die Philosophie der Griechen...*, p. 260) y voit d'ailleurs une allusion aux Mégariques, à cause des termes « prudence » et « plus raffinés ». Mais c'est accorder à la *phrónēsis* un privilège que la phrase de Diogène Laërce ne justifie guère, comme on vient de le dire.

79. *École de Mégare*, pp. 121 ss. Cette analyse est une pièce de l'argumentation très nourrie (une cinquantaine de pages) par laquelle l'auteur s'efforce de justifier la thèse de ceux qui soutiennent que les Amis des Idées du *Sophiste* sont les Mégariques. Nous avons nous-même défendu un point de vue très voisin, mais sans faire usage de cette partie du fr. 24, dans un essai à paraître sur la pensée mégarique.

80. *Éth. à Nicomaque*, I, 4, 1096 a 23–27.

81. Nous pensons moins à 509 b qu'à 505 a–b, comme ci-dessus. – Si l'on ajoute que la prudence, Dieu ou l'intelligence ne peuvent évidemment pas être dits « bien » dans le même sens, il faudrait enfin se demander si ces spéculations ne méritent pas malgré tout de figurer dans une préhistoire de la doctrine des catégories, bien que par ailleurs la pensée mégarique s'oppose nettement à l'idée que l'être puisse avoir un autre sens que le sens fort de « réalité vraie ».

82. Celle des *Lois*, XII, 963 c ss s'impose ici ; on note qu'il n'y est question encore que de parvenir à l'unité de l'Idée et à l'étude de l'un et du multiple (cf. 965 b–c). Cf. aussi *Protagoras*, 329 d (deux façons différentes de comprendre l'unité de la vertu), et 349 b.

83. Pour l'opinion du Socrate historique, voir notamment *Éth. à Nicomaque* VI, 13, 1144 b 18 (selon Aristote, c'est à la prudence que, pour Socrate, les autres vertus se ramènent), et, avec les réserves d'usage, *Ménon* 71 e ss ; cf. Y. Belaval, « Socrate », in *Hist. de la philosophie*, Encycl. de la Pléiade, I, pp. 457–459. L'intérêt de cette thèse de l'unité de la vertu pour la discussion visant à établir le caractère socratique de l'inspiration mégarique n'a guère été souligné ; v. Fritz s'en est avisé par la suite (Recension du livre de Döring, in *Schriften...*, II, p. 95).

84. Voir E. Bréhier, *Chrysippe et l'ancien Stoïcisme*, Paris, 1951, pp. 236 et 239 ss. L'affirmation de D. Laërce dans ce même fr. 25 au sujet de Zénon est au moins incomplète. C'est encore la prudence qui est la vertu fondamentale pour Zénon ; et, toujours selon E. Bréhier, c'est plus particulièrement Chrysippe qui s'est employé à résoudre ce conflit entre l'unité et la multiplicité des vertus.

85. Le fondement de l'unité de la vertu est, pour les Stoïciens, l'unité de l'âme réduite au logos.

86. *École de Mégare*, pp. 62 ss (surtout pp. 70–71). L'auteur aboutit au tableau suivant : 1) le Bien, l'unité et l'être comme genre suprême ; 2) diverses espèces de Bien (prudence, Dieu, intelligence) ; 3) différentes sortes de vertus comprises sous la prudence.

87. Certains pensent, écrit Aristote dans la *Métaphysique* (N, 4, 1091 b 13–15), que l'essence du bien consiste dans son unité ; or cette thèse est celle de partisans *des* essences immobiles. Aristote lui-même accepte d'ailleurs dans ce passage l'assimilation de l'Un en soi et du Bien en soi.

88. *Die Philosophie der Griechen...*, pp. 260–261, n. 2.

89. Il est certainement abusif de vouloir en « déduire a priori » une ontologie de l'Unité absolue, comme le fait Mallet (*Hist. de l'École de Mégare...*, pp. XXIV ss).

90. Le même chapitre de la *Métaph.* (θ, 3, en particulier 1047 a 14) explique que toutes ces notions sont étroitement liées : en refusant la puissance, les Mégariques ruinent le mouvement et le devenir.

91. Fr. 126 ; et fr. 128, fin du § 311. Voir aussi le comment. du fr. 186.

92. A la suite de Mras, l'éditeur d'Eusèbe (cette leçon est celle d'un des manuscrits et non une correction).

93. Contentons-nous de renvoyer à la *République* (V, 476 a ss ; VI, 507 b ; X, 596 a ss), dont les préoccupations illustrent le mieux notre propos. Voir aussi Aristote, *Métaphysique*, Γ, 2, 1003 b 22 ss.

94. Aux tournures précédentes, comparez *Sophiste* 244 b ; *Métaphysique* A, 3, 984 b 1 ; A, 5, 986 b 10–11 ; B, 4, 1001 a 31–33 ; *Physique* I, 2, 185 a 22 (à chaque fois il est précisé que c'est la totalité des étants qui est réduite à l'unité). En *Physique* I, 3, 187 a 10, Aristote précise : *ὅτι μὲν οὖν οὕτως ἓν εἶναι τὸ ὂν ἀδύνατον, δῆλον* (« Il est clair par conséquent que l'unité de l'être *ainsi entendue* est impossible ») ; cela montre à tout le moins qu'il y a plusieurs façons de comprendre la formule, ce qui nous suffit.

95. 258 a et d (« La nature de l'autre, on l'a vu, compte parmi les êtres ») et 259 a (« l'autre, participant de l'être, est en vertu de cette participation »).

96. Cf. Introd., p. 17 et n. 37. Voir les fr. 197 et 198, avec leur commentaire. On y trouvera d'autres arguments permettant d'établir que les Mégariques admettaient *des* êtres, essences ou idées.

97. Même interprétation de cette partie du fr. 27 de la part de P. Aubenque, *Le problème de l'être chez Aristote*, pp. 145–146, qui du même coup prend lui aussi position en faveur du rapprochement entre les Mégariques et les Amis des Idées. Sur cette question controversée, voir E. Zeller, *Die Philosophie der Griechen...*, pp. 252–255 ; A. Diès, *Notice du Sophiste*, pp. 292–297 ; R. Muller (*cf. note 79*).
– Pour la deuxième partie de la formule, deux autres manuscrits au moins portent : *τὸ ἕτερον ἕτερον μὴ εἶναι.* Rapprochée de *Théét.* 190 c, cette formule pourrait signifier pour les Mégariques : « Il n'est pas vrai que l'un soit l'autre », c'est-à-dire : on ne doit pas relier deux choses différentes par le verbe être, ce qui ne

changerait rien à notre interprétation. On pourrait d'ailleurs retrouver cette dernière même en traduisant : « Ce qui est (ou paraît) autre n'est pas autre », c'est-à-dire n'*est* pas, en tant qu'autre.

98. Voir notamment la fin du comment. des fr. 64–65.

99. Depuis v. Fritz, semble-t-il ; cf. aussi Döring, p. 84.

100. Diogène Laërce, VII, 76, et Sextus, *Pyrrh. hyp.*, II, 135–136.

101. Nous avons dit et répété que la logique des Stoïciens est directement l'héritière de celle des Mégariques, mais il nous paraît malgré tout douteux qu'on soit autorisé à remonter jusqu'à Euclide.

102. Pour ce qui concerne Zénon, cf. *Parménide* 128 d ; pour Socrate, voir par exemple *Théétète* 163 d ss ou 171 a–c.

103. Une proposition contraire à la thèse de Parménide, pour Zénon ; une affirmation émise par un interlocuteur, pour Socrate ; la conclusion d'une argumentation de l'adversaire, pour Euclide (p. 90).

104. Où l'on pose comme prémisse d'un raisonnement réfutatif la contradictoire de la conclusion à laquelle on veut aboutir (cette contradictoire pouvant être la conclusion du raisonnement de l'adversaire) ; avec une autre prémisse, incontestée celle-là, on obtient une conclusion manifestement fausse ou absurde ; la première prémisse est donc fausse (cf. Aristote, *An. Pr.*, II, chap. 11). On a bien ici une preuve qui reprend la proposition contestée à nouveaux frais, sans se soucier de la démonstration précédente qui a établi cette proposition. – De ce point de vue, la comparaison parfois avancée avec le fr. 94 est injustifiée.

105. *Sophiste* 257 a, 259 c (comparer aussi *Théétète* 167 d). Notons que tout de suite après (259 d–e) il est à nouveau question des gens qui « séparent tout de tout » et isolent les idées, etc. Le principe même de la méthode « socratique » (ou platonicienne ?), en dépit des exemples rapportés plus haut, s'oppose ouvertement à cette pratique, puisqu'il s'agit d'avancer pas à pas en obtenant à *chaque étape* l'*accord* de l'interlocuteur, et même de le « purifier » progressivement ; ce qui est tout le contraire (dans l'intention avouée de Platon en tout cas) de la simple réfutation ponctuelle et « logique » (par les artifices du discours) d'une proposition. Pour mémoire, voir par exemple *Protagoras*, 331 c, 336 b–d ; *Charmide*, 165 b–c ; *Théétète* 150 d, 167 e et ss ; *Sophiste*, 230 b–c ; *République* VI, 487 b et ss.

106. *Rhét.*, II, 20, 1393 b 4 ss. La « parabole », ici attribuée à Socrate, appartient au genre de l'« exemple » (*parádeigma*), lequel est caractérisé comme une preuve semblable à l'induction (même rapprochement dans *Top.*, VIII, 14, 164 a 15). L'exemple comprend deux espèces, les exemples empruntés au passé et les exemples inventés. Ces derniers se subdivisent en « paraboles » (ou comparaisons) et en fables (*lógoi*). Aristote précise un peu plus loin qu'il ne faut inventer fables et paraboles que si l'on est capable de voir les similitudes (*tò hómoion*), chose que la philosophie rend plus facile (1394 a 4).

107. Respectivement v. Fritz, « Megariker » col. 717, 29 et *Schriften...*, II, p. 96 ; Döring, pp. 90–91.

108. Aristote fait allusion plusieurs fois au côté artificieux de la parabole : *Topiques*, 156 b 25 ; *Réf. Soph.*, 176 a 33 ; *Politique* II, 5, 1264 b 4 (ce dernier texte ayant pour cible Platon).

109. C'est l'opinion de D. Henne, *L'École de Mégare*, pp. 163–164. On peut invoquer *Métaphysique*, H, 3, 1043 b 25–28 (la définition comme circonlocution ; l'ex. de l'argent « expliqué » par *comparaison* avec l'étain).

110. D'après F. Jacoby, l'éditeur des Fragments des Historiens Grecs (IIIe partie, Commentaire des n° 262–296, Leyde, 1964, p. 292), qui fait allusion à d'autres natifs de Mégare « transplantés » en Sicile.

111. Qu'il soit ou non né à Mégare, ce qu'aucun document ne permet d'établir. Il nous suffit qu'il y ait résidé ensuite (cf. fr. 1, 3, 5, etc.).

112. D. Sedley (« Diodorus Cronus and hellenistic philosophy », pp. 74–78) estime pour sa part qu'il s'agit d'un groupe distinct des Mégariques, et comprenant notamment Clinomaque et Diodore.

113. Pour Isocrate, voir *Contre les Sophistes*, 1–9 ; *Éloge d'Hélène*, 1 ; *Sur l'échange*, 258. On connaît les allusions de Platon (*Ménon*, 75 c, *Rép.* V, 454 a ; VI, 499 a ; VII, 539 b) et les analyses plus techniques d'Aristote (*Topiques*, I, 1).

114. La technique des questions et réponses est attestée par l'usage fréquent des termes *erōtân* et *erōtēma* (questionner, question) qui accompagnent les arguments mégariques (et qu'on ne peut toujours traduire littéralement : fr. 64 ; 123, début du § 87 ; 131, début ; 135, fin du 1er §), ou plus simplement par les exemples expressément rapportés (fr. 84, lequel précise que la réponse doit se faire par oui ou par non).

115. Sur l'origine et la nature de cette dialectique « commune » des Ve et IVe s., voir surtout P. Aubenque, *Le problème de l'être chez Aristote*, pp. 251–256, et J. Brunschwig (cf. ci-dessus, note 31).

116. Si les spéculations de Clinomaque ne concernaient pas cette autre logique, faut-il supposer qu'elles avaient un caractère « aristotélicien » ? Dans tous les cas l'information reste troublante.

117. A vrai dire, il existait sur ce point plusieurs traditions (cf. fr. 41, 42), mais d'inégale importance.

118. Sans que pour autant les écoles-mères disparaissent nécessairement à l'apparition des écoles-filles, comme on voit pour l'Académie.

119. Dans son édition de Diogène Laërce de la Collection Loeb, Londres, 1925, vol. I, p. 176.

120. Cicéron, *De Oratore*, I, LXI, 260.

121. Nous nous inspirons largement, pour ce qui suit, du travail de Döring, qui lui-même fait le point de plusieurs recherches philologiques antérieures (pp. 102–104).

122. *Vie de Démosthène*, 9, 850 b.

123. Le dictionnaire Bailly précise que *πέρπερος* est tardif et obscur. – La transformation de *π* en *β* dans la première partie du mot reste inexpliquée et est interprétée comme une faute d'écriture.

124. Plutarque (*Vie de Démosthène*, chap. 11) rapporte la version plus célèbre, selon laquelle c'est en débitant des tirades avec des cailloux dans la bouche qu'il a fini par triompher de ses défauts de prononciation.

125. Fait rapporté aussi par Plutarque (*Vie de Démosthène*, chap. 11) selon une relation de Démétrios de Phalère, elle-même recueillie de la bouche de Démosthène.

126. Le fr. 58 est constitué de 7 lignes empruntées à un papyrus, et dans lesquelles on ne peut lire que quelques mots isolés. Le tout appartient au *Perì poiēmátōn* de Philodème. Dans les deux dernières lignes, on pourrait, selon W. Crönert (*Kolotes und Menedemos*, Leipzig 1906, pp. 190–191), reconstituer

les mots suivants : ἀλλ' ἡμεῖς Εὐβουλίδην ποιεῖν ou ποιῆσαι ; ce qui donnerait quelque chose comme : « Mais nous disons qu'Eubulide fait ou a fait... ». D'où la conjecture que Philodème ferait référence à des écrits littéraires, poétiques, d'Eubulide.

127. Le fr. 60 mentionne quatre griefs à l'encontre d'Aristote. Le deuxième pourrait signifier (par comparaison avec une tentative semblable de Théopompe contre Platon ; cf. Döring, p. 105) qu'Eubulide cherchait ainsi à nuire au Stagirite auprès de Philippe, ce qui manque manifestement d'élégance. Les troisième et quatrième, qui visent l'« ingratitude » supposée d'Aristote envers Platon, contiennent peut-être une part de vérité, mais seul le dernier pourrait avoir un rapport avec un débat philosophique. – Cf. aussi la fin du fr. 62.

Le début du fr. 61 fait référence aux calomnies d'Épicure exposées auparavant (Aristote aurait commencé par manger son patrimoine, puis se serait rendu à l'armée et y aurait vendu des remèdes ; fréquentant ensuite l'école de Platon, il aurait cherché à rivaliser avec lui). Comme on voit, Athénée juge qu'Eubulide est allé moins loin qu'Épicure...

128. Dire de lui qu'il « posait les arguments interrogatifs suivants » sous-entend à notre avis, suivant les habitudes de Diogène en la matière, qu'il était le premier à le faire ; sans quoi l'auteur aurait ajouté une précision quelconque, comme au fr. 65, fin. On doit en outre rappeler ici que même dans les cas où les modernes reconnaissent une armature logique identique dans des raisonnements différents, il est très probable que les grecs étaient plus sensibles à la nouveauté de la formulation.

129. Art. « Megariker », col. 711.

130. 24, 179 a 33 et 25, 180 b 2 – 7.

131. A savoir l'« Épiménide » (Épiménide le Crétois dit que tous les Crétois sont menteurs) et le « Je mens » (*Épiménide le Menteur*, Paris, 1947).

132. *Der Lügner,* Erlangen, 1910, pp. 40–41.

133. Il était manifestement plus célèbre que le Souverain. Peut-être abordé brièvement par Aristote (cf. ci-dessus), il ne figure pas moins de six fois – en ne retenant que les mentions expresses – dans la liste des ouvrages de Chrysippe, et on le retrouve chez Cicéron, Épictète (plusieurs fois chez les deux), Plutarque, Lucien, Athénée... Sénèque avait déjà relevé en son temps qu'il avait donné lieu à un grand nombre de livres (*Lettres*, 45, 10). – Voir aussi le comment. des fr. 99–100, fin.

134. Notamment à la suite des observations de B. Russell rapprochant la structure logique des « paradoxes » de celle du Menteur (*Principles of mathematics*, Cambridge, 1903, I, pp. 96 ss). Pour nous en tenir aux publications en français, signalons seulement, outre le livre de Koyré mentionné plus haut : du même Russell, « La théorie des types logiques », *Rev. de mét. et de mor.*, XVIII, 1910, reprod. in *Cahiers pour l'analyse,* n° 10, 1969, pp. 53–83 ; A. Tarski, « Le concept de vérité dans les langages formalisés », publ. en polonais en 1933 et trad. in *Logique, sémantique, métamathématique,* Paris, A. Colin, 1972, I, pp. 159–269 ; M. Combès, *Fondements des mathématiques*, Paris, P.U.F., 1971, chap. 1–2 et p. 80 ; J.-L. Gardies, *Esquisse d'une grammaire pure*, Paris, Vrin, 1975, pp. 49–52 ; D. Zaslawsky, *Analyse de l'être*, Paris, Éd. de Minuit, 1982.

135. J. L. Gardies, *ibid.*, p. 51.

136. Les rapprochements parfois proposés avec certains sophismes de l'*Euthydème* de Platon (on ne peut pas dire le faux, 283 e ; les honnêtes gens parlent mal du mal, 284 d ; on peut dire des choses silencieuses, 300 b ; etc.) ne nous

paraissent pas très convaincants : ces arguments prétendent tous conclure, établir une thèse (alors que le Menteur aboutit à une affirmation contradictoire, ou se poursuit sans fin) ; d'autre part, il y a effectivement sophisme (jeu sur un double sens) et la réfutation n'en est pas très difficile (Le Menteur, on l'a vu, a fait parler de lui jusqu'au XXe s. ...).

137. C'est pourtant ce que prétend Rüstow (*Der Lügner*, pp. 30 ss), qui cherche à rattacher le Menteur au dogme fondamental d'Euclide (fr. 24).

138. Comme le remarque Cicéron, *Acad. Pr.* II, XXIX, 95.

139. Il est vrai que Cicéron s'en sert, dans la critique « probabiliste » qu'il développe dans les *Acad. pr.*, contre la dialectique stoïcienne, et il accuse même Chrysippe de ne pas être capable de résoudre le problème (XXX, 96). Mais le même Cicéron affirme ailleurs (*De divinatione*, II, 4, 11) que les logiciens enseignent comment *réfuter* le Menteur ; et nous disposons en outre d'un texte rapportant la solution de Chrysippe (*Stoicorum vet. fr.*, II, 298 a, p. 106, l. 29 – p. 107, l. 9 ; cf. Rüstow, pp. 73–74 ; trad. allemande et commentaire de I. M. Bochenski, *Formale Logik*, Fribourg-Munich, K. Aber, 1956, p. 153).

140. Celles de Chrysippe ou d'Aristote n'ont pas empêché que l'on continue à agiter la question après eux.

141. *Ep. à Tite*, I, 12 (trad. de la Bible de Jérusalem).

142. *Stromates*, I, XIV, 59, 2. Clément cite incidemment la phrase de S. Paul dans un passage énumérant les Sept Sages.

143. St Paul ajoute curieusement, tout de suite après la phrase citée : « Ce témoignage est *vrai*... »

144. On s'aperçoit que nous n'avons rien sur le Caché (*Dialanthánōn*), mais il était selon toute vraisemblance semblable au Voilé. On a fait aussi le rapprochement avec le Caché (*Dialelēthṓs*) attribué aux Stoïciens (Diogène L., VII, 82) ; si ce dernier était ce qu'en dit Plutarque (*De prof. in virt.*, I, 75 d) (le sage qui est « caché » à ses propres yeux comme sage, c'est-à-dire qui ne sait pas qu'il est sage, est-il sage ?), il s'agirait, on le voit, de tout autre chose.

145. W. V. O. Quine, *Word and Object*, Cambridge-Mass., M.I.T. Press 1960, pp. 141–146 ; trad. franç. *Le mot et la chose*, Paris, Flammarion, 1977, pp. 207–212. Cf. J. L. Gardies, *Essai sur la logique des modalités*, Paris, P.U.F., 1979, pp. 215–228.

146. Nous n'avons trouvé qu'un seul texte traitant explicitement du Chauve. De toute manière, la parenté des deux arguments ne fait pas de doute : Cicéron parle aussi bien d'addition que de soustraction, et Horace cite le tas ou Sorite (*acervus*) dans un contexte où il est question d'arracher un à un les crins de la queue du cheval. On relèvera aussi le voisinage du tas avec une autre image concernant les cheveux dans le deuxième argument de Diodore contre le mouvement (fr. 129, § 114).

147. Quelques interprètes ont néanmoins cherché, comme pour le Menteur, à en expliciter la formulation ; voir p. ex. l'article de E. W. Beth « Le paradoxe du « Sorite » d'Eubulide de Mégare », *Actes du VIIe congrès des Soc. de philos. de langue franç.*, 1954, pp. 237–241, et celui de G. Silliti, « Alcune considerazioni sull' aporia del Sorite », in *Scuole socratiche minori...*, pp. 75 ss.

Le Sorite apparaît encore dans plusieurs autres textes, dont les références figurent à la fin de la section qui lui est consacrée dans l'Annexe. Ces citations (brèves) n'ajoutent rien à l'intelligence de l'argument, mais permettent de se faire une opinion sur sa « popularité ».

148. Sur la différence entre Zénon et Eubulide, voir aussi J. Moline, « Aristotle, Eubulides and the Sorite », *Mind*, LXXVIII (1969) p. 393.

149. Où ce qui est en jeu, ce ne sont évidemment pas les grandeurs mathématiques elles-mêmes, soit la différence entre 2 et 10 (texte de D. Laërce), mais bien les notions de « peu » et de « beaucoup » (cf. le texte de Cicéron) comme différences *qualitatives* auxquelles il s'agit de faire correspondre une expression mathématique.

150. On n'a peut-être pas assez souligné que les divers exemples de Sorite ne proposent jamais une division à l'infini : le raisonnement s'appuie toujours en dernière analyse sur un élément ultime, déterminable comme tel, grain, cheveu, goutte ou fraction de goutte, voire sur les nombres entiers (cf. au contraire E. Zeller, *Die Philosophie der Griechen...*, p. 263). Cet aspect du problème autorise le rapprochement avec la notion de « corps sans parties » (fr. 116–120) et la question du mouvement (fr. 121–129).

151. Comme l'a bien montré S. Rosen (voir note 29).

152. J. Tricot, *Traité de logique formelle*, Paris, Vrin, 1973, p. 238.

153. Éd. critique de P. Clair et F. Girbal, Paris, P.U.F., 1965, p. 180.

154. II, LXI, 153 ; LXV, 164–LXVI, 165.

155. On pourrait même être tenté de citer dans ce contexte un passage de la *République* (487 b) où il est question d'une série de petits écarts par rapport à l'affirmation précédente, conduisant finalement à une conclusion très éloignée de la position initiale. Il ne s'agit pas, comme dans le Sorite mégarique, du problème du devenir, ni d'une simple accumulation de propositions, comme dans le sorite de Port-Royal, mais d'une propriété formelle qu'on pourrait dire commune aux deux espèces : le fait de passer insensiblement d'une thèse admise et innocente à une affirmation inattendue, soit absurde (Sorite mégarique), soit simplement nouvelle quoique rigoureusement déduite (sorite de Port-Royal). On remarquera que, si d'après Adimante les interlocuteurs de Socrate éprouvent ce résultat comme un effet de leur méconnaissance de l'art dialectique, Platon lui-même semble uniquement préoccupé en ce passage de l'absence d'accord réel entre les interlocuteurs et non d'un éventuel vice de raisonnement.

156. Alternativement la forme interrogative et la forme affirmative, et chez le même auteur ; on note que, même dans le second cas, Sénèque parle de « question », comme Diogène L. dans le fr. 65.

157. Voir par exemple Diogène Laërce, VII, 80.

158. La forme grecque *ouchì kaì...kaì* signifie que la négation initiale porte sur les deux premières propositions. Dans le langage symbolique du calcul des propositions, si on pose

$$p = \text{tu as de belles cornes}$$
$$q = \text{tu as des cornes}$$

et si $\sim$ représente la négation, $\cdot$ la conjonction, $\supset$ l'implication, on peut écrire :

$$\sim(p \cdot q) \supset q$$

159. $(\sim p \cdot \sim q) \supset \sim(p \cdot q)$

160. $\sim(p \cdot q) \supset (p \; w \; q)$

(w symbolisant la disjonction exclusive, liaison connue dans la logique stoïcienne).

161. $(p \; w \; q) \supset \sim(p \cdot q)$

162. Soit la formule initiale : $\sim(p \cdot q) \supset q$

163. Il est clair que la réponse « oui » à la première question (« Ce que tu n'as pas perdu, tu le possèdes ? ») est ambiguë et signifie en fait pour le répondeur : « Ce que (je possédais et que) je n'ai pas perdu... ». On tente là encore de faire passer une implication pour une équivalence, en profitant de l'apparente réversibilité de la première : en partant de

$$p \supset \sim q$$

(« Si tu as perdu une chose, tu ne la possèdes pas »), on obtient, par contraposition,

$$q \supset \sim p$$

(« Si tu possèdes une chose, tu ne l'as pas perdue ») et non

$$\sim p \supset q$$

comme le dit le Cornu.

164. On n'a pas assez remarqué, nous semble-t-il, que ces arguments « éristiques » sont eux aussi des témoignages sur la naissance de la logique des propositions (et si le Cornu est bien dû à Eubulide, voire à un auteur antérieur, cf. fr. 32 A, on voit ce que cela signifie par rapport à la logique d'Aristote). La reconstruction que nous venons de proposer pour la version rapportée par Sextus en est une illustration ; mais l'on pourrait tout aussi bien dire que la forme habituelle du Cornu est une variation sur le thème de la contraposition. Nous ignorons certes si l'énoncé de contraposition ou la version de Sextus ont été formulés explicitement par un Mégarique ; mais nous savons déjà depuis l'Introduction que dans ce type d'argument il n'est pas question de faire admettre la conclusion, autrement dit que ce n'est pas le *contenu* qui importe (Sénèque, dans le deuxième texte, se plaît à le souligner, et Sextus, *Hypoth. pyrrh.* II, 244, fait des commentaires semblables ; dans le fr. 182, c'est Stilpon lui-même qui attire l'attention de son interlocuteur sur l'absurdité de sa réponse à propos d'un cas semblable) ; on ne peut dès lors s'empêcher d'y chercher un intérêt *formel*, et de voir dans ces « amusements » au moins une exploration préalable des problèmes en question, voire une introduction à leur solution.

165. C'est en effet pour eux que l'on parle le plus volontiers de purs sophismes, de jeux stériles, etc. Et ce dès l'Antiquité, comme le montrent les divers fr. où ils sont mentionnés, ainsi que les textes de Sénèque et de Sextus.

166. Voir pourtant l'article cité de G. Silliti, « Alcune considerazioni... » (in *Scuole socratiche minori...*, pp. 85–87).

167. Contrairement à ce qu'affirment par exemple C. M. Gillespie (« On the Megarians», art. cité, p. 234) et H. Maier (*Die Syllogistik des Aristoteles*, II, 2, Tübingen, 1900, pp. 8–9, n. 1). Il est par suite difficile de reconnaître les Mégariques dans les chap. 4 et 5 du livre Γ de la *Métaphysique*, comme le veulent plusieurs commentateurs.

168. Cicéron et Sextus s'efforcent certes de montrer l'impuissance de la dialectique aux prises avec ces arguments (cf. *Ac. pr.* II, XXVIII, 91 ss ; *Hyp. pyrrh.* II, 236), mais ils ne disent pas qu'en ces occasions les dialecticiens soient conduits à renoncer à leur art, au contraire.

169. Un ouvrage *sur* Diogène (fr. 67) ne fait pas penser à un traité philosophique ni à un libelle polémique (désignés d'habitude, quand un nom propre y figure, par ce nom seul ou précédé de « contre », « à »...).

170. Le deuxième fait penser aux calomnies ayant pour objet Aristote (fr. 60).

171. S'il est bien né à Olynthe comme son nom paraît l'indiquer, il faut que ce soit avant 348, date de la prise et de la destruction de la ville par Philippe II. Par suite, le roi Antigone dont il est dit le maître (fr. 68) est probablement Antigone 1er Gonatas, né vers 320 ; et le fr. 70 parle à tort de Ptolémée III (roi après 246) au lieu

de Ptolémée I (qui a régné de 323 à 285) ; enfin l'ambassade auprès de Démétrios Poliorcète que mentionne le fr. 71 étant située par les historiens autour de 292, il faut admettre qu'Euphante a au moins vécu jusque là. La conjecture de Crönert (voir note suivante) qui estime que le début du fr. 72 fait allusion à une comparaison entre Zénon et Cléanthe (p. 28) incite même à fixer une date postérieure.

172. *Kolotes und Menedemos*, pp. 16–26.

173. Ce déséquilibre n'est pas le fait du seul Diogène : on vérifie aisément qu'Alexinos est assez bien représenté dans notre collection de fragments, en dépit du fait qu'il soit le plus souvent question de lui à son détriment.

174. On ne voit pas ce que l'on pourrait ajouter à la chronologie proposée par Döring (p. 116). S'appuyant sur le péan cité dans le fr. 91 (et daté des alentours de l'an 300) et sur les indications du fr. 88 (le traité *De l'Education* doit avoir été écrit avant 283–282), il situe la vie d'Alexinos au plus tôt dans les décennies qui précèdent et suivent l'an 300, estimation que confirment les polémiques du Mégarique avec Zénon (fr. 92–94) et ses démêlés avec Ménédème (fr. 82–85), tous deux nés après 340.

175. Cf. fr. 57 et 206. La somme ici mentionnée est curieusement la même que celle réclamée par le sophiste et poète Évènos de Paros (Platon, *Apol.*, 20 b), ainsi que par Aristippe (Diogène L., II, 72). Eschine et Antisthène se seraient eux aussi fait payer leurs leçons (*ibid.*, II, 62 et IV, 4).

176. Les critiques des Épicuriens avaient heureusement d'autres sujets que l'ivrognerie de Stilpon ou l'esprit de lucre d'Alexinos, et il est significatif qu'elles visent des points essentiels de la doctrine (fr. 151 H et 195 : l'autarcie du sage ; fr. 197 : la non-communication des « idées » ; fr. 88 : les rapports entre la rhétorique et la philosophie).

177. Fronton s'adresse ici à Marc-Aurèle, dont on nous assure par ailleurs qu'il a été formé par les meilleurs maîtres (cf. A. Puech, *Préface* aux *Pensées* de Marc-Aurèle, Paris, Coll. des Universités de France, 1964, pp. IV ss). Il est remarquable, en outre, que ces maîtres (dont certains au moins étaient des Stoïciens éminents) aient rapporté ces arguments à des auteurs mégariques alors que, nous le savons, diverses traditions les attribuaient à Chrysippe (cf. fr. 65).

178. Un futur membre, puisqu'il n'a été auditeur de Zénon que plus tard, et un membre passager (Diogène Laërce, VII, 166–167).

179. Ménédème a pu rencontrer Alexinos aussi bien à Mégare (où il était venu écouter Stilpon, fr. 170–173) qu'à Élis, patrie d'Alexinos mais aussi siège de l'école fondée par Phédon (que Ménédème fréquenta ensuite).

180. C'est pourtant Alexinos qui, dans ce même fr. (l. 1) est traité de sophiste ; mais cette dénomination paraît bien être ici un simple stéréotype. Le raisonnement de Ménédème, évidemment de mauvaise foi, est un faux dilemme (« Ou je suis méchant, ou je suis bon ; dans les deux cas, Alexinos est méchant : si je suis méchant, parce qu'il loue un méchant ; si je suis bon, parce que je le dis méchant »), et ne se ramène à aucun des schémas mégariques.

181. Dire « beaucoup de mal » est vague, certes, mais cela s'oppose ici à « le meilleur des hommes » ; et le fait que ces critiques s'exprimaient « dans son cours », donc dans le contexte d'un enseignement, autorise une telle hypothèse.

182. On objectera que ces deux traits concernent plutôt l'homme que la doctrine ; mais, comparés au simple fait (isolé et contingent, cf. le « dernièrement » du fr. 83) de faire l'éloge d'un adversaire, ils sont immédiatement en rapport avec

des choix philosophiques, d'autant plus que le cas de Stilpon est exemplaire du point de vue de la mise en pratique de convictions doctrinales.

183. Il aurait même écrit un traité *Sur l'autarcie*, selon certaines conjectures malheureusement rejetées par Döring (voir p. 122 ; Athénée, X, 418 e attribue cet ouvrage à un certain Alexis, inconnu par ailleurs). – Qu'Alexinos le « Réfutateur » se soit occupé aussi de morale est une donnée importante pour l'histoire de l'école (cf. Introd., pp. 14–15), et ne peut qu'inciter un peu plus à la méfiance envers les généralisations hâtives (comme celles du fr. 63 ou de certains commentateurs modernes) qui tendent à accréditer l'idée d'une École de Mégare essentiellement voire exclusivement tournée vers la dialectique.

184. Selon Diogène Laërce (VII, 160–161), il rejetait explicitement la logique et la physique pour ne s'intéresser qu'à la morale ; et il a justement écrit un livre contre Alexinos (fr. 87 ; cf. aussi fr. 25).

185. Nous savons que Zénon a été l'élève de Stilpon, et nous verrons que leurs doctrines éthiques avaient beaucoup de points communs ; les attaques d'Alexinos contre l'élève (fr. 92, 94) pourraient ainsi faire écho à celles qui visaient le maître, même si le fr. 94 n'évoque apparemment que des problèmes logiques (mais les considérations axiologiques n'en sont pas absentes).

186. Voir l'Introduction de S. Sudhaus à son édition des fragments de la *Rhétorique* de Philodème (*Philodemi Volumina Rhetorica*, Leipzig, Teubner, 1892–1895, vol. I, pp. XXIII–XXXV), ainsi que le troisième volume (Supplément), qui contient les fragments sous forme de texte continu (pp. 11–62 pour le livre II, d'où provient notre fr. 88 ; la définition de la rhétorique sophistique se trouve à la p. 61 de ce même volume, l. 12 ss).

187. D'après *Éthique à Nicomaque*, VI, 3 et 4 ; cf. aussi *Métaphysique*, A, 1.

188. *Rhétorique*, I, 1, 1354 a 1–11.

189. Cf. P. Aubenque, *Le problème de l'être chez Aristote*, p. 262.

190. Sont visés en fait la plupart des aspects du métier, tel qu'il a été défini plus haut : ceux qui relèvent de ce que nous appellerions la critique littéraire (l'analyse de l'expression, la critique philologique), comme les techniques plus spécifiquement rhétoriques (la mnémotechnique, la construction du discours).

191. *περὶ χρησίμων [καὶ] πλείστων [ἔ]ξωθε[ν]*. Döring propose exceptionnellement une traduction pour l'ensemble de ce fr. en raison de sa difficulté toute particulière ; mais il a renoncé à traduire les derniers mots de la l. 11, préférant avouer qu'il ne les comprenait pas. – Au lieu de notre interprétation (« ... sur des sujets utiles et les très nombreux problèmes qui surviennent dans l'existence... »), on peut peut-être comprendre : « ... en dehors des cercles de spécialistes et sur de très nombreux sujets utiles... ».

192. *Éth. Nic.*, I, 1, 1094 b 12 et 25 (trad. J. Tricot, Paris, Vrin, 1972, pp. 36 et 38).

193. C'est la thèse sous-entendue dans tout le fr., cf. ci-dessus. Elle implique sans doute aussi que l'art ne soit pas clairement distingué de la science (comme dans le *Gorgias*), et que la « scientificité » de la rhétorique lui soit propre, ne dérive pas de celle d'une autre discipline.

194. Comme on sait, les *Topiques* (I, 1) font précisément la différence entre le syllogisme dialectique (concluant à partir de prémisses réellement admises) et le syllogisme démonstratif (qui conclut réellement à partir de prémisses scientifiques vraies). De ce point de vue, la rhétorique se confond avec la dialectique.

195. Le double sens du mot « dialectique » est peut-être responsable, en partie, de ce genre de confusion ; car il a tantôt le sens (mégarique, stoïcien) de « logique », tantôt le sens aristotélicien.

196. Voir l. 15 et 20. On remarque que deux de ces termes (probabilité, « empirisme ») font justement partie de la critique platonicienne de la rhétorique, cf. ci-dessus. Bien qu'Aristote s'oppose sur ce point à Platon, il n'accepterait sans doute pas sans réserves un mot comme *empeiría*, qu'il distingue de l'art (*Métaph.*, A, 1, 980 b 25 ss) et qui doit donc s'effacer devant la « méthode » du véritable art rhétorique. Mais il s'agit ici de l'art « non véritable » des rhéteurs.

197. « Certains » arguments des rhéteurs ne concluent pas scientifiquement, dit Alexinos, ce qui signifie que les autres le font : quand, par accident, il arrive que les rhéteurs appliquent leurs raisonnements (formellement corrects) à des prémisses scientifiques vraies. Le problème apparaît du reste aussi chez Aristote, tant dans les *Topiques* (I, 10, 104 a 33–37 etc.) que dans la *Rhétorique* (I, 2, 1358 a 2–26 ; I, 4, 1359 b 12–16) quand il est question de la possibilité d'utiliser des prémisses propres à des genres déterminés et ainsi d'empiéter sur les sciences concernées. Aristote hésite d'ailleurs à décider si, dans ce cas, on reste dans la rhétorique ou la dialectique, ou si on en franchit les bornes.

198. Cf. *Réf. soph.*, 34 et le début de la *Rhétorique*.

199. Les deux degrés de cette infériorité apparaissent dans la *Rhétorique* d'Aristote : supériorité de l'étude méthodique (la sienne) sur les pratiques et les traités antérieurs (I, 1, 1354 a 6–21) ; dépendance de la rhétorique, à l'intérieur du discours philosophique, par rapport à la dialectique (*ibid*, 1355 a 3–13) et même par rapport à l'éthique ou à la politique (I, 2, 1356 a 20–27).

D'après l'exposé de Diogène Laërce (VII, 41 ss), les Stoïciens semblent avoir moins nettement articulé les deux disciplines : certains seulement divisent la logique en dialectique et rhétorique (41) ; cette dernière est alors présentée comme science du bien dire, mais se limite en fait au genre oratoire (42–43) ; la dialectique est la science du dire juste dans les questions et les réponses, mais l'une de ses deux subdivisions concerne ce que nous appelons grammaire ainsi que les questions de style et de composition littéraire (59 ss ; comparer avec la définition de la rhétorique sophistique selon Philodème, ci-dessus). L'essentiel, de toute manière, est bien que tout cela fasse partie de la philosophie.

200. Par exemple, le fait qu'Aristote distingue, dans ce que nous appelons la logique, la dialectique et l'analytique (mais ce dernier terme est employé au moins une fois dans le contexte des problèmes que nous venons d'examiner : voir *Rhét.*, I, 4, 1359 b 10) ; on pourrait tenter de retrouver une semblable distinction dans la « logique » mégarique, mais elle ne paraît pas avoir été réellement effectuée : la notion de dialectique recouvre aussi bien les arguments réfutatifs que la logique des propositions. – On se souvient aussi de la doctrine aristotélicienne concernant les rapports entre l'empirique, l'art et la science, dont on ne retrouve pas l'équivalent dans le fr. 88.

201. Philodème, *Rhet.*, I, pp. XLIV–XLV. Ce titre figure dans le même volume, p. 54, comme celui d'un livre de Métrodore.

202. Aucune des deux thèses ne devrait convenir telle quelle à Alexinos ; il faudrait de toute façon en savoir un peu plus sur chacune pour pouvoir se prononcer.

Dans son commentaire (p. 121), Döring renvoie par erreur à la p. XLVIII du vol. I pour une prétendue tentative de reconstruction du contexte de notre fr. 89 : à la page indiquée, Sudhaus résume la colonne XXIV, non le fragment XXIV ; ce dernier n'est « résumé » nulle part, on devine pourquoi.

203. Cratéros était le frère du roi Antigone et l'un des principaux généraux d'Alexandre ; à la mort de ce dernier il reçut, conjointement avec Antipater, le gouvernement de la Macédoine et de la Grèce.

204. Cf. Cicéron, *De natura deorum*, II, 8, 21, où on trouve l'argument complet.

205. Voir le fr. 24 et le Comment.

206. Elle consiste, rappelons-le, à établir la fausseté de la conclusion adverse en l'introduisant comme prémisse dans un nouveau raisonnement ; cf. Comment. du fr. 29.

207. Sextus rapporte d'autres exemples d'une telle réfutation (cf. §§ 96 et 133) : dans les trois cas il emploie, pour l'introduire, le verbe *paraballein* (« mettre en parallèle en guise de riposte »), et la première fois il précise : « en changeant les prémisses » (*tà lēmmata metapoioûntes*).

208. *Kreîtton* n'est, à la lettre, qu'un comparatif ; en choisissant délibérément des exemples qui font apparaître ce sens seulement relatif, Alexinos oblige les Stoïciens à avouer qu'il fallait en réalité l'entendre au sens absolu.

209. C'est elle qu'attaque directement Cotta, chez Cicéron (§ 21 ; voir dans l'Annexe le complément au fr. 95). La comparaison qui suit,de Rome avec la fourmi souligne a contrario, si nécessaire, que la mineure doit elle aussi être prise au sens absolu (une chose supérieure seulement dans un genre donné, par exemple Rome à la surface de la terre, ne possède pas pour autant une perfection en soi comme la raison). Il n'est donc pas vraiment question, pour les Stoïciens, d'une « démonstration d'existence » : à partir du moment où on affirme que rien n'est meilleur (au sens absolu) qu'une certaine chose, celle-ci est déjà posée avec tous ses attributs superlatifs ; et la notion de « rationnel » (doué de raison) n'est utilisée que pour expliciter cette perfection et passer du monde à Dieu. Un autre passage du même ouvrage de Cicéron (II, 17, 45) précise d'ailleurs que Dieu est l'objet d'une prénotion, qui contient qu'il n'y a rien de supérieur à lui dans la nature ; or rien n'est supérieur au monde, etc.

210. Au vu de ces indications, on ne saurait situer précisément la naissance de Diodore. Seules ses controverses supposées avec Aristote permettent quelques conjectures sur ce point (cf. plus loin les comment. des fr. 121–129, 130–139) : si le Stagirite a effectivement connu les thèses de Diodore, ce qui est malgré tout probable, il faut que ce dernier soit né un peu avant 350 ; compte tenu de la filiation ici rapportée par rapport à Eubulide, par l'intermédiaire d'Apollonios, cela ne soulève pas de difficulté. D'autre part, selon Döring et les historiens cités par lui (p. 125), l'épigramme de Callimaque (fr. 96), écrite au plus tôt dans les années 80 du IIIe s., doit viser un vivant pour conserver son intérêt polémique ; Diodore aurait donc vécu au moins jusque là. Cette hypothèse contredit néanmoins l'information du fr. 99 : la dispute fatale avec Stilpon n'est pas en soi invraisemblable ; comme elle n'a pu avoir lieu en Égypte (cf. fr. 150), elle se serait alors produite, si elle est vraie, à Mégare, quand Ptolémée occupait la ville, soit vers 308–307.

211. Cf. Aristophane, *Nuées*, 398, 929...

212. C'est le *Krónos agkulomḗtēs* de l'*Iliade* (II, 205), de l'*Odyssée* (XXI, 415) ou d'Hésiode (*Théogonie*, 18). Même image dans le fr. 107, fin (*skoliós*, « tortueux »).

213. Selon Athénée, IX, 401e. Philetas serait mort vers 290 av. J.-C.

214. Introd., fin. – Nous avons émis des réserves plus haut sur la date que le fr. 99 imposerait pour cette mort ; mais il est plus difficile de se prononcer sur la

réalité de la cause invoquée par le même texte. Même s'il s'agit d'une légende, le fait qu'elle ait pu naître et se répandre aurait, croyons-nous, une signification très semblable.

215. Diogène Laërce cite le nom de deux femmes élèves de Platon (III, 46), et l'on connaît ceux d'Hipparchia, la compagne de Cratès le Cynique, à laquelle Diogène consacre un chapitre spécial (VI, 96–98), et de l'Épicurienne Léontion (Diogène L. X, 4 ss).

216. Lactance, *Div. instit.*, III, 25, 5 et 7 (= S.V.F., III, 253) ; Clément d'Alexandrie, *Stromates*, IV, VIII, p. 592 (= S.V.F., III, 254).

217. La fille d'Aristippe, qui a même dirigé l'école après la mort de son père (cf. Diogène L., II, 86, et Strabon, *Géogr.*, XVII, 3, 22) en est un autre exemple notable, mais il ne s'agit que d'une seule personne ! La fille de Stilpon, en revanche, ne semble guère avoir profité de l'enseignement de son père (fr. 153–154).

218. A condition de supposer que Diogène Laërce anticipe sur l'information qu'il ne donnera que plus loin, au § 25. – La traduction adoptée pour *hóthen*, fr. 104, l. 2, est suggérée par le même commentaire de Döring (p. 126, n. 6 : difficulté à expliquer autrement l'infinitif qui suit), et offre un sens plus satisfaisant.

219. Peut-être doit-on tout simplement rapporter *autós* à Diodore, au prix d'une légère anacoluthe.

220. On voit que Philon n'est jamais mentionné seul, mais toujours avec Diodore (le fr. 144 serait l'unique exception, s'il s'agit bien du même personnage).

221. La qualité que Zénon est censé devoir à Stilpon (la combativité) a probablement un sens dialectique et non moral. Peut-être cela signifie-t-il, par contraste avec ce qui est dit de Diodore, que les procédés de Stilpon passaient pour moins « sophistiques »... (mais cf. fr. 76, 157, 186). Le fait que Zénon soit présenté ici comme auditeur de Stilpon, alors que, nous le savons, il a étudié aussi auprès de Diodore (fr. 103), accuse le schématisme de cette opposition (bien que la réalité de cette fréquentation de Stilpon ne soit pas en cause : cf. fr. 165, 167–169).

222. Par exemple le retour à la dialectique « platonicienne » ou socratique des questions et des réponses, ou la morale du « raisonnable » (*eúlogon*, compris comme exigence de cohérence entre des actions justifiées rationnellement). Voir notamment Diogène Laërce, IV, 28 ss et J. Brun, « La Nouvelle Académie », in *Histoire de la philosophie*, Encyclopédie de la Pléiade, I, pp. 612–614. – Pour l'interprétation des vers de Timon, voir A. A. Long, « Timon of Phlius : Pyrrhonist and satirist », *Proceed. of the Cambridge Philol. Soc.* n° 204, 1978, p. 80 : le pêcheur Ménédème a été avalé par le poisson Arcésilas ; Pyrrhon et Diodore représentent deux autres genres de nourriture vers lesquelles il s'élance, le premier étant nettement plus appétissant ; Long pense par suite pouvoir appliquer à Diodore les termes « peu de chair et beaucoup d'os » utilisés ailleurs par Timon (selon un passage de Galien) mais sans que le personnage visé soit nommé. Diodore serait ainsi, en outre, un auteur indigeste...

223. Le contexte éclaire parfaitement l'intention de notre passage : Themistius continue en effet avec d'autres exemples de « faux » philosophe (celui qui, de son lit, disserte sur le courage ; celui qui raisonne sur l'État et les lois sans être capable d'administrer un champ) ; la philosophie véritable, poursuit-il, implique l'action réelle, et la conformité des actes avec les paroles. – A la fin du fr. Döring a mis un point, sans doute par erreur puisqu'il ne s'en explique pas : dans l'édition à laquelle il se réfère (Downey, Leipzig, Teubner, 1965, p. 38) il y a une virgule, la phrase continuant avec le premier des exemples évoqués à l'instant ; à la fin de

la période (l. 8) on trouve un point d'interrogation, ce qui donne à la phrase une tout autre valeur.

224. Comme souvent, celle-ci ne se laisse pas exactement réduire à l'une des thèses en présence. Mais si chez l'homme la capacité de parler est naturelle, la façon dont elle s'exerce est bien « conventionnelle » (*De Interpr.*, 2, 16 a 19).

225. Ceci n'exclut évidemment pas la multiplicité des notions, ni même la pluralité des significations à l'intérieur d'un terme unique ; il suffit que cette pluralité soit dénombrable et qu'on puisse assigner à un terme ou à une proposition un sens déterminé. Voir par exemple Aristote, *Métaph.*, Γ, 4, 1006 a 21 ; 30 ss (not. b 7–13).

226. Que la parole puisse *aussi* être traitée comme un symptôme est un autre problème ; il suffit qu'elle ne s'y réduise pas, en particulier quand il est question de sa valeur de vérité. Le psychanalyste, par exemple, est bien obligé d'exclure de la juridiction de l'inconscient son propre discours dans son aspect « scientifique », sinon en fait du moins en droit et dans le moment où il énonce les principes de sa science.

227. Cf. Aristote, *Topiques*, I, 18, 108 a 22–24. Et aussi Platon, *Euthyd.* 295c (avec une formulation très proche de celle du fr. 111, début du § 3).

228. Fr. 183. Il y a sans doute quelque provocation de sa part dans le fait de confirmer d'abord sa première réponse et de proposer aussitôt une autre explication. Mais, pour le condamner, le tribunal a bien été obligé de le « déposséder du sens de sa parole », soit en s'en tenant à la matérialité de sa négation de la divinité d'Athéna, soit en lui attribuant d'autorité un sens que précisément Stilpon n'assume pas.

229. 2, 16 a 21–29.

230. Cf. 16 a 27 ss. Ce qu'Aristote tend à exclure dans sa théorie du nom, c'est plutôt l'expression ou le son qui ne correspond pas à un être défini, ce qui n'est évidemment pas le cas ici.

231. V. Fritz (art. « Megariker », col. 723–724) fait pourtant de cette dernière la thèse première. Mais il a raison de souligner ce qui distingue la doctrine du fr. 111 d'une thèse d'Antisthène apparemment voisine (cf. Aristote, *Métaph.*, Δ, 29, 1024 b 26 ss).

232. *Cat.*, 1 a 1 : « On appelle homonymes les choses qui n'ont en *commun* que le nom, alors que l'énonciation de l'essence correspondant à ce nom est différente. »

233. *Adv. math.*, VIII, 133. Il figure en compagnie d'un autre mot dont le cas est plus complexe : *skindapsós*, qui désigne un instrument de musique mais peut être utilisé aussi avec le sens indéterminé de « chose », « affaire »...

234. Cette dernière distingue le son pur, simple bruit de la voix (*phō̄nḗ*), le mot (*léxis*) qui est un son articulé mais pas nécessairement signifiant (ex. « blityri »), et enfin l'énoncé ou la phrase (*lógos*) qui est toujours signifiant (VII, 57).

235. D'après le *Dictionnaire de linguistique* de J. Dubois et collab., Paris, Larousse, 1973, p. 346.

236. Il serait absurde de supposer que Diodore ignorait ces différences, qui sont explicites chez Aristote (*Poét.*, chap. 20). – On aimerait savoir si en dehors de Diodore il existe d'autres exemples d'une telle transgression. La linguistique moderne paraît l'ignorer. La *Logique de Port-Royal* envisage la possibilité d'une imposition radicalement nouvelle du sens (I, 12) ; mais, d'après les exemples utilisés et le contexte, elle ne semble pas imaginer une pareille extrémité. Peut-être nous permettra-t-on d'évoquer d'un mot le seul cas, à notre connaissance, qui corresponde exactement

à celui de Diodore : d'après une information diffusée par la chaîne radiophonique France-Musique (émission « Kiosque » de Ph. Caloni, août 1978), une loi aurait interdit, au Brésil, de donner aux enfants des prénoms fantaisistes de même type que ceux que mentionnent nos textes...

237. Dans le *De Interpr.*, Aristote commence lui aussi par un nom propre (« Callippe », 16 a 21).

238. voir Diogène Laërce, VII, 58.

239. Cf. R. H. Robins, *A Short History of Linguistics*, Londres, 1967 ; trad. franç. aux Éditions du Seuil, Paris, 1976, p. 33.

240. Réelle ou imaginaire, la notion de référence n'inclut pas l'existence du référent. Le « bouc-cerf » de *De Interpr.*, 1, 16 a 16 ne peut donc pas servir de contre-exemple (le *Dictionn. de linguistique* cité plus haut a précisément recours à l'exemple de l'« hippogriffe » pour illustrer la notion de référent...) : pour Aristote, signifier c'est toujours renvoyer à des états d'âme et par eux à des choses (*ibid.*, 16 a 6–8 ; cf. P. Aubenque, *Le problème de l'être...*, pp. 106 ss et notamment p. 124 : « ...Aristote découvre que le langage signifie, c'est-à-dire qu'à travers lui une intention humaine se dirige vers les choses »). La question mériterait des analyses plus approfondies, mais on constate que chez Platon, à côté de l'affirmation selon laquelle le nom, le verbe ou le logos renvoient à l'être ou aux choses (*Soph.* 261 e ss ; *Crat.* 387 c), on trouve aussi un usage de *sēmaínein* au sens d'un simple renvoi intralinguistique au signifié (*Crat.*, 393 a, 420 a, 437 a, b). On peut rappeler aussi que dans la théorie stoïcienne le signifié est défini comme « la chose même (*autò tò prâgma*) manifestée par la voix, et dont nous nous emparons en tant qu'elle se présente à notre pensée ». (Sextus Emp. *Adv. math.*, VIII, 11).

Mais c'est la première espèce de noms étudiée ci-dessus qui pose alors un problème : quoiqu'ils désignent une chose, Simplicius dit que ces noms n'ont pas de signifié, et les textes cités de Diogène L. et de Sextus confirment tout à fait ce point (« blityri » est *ásēmos* pour le premier, et *phōnḕ mḕ sēmainoúsē* pour le second). On peut penser que les propriétés syntaxiques suffisent en l'occurrence pour faire de l'onomatopée un nom aux yeux de Simplicius, mais cela ne résout pas la difficulté quant à notre interprétation de l'idée de signification. Il nous semble que les auteurs cités veulent essentiellement attirer l'attention sur le fait qu'en pareil cas le *signifiant* renvoie en quelque sorte immédiatement à la chose sans passer par un véritable signifié ; autrement dit que le procès normal de signification est absent (à savoir la référence du *signifié* à la chose).

241. On se rappelle que dans le *Cratyle* (384 d) Hermogène allègue lui aussi le changement de nom que les maîtres imposent à leurs serviteurs, pour illustrer sa thèse de la « liberté » de la dénomination ; et les premiers exemples du dialogue (383 b) sont, là encore, des noms propres (Cratyle, Socrate). Mais, immédiatement après, cette liberté est appliquée à un cas plus « convaincant » pour nous : appeler un homme « cheval » (385 a).

241b. M. Döring nous a signalé une petite erreur qui s'était glissée dans le texte du fr. 114, fin l. 1 – début l. 2 : au lieu de « (sc. τὸ ἁρμοδίως) », il faut lire « (sc. τὸ γενόμενον ἐκ τῆς φύσεως) ». Notre traduction tient compte de cette rectification, qui ne concerne que la thèse de Cratyle et donc ne change rien à notre commentaire.

242. Dans la mesure où elles y contribuent : les « conjonctions » ne *signifient* pas de la même façon que le nom (ou le verbe, totalement absent de la présente discussion, mais assimilable au nom du point de vue qui nous intéresse) parce qu'elles ne

se *réfèrent* pas directement à des choses (voir la note 240 ; c'est en ce sens que le *súndesmos* est dit *ásēmos* dans la *Poét.*, 20, 1456 b 38 ss) ; mais nous ne confondons pas pour autant « ou » avec « si », par exemple, et dans ces conditions elles sont des auxiliaires de la signification globale d'un logos (la « conjonction » peut être l'agent de l'unité d'un logos : *De Interpr.*, 5, 17 a 9 et 16 ; *Poét.*, 20, 1457 a 4–9 et 28–29 ; cf. Diogène L., VII, 58 et S.V.F., II, 217, p. 71, l. 36 ss, où il est expliqué que ἤ a trois sens différents).

243. La plupart n'en donnent d'ailleurs aucune raison, comme si la chose allait de soi : ainsi Zeller (*Die Philosophie der Griechen...*, p. 267), Th. Gomperz (*Griechische Denker*, II, 3e éd., Leipzig 1912, p. 162), P. Natorp (art. « Diodore », *Realenzykl.*, V, 1, 1903, col. 706) et Döring (p. 129). A. Levi considère quant à lui que les corps sans parties contredisent le « monisme » de Diodore (« Le dottrine filosofiche... », p. 486).

244. S'il n'y a absurdité qu'aux yeux de l'adversaire, on ne pourrait rien conclure du tout pour Diodore, ce qui interdirait de toute manière de considérer les démonstrations en question comme des preuves de la thèse du Mégarique.

245. Dans cette hypothèse (mais non dans l'hypothèse contraire), Aristote est très probablement un des adversaires intéressés par ce débat : au livre VI de la *Physique* (232 a 6 ss) est combattue une doctrine qui s'appuie sur les *amerê* pour nier le mouvement *présent* sans pour autant rejeter le mouvement *accompli*, soit très exactement la position de Diodore. (Pour cette identification, voir F. Caujolle-Zaslawsky, « Le temps épicurien est-il atomique ? », *Les Études philos.*, 1980, n° 3, pp. 283 ss).

246. La conséquence de cet émiettement étant qu'on refuse aux corps le nom de réalité (*ousía*) pour n'y voir qu'un mobile devenir (*génesis*), comme le dit le *Soph.* La divisibilité à l'infini semble au contraire impliquer qu'on tienne le monde matériel pour réel (comme support ou objet réel d'une opération virtuellement réitérée à l'infini).

247. La traduction par « corps sans parties » n'est guère satisfaisante, ne serait-ce que pour sa lourdeur, et l'on eût préféré utiliser un terme plus indéterminé (comme « atome » ou « indivisible ») : d'abord parce que la notion s'applique aussi au lieu et au temps, ensuite parce qu'il s'agit manifestement d'une corporéité idéale ou intelligible (comparable, peut-être, à celle de certains concepts limites de la physique moderne ; voir la fin du comment. du fr. 118). Mais ni « atome » ni « indivisible » ne rendent compte du contenu exact de la notion (voir comment. du fr. 116).

248. Le *Sophiste* ne paraît pas faire allusion à cette dimension positive de la doctrine ; il se contente d'insister sur la non-réalité des corps, résultat des arguments des Amis des Idées, sans que le statut des « menus morceaux » soit précisé. Le rapport de la théorie diodoréenne à celle des Amis des Idées serait alors le même que celui qu'il y a entre sa théorie de la signification et l'aspect aporétique du Cornu : dans les deux cas (comme aussi pour le mouvement et le possible), Diodore propose des éléments de solution qui ne changent pas la doctrine mais lui permettent de mieux affronter la critique (ce qui donne à penser qu'il n'y a pas réellement changement mais que nous avons affaire aux deux moments d'une même démarche, c'est le fait que Diodore se voit attribuer aussi les arguments aporétiques : fr. 106, 109, 110).

249. C'est pourquoi la traduction d'*amerê* par « impartible » (adoptée par Fr. Caujolle-Zaslawsky, art. cité ci-dessus) ne nous satisfait pas non plus.

250. Voir par exemple Épicure, *Lettre à Hérodote* (Diogène L., X, 54).

251. Y compris la langue philosophique, notamment celle d'Aristote : voir la note de J. Tricot à *Métaph.* A, 2 et 3 (trad. fr., Paris, 1974, tome I, p. 245, n. 2 et p. 252, n. 1).

252. Elle se trouve bien plus haut (§ 360), au début d'une longue énumération qui passe en revue toutes les conceptions anciennes du corps, et ne concerne donc avec précision aucun des auteurs cités par Sextus.

253. Leur définition comme « les corps les plus petits qui soient » est déjà une détermination en grandeur (c'est le moins qu'on puisse dire d'eux) ; cf. le Comment. du fr. suivant.

254. Au début de 279, Chalcidius déclare : il en est qui imputent l'assemblage de la matière à des corpuscules *compris* plutôt que *sentis* ; cela vise directement Démocrite et Épicure, mais concerne manifestement aussi Diodore, à nos yeux.

255. C'est cette apparente contradiction qui nous a fait penser à certains paradoxes de la physique contemporaine, quand celle-ci s'efforce par exemple – comme ici – de rendre compte de phénomènes macroscopiques bien « réels » à partir de constituants purement idéaux n'ayant de réalité que mathématique, telles les notions d'onde ou de particule dans certaines interprétations (cf. B. d'Espagnat, *A la recherche du réel*, Paris, Gauthier-Villars, 1979, pp. 18, 19, 47, 81, ...).

256. « La question posée au sujet des corps sans partie, par Diodore ou un autre... », expression qu'on invoquera peut-être pour maintenir que le Mégarique ne cherchait en fait qu'à mettre d'autres théories dans l'embarras, avec ses corps sans parties, que ce soit à propos du mouvement ou à propos de la perception. Mais cet indice ne nous paraît pas suffisant pour nier qu'il ait admis les *amerê.* – Alexandre commente très exactement les chap. 6, 445 b 27 ss et 7, 449 a 5 ss.

257. C'est le principal reproche que nous adresserons au commentaire de Döring (pp. 129–131), qui a cependant le mérite de montrer (après D. Henne, *L'École de Mégare*, pp. 175 ss) que ces démonstrations comportent deux arguments, et non quatre comme le veut Zeller (*Die Philosophie der Griechen...*, pp. 266–268).

258. Cf. la référence explicite au tas et aux cheveux (§ 114).

259. Par exemple Natorp, article « Diodore », *Realenzykl.*, V, 1, col. 706, l. 8 ; ou v. Fritz, art. « Megariker », col. 721, l. 18–19.

260. Voir C. Ramnoux, « Les Présocratiques », in *Hist. de la philosophie*, Encyl. de la Pléiade, I, p. 433 ; M. Caveing, *Zénon d'Élée, Prolégomènes aux doctrines du continu*, Paris, Vrin, 1982, pp. 57–128 (spéc. 126).

261. C'est déjà le cas du médecin qui plaisante à ses dépens après qu'il s'est démis l'épaule (fr. 127), et qui nie à tort le déplacement achevé (il emploie le verbe au parfait).

262. La *pensée* du rapport exige que le mouvement *ait eu* lieu, en quelque sens qu'on l'entende, et ne soit pas une *puissance* (voir ci-après). « Le mouvement... qui n'est pas achevé n'est pas encore commencé » écrit Alain (*Entretiens au bord de la mer*, Paris, Gallimard, 1949, p. 48).

263. Commentaire apparemment semblable de la part de D. Henne (*L'École de Mégare*, p. 179) et de Zeller (*Die Philosophie der Griechen...*, pp. 268–269), mais l'innovation de Diodore est considérée par eux comme une « concession malheureuse » et une « déviation ».

264. *Physique*, VI, 10, 240 b 20 – 241 a 6 ; c'est à peu de choses près la troisième version du premier argument de Diodore ; Aristote précise même que si le temps était lui aussi composé d'éléments sans parties, alors la particule

connaîtrait le mouvement achevé (deuxième proposition de la thèse). Voir aussi la suite (241 a 6–14), où figure un raisonnement qui rappelle le deuxième argument de Diodore, ainsi que le début du livre VI (chap. 1).

265. En faveur de cette hypothèse, cf. F. Caujolle-Zaslawsky, art. cité (*Les Études philos.*, 1980, n° 3, p. 301).

266. Il aurait été écrit entre 355 et 348, pour I. Düring, et, pour R. A. Gauthier, entre 348 et 344 (cf. R. A. Gauthier, Introd. à *l'Éth. à Nic.*, Louvain-Paris, 1970, tableaux hors-texte, entre les pp. 61 et 62).

267. Du moins des parties qui nous intéressent. Cette supposition n'a rien d'invraisemblable si l'on admet que les écrits acroamatiques circulaient sous forme de copies assez nombreuses, à l'École et au dehors (cf. J. Tricot, Introd. à la trad. fr. de la *Métaphysique*, Paris, Vrin, 1974, p. VIII).

268. Cf. G. Giannantoni, « Aristotele, Diodoro Crono e il moto degli atomi », *Siculorum Gymnasium* XXXIII, 1980, pp. 125–133 ; et D. Sedley, « Diodorus Cr. and Hellenistic philosophy », p. 86. – La nouveauté pourrait consister dans l'adjonction d'un deuxième argument, ou même dans la reconnaissance du mouvement passé, suggéré à Diodore par la supposition additionnelle d'Aristote (240 b 32 ss : si le temps est lui aussi composé d'instants – sous-entendu : sans parties – alors le mouvement sera toujours déjà accompli).

269. *Phys.*, III, 1, 201 a 10–11 : « L'acte de ce qui est en puissance en tant que tel », c'est-à-dire en tant que cela est en puissance ; cf. les commentaires qui suivent, notamment en 2, 201 b 24 ss (le mouvement paraît quelque chose d'indéfini ; il est acte incomplet).

270. Le même exemple sert à Aristote en *Phys.*, III, 1, 201 b 8, pour expliquer la définition du mouvement, et en *Métaph.* θ (= fr. 130 A) pour critiquer le refus mégarique de la puissance, celui de la construction d'une maison.

271. Les deux passages cités sur la négation de la destruction et de la mort n'ont rien de très original, à première vue. Celui qui porte sur la destruction du mur n'offre qu'un raisonnement incomplet, mais on le reconstitue aisément : que le mur ne soit pas détruit (au sens d'un présent passif) pendant que les pierres sont bien ajustées est évident ; s'il ne l'est pas non plus quand elles sont à distance les unes des autres, c'est parce qu'alors il n'y a plus de mur. Il s'agit donc toujours, comme précédemment et comme dans le cas de la mort, de la difficulté à *penser* le passage comme tel (il serait absurde de supposer que Diodore ignore qu'un mur puisse s'écrouler ou un vivant mourir...). Mais ce qu'on voit mieux sur ces exemples, c'est le lien de cette difficulté avec le problème ontologique et la pluralité des significations de l'être : penser le changement *dans* un objet est encore plus délicat que de concevoir le mouvement *d'*un objet, et c'est sans doute pourquoi Diodore ne dit pas : « on peut affirmer toutefois que le mur *a été* détruit », tout de même qu'il y a un mouvement passé. Il faudrait en effet distinguer ici entre la permanence d'une substance et la succession des états ou accidents (cf. Aristote, *Phys.*, I, 7, et, pratiquement dans les mêmes termes, Kant, *Critique de la raison pure*, preuve de la première analogie de l'expérience), distinction étrangère à la pensée mégarique. Et si l'on s'en tient à un seul plan de réalité ou d'être, il est bien vrai, pour reprendre les formules de Kant, que périr n'est pas un changement de ce qui périt, et que le changeant ne subit pas de changement (*Veränderung*) mais qu'il est remplacé par autre chose (*Wechsel*) (*ibid.*, éd. Reclam, Stuttgart, 1966, pp. 265–266).

272. Soit dit par parenthèse, voilà un excellent exemple pour illustrer le Souverain : si Diodore était nécessitariste, il devrait dire que la proposition est déjà vraie.

273. Sextus complique encore un peu plus le problème en écrivant : « ... au moment où la balle *commence* à toucher le plafond... ».

274. On ne doit pas dire qu'il n'existe pas, puisqu'après coup il est vrai que le contact a eu lieu, au minimum pendant un instant indivisible ; mais, tout comme le corps sans parties, cet instant a quelque chose d'irréel (cf. Comment. du fr. 118), d'insuffisant en tout cas pour porter une vérité.

275. Un détail grammatical dans les phrases concernant les mariages d'Hélène nous semble aller dans le même sens : dans le § 98, il est écrit qu'au temps de chacun des mariages la proposition n'*est* pas vraie, au présent, là où on attendrait un passé ; mais un passé indiquant ici la simultanéité et non l'accomplissement (c'est-à-dire un imparfait, non un parfait). Cette simultanéité nous paraît délibérément exclue par Diodore pour cause d'absurdité, la vérité prétendue devenant immédiatement fausse : le présent en question (qui appartient à la métalangue, et qu'on ne confondra évidemment pas avec le présent des propositions portant sur des événements) exprime précisément cette exigence d'« éternité », à savoir qu'une proposition vraie l'est une fois pour toutes.

276. Telle est, semble-t-il, la conception de H. Barreau dans son analyse du Souverain (*Le Maître Argument de Diodore*, Strasbourg, Université L. Pasteur, Cahiers *Fundamenta scientiae*, 1975, n° 46), où il est question de « la réalité du temps » (p. 15), de « la temporalité de l'être » (pp. 15 et 35), de « conception quasi-bergsonienne » et de « pensée réconciliée avec le temps » (p. 48).

277. Ce qui implique en premier lieu qu'on ne se laisse pas abuser par les inévitables métaphores, comme celle du « fleuve du temps », qui risque notamment de faire croire qu'on considère le temps comme un véritable agent physique (cf. H. Barreau, *ibid.*, pp. 47–48 : « ... le fleuve du temps qui relie et remplit les réservoirs de l'erreur et de la vérité... les écluses du temps ravitaillent le possible... »). Et il faut avoir conscience, en second lieu, qu'en introduisant le *changement* dans la proposition elle-même (p. 34 : «... avec le temps, une même proposition changeait de valeur de vérité... ») on s'expose de plein fouet à la critique diodoréenne du devenir en général (toute la fin du fr. 123 montre d'ailleurs que ce n'est pas la *même* proposition qui *devient* vraie).

278. Cette expression suggère qu'on peut concevoir une connaissance plus qu'humaine, qui serait celle de la totalité du temps et de la réalisation de tous les possibles. Mais Diodore ne paraît pas vouloir envisager une telle hypothèse (cf. plus loin son attachement à la catégorie du possible distinct du nécessaire ; et aussi, ci-dessus, son refus de considérer les trois maris d'Hélène comme une vérité avant la fin du troisième mariage). Cette constatation invite à interpréter dans un sens non kantien la limite évoquée dans la phrase précédente : ce n'est pas le temps qui interdit à la connaissance de porter sur un être véritable mais inaccessible, c'est plutôt l'être imparfait de l'événement qui ne peut acquérir stabilité et détermination que dans le temps.

279. Si l'on juge cette interprétation trop « aristotélicienne » (cf. P. Aubenque, *Le problème de l'être...*, pp. 489 ss), nous répondrons : 1. que nous nous sommes efforcé avant tout de chercher un sens satisfaisant à un ensemble d'énoncés explicitement attribués à Diodore (et dans un domaine où, par exception, nous disposons de textes suivis, qui autorisent donc un contrôle) ; 2. que cette parenté devrait d'autant moins apparaître comme un artifice qu'elle n'est pas isolée, on le verra encore à propos du possible (la netteté de certaines attaques d'Aristote pouvant tout aussi bien être l'indice d'un risque de confusion) ; 3. que, pas plus que les autres, cette parenté ne peut prétendre dissimuler ou minimiser les différences

(la plus radicale, dans le domaine qui nous intéresse, étant la négation sans cesse réitérée par la pensée mégarique de toute possibilité d'explication rationnelle de ce monde changeant en tant que tel).

280. Les interprètes « oublient » facilement cette thèse mégarique essentielle quand ils parlent de Diodore. Le refus du mouvement et du changement s'y réfère pourtant implicitement, et les textes sur l'implication et le possible la supposent plus nettement encore. Il reste qu'il est malaisé de fournir un catalogue de ces vérités, ou du moins de délimiter clairement le champ de la connaissance véritable. Cela nous ramène en effet au problème de la « pauvreté » de l'ontologie mégarique (Introd., pp. 17–18). Tout au plus pourrait-on admettre qu'à ces propositions générales sur l'être, le Bien, etc., s'ajoutent, pour Diodore, quelques énoncés de « physique » (au sens d'Aristote, ou à celui des *Premiers principes métaphysiques de la science de la nature* de Kant), c'est-à-dire portant sur les principes généraux d'intelligibilité du monde : par exemple ceux qui affirment la thèse des corps sans parties (et qui sont bien une vérité « éternelle », cf. le *toujours* du fr. 141, § 111), ou encore l'inexistence du vide et du mouvement (cf. fr. 143, § 333 ; *toujours* est absent, mais sous-entendu puisqu'il s'agit à nouveau d'une implication vraie, composée de deux propositions « toujours » fausses).

281. Les analyses qui suivent ont été partiellement reprises dans un article de la *Revue de philosophie ancienne*, 1984–1, pp. 3–37.

282. Par exemple lorsque Aristote lui reproche un sensualisme à la manière de Protagoras (1047 a 6), ou la négation radicale du changement (1047 a 10–17).

283. Döring soutient pourtant simultanément les deux affirmations (p. 133).

284. Voir ci-dessus (Comment. des fr. 121–129) des difficultés comparables à propos du livre VI de la *Physique*, qui, quoique en principe plus ancien que *Mét.* θ, paraît viser la doctrine du mouvement de Diodore.

285. Pour éviter d'alourdir nos notes, nous nous permettons de renvoyer une fois pour toutes à la bibliographie ; nous ne mentionnerons ci-après que quelques opinions caractéristiques, en les désignant simplement par le nom des auteurs lorsqu'aucune confusion n'est possible.

286. C'est la traduction proposée par A. Yon (Coll. Universités de France, 1950) pour la phrase suivante de Cicéron, elle-même vraisemblablement traduite d'une phrase grecque identique à celle d'Épictète : « Omnia enim vera in praeteritis necessaria sunt » (*De fato*, VII, 14). Il semble aussi qu'en dépit de diverses hésitations ce soit finalement le sens retenu par H. Barreau dans le troisième des cahiers consacrés au Souverain (n° 88, pp. 25–28, 35–37), alors que dans le premier (n° 46, p. 9) la proposition était traduite comme en I, β.

287. C'est-à-dire : « Toute proposition vraie concernant le passé est nécessaire », comme il est traduit dans *Les Stoïciens* (éd. de la Pléiade). C'est la traduction que nous avons nous-même retenue. Cf. aussi Prior, Boudot, Vuillemin, 1979.

288. Rescher, Mc Kirahan, Cahn.

289. Schuhl et Blanché.

290. V. Fritz (in *Gnomon* 34, p. 140).

291. Traduction de J. Souilhé (Coll. des Universités de France).

292. Zeller.

293. A moins que, comme G. Stahl, 1962, on ne construise plusieurs arguments en fonction des différents sens possibles de la proposition.

294. Les versions IV apparaissent en effet comme des interprétations particulières de I, α. Döring remarque justement (p. 135) que les commentateurs allemands comprennent plutôt les propositions de ce genre dans le sens ontologique, les anglo-américains au contraire dans le sens logique, mais qu'il n'est peut-être pas très pertinent de choisir une interprétation à l'exclusion de l'autre, *alēthés* en grec et *verum* en latin signifiant aussi bien ce qui est que ce qui est vrai (et ce qui est vrai parce qu'il est l'affirmation de ce qui est). Il apparaît toutefois que dans le contexte du fr. 131 la formulation « logique » est nettement préférable (la deuxième et la troisième proposition du Souverain faisant référence non à des faits mais à des énoncés).

295. Il suffirait de mettre au passé n'importe quel énoncé vrai pour le rendre nécessaire ; cf. Vuillemin, 1979, p. 228.

296. *Parelēluthós* est un parfait, comme dans les différents exemples du fr. 123. On devrait traduire : « Toute vérité portant sur un passé accompli ».

297. Alexandre d'Aphr., *In An. pr.*, p. 373 (= S.V.F., II, 253 ; p. 85, l. 3), dit explicitement que « Si A, alors B » signifie la même chose que « B suit (*akoloutheîn*) de A ». Cf. Épictète, I, 7, 9 ss ; Diogène L., VII, 71 ; et fr. 123, § 85 ; fr. 128, § 311, fin. Aristote exprime de la même manière les « consécutions modales » (*De Interpr.* 13, 22 a 14 ss).

298. C'est le cas dans les exemples où il est question de prédictions (cf. fr. 132 A, VII, 13), et probablement dans le Souverain lui-même ; mais ce rapport chronologique n'est qu'un cas particulier (et comme tel problématique) de l'implication logique.

299. Cf. H. Barreau, Cahiers n° 46 (p. 37) et n° 88 (pp. 25 et 35–37) ; dans le n° 72, l'auteur semblait pourtant vouloir renoncer à cette interprétation (pp. 19–20).

300. Si l'on représente la nécessité par L et la possibilité par M, on écrira avec M. Boudot (1973, p. 443) : $L(p \supset q) \supset (Mp \supset Mq)$; ou, avec Prior : $L(p \supset q) \supset (\sim Mq \supset \sim Mp)$.

301. Traduction la plus fréquente (*Les Stoïciens*, éd. de la Pléiade ; P. M. Schuhl, R. Blanché, M. Boudot...).

302. H. Barreau (voir notamment les cahiers n° 72, p. 20 ss et n° 88, p. 18 ss).

303. Trad. ou interprétation de J. Souilhé, v. Fritz, F. Picolet, J. Vuillemin, 1979, et aussi de la Loeb Classical Library, quoi qu'en dise H. Barreau (cahier n° 72, p. 24).

304. Comme l'écrit F. Picolet (Cahier *Fundamenta Scientiae*, n° 72, p. 6) ; J. Vuillemin parle d'interprétation « outrée » (*ibid.*, p. 249).

305. On attendrait peut-être un démonstratif ou au moins l'article défini devant *dunatón*, s'il s'agissait d'une véritable définition. Mais, surtout, la proposition est reprise un peu plus bas avec, devant *dunatón* un *ti* qui supprime l'équivoque.

306. Le fr. 132 A, VII, 13, qui expose leur conception du possible, confirme parfaitement cette interprétation (« Tu *et quae* non sint futura... *etiamsi* id numquam futurum sit, ... »).

307. Cf. encore tout récemment la polémique opposant MM. Vuillemin et Boudot, *Les Études philos.*, 1984, 3, pp. 399–401.

308. Voir par exemple R. Blanché, 1965, p. 134 ; H. Barreau, cahier n° 46, p. 36 ; M. Boudot, 1973, pp. 443 et 446 (où M. Boudot commente la restitution de Prior) ; J. Vuillemin, 1979, p. 236.

309. Remarques semblables de la part de J. Vuillemin, *ibid.*, p. 234. – Ces réserves ne signifient pas, faut-il le préciser, qu'on n'ait pas le droit, aujourd'hui, de chercher à démontrer cette incompatibilité dans le cadre de divers systèmes de logique modale ou de logique temporelle. Il n'est question que de l'attribution à Diodore d'une démonstration, quelle qu'elle soit.

310. Le *kurieúōn* est présenté exactement dans les mêmes termes que les autres arguments « classiques » (fr. 64–65), c'est-à-dire comme un *lógos* en forme de question (fr. 131, début, et fr. 135, fin du 1er §). On peut se demander aussi si le caractère exceptionnellement abstrait et formel des restitutions contemporaines (qui n'est qu'une manifestation de la tendance universelle à considérer le *kurieúōn* comme un argument tout à fait à part) a quelque vraisemblance historique dans la mesure où, nous le savons, aucun des autres arguments n'était présenté ainsi.

311. Ceux qui traduisent ainsi son nom veulent en effet faire entendre que l'argument possède une force et une perfection logiques exceptionnelles, par comparaison avec les autres arguments antiques. Le terme utilisé par Épictète (*pithanótēs*), il n'est pas inutile de le rappeler, sert ordinairement aux Stoïciens à désigner la persuasion trompeuse des sens et des choses extérieures (cf. par exemple Diogène L., VII, 89 ; Épictète, I, 27, 3).

312. Ce point sera précisé plus loin. Mais on doit signaler dès à présent que, contrairement à ce qu'écrivent tous les modernes, les anciens étaient loin de se pâmer d'admiration devant le Souverain, et ils ne se privaient pas de le traiter de misérable sophisme, au même titre que les autres arguments.

313. Cf. R. Blanché, 1965, p. 136, n. 1 ; H. Barreau, cahier n° 46, pp. 8, 14 et 22 ; M. Boudot, 1973, p. 440.

314. Dans son Introd. au *De Fato*, A. Yon consacre un assez long développement au problème de la source de Cicéron (pp. XL-XLVI). Sa conclusion est que ce dernier s'inspire très directement, en l'adaptant au public romain mais sans rien changer au fond, d'un seul ouvrage, qui pourrait bien être dû à Antiochus d'Ascalon, philosophe de la Nouvelle Académie mort vers 69 avant J.-C.

315. « Si l'antécédent est nécessaire, le conséquent l'est aussi. » Sur cette équivalence, voir M. Boudot, 1973, p. 443, n. 2, et J. Vuillemin, 1979, p. 252.

316. Même dualité pour l'expression de l'impossible : « quod falsum *dicitur* in futuro » (VI, 12), « quicquid non *sit futurum*... » (VII, 13).

317. On verra que nous sommes porté à croire que le nom de l'argument lui vient – comme dans la quasi-totalité des arguments connus – de cet exemple, et non d'une perfection logique particulière ou de ses conséquences métaphysiques et morales. Le texte de Cicéron fournit justement une formule qui contient un équivalent possible, en latin, du verbe *kurieúō* : « ... Cypselum *regnare* Corinthi... » (VII, 13).

318. Un exemple utilisable par Diodore et qu'on pourrait retenir serait peut-être celui de la maladie mortelle, qui a l'avantage de figurer juste après la fin du fr. 132 A et qui a donc des chances de faire partie encore de ce *Perì dunatôn* auquel Cicéron renvoie au début de IX, 17.

319. La chose est nette en VII, 13 ; en IX, 17 (milieu), il paraît s'agir plutôt d'une incidente de l'auteur ; quant à l'« immutabilité » de la fin de IX, 17, on ne peut rien affirmer avec certitude, mais il est permis de penser qu'elle est empruntée à l'ouvrage de Diodore qui vient d'être mentionné.

320. Nous avouons n'avoir pas très bien compris certaines des distinctions par lesquelles on veut – tout comme nous – faire échapper Diodore au nécessitarisme :

« Ce qu'on sait à l'avance être vrai dans le futur n'est que possiblement vrai ; même la vérité présente n'est pas nécessairement vraie, elle ne peut devenir telle que si elle ne cesse d'être confirmée dans l'avenir, sinon elle n'est pas nécessaire, c'est-à-dire qu'elle sera fausse. » (H. Barreau, cahier n° 46, p. 44) ; « ... On démontre qu'un énoncé peut être vrai sans être nécessaire : il suffit pour cela qu'il soit vrai quelquefois sans l'être toujours. » (M. Boudot, 1973, p. 449). Ceci ne peut s'appliquer, semble-t-il, qu'à des énoncés du type « Il fait jour », « Je parle », c'est-à-dire à des propositions indéterminées, que Diodore cherche précisément à exclure (cf. comment. des fr. 140–143). Mais une proposition singulière comme « Fabius mourra en mer » ou « Hélène aura trois maris » n'a pas besoin d'être sans cesse confirmée pour être éventuellement nécessaire. A moins qu'on ne dise que, par définition, des propositions de ce genre ne peuvent jamais être nécessaires. C'est pourtant bien pour de telles propositions que le problème se pose.

Il faut enfin signaler que Cicéron parle encore du problème des futurs contingents à la suite de sa relation du Menteur (*Ac. pr.*, II, XXX, 97).

321. Il le cite au moins trois fois (*De comm. not.*, 24 ; *De tuenda sanitate*, 20 ; *Quaest. conviv.*, I, 1, 5), sans détails ni attribution, mais, dans les trois cas, comme exemple de sophisme ; il en parle en outre comme d'une question ou d'un problème, non comme de la démonstration d'une thèse.

322. Sa formulation (« ... même si ») est une nouvelle preuve en faveur de l'interprétation de la troisième proposition d'Épictète comme une particulière, et non comme une définition du possible.

323. Les spécialistes se prononcent en majorité contre l'authenticité (cf. J. Hani, Intr. au *De Fato*, tome VIII, des *Oeuvres morales* de Plutarque, Paris, Coll. des Universités de France, 1980, p. 3 et n. 2), mais un auteur récent estime qu'on peut encore la défendre (cf. D. Babut, *Plutarque et le Stoïcisme*, Paris, P.U.F., 1969, pp. 157–161).

324. Ce silence serait surtout révélateur si l'auteur était Plutarque, puisque ce dernier les connaît l'un et l'autre ; mais il n'est pas sans intérêt non plus si, comme on le pense le plus souvent, cet auteur est un platonicien du début du IIe siècle, connaissant bien l'aristotélisme et le stoïcisme (J. Hani, *ibid.*, pp. 5–6). – Les raisonnements qui visent à établir que tout est soumis au destin sont répartis en deux groupes : trois « sophismes » d'abord (le Paresseux, le Moissonneur, la preuve par le destin (?)), suivis de cinq « arguments » : la causalité, la sympathie universelle, la divination, l'égalité d'âme du sage devant les événements, et enfin l'argument selon lequel toute proposition est vraie ou fausse ; soit à peu près tous ceux qu'on s'attendait à trouver dans un tel contexte.

325. Dans sa polémique contre la phrénologie, Hegel appelle cela la *possibilité vide* (*La Phénomén. de l'Esprit*, trad. Hyppolite, Paris, Aubier, 1939, I, pp. 278 ss). Remarquons que dans ce contexte Hegel propose une définition très « diodoréenne » de la vraie possibilité : « Quand la possibilité est prise... (dans le sens) de la possibilité intérieure, ou de la possibilité du concept, alors l'objet est une réalité effective » (*ibid.*, p. 278), tout en affirmant en même temps la liberté de l'homme (p. 279).

326. Dans le cas présent, cette thèse est le destin des Stoïciens ; plus haut, chez Cicéron, c'était la divination. Diodore pouvait-il réellement viser ces deux théories dans son argument originel ? Il a connu Zénon, nous le savons ; mais si, comme il est probable, la première cible de Diodore était Aristote, il faut évidemment trouver autre chose (les deux premières propositions du Souverain, par exemple). Rien n'empêche toutefois que la discussion se soit poursuivie ensuite avec les stoïciens.

327. On s'en étonnera peut-être, car le passage d'Aristote qu'Alexandre est en train de commenter étend précisément la notion de possible du domaine de la génération à celui de l'affirmation. Mais nous avons indiqué déjà que la distinction entre ce qui est et ce qui est vrai ne nous paraît pas pertinente dans ce contexte ; nous relevons ces formulations « ontologiques » uniquement parce qu'une partie des interprètes modernes les ignore ou les conteste, alors qu'elles sont les plus nombreuses.

328. Le terme *kataskeuế* (l. 5–6 du texte grec) ne désigne pas à proprement parler la démonstration en tant que telle, mais le fait de poser une thèse, ou le caractère affirmatif du processus conduisant à cette thèse.

329. On songe à la pierre précieuse dont parle Cicéron (fr. 132 A, VII, 13). Il est vrai que d'autres définitions stoïciennes sont moins larges (cf. Diogène L., VII, 75 ; fr. 138, l. 12–14).

330. La fin du fr. (dernier §) nous a paru obscure, bien qu'aucun doute ne soit possible quant à la position des principaux auteurs cités, en particulier celles d'Aristote et de Diodore. Mais on ne voit pas bien qui sont ceux dont l'absurdité est dénoncée, ni en quoi elle consiste exactement, notamment en raison d'une lacune probable à la l. 21 du texte grec et de l'incertitude qui pèse sur *pròs autón* (« à son endroit ») à la même ligne. Peut-être s'agit-il des « exégètes » mentionnés dans la partie du texte omise par Döring (fin du 1er §), dont la faute consisterait à interpréter la conception d'Aristote comme si elle s'apparentait à celle de Diodore, et donc à faire à Aristote une objection qui ne vaut que contre le Mégarique. – Mais, selon la suite du texte de Simplicius (fin de la p. 196), Aristote lui-même serait responsable de la confusion. Quand il affirme que l'absence de la science n'entraîne pas l'absence de l'objet, donc que, de ces deux relatifs, l'un est antérieur à l'autre, il a tort de comparer l'absence de la science *en acte* à l'existence de l'objet *en puissance*. Si on compare ce qui est comparable, les relatifs sont bien simultanés, comme le veut Aristote quand il est « plus rigoureux ». L'exemple de la quadrature du cercle (cf. *Cat.*, 7 b 32 : « ... *si* du moins elle est *connaissable* ») montre d'ailleurs, nous semble-t-il, qu'on ne peut parler d'objet de science que si l'on anticipe la *réalisation* de la science correspondante (même ambiguïté dans le français « connaissable »). Si tel est bien le sens de ce passage, on y verra une mise en garde de Simplicius contre un risque de confusion entre Diodore et le « vrai » Aristote, risque né de certaines ambiguïtés de l'Aristote « moins rigoureux » ; ce qui anticipe nos propres commentaires sur le sens réel de ce débat (cf. p. 154 ss).

331. D'après R. Blanché, 1965, pp. 142–143.

332. Qui n'évite pas totalement le cercle vicieux dans sa définition initiale du possible (« est susceptible », *suscipiat*), notion qui lui sert ensuite à définir les autres modalités ; cf. R. Blanché, *ibid.*, pp. 143–144.

333. Sur le sens de cette nécessité, voir aussi le fr. suivant.

334. A la suite d'Aristote, *De Interpr.*, 13, 23 a 8 ss, mais dans l'ordre inverse.

335. Le grec emploie ici l'optatif avec ἄν (23 a 10 et 11), qui n'a évidemment pas la même valeur qu'un futur.

336. *De Interpr.*, 9, 19 a 10 ss (un vêtement « peut » être coupé, même s'il ne l'est jamais). Voir aussi dans les *Topiques* (IV, 5, 126 a 34) l'exemple du dieu qui « peut » faire le mal.

337. Inspirée sans doute de *De Interpr.*, 9, 19 a 23 ss.

338. Nous savons que le problème ne se pose pas vraiment pour le présent. Il concerne l'attribution de la nécessité aux événements comme tels à partir du moment

où ils sont susceptibles d'une énonciation vraie ; c'est-à-dire, pour Diodore, quand ils sont passés (cf. les fr. sur le mouvement).

339. L'exemple du fr. 138, fin (l'homme qui est mort en mer n'aurait pas pu mourir sur terre) suggère à tort que l'impossibilité était acquise déjà avant l'événement.

340. Les textes d'Aristote que l'on cite à l'appui de la thèse selon laquelle lui aussi affirmait la nécessité du passé (*Éth. Nic.*, VI, 2, 1139 b 7–9, et *Rhét.*, III, 17, 1418 a 5) nous semblent aller dans le même sens, et ne prétendent certainement pas donner au passé une nécessité absolue.

341. A titre d'exemple (car il faudrait citer la plupart des auteurs contemporains) : « Le raisonnement dominateur était fameux entre tous les sophismes dans l'Antiquité, et l'on interprète souvent le nom même sous lequel on le désigne comme une allusion à cette primauté. » (P. M. Schuhl, p. 7) ; « ... on comprend aisément la réputation qu'il valut à son auteur et le respect qu'il inspirait aux Anciens. » (M. Boudot, 1973, p. 448).

342. Dans l'ordre chronologique : Plutarque, qui le mentionne trois fois (voir le Comment. du fr. 134) ; Épictète, *Entretiens*, II, 18, 18 ; Aulu-Gelle, I, 2, 4 ; Lucien, *Vit. auctio*, 22. A quoi l'on peut ajouter, si l'on veut, l'information que donne Épictète à la suite du passage qui constitue le fr. 131 et selon laquelle Chrysippe, Cléanthe, Archédémos et Antipater ont écrit des ouvrages sur le *kurieúōn* (*Entr.*, II, 19, 9) ; mais cela vaut de beaucoup d'autres arguments.

343. Il ne servirait à rien d'arguer de la prétendue indifférence de cet auteur pour la logique ; il ne s'agit ici que de la réputation du *kurieúōn* dans la littérature ancienne, et de ce point de vue le témoignage d'Épictète n'a pas de raison d'être récusé. Au demeurant, le Stoïcien n'était ni ignorant en la matière, ni hostile ou indifférent à son enseignement (cf. *Entr.*, I, 7 ; II, 25,...) ; sa réserve envers le *kurieúōn* a d'autant plus de poids.

344. Dans la plupart des textes, le *kurieúōn* n'est pas cité seul, mais associé soit au Menteur soit à des arguments qui sont d'habitude traités avec beaucoup moins de considération par les commentateurs (le Reposant, le Sorite, le Cornu, l'Électre, le Voilé). Lucien s'amuse à le placer après le Moissonneur et avant l'Électre et le Voilé, ces derniers « surpassant tous les autres ». Quand par exception il est cité seul (Plut., *Quaest. conviv.*), c'est après un commentaire particulièrement dur (tous ces sophismes sont dits « discours futiles », « arguments vulgaires et triviaux »...). Aulu-Gelle enfin évoque un jeune homme qui se vante de pouvoir *résoudre* tous ces sophismes.

345. Le rapprochement de la puissance avec l'indétermination et le non-être est fait par Aristote lui-même (*Métaph.*, Γ, 4, 1007 b 26 ss). Les explications de Δ, 12 s'exposent apparemment aux mêmes reproches (voir surtout 1019 b 1–10 : le possible est bien quelque chose d'actuel, une certaine disposition présente, mais d'une chose qui n'est pas ; la privation elle-même est une possession, « si l'on peut dire » note Aristote comme pour s'excuser). Sur le caractère essentiellement indéterminé de la puissance, voir aussi le commentaire d'Hamelin cité par J. Tricot, trad. fr. de la *Métaph.*, p. 481, n. 1. – On se souvient d'autre part du caractère vague et circulaire des définitions du possible proposées par Philon et les Stoïciens (cf. fr. 138 et Comment.).

346. Aristote soutient lui aussi que l'acte est antérieur par rapport à la puissance : il est impossible d'être architecte sans avoir rien construit (θ, 8, 1049 b 30). Peut-on dire alors qu'il a le pouvoir de construire avant sa première œuvre ? Si oui,

c'est bien sous forme d'une possession *actuelle* des connaissances relatives à l'art de construire. On se souvient de la polémique de Hegel contre la possibilité vide (Comment. du fr. 134). Comparer aussi J. P. Sartre, *L'Être et le Néant*, Paris, Gallimard, 1943, p. 12 (« Tout est en acte. Derrière l'acte il n'y a ni puissance, ni « exis », ni vertu. Nous refuserons, par exemple, d'entendre par « génie »... une puissance régulière de produire certaines œuvres, qui ne s'épuiserait pas, justement, dans la production de celles-ci »). On sait que la suite du livre ne développe pas précisément une philosophie « nécessitariste ».

347. Comparer avec les Remarques de Kant sur la Thèse de la Quatrième Antinomie, dans la *Crit. de la r. pure* : dans le domaine du contingent empirique, le contraire d'un état actuel donné est possible s'il est réel dans le temps suivant ; mais on ne peut nullement conclure de cette réalité ultérieure à la possibilité du deuxième état à la place du premier et en même temps que lui (éd. Reclam, pp. 504 et 506 ; trad. fr. de A. Tremesaygues et B. Pacaud, Paris, P.U.F., 1963, p. 356).

348. 1047 b 4–5 : si je dis *avec vérité* qu'une chose est possible mais ne sera pas, je devrais plutôt dire qu'elle est impossible, par exemple la commensurabilité de la diagonale. Cf. aussi la note 330.

349. 9, 18 b 9 ss.

350. Cette chronologie n'est qu'hypothétique, mais elle tient compte du fait que la discussion du livre θ utilise déjà la conception de Diodore, même si celui-ci n'est pas nommé et que son innovation paraisse ignorée par Aristote (cf. Comment. du fr. 130 A, et le « est ou sera » de 1047 a 13) ; elle tient compte aussi de l'absence, dans le *De Interpr.*, du matériel spécifique du Souverain, ainsi que du silence des commentateurs anciens à son sujet : il nous semble qu'Aristote pose ici le problème à *sa* façon, sans répondre à un argument déterminé, mais en attaquant une formulation déjà diodoréenne de la notion du possible. La chronologie que nous proposons est aussi celle de O. Becker, « Zur Rekonstr. des K. Logos ».

351. On peut évidemment imaginer toute sorte d'autres exemples, et il est peu probable qu'on sache jamais quelle illustration Diodore avait choisie. Conformément à l'hypothèse que nous avons proposée incidemment ci-dessus et que nous expliquerons sous peu, rien n'interdit de supposer que l'idée de « pouvoir » et de « domination » ait été comprise dans cette illustration (« Alexandre peut s'emparer de l'Inde, même s'il ne le fait pas et meurt avant ; etc. »). On a de bonnes raisons de penser que les exemples rapportés par Cicéron, qui font intervenir la divination et le destin, sont plus tardifs et consécutifs à l'entrée en scène des Stoïciens, – du vivant de Diodore ou peu après.

352. Pour la première, voir les textes cités (Comment. du fr. 139) de l'*Éthic. à Nic.* et de la *Rhét.*. La deuxième, considérée par J. Hintikka comme une proposition fondamentale de logique modale (1973, p. 185), apparaît à plusieurs reprises chez Aristote et sous des formes légèrement différentes ; par exemple *Métaph.*, θ, 4, 1047 b 14 ss ; *An. Pr.*, I, 15, 34 a 5 ; et cf. *Métaph.*, θ, 3, 1047 a 24–26 ; *An.Pr.*, I, 13, 32 a 18. Si l'on accepte ces deux premières propositions, on doit donc nier la troisième et en admettre la négation, c'est-à-dire la quatrième. Le problème vient de ce qu'on peut trouver les deux chez Aristote (voir ci-dessous, et les notes suivantes).

353. Lorsque le possible est considéré en dehors de toute réalisation éventuelle ou plus clairement encore lorsqu'une chose est dite possible même si elle ne se produit jamais (cf. la pierre précieuse de Chrysippe, ou le bois au fond de l'océan de Philon). C'est le cas dans les passages déjà cités du *De Interpr.* (le vêtement coupé en deux) et des *Top.*, IV, 5, 126 a 34 (Dieu « capable » de faire le mal) ; cf. aussi

Métaph., θ, 3, 1047 a 20 ss, et le Commentaire de St Thomas cité par J. Tricot (n. 2, p. 494 de sa trad. de la *Métaph.*) A. Faust (*Der Möglichkeitsgedanke*, p. 36) et J. Tricot (*ibid.*, n. 1, p. 492) n'hésitent pas non plus à parler de « possible logique ».

354. J. Hintikka, 1973, p. 210 (à propos de *De Caelo* I, 12, 281 b 3 ss), et J. Vuillemin, 1979, p. 237 ss (qui se réfère à 283 b 6 ss). P. Aubenque (*Le problème de l'être...*, p. 91, n. 4) cite la formule de 283 a 24 (« Il est impossible pour un être corruptible de ne jamais être corrompu ») pour refuser, semble-t-il, l'idée d'un pur possible logique.

J. Vuillemin pousse le parallèle assez loin, puisqu'il considère que, dans son « Dominateur », Diodore retourne contre Aristote la démonstration que ce dernier avait faite contre Platon, dans le *De Caelo* : « Aristote avait combattu la création et la corruptibilité de l'univers. Par le même argument, Diodore combat la conception aristotélicienne d'une puissance qui ne se réalise pas » (p. 251).

355. « Ce qu'on ne peut nullement conclure du changement », note Kant dans le texte cité ci-dessus. Aristote ne peut le faire que parce qu'il n'envisage pas vraiment ce « maintenant » comme un moment déterminé du temps réel (un texte parallèle, dans le *De Caelo*, I, 12, 281 b 9 utilise le même exemple mais, au lieu du « maintenant », dit plus prudemment : « Dire que tu es debout quand tu ne l'es pas... »). En termes leibniziens, on pourrait avancer qu'Aristote traite parfois le contingent comme un possible.

356. On comprend ainsi qu'on puisse attribuer à Diodore des affirmations nécessitaristes même s'il ne l'est pas : le Mégarique a très bien pu formuler une pareille proposition dans le cours de la discussion ; elle n'est nécessitariste que s'il existe effectivement une pareille science du futur.

357. *Métaph.*, Z, 15, 1039 b 28 ss ; *An. Post.*, I, 8. Cf. G. G. Granger, *La théorie aristotélicienne de la science*, Paris, Aubier-Montaigne, 1976, pp. 218–219 (les actes humains – qu'on a plus spécialement en vue dans ce problème de la nécessité du futur – échappent à toute science théorique) ; p. 277.

358. Voir ci-après le comment. des fr. 140–143 ; et ci-dessus celui des fr. sur le mouvement (121–129) ; c'est le moment ou jamais de se souvenir de l'exemple des trois maris d'Hélène.

359. *De fato*, IX, 17. Nous avons indiqué dans le Comment. du fr. 132 A que cet exemple pouvait provenir de Diodore lui-même. Les cas de ce genre devaient être rares néanmoins pour la science antique ; la prédiction d'une éclipse par exemple, qui concerne aussi un futur en un sens (pour nous), n'appartient pas à ce domaine, puisqu'il s'agit là d'êtres éternels, incorruptibles, ayant entre eux des relations nécessaires (du moins pour Aristote).

360. G. G. Granger, *op. cit.*, p. 277.

361. On pense à la formule du jeune Hegel disant : « Si la réalité est inconcevable, il nous faut alors forger des concepts inconcevables » (*Différence des systèmes de Fichte et de Schelling*, éd. Lasson, I, pp. 104–105). On peut d'ailleurs en lire une anticipation dans cette étrange déclaration du *De Caelo* : « Il faut sans doute que les principes des choses sensibles soient sensibles,... que ceux des choses corruptibles soient corruptibles » (III, 7, 306 a 9–11).

362. *Métaph.* θ, 3, 1047 a 6.

363. Diodore de Sicile, XX, 21, 1 ; Xénophon, *Mémorables*, II, 6, 22.

364. *Éth. Nic.*, VIII, 12, 1160 b 35.

365. Sextus, *Adv. math.*, VIII, 88.

366. S.V.F., II, 894 (p. 244, l. 11) et 896 (p. 245, l. 36).

367. On constate que les participes sont en majorité : surtout des présents (*pseudómenos, dialanthánōn, therízōn, hesucházōn*) et un participe parfait (*egkekalumménos*). On trouve aussi des noms, comme l'Électre et le Cornu, un pronom (Personne, considéré en fait comme un nom propre), et des adjectifs (le Sorite, le Paresseux, le Chauve). Il faut néanmoins préciser que ces distinctions modernes ne sont pas nécessairement pertinentes : d'abord parce que les anciens les ignoraient partiellement (ni Aristote ni les Stoïciens ni les Alexandrins ne font de l'adjectif une catégorie à part, mais le traitent comme un nom ; en revanche le participe est reconnu comme partie autonome par les Alexandrins ; cf. R. H. Robbins, *Brève histoire de la linguistique*, pp. 31–47) ; ensuite parce que dans les cas qui nous occupent, les participes ont pratiquement la fonction d'un adjectif. L'essentiel est de vérifier une fois de plus que le *kurieúōn* n'est pas un cas exceptionnel.

368. Certains avancent que cette exception serait confirmée par le fait que, pour notre argument, on trouve expressément *lógos* à côté de *kurieúōn*, alors que pour les autres il faut sous-entendre *ánthrōpos* et non *lógos*. Ce qui est une fois de plus inexact : on a aussi bien *kurieúōn* tout seul (par exemple fr. 110, ou Épictète, II, 18, 18 ; 19, 25) que *lógos* à côté des autres (fr. 110 ; ou avec *therízōn*, où il est bien évident que ce n'est pas l'argument lui-même qui moissonne : cf. Plutarque, *De fato*, XI, 574 e ; Diogène L., VII, 25).

369. Surtout si l'on tient absolument à ce que le « coup de maître » de Diodore soit la démonstration de l'incompatibilité initiale : la conclusion est de toute manière facultative puisqu'elle dépend des propositions retenues.

On pourrait en revanche accepter une variante de cette interprétation ; le caractère « magistral » de l'entreprise de Diodore résiderait dans le fait d'avoir réuni un groupe de propositions particulièrement bien adapté à son propos (1. elles sont empruntées à l'adversaire ; 2. la vraisemblance est beaucoup plus forte du côté mégarique), bref d'avoir su se ménager une « carte maîtresse ». Remarquons cependant que pour exprimer cette idée *kurieúōn* serait toujours aussi inattendu ; et cf. notre observation initiale sur le caractère singulièrement « abstrait » d'un tel mode de désignation (ci-dessus, 1, b).

370. La domination de qui ? un verbe comme *kurieúō* a besoin d'un sujet ; or ce ne peut être quelque chose comme un destin, dans le cas de Diodore, S'il s'agit d'exprimer la nécessité, pourquoi ne pas utiliser *anagkázein* ou un dérivé, comme Ammonius dans son commentaire du chap. 9 du *De Interpr.* (p. 131, l. 21) ? On relève au passage qu'il n'est nullement question du « Dominateur » dans ce dernier texte, mais seulement du Moissonneur, contrairement à ce que laisse supposer M. Schuhl (p. 18) : « Les auteurs le citent souvent à côté du *kurieúōn*... » ; nous ne les avons trouvés associés qu'une seule fois, dans l'ouvrage de Lucien cité à la note 5 de la même p. 18 (*Vit. auctio*, 22, cf. ci-dessus).

371. P. M. Schuhl, p. 10. Il faut ajouter D. Sedley, « Diodorus Cronus and Hellenistic philosophy », pp. 97–98.

372. Fr. 132 A, VII, 13 (Cypselus *régnant* à Corinthe). Il y en a même un deuxième un peu plus loin (Scipion ne *prendra* pas Carthage), encore plus convaincant, car *potior* en latin traduit exactement *kurieúō*...

373. Le même texte d'Ammonius se sert précisément de ce terme pour désigner « ce qui est en notre pouvoir », au sens de « ce qui dépend de nous », τὰ ἐφ ἡμῖν (p. 130, l. 31).

374. Sedley propose pour sa part « Ruling Argument ».

375. Nous avons signalé dans l'Introduction (n. 34) que des interprètes récents contestent l'usage de cette terminologie moderne. Si ces réserves nous semblent au moins partiellement justifiées quand il s'agit des Stoïciens (pour des raisons tenant à leur physique), elles le sont moins, à notre sens, pour ce qui concerne Diodore. De toute manière, et malgré les insuffisances ou anachronismes qu'on lui reproche aujourd'hui, un article comme celui de J. Lukasiewicz (« On the history of the logic of proposition », 1934, in *Polish logic 1920–1939*, Oxford, 1967 ; trad. fr. in J. Largeault, *Logique mathématique*, Paris, A. Colin, 1972, pp. 10–25) a eu le grand mérite de donner un sens à des textes que l'on jugeait volontiers incompréhensibles, pédants et inutiles au XIXe s. (cf. dans le même sens R. Blanché, *La logique et son histoire*, pp. 91–97). De ce point de vue, il est difficile de ne pas considérer cette interprétation au moins comme une étape indispensable à l'intelligence des réflexions de Diodore.

376. Voir R. Blanché, *La logique et son histoire*, p. 101, et J.-L. Gardies, *Esquisse d'une grammaire pure*, pp. 236–237.

377. R. Blanché, *Introduction à la logique contemporaine*, Paris, A. Colin, 1957, p. 40.

378. La critique de Diodore ne peut avoir pour objet ce qu'on appelle aujourd'hui « les paradoxes de l'implication » (cf. R. Blanché, *ibid.*, p. 71 ; J.-L. Gardies, *Essai sur la logique des modalités*, Paris, P.U.F., 1979, p. 29), puisque ceux-ci ne font qu'exprimer le contenu de la table de vérité de l'implication, qui est commune aux deux auteurs.

379. Par exemple, « S'il fait jour, je parle » est faux si à un moment quelconque je me tais alors qu'il fait jour. Si Diodore avait dit uniquement « ... sauf s'il est possible... », on comprendrait, en vertu de sa définition du possible : sauf si je me tais aujourd'hui ou au cours d'une journée quelconque de ma vie ultérieure. Mais l'implication est fausse aussi si je me suis tu une seule fois, avant-hier par exemple, même si à l'avenir je dois toujours parler pendant qu'il fait jour. C'est pourquoi il a ajouté : « ... sauf s'il était possible... ».

380. Expression de W. V. Quine (*Philosophie de la logique*, Paris, Aubier-Montaigne, 1975, pp. 25–27) : si l'on ne veut avoir affaire qu'à des énoncés « carrément » vrais ou faux, il ne faut raisonner que sur des énoncés éternels. Sous cette rubrique, poursuit l'auteur, peuvent figurer : ceux de l'arithmétique (des mathématiques en général ?), les lois physiques (domaine auquel nous pouvons rattacher les deux seuls exemples jugés vrais par Diodore, cf. ci-dessus), et enfin ceux qui énoncent des faits particuliers à condition qu'ils soient déterminés par des indications de personnes, de date, etc., et d'avoir les temps de leurs verbes neutralisés (ce qui à tout le moins alourdit l'écriture).

381. *La logique et son histoire*, p. 103.

382. On observera en outre qu'en matière de logique et sur la question de la validité de l'implication, il est assez naturel de trouver Chrysippe en opposition avec Philon, et non avec Diodore, son critère (l'implication est vraie si l'opposé du conséquent est contradictoire avec l'antécédent, cf. Diogène L., VII, 73) se rapprochant plus de la « vérité omnitemporelle » de Diodore que du lien beaucoup plus lâche de Philon.

383. Döring, p. 139. Mais la même raison vaudrait pour Bryson, que Döring refuse pourtant de considérer comme Mégarique.

384. A titre de comparaison : il y a, chez Döring, 14 p. pour Diodore (moins de fr., mais plusieurs sont assez longs), dont 3 p. seulement concernent les « données biographiques ».

385. On sait que les Stoïciens ne refusaient pas les fonctions politiques (D. Laërce, VII, 121 ; Sénèque, *De otio*, III, 2), alors que les Cyniques se montraient plus réservés sur ce point (cf. D. Laërce, VI, 11, 29).

386. Pour ce qui est des vaches et des chevaux de 151 E, fin, ou bien ils ne sont pas considérés comme une vraie propriété personnelle, conformément à ce qui est dit plus haut, ou bien notre philosophe veut signifier qu'il n'était pas homme à en posséder.

387. Une réponse semblable est par exemple attribuée à Bias (Döring, p. 141). La prière finale de Socrate, dans le *Phèdre*, évoque elle aussi une fortune qu'on ne peut emporter dans un pillage (279 c). – En ce qui concerne le thème de la bienfaisance (fr. 151 A, § 116), voir F. Préchac, Intr. au *De Benef.* de Sénèque, Paris, Coll. des Univ. de France, 1926, pp. XXVII ss ; on y voit notamment que si ce thème n'est la propriété d'aucune école en particulier, les Stoïciens s'y sont néanmoins beaucoup intéressés.

388. Fr. 151 B, fin, le génitif *hamôn* peut se rapporter aussi bien à *oudéna* qu'à *doûlon*. – Sur l'« insensibilité » de Stilpon, dont cette anecdote serait une illustration privilégiée, voir surtout le Comment. du fr. 161 ; se reporter aussi à l'Annexe pour le contexte du fr. 151 H.

389. Xénophon utilise la même expression (γηραιοῦ τελευτήσαντος) pour Agésilas, dont on pense qu'il mourut octogénaire (*Agés.*, XI, 15). Pollux (II, 13) cite comme exemple de *gēraiós* Thucydide et Antiphon, qui sont tous deux morts à 70 ans environ. (Au même âge, Socrate est dit *gérōn*, *Criton*, 49 b et 53 d. Voir aussi *Lois*, VI, 755 a).

390. Voir par exemple les réflexions de Diogène chez Diogène L., VI, 37–38, 45.

391. Plutarque reproche à Zénon de parler contre les temples tout en acceptant d'y offrir des sacrifices (*De stoic. rep.*, 6). Voir aussi Diogène L., VII, 119 et 124.

392. Cf. Socrate faisant grief à Antisthène de montrer aux passants les trous de son manteau (Diogène L., VI, 8). Même intention, sans doute, dans la plaisanterie de Stilpon au sujet du manteau usé de Cratès (fr. 180). C'est surtout Diogène, qui fut pourtant un des maîtres de Stilpon, qui illustre cette attitude (voir notamment Diogène L., VI, 64 : il entre au théâtre par la porte de sortie, simplement pour ne pas faire comme tout le monde...).

393. Épictète s'en prend souvent à ceux qui font parade de leur vertu ou de leur philosophie (cf. *Entr.*, III, 12, 17 ; 24, 118 ; IV, 6, 23...), et plus particulièrement parce qu'il ne faut pas effaroucher la multitude, le commun des mortels (*ibid.*, IV, 11, 22 ; cf. IV, 8, 22–23). Chez Marc-Aurèle on trouve aussi plusieurs fois cette même association de la simplicité des manières et de la bienveillance envers autrui ; par exemple, IV, 26 et 37 ; V, 5 et 9 ; VI, 30.

394. C'est pourtant ce que paraît dire Sénèque (fr. 195, fin), qui explique la position stoïcienne en l'opposant à celle de Stilpon sur ce point précis. Le contexte montre néanmoins que Sénèque est sensible aux malentendus qui entourent ces notions, et toute la lettre 9 est consacrée à concilier l'« apathie » avec le désir d'avoir des amis. On peut même se demander si Döring n'est pas le seul responsable de cette image d'un Stilpon totalement insensible : les deux phrases qui suivent la fin de notre fr. 195 (donc le désir d'avoir des amis, des voisins, etc. : voir l'Annexe) concernent aussi le Mégarique, selon toute vraisemblance. Il faut y insister d'autant plus que c'est dans cette même lettre 9 que Sénèque cite la réponse de

Stilpon à Démétrius (fr. 151 H) : or cette réponse, qui pourrait passer pour un modèle d'insensibilité excessive (l'auteur se croyant tenu de préciser que le Mégarique vient de perdre femme et enfants !), est justement utilisée par Sénèque pour illustrer l'attitude *qui convient* au sage en pareils cas (se reporter là encore à l'Annexe, et au fr. 197, début, qui fait état de la douceur et de la modération de Stilpon).

395. On trouvera dans le commentaire et l'apparat de Döring des précisions sur l'identité des personnages cités dans ces fr. (lorsque cette identité se laisse deviner...), ainsi que sur certaines erreurs contenues dans les textes. Il nous a semblé que l'intérêt philosophique de ces divers renseignements était mince, et qu'il n'était pas indispensable de s'y attarder.

Une remarque seulement sur le fr. 164 A, dont la fin est un peu confuse. Döring a sans doute raison de déceler une lacune à la l. 5, et de distinguer trois groupes parmi les auditeurs de Stilpon (pp. 144–145) : d'abord ceux qu'il a enlevés à d'autres écoles ; puis ceux qu'il aurait arrachés à ses collègues de Mégare (désignés ici par le terme de « dialecticiens », cf. fr. 31) ; enfin deux personnages qui étaient venus porter la contradiction mais qu'il réussit à s'attacher.

396. Il a peut-être été aussi le maître de Pyrrhon (voir le fr. 203 A, avec la correction proposée dans l'apparat : « ... de Bryson *ou* de Stilpon », au lieu de : « ... de Bryson, *fils* – ou élève – *de* Stilpon. »).

397. Il se pourrait qu'une bonne part du rayonnement de Stilpon soit due au bonheur avec lequel il parvenait à incarner les dogmes, à vivre sa philosophie, plutôt qu'à une véritable innovation dans la théorie. Cela expliquerait notamment la relative abondance de témoignages sur sa vie, que nous avions soulignée en commençant.

398. On voit qu'il s'agit le plus souvent d'exploiter la pluralité de sens qu'autorise une même forme linguistique. Cette pluralité résulte tantôt d'une homonymie (double sens d'un mot unique : fr. 183, et même fr. 178), tantôt d'une accentuation différente pour un groupe de syllabes donné (fr. 180, début), tantôt d'une indétermination syntaxique (fr. 182 ; cf. aussi les génitifs *Pheidíou* et *Diós* de fr. 183, début, et fr. 151 B, fin). – La réplique de Cratès (fr. 180, fin) procède plutôt du calembour puisqu'il faut déplacer ou modifier (ici : ajouter) quelques lettres pour passer de *aretḗ* à *Nicarétē* ; c'est bien ce que signifie *parà grámma*, comme l'explique Aristote dans la *Rhét.* (III, 11, 1412 a 26 ss, où l'on trouve d'autres exemples de pareilles modifications). Précisons enfin que les trois premiers vers de Cratès, s'inspirent directement des poèmes homériques ; dans l'ordre : *Odyss.*, XI, 582 ; *Il.*, II, 783 ; *Il*, VIII, 537. (*Tuphōéos* est sans doute un autre calembour pour *tûphos*, « les fumées de l'orgueil », terme souvent utilisé par les Cyniques).

399. *Réf. soph.*, 4, 166 a 11 pour le fr. 182 ; 21, 177 b 35 ss pour le fr. 180.

400. Cf. L. Marin, « Parler, montrer, manger, ou le piège du présent », in *L'Arc*, n° 64, pp. 28–41. Mais, pas plus que le fr. 199, ce texte ne peut alors signifier que Stilpon refuse le mot ou l'universel, comme le voudrait L. Marin.

401. Il est facile de montrer que les Mégariques n'en avaient pas l'exclusivité, et il faudrait plutôt parler (avec Hegel, *Leçons sur l'histoire de la philosophie*, II, p. 347) d'une caractéristique de l'esprit grec. On sait que Platon ne recule pas devant les jeux de mots (sur « Typhon » par exemple, comme dans le fr. 180 : *Phèdre*, 230 a ; *ibid.*, 279 c, qui rappelle le fr. 151 ; *Lois*, III, 701 d, qui utilise aussi le *noû* du fr. 180 ; etc.) ; on a vu qu'Aristote s'y intéresse dans la *Rhétorique* (ajouter aux indications précédentes II, 23, 1400 b 18 ss) ; Diogène L. en attribue de très semblables à Antisthène et à Diogène (VI, 3 ; 52...). Mais le problème n'est pas là ; nous souhaitons seulement réagir contre un certain sérieux (« allemand »,

précise Hegel ; certains commentaires de Prantl, Zeller, v. Fritz et même Döring sembleraient vouloir lui donner raison...) qui juge le plus souvent ces plaisanteries ineptes, et tend à les traiter un peu lourdement de « sophismes » (ainsi Döring, p. 148, à propos du fr. 182). La part de jeu est inséparable, nous avons tenté de le montrer dans l'Introd., de la notion même de dialectique et du rapport des Mégariques au logos.

402. Le traité de Chrysippe d'où Plutarque extrait ces lignes ne peut sans doute pas être daté avec précision ; mais le Stoïcien étant mort en 205, l'ouvrage en question n'est pas très éloigné, en tout état de cause, de la mort de Stilpon (vers 280–270).

403. Le singulier, et le fait que Chrysippe ne le désigne pas de façon plus précise, suggèrent qu'il s'agit d'un argument déterminé et en même temps assez célèbre à son époque. Or aucun des arguments traditionnellement considérés comme mégariques n'est plus particulièrement rapporté à Stilpon. On peut penser néanmoins à son « raisonnement » contre l'attribution non identique (fr. 197), qui n'est pas sans rapport avec la critique de l'évidence sensible dont Chrysippe parle auparavant ; ce qui semble être l'opinion de V. Goldschmidt, qui renvoie à « l'argument par lequel les Mégariques déclarent tout jugement impossible » (*Les Stoïciens*, éd. de la Pléiade, p. 1261). Le texte du fr. 186 ne permet pas de savoir exactement si Chrysippe fait allusion à un argument commun à Stilpon et à Ménédème ou à deux arguments différents ; dans le premier cas, on pourrait signaler que Diogène L. attribue à Ménédème une « question » d'inspiration assez voisine (II, 134 : « L'un n'est-il pas autre chose que l'autre ?... »).

404. D'après Aristote (*Rhét.*, III, 3), ce terme ne signifie pas la froideur comprise comme insipidité ou platitude, mais plutôt une sorte de fausse « chaleur », de fausse éloquence, résultant d'un abus de procédés recherchés ; c'est le style ampoulé, en un mot. Théophraste le définissait comme « ce qui est exagéré par rapport au style approprié » (cité par Döring, p. 150, n. 1). Peut-être le fr. 190 en fournit-il un exemple ?

405. En l'absence d'autres renseignements, les tentatives d'identification des personnages désignés par ces noms sont pure conjecture. Si l'on en croit Döring (p. 150), la plupart appartiendraient néanmoins aux cercles socratiques (Moschos, un élève de Phédon ; Aristippe ; Callias, Chérécrate et Épigène, cités chez Platon et Xénophon) ; on peut leur adjoindre Aristote (soit le Stagirite, soit un Cyrénaïque) et Métroclès le Cynique.

406. Comme le faisait aussi le jeune Aristote, cf. Cicéron, *Lettres à Atticus*, XIII, 19, 4.

407. Philosophe Stoïcien, élève de Zénon, qui a notamment vécu à la cour du roi Antigonos Gonatas vers le milieu du IIIe siècle avant J.-C., soit peu de temps après la mort de Stilpon.

408. Cf. le dialogue *De l'Amour* d'Euclide (fr. 15, et Comment.). On connaît aussi un traité d'Antisthène intitulé *Sur l'usage du vin* ou *Sur l'ivresse* (Diogène L., VI, 18). Pour ce qui regarde Platon, on ne pensera pas seulement au *Banquet*, mais aussi aux développements assez longs consacrés aux vertus de l'ivresse et du vin dans les *Lois* (I, 645 d ss ; 649 a ss). Enfin, les catalogues des œuvres d'Aristote contiennent des titres du même genre (par exemple Diogène L., V, 22).

409. D'après A. Modrze, art. « Teles » de l'*Encycl. Pauly-Wissowa*, vol. V, A, 1, 1934, pp. 375–381 (l'auteur pense pouvoir préciser que l'ouvrage d'où est extrait le fr. 192 a été écrit entre 240 et 229), et O. Hense, *Teletis reliquiae,*

Tübingen, 1909, p. 1. Télès utilise aussi beaucoup Bion, mais sans qu'on puisse toujours déterminer exactement ce qui est dû à ce dernier.

410. Les Dialogues contiennent plusieurs classifications des biens, mais la tripartition dont il s'agit ici apparaît plus d'une fois : *Gorgias*, 467 e (cf. 477 a–b) ; *Phil.*, 48 d–e ; *Lois*, III, 697 b ; V, 743 e.

411. *Eth. Nic.*, I, 8, 1098 b 12 ss.

412. D'un certain point de vue, il leur arrive de distinguer les biens de l'âme, les biens extérieurs, et ceux qui ne concernent ni l'âme ni le monde extérieur (Diog. L., VII, 95). Mais on pense plutôt ici à la théorie des indifférents (Diog. L., VII, 102–103, où il est précisé que la santé et la richesse, par exemple, ne sont pas des biens ; illustrations de même espèce chez Sénèque, *Lettres*, 8, 5 ou chez Marc-Aurèle, II, 11). Dans le *De finibus* de Cicéron, Caton oppose précisément le point de vue Stoïcien à la doctrine péripatéticienne des trois genres de bien (III, XII, 41 ss).

413. Cf. Sénèque, *Lettres*, 24, 17 (« Connaîtrai-je l'exil ? je me persuaderai que je suis né là où on m'enverra ») ; *ibid.*, 28, 4 (« Ma patrie, c'est l'univers entier ») ; Épictète, *Entr.* III, 22, 22 (« L'exil ? et où peut-on m'expulser ? hors du monde, on ne peut... »).

414. Pour mémoire, cf. *Manuel*, III (« Si tu embrasses ton enfant ou ta femme, dis-toi que c'est un être humain que tu embrasses : s'il meurt, tu n'en seras pas troublé ») ; XI (« Ton enfant est mort, il est rendu... »).

415. En dehors des Mégariques et des Stoïciens, voir pour les Cyniques Diogène L., VI, 2 et 15 ; pour Pyrrhon, *ibid.*, IX, 108 et Cicéron, *Ac. Pr.*, II, 42, 130.

416. L'apathie ou l'absence de trouble résulte chez les Sceptiques de la *suspension* du jugement (cf. Sextus, *Adv. math.*, XI, 5, 141 ss ; un curieux texte des *Hyp. Pyrrh.*, I, 12, 26 précise même que l'ataraxie a été trouvée *par hasard* comme faisant suite à la suspension du jugement...).

417. Cet adjectif n'est pas nécessairement péjoratif : l'intérêt n'est pas ici celui de la personne qui a perdu un être cher, il s'agit pour elle de *se* conserver *pour* les autres vivants, pour le monde (il faut éviter de se détruire ; il faut avoir le souci des vivants ; il faut songer à la sauvegarde du reste du corps). Nous voulons seulement souligner la part de « calcul », d'évaluation raisonnée qui entre dans ce type de justification de l'apathie. – Notons que Sénèque, sur le même thème, recourt lui aussi à l'exemple de l'agriculteur qui prodigue ses soins aux arbres et plants restants, après une tempête (*Ad Marciam de consolatione*, XVI, 8).

418. Cela dépend notamment de la façon dont on interprète le fr. 195 (voir le Comment. du fr. suivant). Il n'est pas évident non plus qu'une « lettre » ait été intitulée *Contre les Mégariques.*

419. La seule que Sénèque relève concerne la prétendue « insensibilité absolue » de Stilpon ; mais voir, dans l'Annexe, la fin du § 19 de la même lettre.

420. Les mots « *Stilboni... et iis quibus...* » ne permettent pas d'*opposer* deux groupes, dans cette phrase ; la seule question est de savoir s'il s'agit bien de deux groupes, ou si Stilpon n'est pas tout simplement inclus dans l'ensemble plus vaste défini par les mots suivants (c'est ainsi que traduit H. Noblot, *Lettres à Lucilius*, Paris, Coll. des Univ. de France, tome I, 1959, p. 26 : « ... Stilpon et généralement les théoriciens qui ont identifié... »). Épicure pense sans doute aussi aux Cyniques et aux Stoïciens, voire aux Pyrrhoniens.

421. *Sentences vaticanes*, 23, 28, 34, 52, 78... Cf. G. Rodis-Lewis, *Épicure et son école*, Paris, Gallimard-Idées, 1975, pp. 362–369.

422. Même si elle ne doit pas toujours être évitée (*Lettre à Ménécée*, D. Laërce, X, 129–130).

423. Alors que chez Pyrrhon par exemple (pour ne rien dire des Stoïciens) ataraxie et apathie paraissent aller ensemble (cf. ci-dessus, Comment. du fr. 193). Épicure emploie une fois le mot *apatheía*, mais dans un contexte tout différent (au cours d'une réflexion sur le temps, dans la *Lettre à Hérodote*, D. Laërce, X, 73). – Dans son *De contemptu*, Polystrate s'en prend lui aussi à ceux qu'il appelle *apatheîs kaì kunikoús* (col. XXI, 8), dans un passage que son éditeur, G. Indelli, croit dirigé à la fois contre les Sceptiques, les Cyniques, les Mégariques (contre Stilpon en particulier) et les Stoïciens (Polistrato, *Sul disprezzo irrazionale delle opinioni popolari*, Naples, 1978, pp. 77–82).

424. Diogène L., X, 119.

425. Le sage doit δογματιεῖν τε καὶ οὐκ ἀπορήσειν (*ibid.*, 120).

426. Pour l'« aochlésie », voir *Lettre à Ménécée*, D. Laërce, X, 127 ; *Sentences vaticanes*, 79.

427. La vertu méprise ce qui paraît *ochlērós*, selon l'exposé de D. Laërce (VII, 128), et un passage de Cicéron (*Ac. Pr.*, II, 45, 138) va encore plus loin puisqu'il précise qu'aux yeux de Chrysippe l'emploi de ces expressions n'est qu'un moyen d'éviter le dangereux mot « plaisir » (Cicéron ne donne pas les termes grecs, mais la proposition « *si vacemus omni molestia* » est manifestement une traduction latine de la même idée). Il peut paraître plus aventureux de prétendre que les Stoïciens ignorent l'ataraxie. Mais contrairement à ce qu'on croit souvent, le mot est rare chez les anciens Stoïciens. Surtout, la définition qu'ils en donnent va tout à fait dans le sens de notre interprétation : « *nihil timere nec cupere* » (S.V.F., III, 449), ce qui est tout autre chose qu'une absence de fait, une simple privation de gêne, mais met directement l'accent sur l'activité volontaire. Même remarque pour l'*aponía* que nous avons évoquée à propos du fr. précédent ; cette notion épicurienne est critiquée aussi par Chrysippe : l'absence de douleur n'est rien pour nous, elle ne contribue en rien au bonheur (Plutarque, *De Stoic. rep.*, 17).

428. E. Zeller, *Die Philosophie der Griechen...*, pp. 273–275 ; K. v. Fritz, art. « Megariker », col. 721 ; J. Brun, « Les Mégariques », pp. 698–699.

429. Dans le domaine politique (fr. 149 et 162), dans la vie privée (fr. 153–156), sur la religion (fr. 159–160) ; et aussi à propos de sa bienveillance (fr. 161) et de sa modération en morale (fr. 192–193, 197). Il faut ajouter que la sagesse du Mégarique est par ailleurs inséparable d'un intérêt marqué pour la dialectique et les problèmes logiques.

430. Si l'on fait abstraction, bien entendu, des fondements théoriques de l'éthique. – Le fait que les Stoïciens se soient explicitement réclamés des Cyniques est un autre problème (cf. le portrait idéalisé et tout « stoïcien » qu'en trace Épictète, *Entr.*, III, 22).

431. « Le dottrine filosofiche... », p. 470.

432. Cf. ci-dessus p. 165, n. 397, et ce qu'on a dit du caractère particulier des écoles socratiques dans l'Introd.

433. *La Phénoménologie de l'Esprit*, trad. Hyppolite, I, pp. 169–170.

434. Cette dernière précision dans la suite du chap. 22, omise par Döring (fin du 1er §). Plutarque y ajoute que c'est un jeu « de bon goût » (*eumoúsōs*).

435. *Ibid.*, 1119 d–f.

436. A partir de 251 a, Platon pose explicitement le problème de la prédication en rappelant d'abord le fait des dénominations multiples, appliquées par exemple à « l'homme » (parmi elles, celle de « bon », cf. fr. 197, fin du 1er §), puis en évoquant l'objection de ceux qui refusent ces dénominations et admettent seulement que l'homme soit dit homme et le bon, bon. Les propos peu aimables de Platon envers les partisans de cette thèse font d'ordinaire penser ici à Antisthène ; mais l'auteur ajoute aussitôt que l'argumentation qui suit (et qui établit la communauté des genres) s'applique aussi à ceux avec qui on vient de dialoguer. Pour que les choses soient claires, il mentionne explicitement les Amis des Idées un peu plus loin (252 a), dans l'examen de la première des trois hypothèses possibles sur les relations entre les idées (l'absence totale de communauté), en leur reprochant de maintenir les idées éternellement identiques et immuables ; et dans la réfutation de cette position (252 b–c), il est à nouveau question du refus de toute dénomination autre que la sienne, ainsi que de la séparation absolue des êtres qui en est la contrepartie (cf. le même *chōrís* dans le fr. 197, l. 9). Enfin, le lien de cette thèse avec le refus de l'altérité est bien indiqué dans les deux textes (fr. 197, 1er §, juste avant les guillemets, et *Soph.* 254 e ss, not. 258 a et 259 a).

437. La ressemblance entre le *Soph.* et le présent texte de Plutarque est si forte que W.K.C. Guthrie n'hésite pas à conclure que Platon doit viser Euclide (*Les Sophistes*, trad. fr., Paris, Payot, 1976, pp. 224–225). U. v. Wilamowitz (*Platon*, II, p. 247) en tire que les Mégariques avaient en tout cas de bonnes raisons de se sentir visés par le *Soph.*, même si Platon ne pensait pas à eux, ou à eux seuls.

438. C'est aussi l'opinion de K. v. Fritz, *Schriften...*, II, p. 32.

439. V. Fritz avance l'hypothèse que nous aurions encore une fois affaire moins à un dogme positif qu'à une réflexion critique dont le but serait d'aboutir à une formulation plus rigoureuse des propositions (art. « Megariker », col. 723). L'auteur a raison en tout cas de vouloir distinguer la position mégarique de celle, apparemment identique, d'Antisthène (ne serait-ce que parce que ce dernier nie tout universel).

440. Même si l'on peut penser qu'il s'agit d'une difficulté identique, on doit noter que les textes mégariques ne présentent jamais le problème sous cette forme, contrairement à ce que laissent entendre plusieurs interprètes (cf. C. M. Gillespie, *On the Megarians*, p. 228). Les textes de Platon ne sont pas décisifs de ce point de vue, les adversaires visés n'étant jamais désignés clairement : dans le *Soph.* (251 b), on l'a vu, l'opposition un-multiple apparaît très exactement dans le passage qui parle des « vieux tard venus sur les bancs » et au bagage intellectuel limité, et ce n'est qu'après que le débat reprend avec tous les interlocuteurs précédents et avec les Amis des Idées ; on peut faire des observations semblables pour le *Philèbe*, en 14 c–d et 15 d–e ; en 16 e – 17 a on peut en revanche reconnaître les Mégariques, mais l'accent s'est déplacé et porte sur la nécessité des intermédiaires. Il nous semble que, de toute manière, la contradiction de l'un et du multiple n'était pas au premier plan des préoccupations mégariques ; à partir du moment où l'on a refusé toute communauté des idées, elle ne pourrait en effet se manifester qu'entre l'idée et les individus sensibles correspondants ; mais nous savons que cette « correspondance » est exclue elle aussi (cf. aussi fr. 199, et l'argument du « Troisième Homme »).

441. Qui aura, comme on sait, la faveur des Stoïciens. Nous avons tant insisté sur le « stoïcisme » de Stilpon qu'il nous faut tout particulièrement souligner cette différence, qui est sans doute à l'origine d'une certaine stérilité de la logique mégarique (cf. comment. des fr. 140–143, 2, d, fin). – On peut néanmoins admettre,

à titre d'hypothèse, la possibilité d'un discours *empirique* qui recourrait à une pareille formulation.

442. L'auteur donne cette précision immédiatement après la phrase qui termine le fr. 198, i.e. l. 18–19 de l'éd. de Diels.

443. Cf. *Parménide*, 131 b (mais il s'agit là de l'Idée, et de la difficulté qu'il y a à concevoir sa « présence » dans les choses multiples).

444. *Leçons sur l'hist. de la philos.*, pp. 355–356.

445. Commentaire semblable de la part de Zeller (*Die Philos. der Griechen*..., II, 1, p. 256, n. 2), à cette différence près que l'auteur croit à une erreur de Diogène L. ou de sa source (pour le rejet des « idées »).

446. Le manuscrit porte ἤκουσε Βρύσωνος τοῦ Στίλπωνος ; on peut comprendre : « ... Bryson, *fils* de Stilpon », ou « *élève* de Stilpon ». Nous avons traduit d'après la correction de Nietzsche et Roeper (ἢ Στίλπ).

447. D'après Döring (p. 164, n. 6), Platon était une cible privilégiée pour ce genre d'accusation. Théopompe, élève et partisan d'Isocrate, s'est en outre distingué en diffamant Platon auprès de Philippe de Macédoine.

448. Article « Bryson », *Realenzyklopädie*, III, 1 (1897) col. 928–929. On pense au *Parménide*, bien entendu, à la rigueur à la *République*, mais le fr. 207 parle de « beaucoup » de dialogues ce qui implique nécessairement d'autres emprunts.

449. C'est le cas surtout dans la formulation du fr. 208 B : « *Il n'est pas possible* de dire des mots obscènes ». Mais les deux autres sont aussi restrictives, en un sens, puisqu'elles paraissent exclure le fait même de l'obscénité, sans égard pour l'intention du locuteur.

450. Fr. 208 A, fin, et la suite du passage, car la phrase ne s'arrête pas à *kuriốteron* ; les termes peuvent être aussi « plus ressemblants, plus propres à mettre la chose sous les yeux. » (1405 b 11–12) ; et l'auteur parle ensuite de mots « différemment constitués ».

451. Le chap. 2 du livre III de la *Rhét.* a pour objet les qualités de style, et le contexte immédiat de notre fr. traite de la disconvenance des métaphores. Un peu plus loin, l'auteur illustre son propos en opposant l'aurore « aux doigts de rose » à l'aurore « aux doigts écarlates » ou « aux doigts rouges ».

452. C'est vraisemblablement un autre trait commun entre les deux écoles : les explications de Zénon (d'après Cicéron, *Ad fam.*, IX, 22) s'accordent en effet avec celles de Bryson et les complètent. Voir aussi Cicéron, *De officiis*, I, 35, 128.

453. V. Fritz, *Schriften*..., II, p. 97, qui rapproche à juste titre ce raisonnement du fr. 30 (l'auteur en tire argument pour admettre Bryson parmi les Mégariques).

454. Pour Aristote, cela ressort des l. 1405 b 11–12 rapportées ci-dessus (certains termes mettent « mieux » les choses « sous les yeux », etc.). Cicéron, rapportant l'opinion des Cyniques et des Stoïciens dans le *De off.*, précise qu'il n'est pas obscène de nommer des choses immorales comme le vol ou la fraude, et que, inversement, les réalités dont on dit qu'il est obscène de les nommer n'ont en fait rien d'immoral, par exemple l'acte de la procréation.

455. Nous empruntons ces termes au demeurant très simples à P. Guiraud, *La sémantique*, Paris, P.U.F., 1955, 4e éd. 1964, pp. 31 ss. L'auteur rappelle (p. 32, n. 1) que d'autres préfèrent parler ici de « dénotation » (pour le sens de base) et de « connotation » ; mais, selon le *Dictionnaire de linguistique* déjà cité de J. Dubois

et Collab. (p. 115), le concept de connotation a un caractère vague (il sert souvent de débarras pour tout ce qui n'est pas dénotation), et il règne en cette matière un certain désordre terminologique qui rend obscur le recours à un vocabulaire trop spécialisé. – P. Guiraud distingue deux sortes de « valeurs » ou « associations extra-notionnelles », qui s'ajoutent au sens de base et au sens contextuel : les valeurs expressives et les valeurs socio-contextuelles (à l'origine et en principe involontaires). L'obscénité est évoquée p. 60. Voir aussi *id., Les gros mots*, Paris, P.U.F., 1975, p. 11.

456. Il n'y a pas d'inconvénient à admettre au moins globalement que telle tournure ou tel mot rare ont été voulus, même si dans le détail on risque de se tromper sur ces intentions, dans la mesure où cette errance, ce jeu de renvois et d'associations définissent peut-être la poésie ; de ce point de vue, l'intention effective de l'écrivain ne saurait constituer un critère : « Vers ou prose, une œuvre achevée et offerte, son auteur ne peut rien proposer, rien affirmer sur elle qui ait plus de portée, qui l'explique plus exactement que ce qu'en dirait toute autre personne... Si quelque peintre fait le portrait de Socrate, et qu'un passant y reconnaisse Platon, toutes ses explications, protestations et justifications d'auteur ne pourront rien changer à cette reconnaissance immédiate. » (P. Valéry, Préface à l'éd. de *Charmes* commentés par Alain, Paris, Gallimard, 1952, pp. 17–18).

457. On connaît la scène fameuse de l'*École des femmes* de Molière (II, 5), avec le célèbre « le » du vers 572 que la Climène de *La Critique de l'École des femmes* considère comme « une obscénité qui n'est pas supportable » (Sc. 3) ; et un peu plus haut : « Ce *le*... n'est pas mis pour des prunes. Il vient sur ce *le* d'étranges pensées. » Molière a certainement voulu cet effet (ne serait-ce que pour peindre Arnolphe, qui est le premier à avoir d'« étranges pensées ») ; mais Agnès ?

458. Dans *Le mot d'esprit et ses rapports avec l'inconscient* (trad. fr., Paris, Gallimard-Idées, 1969, pp. 142 ss), Freud parle de l'obscénité dans le chap. consacré aux « tendances » de l'esprit ; l'esprit obscène est caractérisé comme celui qui déshabille : il révèle l'excitation sexuelle de celui qui parle et vise l'excitation de celui (pour Freud, plutôt de celle) à qui on parle, et est en rapport avec une des composantes primitives de la libido, « la tendance à regarder à nu les caractères distinctifs du sexe. » (pp. 144–145). Cicéron avait déjà proposé une théorie semblable : pour lui (à la différence de l'opinion stoïcienne) l'obscénité consiste à mettre en lumière et à exposer en public, par des actes ou des mots, ce que la nature a caché (*De off.*, I, 35, 126–127). Mais dans la lettre susmentionnée il proteste contre l'attribution d'une intention indécente à celui qui use malencontreusement de syllabes équivoques (« Non enim ita sensit », *Ad fam.*, IX, 22, 2 ; à rapprocher du fr. 111, fin du § 2).

459. La fin du fr. 208 C est une remarque critique sur le texte de l'auteur de la scolie. Elle n'ajoute rien au fond, et Döring aurait pu, pour une fois, abréger le fragment.

Le commentateur s'efforce de rendre compte d'un génitif (*toûde*) manifestement fautif : il faudrait ou bien un accusatif (*tóde*, complément direct de *eipeîn* sous-entendu), ou bien un seul génitif (dépendant de *antí*), On peut penser que la forme primitive était *antì toûde*, sans *eipeîn* ; un copiste maladroit aurait alors voulu réintroduire le verbe (avec l'article au génitif, puisqu'il dépend alors de *antí*), mais en oubliant de modifier le cas de *toûde*.

460. Cette thèse figure par exemple dans les deux ouvrages d'où sont extraits nos fr., un peu plus haut pour chacun d'eux : *Réf. Soph.*, 2, 165 b 1 ; *An. post.*, I, début du chap. 7.

461. La différence était faible néanmoins : les prémisses dialectiques sont « généralement admises » (point qui est précisé dans les *Topiques*, I, 1, 100 b 21) ; les prémisses critiques semblent vraies « à celui qui répond ».

462. L'explication d'Aristote paraît quelque peu embarrassée. Il aurait pu, semble-t-il, maintenir l'analogie : le rapport de la dialectique aux sciences proprement dites suffisait à conférer à l'éristique un statut à part, non assimilable à celui d'une simple erreur interne. C'est que l'éristique ne se contente pas de procéder faussement à partir des principes communs (par opposition à l'usage légitime que constitue la dialectique), elle abandonne en outre cette généralité même qui est, si l'on peut dire, son domaine « propre » ; du même coup, d'ailleurs, elle prétend *démontrer* quelque chose comme vrai, alors que l'usage légitime des principes communs ne peut aller jusque-là : la dialectique ne démontre pas (172 a 12), elle combat une thèse donnée (165 b 2).

463. Cf. v. Fritz, *Schriften...*, II, pp. 97–98. O. Becker, *Das mathematische Denken der Antike*, Göttingen, 1957 et 1966, II, chap. 5, estime lui aussi que le texte de Philopon permet, avec celui de Themistius (fr. 210 B), de se faire une idée assez juste de la solution de Bryson.

464. O. Becker (*ibid.*) affirme qu'on trouve dans ces textes une formulation exacte du principe de continuité, et v. Fritz (*ibid.*) fait le rapprochement avec la coupure de Dedekind.

465. Le Ps.-Alexandre en donne une illustration (fr. 209 B, fin), fausse certes, mais que rien ne nous empêche de rectifier (v. Fritz, *ibid.*, en propose une application correcte).

466. *L'histoire de la philosophie* de l'Encycl. de la Pléiade l'ignore, tout comme Philon (de Mégare).

467. Traduction de J. Souilhé (Platon, *Lettres*, Paris, Coll. des Universités de France, 1960, p. 81).

468. Débat qui a dû commencer au plus tard dans les années qui précédèrent le *Parménide*, soit dans les années 70 (cf. A. Diès, *Notice du Parménide*, pp. XVII ss et 21 ss).

469. C'est ainsi que le comprennent Natorp et Stegemann dans les articles « Bryson » et « Polyxène » de la *Realenzyklopädie* (respectivement III, 1 (1897) col. 928 et XXI, 2 (1952) col. 1858).

470. Art. « Megariker », col. 722 (l'auteur ne précise malheureusement pas ses raisons).

471. Les XIIIe et IIe lettres platoniciennes sont censées avoir été écrites à la fin des années 60 du IVe s., d'après J. Souilhé, *Introd. aux Lettres*, de Platon, LXX ss, et Döring, p. 166. L'authenticité de ces lettres est cependant très douteuse, et leur date réelle impossible à préciser. Aucune des autres lettres représentées dans ce groupe de fr. n'est considérée comme authentique. Mais l'on admet que leurs auteurs appartenaient à des cercles ayant sur les événements rapportés des informations à peu près exactes.

472. *Vie de Dion*, chap. 19.

473. Précisons toutefois que nous avons retenu la suggestion de Döring pour la l. 3 du fr. 214 A : *prothúrois* au lieu de *porthasíois* (mot inconnu par ailleurs) ; de préférence à *porthmeíois*, « dans les détroits », qui offre néanmoins un sens possible, surtout lorsqu'on le rapproche du fr. 215 où l'on parle d'un Polyxène de Tauroménium, ville de Sicile proche du détroit de Messine. Mais il est douteux qu'il s'agisse du même Polyxène.

474. Sur les activités de type littéraire chez les Mégariques, cf. fr. 68, 70, 71, 90, 91, et peut-être fr. 57.

475. En particulier si, comme certains le supposent (voir Döring, pp. 168–169), il s'agit dans ce discours de convaincre les Athéniens de conserver la haute main sur le sanctuaire de Délos.

476. Voir par exemple fr. 99–100 (l'obligation de répondre « sur le champ ») ; cf. *Topiques*, VIII, 14, 163 b 17 ss.

477. Alexandre tient lui-même son information de Phanias d'Eresos, un péripatéticien du IVe s. av. J.-C. (né autour de 375), qui la rapporte dans un ouvrage dirigé contre ou adressé à un certain Diodore. Or rien ne s'oppose à ce que ce dernier soit le Mégarique Diodore Cronos (cf. Döring, p. 127), ce qui constitue une présomption supplémentaire en faveur de l'hypothèse selon laquelle le débat autour des Idées n'était pas étranger à l'École de Mégare.

478. Le verbe *eiságein* (l. 2) peut bien signifier « introduire » (comme une nouveauté, cf. *Éth. Nic.*, I, 4, 1096 a 13), et c'est ainsi que le comprennent, semble-t-il, v. Fritz (« *den* Erfinder », art. « Megariker », col. 722), Natorp et Stegemann (« der Urheber », art. « Bryson », col. 928, et art. « Polyxène », col. 1859). Mais l'ensemble du passage montre qu'Alexandre emploie ce verbe à chaque fois au sens de : introduire le *terme* ou l'*idée* de « troisième homme » (par exemple p. 83, l. 34, soit au début du paragraphe consacré à ce sujet : « Le raisonnement qui introduit le troisième homme est le suivant, etc. ») ; il est clair par suite, comme le montre aussi le contexte, qu'Alexandre ne reconnaît ici aucune priorité à Polyxène. On rappellera pour mémoire que plusieurs interprètes veulent que Platon ait de lui-même aperçu la difficulté (cf. A. Diès, *Notice du Parménide*, pp. 21–22).

479. Cf. Alexandre d'Aphrodise, *In metaph.*, pp. 83–85, où l'on trouve quatre formes du Troisième homme ; mais l'auteur précise que la quatrième (p. 84, l. 21 – p. 85, l. 5) est la même que la première (p. 83, l. 34 – p. 84, l. 7), et c'est à elle que les auteurs modernes renvoient le plus souvent et qu'ils exposent comme *le* Troisième homme (même lorsqu'ils commencent par se référer à Polyxène, comme J. Tricot, trad. de la *Métaph.*, I, pp. 82–83, n. 2 de la p. 82).

480. Ὅμοιοι γὰρ οἵ τε ἄνθρωποι καὶ αἱ ἰδέαι, écrit Alexandre, p. 85, l. 5.

481. Voir aussi ce qui a été dit, dans le Comment. du fr. 197, de l'absence d'une véritable problématique de l'un et du multiple chez les Mégariques (n. 440).

482. *In Metaph.*, p. 84, l. 7–16.

483. On peut admettre néanmoins que, tout en réservant la thèse d'une autre sorte d'Idées, les deux premières versions aient uniquement pour fonction de ruiner la conception *platonicienne* de l'Idée ; de ce point de vue, il est normal qu'elles procèdent à partir des caractères que Platon lui attribue même si elles ont un Mégarique pour auteur. Cf., dans cette perspective, l'hypothèse selon laquelle les objections de Parménide, dans le dialogue du même nom, seraient en réalité celles qu'Euclide adressait à Platon (H. Maier, *Die Syllogistik des Aristoteles*, II, 2, p. 5 ; L. Robin, *La pensée grecque...*, p. 193).

484. On risquerait en effet de conférer à l'homme individuel la transcendance de l'Idée, commente L. Robin, *La théorie platonicienne des idées et des nombres d'après Aristote*, Paris, 1908 ; réimp. Hildesheim, G. Olms, 1963, p. 610 (note). Les termes rapportés par Alexandre (*metochḗ* et *metousía* : répétition de *meta*–, et emploi pléonastique de deux mots très voisins) suggèrent que cette participation était comprise dans un sens fort, et donc d'autant plus inacceptable.

485. Art. « Megariker », col. 722.

486. Termes presque identiques à la fin de 133 c et dans le fr. 220, pour « avoir son être en rapport avec l'idée » (mais dans le *Parm.* il s'agit des idées qui ont leur être en rapport avec elles-mêmes).

487. Qu'on se souvienne seulement des reproches adressés aux Amis des Idées, dans le *Sophiste* : si l'on suivait ces derniers, l'être serait inconnaissable, figé dans une immobilité solennelle et sacrée... (248 e – 249 a). Cf. aussi *Phil.*, 62 a–b.

BIBLIOGRAPHIE

Malgré la situation de rareté que nous avons évoquée en commençant, il n'est pas aisé d'établir une bibliographie complète sur le sujet, principalement parce qu'il arrive assez souvent qu'il soit question des Mégariques de façon succincte, allusive ou marginale dans des études dont l'objet est tout autre ou le propos plus général. Il fallait choisir, et l'on conçoit que le nombre de pages ou de paragraphes réservés à nos philosophes ne pouvait à lui seul servir de critère. Précisons donc que, pour permettre au lecteur de se faire une opinion sur l'état de la recherche, nous faisons figurer ici non seulement les travaux que nous avons été amenés à citer dans notre étude, mais encore un éventail aussi large que possible de tout ce qui a paru sur les Mégariques depuis le début du XIXe siècle. Nous n'avons pas cru indispensable, toutefois, de faire figurer dans une bibliographie spéciale *toutes* les histoires générales de la philosophie ou de la logique, qui parfois ne contiennent que quelques pages brèves et de seconde main sur nos auteurs, et qui sont de toute manière bien connues par ailleurs ; il en va de même pour un certain nombre de travaux qui ne concernent notre sujet que de façon accidentelle, et dont on trouvera les références à leur place dans les notes.

Les mêmes raisons font qu'il est malaisé de distinguer, parmi les ouvrages et articles retenus, entre ceux dont on peut affirmer qu'ils portent spécialement sur les Mégariques, et les autres. Nous avons néanmoins tenté de faire apparaître cette différence en rangeant dans les rubriques I à III tous ceux qui contiennent au moins une partie substantielle se référant explicitement à nos philosophes ; les autres figurent indistinctement dans la IVe.

I – Études générales sur les Mégariques

BRUN J., « Les Mégariques », in *Hist. de la philosophie*, t. I, sous la direction de B. Parain, Paris, Gallimard, Encycl. de la Pléiade, 1969, pp. 692–700.

CAMBIANO G., « La scuola megarica nelle interpretazioni moderne », *Rivista di Filosofia* (Turin) LXII, 1971, pp. 227–253.

« Il problema dell' esistenza di una scuola Megarica », in *Scuole socratiche minori*... (voir ci-dessous, IV), pp. 25–53.

DEYCKS F., *De Megaricorum doctrina ejusque apud Platonem et Aristotelem vestigiis*, Bonn, 1827.

DIÈS A., *Autour de Platon*, 2 vol., Paris, 1927 (II, pp. 362–366).

DOERING K., *Die Megariker*, Kommentierte Sammlung der Testimonien, Amsterdam, B.R. Grüner, 1972.

FRITZ (von) K., art. « Megariker », *Paulys Realenzyklopädie*, Suppl. V, 1931, col. 707–724 (repr. dans *Schriften zur griechischen Logik*, II, pp. 75–92 ; voir ci-dessous, IV).

C. r. de l'art. d'A. Levi, « Le dottrine filosofiche... » (voir ci-après), *Gnomon*, X, 1934, pp. 122–125.

GILLESPIE C.M., « On the Megarians », *Arch. f. gesch. der Philos.*, XXIV, 1911, pp. 218–241.

GOMPERZ Th., *Griechische Denker*, 3 vol., Leipzig, 1893–1902 ; t. II, 3e éd. rev. et corr., 1912, pp. 139–170. Trad. fr. de A. Reymond, *Les penseurs de la Grèce*, Paris-Lausanne, t. II, 2e éd. 1909, pp. 176–215.

KAFKA G., *Sokrates, Platon und der sokratische Kreis*, München, 1921 (pp. 38–47).

HARTENSTEIN G., « Über die Bedeutung der megarischen Schule für die Geschichte der metaphysischen Probleme », *Verh. der Sächs. Gesellsch. der Wissensch.*, Leipzig, 1848, pp. 190–208 (repr. dans *Historisch-philosophische Abhandlungen*, Leipzig, 1870, pp. 127–147).

HEGEL G.W.F., *Vorlesungen über die Geschichte der Philosophie*, Jubiläumsausgabe in 20 Bänden, t. XVIII, Stuttgart, 1965, pp. 122–146. Trad. fr. de P. Garniron, *Leçons sur l'histoire de la philosophie*, Paris, Vrin, t. II, 1971, pp. 339–359.

HENNE D., *L'École de Mégare*, Paris, 1843.

KYRKOS B.A., « Aristoteles und die Megariker, Erkenntnis-ontologische Gegensätze, (en grec, rés. en all.), *Philosophia*, X-XI, 1980–1981, pp. 346–362.

LEVI A., « Le dottrine filosofiche della scuola di Megara », *Rendic. della Reale Accademia nazionale dei Lincei*, ser. VI, vol. VIII, fasc. 5–6, 1932, pp. 463-499.

MALLET C., *Histoire de l'École de Mégare et des Écoles d'Élis et d'Érétrie*, Paris, 1845.

MONTONERI L., *I Megarici*, Studio storico – critico e traduzione delle testimonianze antiche, Università di Catania, 1984 (notre travail étant sous presse quand nous avons eu connaissance de cet ouvrage, nous n'avons pu en tenir compte).

RITTER H., « Bemerkung über die Philosophie der Megarischen Schule », *Rheinisches Museum*, 2e ann., III, 1828, pp. 295–335.

ROBIN L., *La pensée grecque et les origines de l'esprit scientifique*, Paris, 1923, rééd. A. Michel, 1973, pp. 192–195.

ROSEN S., « La critique aristotélicienne des Mégariques », *Études philosophiques*, 1982–3, pp. 309–330.

SCHMID E., *Die Megariker*, Freiburg, 1915 (64 p.).

STENZEL J. & THEILER W., art. « Megarikoi », *Paulys Realenzyklopädie*, XV, 1, 1931, col. 217–220.

ZELLER E., *Die Philosophie der Griechen in ihrer geschichtlichen Entwicklung dargestellt*, II, 1, « Sokrates und die Sokratiker », 4e éd., Leipzig, 1889, pp. 244–280. Trad. fr. *La philosophie des Grecs considérée dans son développement historique*, III, par M. Belot, Paris, 1884.

II – Études particulières sur différents philosophes mégariques

(voir aussi III, 2 et 3)

DENYER N., « The atomism of Diodorus Cronus », *Prudentia*, XIII, 1981, pp. 33–45.

DOERING K., « Über den Sophisten Polyxenos », *Hermes*, C, 1972, pp. 29–42.

FRITZ (von) K., art. « Philon » n° 39, *Paulys Realenzyklopädie*, XIX, 2, 1938, col. 2533–2535.

GIANNANTONI G., « Aristotele, Diodoro Crono e il moto degli atomi », *Siculorum Gymnasium*, XXXIII, 1980, pp. 125–133.

GRAESER A., « Der dritte Mensch des Polyxenos », *Museum Helveticum*, XXXI, 1974, pp. 140–143.

HUMBERT J., *Socrate et les Petits Socratiques*, Paris, P.U.F., 1967 (« Euclide » : pp. 272–277).

NATORP P., art. « Bryson » n° 2, « Diodoros » n° 42 et « Eukleides » n° 5, *Paulys Realenzyklopädie*, respectivement III, 1, 1897, col. 927–929 ; V, 1, 1903, col. 705–707 ; VI, 1, 1907, col. 1000–1003.

PRAECHTER K., art. « Stilpon », *Paulys Realenzyklopädie*, III A, 2, 1929, col. 2525–2533.

ROSSETTI L., « Tracce di un λόγος Σωκρατικός alternativo al Critone e al Fedone platonici », *Atene e Roma*, XX, 1975, pp. 34–43 (sur l'*Eschine* d'Euclide).

« Ricerche sui 'Dialoghi Socratici' di Fedone e di Euclide », *Hermes*, CVIII, 1980, pp. 183–200.

SEDLEY D., « Diodorus Cronus and Hellenistic philosophy », *Proceed. of the Cambridge Philol. Society*, XXIII, 1977, pp. 74–120.

STEGEMANN W., art. « Polyxenos » n° 8, *Paulys Realenzyklopädie*, XXI, 2, 1952, col. 1857–1859.

III – Sur la dialectique ou logique mégarique

1) Études d'ensemble :

BLANCHÉ R., *La logique et son histoire d'Aristote à Russell*, Paris, A. Colin, 1970, pp. 91–106.

BOCHENSKI I.M., *Ancient formal logic*, Amsterdam, North-Holland Publ. Comp., 1951, réimpr. 1968, pp. 77–102.

Formale Logik, Freiburg-München, K. Aber, 1956, 4e éd. 1978, pp. 121–153.

KNEALE W. & M., *The development of logic*, Oxford, Clarendon Press, 1962, pp. 113–138.

KOTARBINSKI T., *Leçons sur l'histoire de la logique*, trad. fr. de A. Posner, Paris, P.U.F., 1964, pp. 61–70.

PRANTL C., *Geschichte der Logik im Abendlande*, I, Leipzig, 1855, réimpr. Graz-Austria, 1955, pp. 33–57.

PRETI G., « Appunti sulle tappe della logica, I et II, *Rivista critica di storia della filosofia*, XXXII, 1977, pp. 3–10 et 251–268.

2) Sur le Souverain (κυριεύων λόγος) ***et le problème du possible :***

BARREAU H., *Le Maître Argument de Diodore*, Cahiers du Séminaire sur les fondements des sciences, Univ. L. Pasteur de Strasbourg, n° 46 (1975), 72 (1977, avec F. Picolet) et 88 (1978).

« Cléanthe et Chrysippe face au Maître Argument de Diodore », in *Les Stoïciens et leur logique*, Actes du coll. de Chantilly de sept. 1976, Paris, Vrin, 1978, pp. 21–40.

BECKER O., « Zur Rekonstruktion des Kyrieuon Logos des Diodoros Kronos », in *Erkenntnis und Verantwortung*, Festschr. für Th. Litt., éd. J. Derbolav et F. Nicolin, Düsseldorf, Schwann, 1960, pp. 250–263.

BLANCHÉ R., « Sur l'interprétation du κυριεύων λόγος », *Revue philosophique*, 1965–2, pp. 133–149.

« Modalité et temporalité », *International logic review – Rassegna internazionale di logica*, IX, 1974, pp. 103–110.

BOUDOT M., « Temps, nécessité et prédétermination », *Études philosophiques*, 1973–4, pp. 435–473.

« L'argument Dominateur et le temps cyclique », *Études philosophiques*, 1983–3, pp. 271–298.

BULL R.A., « An algebraic study of diodorean modal systems », *Journ. of symb. logic*, XXX, 1, 1965, pp. 58–64.

CAHN S. M., *Fate, logic and time*, New Haven, Yale Univ. Pr., 1967 (chap. 4 : « The 'Master Argument' of Diodorus Cronus », pp. 48–66).

CELLUPRICA V., « L'argomento dominatore di Diodoro Crono e il concetto di possibile di Crisippo », in *Scuole socratiche minori...* (voir ci-dessous, IV), pp. 55–73.

FAUST A., *Der Möglichkeitsgedanke*, I, Heidelberg, 1931 (« Diodoros Kronos », pp. 29–43).

FREDE D., « Aristoteles und die 'Seeschlacht' », *Hypomnemata*, XXVII, 1970, pp. 93–112.

FRITZ (von) K., C.r. de P.M. Schuhl, *Le Dominateur et les possibles* (voir ci-dessous), *Gnomon*, XXXIV, 1962, pp. 138–152.

GARDIES J.L., *La logique du temps*, Paris, P.U.F., 1975, pp. 20–30.

GIANNANTONI G., « Il κυριεύων λόγος di Diodoro Crono », *Elenchos*, II, 1981, pp. 239–272.

HAMELIN O., *Sur le «De fato»*, éd. M. Conche, (Villers-sur-Mer) Éd. de Mégare, 1978.

HARTMANN N., « Der megarische und der aristotelische Möglichkeitsbegriff », *Sitzungsb. der preuss. Ak. der Wissensch.*, X, 1937, pp. 44–47 ; repr. in *Kleinere Schriften*, II, Berlin, de Gruyter, 1957, pp. 85–100.

HINTIKKA J., « Aristotle and the Master Argument of Diodorus », *Amer. philos. quarterly*, I, 1964, pp. 101–114 ; repr. avec d'autres art. sur le même sujet in *Time and Necessity*, Oxford, 1973, pp. 179–213.

KIRAHAN (Mc) R., « Diodorus and Prior and the Master Argument », *Synthese*, XLII, 1979, pp. 223–253.

MAGRIS A., « Aristotele e i Megarici. Contributo alla storia del determinismo antico », *Atti d. Accad. delle Scienze di Torino*, cl. di Sc. mor., stor. e filol., CXI, 1977, pp. 113–133.

MICHAEL F.S., « What is the Master Argument of Diodorus ? », *Amer. philos. quarterly*, XIII, 3, 1976, pp. 229–235.

MIGNUCCI R., « L'argomento dominatore e la teoria dell'implicazione in Diodoro Crono », *Vichiana*, III, 1966, pp. 3–28.

MOREAU J., « Immutabilité du vrai, nécessité logique et lien causal », in *Les Stoïciens et leur logique*, Actes du coll. de Chantilly de sept. 1976, Paris, Vrin, 1978, pp. 347–360.

MULLER R., « Signification historique et philosophique de l'argument Souverain de Diodore », *Revue de philosophie ancienne*, 1984–1, pp. 3–37.

PICOLET F. : Voir H. Barreau, cahier n° 72.

PRIOR A.N., « Diodoran Modalities », *Philos. quarterly*, V, 1955, pp. 205–213.

Time and Modality, Oxford, Clarendon Press, 1957.

« Diodorus and modal logic », *Philos. quarterly*, VIII, 1958, pp. 226–230.

Past, present and future, Oxford, Clarendon Press, 1967.

PURTILL R.L., « The master argument », *Apeiron*, VII, 1973, pp. 31–36.

RESCHER N., « A version of the Master Argument of Diodorus », *Journal of Philosophy*, LXIII, 1966, pp. 438–455.

Id. & A. URQUHART, *Temporal logic*, Vienne-New-York, Springer, 1971.

SCHUHL P.M., *Le Dominateur et les possibles*, Paris, P.U.F., 1960.

SEEL G., « Diodore domine-t-il Aristote ? », *Rev. de mét. et de mor.*, 87e an. – 3, 1982, pp. 293–313.

Die aristotelische Modaltheorie, Berlin – New-York, de Gruyter, 1982, pp. 312–339.

STAHL G., « Une formalisation du Dominateur », *Revue philosophique*, 1962, pp. 239–243.

« Le Dominateur et ses problèmes », *Logique et analyse*, 1979, fasc. n° 85–86, pp. 121–131.

STALLMACH J., *Dynamis und Energeia*, Meisenheim/Glan, 1959.

« Vertritt Aristoteles' Metaphysik IX, 5 selbst den megarischen Möglichkeitsbegriff ? », *Arch. f. Gesch. der Philos.*, XLVII, 1965, pp. 191–205.

VUILLEMIN J., « L'argument dominateur », *Rev. de Mét. et de mor.*, 84e an.–2, 1979, pp. 225–257.

« Quelle solution Cléanthe a-t-il donnée de l'« Argument dominateur » ? », *Arch. de philosophie*, XLV, 3, 1982.

« Un système de fatalisme logique : Diodore Kronos », *Revue de philos. ancienne*, 1984–1, pp. 39–72.

Nécessité ou contingence. L'aporie de Diodore et les systèmes philosophiques, Paris, Éd. de Minuit, 1984.

VUILLEMIN J., BOUDOT M., « A propos de l'argument Dominateur et des futurs contingents », *Études philosophiques*, 1984–3, pp. 399–401.

ZELLER E., « Über den *κυριεύων* des Megarikers Diodorus », *Sitzungsb. d. königl. Ak. der Wissensch. zu Berlin*, 1882, pp. 151–159 ; repr. in *Kleine Schriften*, éd. O. Lenze, Berlin, 1910, I, pp. 252–262.

3) Sur d'autres arguments :

BETH E.W., « Le paradoxe du 'Sorite' d'Eubulide de Mégare », in *La vie, la pensée*, Actes du VIIe congrès des Soc. de philos. de langue fr., 1954, pp. 237–241.

BURNYEAT M.F., « Gods and Heaps », in *Language and Logos*, Stud. in anc. greek philos. present. to G.E.L. Owen, éd. M. Schofield et M.C. Nussbaum, Cambridge, Cambr. Univ. Pr., 1982, pp. 315–338.

KOYRÉ A., *Épiménide le menteur*, Paris, Hermann, 1947.

MOLINE J., « Aristotle, Eubulides and the Sorite », *Mind*, LXXVIII, 1969, pp. 393–407.

RUESTOW A., *Der Lügner*, Erlangen, 1910.

SILLITTI G., « Alcune considerazioni sull'aporia del sorite », in *Scuole socratiche minori...* (voir ci-dessous, IV), pp. 75–92.

IV – Autres Études

ARNIM (von) H., *Leben und Werke des Dio von Prusa*, Berlin, 1898, Introd. pp. 21–25.

AUBENQUE P., *Le problème de l'être chez Aristote*, Paris, P.U.F., 1962 ; 3e éd., 1972.

BABUT D., *Plutarque et le Stoïcisme*, Paris, P.U.F., 1969.

BAERTHLEIN K., « Untersuchungen zur aristotelischen Modaltheorie », *Arch. f. Gesch. der Philos.*, XLV, 1963, pp. 43–67.

BELAVAL Y., « Socrate », in *Hist. de la philosophie*, t. I, sous la dir. de B. Parain, Paris, Gallimard, Encycl. de la Pléiade, 1969, pp. 451–462.

BLANCHÉ R., *Introduction à la logique contemporaine*, Paris, A. Colin, 1957.

BOYANCÉ P., « Les deux démons personnels dans l'Antiquité grecque et latine », *Revue de philologie*, 3e série, IX, 1935–2, pp. 189–202.

BRÉHIER E., *Chrysippe et l'ancien Stoïcisme*, Paris, 1910, rééd. P.U.F., 1951.

La théorie des incorporels dans l'ancien Stoïcisme, Paris, 1908 ; 2e éd. 1928.

BROCHARD V., « La logique des Stoïciens », deux ét. in *Études de philosophie ancienne et de philosophie moderne*, Paris, 1912 ; rééd. Vrin, 1966.

BRUNSCHWIG J., *Introduction aux Topiques d'Aristote*, Paris, Coll. des Universités de France, 1967.

CAUJOLLE-ZASLAWSKY F., « Le temps épicurien est-il atomique ? », *Études philosophiques*, 1980–3, pp. 285–306.

CAVEING M., *Zénon d'Élée. Prolégomènes aux doctrines du continu*, Paris, Vrin, 1982.

COMBÈS M., *Fondements des mathématiques* Paris, P.U.F., 1971.

CORCORAN J. (éd.), *Ancient logic and its modern interpretations*, Proceed. of the Buffalo Symp. on modernist interpr. of anc. log. (1972), Dordrecht-Boston, Reidel, 1974, (c.r. : P. Pachet, *Revue de synthèse*, XCVI, 1975, pp. 97–98 ; J. Largeault, *ibid.*, XCVIII,1977, pp. 105–106).

CROENERT W., *Kolotes und Menedemos*, Stud. zu Paläogr. u. Papyruskunde, 6, Leipzig, 1906.

CROISET M., *Introduction aux Oeuvres complètes de Platon*, t. I, Paris, Coll. des Universités de France, 1920.

DIÈS A., *Notices* du *Parménide*, du *Théétète* et du *Sophiste*, Paris, Coll. des Universités de France, respectivement 1923, 1926, 1925.

Platon Paris, 1930.

DUPRÉEL E., *La légende socratique et les sources de Platon*, Bruxelles, 1922.

FREDE M., *Die stoische Logik*, Göttingen, Vandenhoeck & Ruprecht, 1974.

FRIEDLANDER P., *Platon*, t. III, 2e éd., Berlin, De Gruyter, 1960.

FRITZ (von) K., *Schriften zur griechischen Logik*, t. II, Stuttgart-Bad Cannstatt, Frommann-Holzboog, 1978 (c.r. . R. Muller, *Ét. philos.*, 1980–3, pp. 371–372)

GARDIES J.L., *Esquisse d'une grammaire pure*, Paris, Vrin, 1975.

Essai sur la logique des modalités, Paris, P.U.F., 1979.

GAUTHIER R.A., *Introduction à l'Éthique à Nicomaque*, Louvain, Publ. Universitaires – Paris, B. Nauwelaerts, 1970.

GIANNANTONI G., « Per un' edizione delle fonti relative alle scuole socratiche minori », in *Scuole socratiche minori...* (voir ci-dessous), pp. 9–23.

GRANGER G.-G., *La théorie aristotélicienne de la science*, Paris, Aubier-Montaigne, 1976.

GUTHRIE W.K.C., *Les Sophistes*, trad. fr. de J.-P. Cottereau, Paris, Payot, 1976.

HADOT P., « Philosophie, dialectique, rhétorique dans l'Antiquité », *Ann. de la Soc. Suisse de Philos. (Studia philosophica)*, XXXIX, 1980, pp. 139–166.

IMBERT C., *Logique et langage dans l'ancien Stoïcisme*, Essai sur le développement de la logique grecque, Thèse en Sorbonne, juin 1975.

LE BLOND J.-M., *Logique et méthode chez Aristote*, Paris, Vrin, 1939 ; 2e éd. 1970.

LONG A.A., « Timon of Phlius . Pyrrhonist and satirist », *Proceed. of the Cambridge Philol. Soc.*, CCIV, 1978, pp. 68–91.

LUKASIEWICZ J., « On the history of the logic of proposition » (1934), in *Polish logic 1920–1939*, Oxford, 1967 ; trad. fr. in J. Largeault, *Logique mathématique – Textes* Paris, A. Colin, 1972, pp. 10–25.

MAIER H., *Die Syllogistik des Aristoteles*, 3 vol., Tübingen, 1896–1900.

MARIN L., « Parler, montrer, manger, ou le piège du présent », *L'Arc*, n° 64, 1976, pp. 28–41.

MARROU H.-I., *Histoire de l'éducation dans l'Antiquité*, Paris, Le Seuil, 1948 ; 6e éd. 1965.

MODRZE A., art. « Teles » n° 2, *Paulys Realenzyklopädie*, V A, 1, 1934, col. 375–381.

QUINE W.V.O., *Philosophie de la logique*, trad. fr. de J. Largeault, Paris, Aubier-Montaigne, 1975.

Word and Object, Cambridge-Mass., M.I.T. Press, 1960 ; trad. fr. *Le mot et la chose*, par J. Dopp et P. Gochet, Paris, Flammarion, 1977.

RAMNOUX C., « Les Présocratiques », in *Hist. de la philosophie*, t. I, sous la dir. de B. Parain, Paris, Gallimard, Encycl. de la Pléiade, 1969, pp. 405–448.

ROBIN L., *La théorie platonicienne des idées et des nombres d'après Aristote*, Paris, 1908 ; réimpr. Hildesheim, G. Olms, 1963.

Notices du *Phédon* et du *Banquet*, Paris, Coll. des Universités de France, 1926 et 1929.

Platon, Paris, 1935 ; rééd. P.U.F., 1968.

ROBINS R.H., *Brève histoire de la linguistique de Platon à Chomsky*, trad. fr. de M. Borel, Paris, Le Seuil, 1976.

ROLLAND DE RENÉVILLE J., *Essai sur le problème de l'Un-Multiple et de l'attribution chez Platon et les Sophistes*, Paris, Vrin, 1962.

RUSSELL B., *Principles of mathematics*, Cambridge, 1903.

« La théorie des types logiques », *Rev. de mét. et de mor.*, 1910, pp. 263–301 ; repr. in *Cahiers pour l'analyse*, X, 1969, pp. 53–83.

Scuole socratiche minori e filosofia ellenistica, éd. G. Giannantoni, (Bologna), Il Mulino, 1977.

TARSKI A., « Le concept de vérité dans les langages formalisés », publié en polonais en 1933, trad. in *Logique, sémantique, métamathématique*, art. trad. sous la dir. de G.G. Granger, Paris, A. Colin, 1972, I, pp. 157–269 (Le Menteur, pp. 164 ss).

WILAMOWITZ-MOELLENDORFF (von) U., *Platon*, 2 vol., Berlin, 1920 (2e éd.).

YON A., *Introduction au Traité du destin de Cicéron*, Paris, Coll. des Universités de France, 1950.

ZASLAWSKY D., *Analyse de l'être*, Paris, Éd. de Minuit, 1982.

ZIEGLER K., art. « Plutarchos » n° 2, *Paulys Realenzyklopädie*, XXI, 1, 1951, col. 636–962.

Au moment où ce livre s'achève, nous recevons les premiers volumes d'une nouvelle édition de fragments des Petits Socratiques (*Socraticorum reliquiae*, éd. G. Giannantoni, Edizioni dell' Ateneo), dont le t. I contient les textes mégariques (pp. 35–143 ; les t. III et IV comprendront des éclaircissements et des index). L'entreprise mérite d'être saluée, mais autant qu'un examen rapide permet d'en juger, les différences par rapport à l'édition de Döring sont peu importantes (certains passages cités plus longuement ; quelques rares fragments nouveaux, mais pour la plupart conjecturaux), et ne devraient pas modifier l'interprétation que nous avons proposée.

INDEX DES SOURCES

On trouvera ci-après la liste de tous les textes utilisés comme source de notre connaissance des Mégariques : lorsqu'il s'agit des fragments et témoignages proprement dits, le numéro porté en regard est celui du *fragment* correspondant ; pour les textes et références de nos deux Annexes, la mention « Ann. I » ou « Ann. II » précède l'indication de la *page* où ils figurent. Pour ce qui concerne les autres textes anciens utilisés ou cités (principalement dans l'Introduction et le Commentaire), voir plus loin l'*Index locorum.*

Notre traduction ayant été faite sur la base de l'édition de Döring, nous ne pouvons que renvoyer à son propre index des sources (pp. 175–185) – ainsi qu'à l'apparat critique des fragments et à son commentaire – pour tout ce qui regarde l'établissement des textes et les éditions utilisées (généralement les plus récentes à la date de parution de son ouvrage, mais pas toujours, par exemple pour Platon). Nous donnons néanmoins les indications bibliographiques indispensables pour tous les textes qui ne sont pas d'usage courant ou pour lesquels ces précisions sont nécessaires à l'identification et à la localisation des extraits cités.

INDEX LOCORUM

En face de l'indication du passage cité, les chiffres renvoient aux pages, sauf après la lettre n., qui signifie qu'il s'agit de notes. Pour les références données en abrégé, voir l'index précédent.

TABLE DES MATIÈRES

Imprimerie de la Manutention à Mayenne – 22 novembre 1985 – N°9235